0 430

Erlend Watson
Political Assistant
erlend.watson@gmail.com
07932 456378

G000150911

Langenscheidt

Universal Finnish Dictionary

**Finnish – English
English – Finnish**

edited by the
Langenscheidt editorial staff

Langenscheidt

New York · Berlin · Munich · Vienna · Zurich

© 2008 Langenscheidt KG, Berlin and Munich
Printed in Germany

Contents
Sisällysluettelo

Preface

In selecting the vocabulary and phrases for this dictionary, the editors have had the traveller's needs foremost in mind. This book will prove a useful companion to casual tourists and business travellers alike who appreciate the reassurance a small and practical dictionary can provide. It offers them – as well as beginners and students – all the basic vocabulary they will have to encounter and have to use, giving the key words and expressions to allow them to cope in everyday situations.

This dictionary is designed to slip into pocket or purse, and thus have a role as a handy companion at all times.

Besides just about everything you normally find in dictionaries, there are these bonuses:

- simplified pronunciation after each foreign-word entry, making it easy to read and enunciate words whose spelling may look forbidding

- useful information on how to tell the time and how to count, on conjugating irregular verbs, commonly seen abbreviations and converting to the metric system, in addition to basic phrases.

While no dictionary of this size can pretend to completeness, we are confident this dictionary will help you get most out of your trip abroad.

Alkusanat

Toimittajan tähtäimessä on ollut ennen muuta matkailijan tarpeet heidän valitessaan hakusanoja ja vieraan kielen ilmauksia tähän kaksipuoliseen sanakirjaan. Tämä teos on kätevän taskukokonsa ansiosta tarpeellinen turisteille ja liikemiehille. Ja siinä on perussanasto jokapäiväisiin tilanteisiin yhtä hyvin vasta-alkajille kuin opiskelijoillekin.

Sanakirja, jonka toimitustyössä on käytetty apuna tietopankkia, muita ansioita ovat:

- ääntämisohjeet, jotka noudattavat kansainvälistä foneettista kirjoitusjärjestelmää (IPA)

- käytännöntietoa monelta alalta: kellonajat, lukusanat, epäsäännölliset verbit, tavallisimmat lyhenteet ja joitakin avainlauseita.

Näin pieni sanakirja ei tietenkään voi olla täydellinen, mutta toivomme, että se on ulkomaan matkalla luottamuksenne arvoinen.

Introduction

This dictionary has been designed to best meet your practical needs. Unnecessary linguistic information has been avoided. The entries are listed in alphabetical order, regardless of whether the entry is printed in a single word or in two or more separate words. As the only exception to this rule, a few idiomatic expressions are listed alphabetically as main entries, according to the most significant word of the expression. When an entry is followed by sub-entries, such as expressions and locutions, these are also listed in alphabetical order[*].

Each main-entry word is followed by a phonetic transcription (see guide to pronunciation). Following the transcription is the part of speech of the entry word whenever applicable. If an entry word is used as more than one part of speech, the translations are grouped together after the respective part of speech.

Whenever an entry word is repeated in sub-entries, a tilde (~) is used to represent the full word.

---

[*] Note that Finnish alphabetical order differs from our own for two letters: ä and ö. These are considered independent characters and come after z, in that order.

Johdanto

Sanakirja on laadittu vastaamaan käytännön tarpeita, ja tarpeettomia kielellisiä selityksiä on vältetty.

Kaikki hakusanat ovat aakkosjärjestyksessä huolimatta siitä, ovatko ne yksittäisiä sanoja, yhdyssanoja tai sanaliittoja. Ainoana poikkeuksena ovat kielelle ominaiset ilmaisut, jotka on pantu aakkosjärjestykseen pääsanansa mukaan. Hakusanojen johdannaiset, kuten sanontatavat ja ilmaisut, ovat myös aakkosjärjestyksessä.

Jokaiseen hakusanaan on merkitty äännekirjoitus (ks. ääntämisohjeet) sekä sanaluokka silloin kun se on mahdollista. Jos hakusana kuuluu useampaan eri sanaluokkaan, kutakin sanaluokkaa vastaava käännös on annettu.

Substantiivien monikko on annettu erikseen silloin kun se on epäsäännöllinen tai muuten epäselvä ja silloin kun monikkomuoto on yleisesti käytössä.

Hakusanaa ei toisteta epäsäännöllisen monikon ja johdannaisten yhteydessä, vaan sen sijasta käytetään ∼-merkkiä.

Yhdyssanan epäsäännöllinen monikko on merkitty kokonaisuudessaan, mutta sen vartalo on korvattu pikkuviivalla (–).

Tähti (*) verbin yhteydessä ilmaisee, että verbi on epäsäännöllinen (ks. epäsäännöllisten verbien luettelo).

Sanakirja noudattaa englantilaista oikeinkirjoitusta, ja amerikkalaiset sanat ja sanontatavat on merkitty erikseen (ks. lyhennysluetteloa).

Guide to Pronunciation

Each main entry in this part of the dictionary is followed by a phonetic transcription which shows you how to pronounce the words. This transcription should be read as if it were English. It is based on Standard British pronunciation, though we have tried to take account of General American pronunciation also. Below, only those letters and symbols are explained which we consider likely to be ambiguous or not immediately understood.

The syllables are separated by hyphens, and stressed syllables are printed in *italics*.

Of course, the sounds of any two languages are never exactly the same, but if you follow carefully our indications, you should be able to pronounce the foreign words in such a way that you'll be understood. To make your task easier, our transcriptions occasionally simplify slightly the sound system of the language while still reflecting the essential sound differences.

Consonants

g	always hard, as in go
h	always pronounced, even *after* vowels
ng	as in si**ng**er, not as in fi**ng**er (no **g**-sound!)
r	rolled in the front of the mouth
s	always hard, as in so

Vowels and diphthongs

aa	long **a**, as in c**a**r, without any r-sound
ah	a short version of **aa**; between **a** in c**a**t and **u** in c**u**t
æ	like **a** in c**a**t
ææ	a long **æ**-sound
ew	a "rounded **ee**-sound". Say the vowel sound **ee** (as in s**ee**) and, while saying it, round your lips as for **oo** in s**oo**n), without moving your tongue; when your lips are in the **oo** position, but your tongue in the **ee** position, you should be pronouncing the correct sound
igh	as in s**igh**
ur	as in f**ur**, but with rounded lips and no r-sound

1) A bar over a vowel symbol (e.g. $\overline{ew}$) shows that this sound is long.
2) Raised letters (e.g. **oo^ee**, **^y ay**) should be pronounced only fleetingly.

Stress

In Finnish, the first syllable of a word is always strongly stressed. In longer words, a second, weaker stress can occur. In our transcriptions, we don't distinguish between primary and secondary stress, but print all stressed syllables in italics. Just remember that the strong stress always falls on the *first* syllable of a word.

Ääntämisohjeet

Sanakirjan tämän osan jokaiseen hakusanaan on merkitty ääntämisohjeet kansainvälisin foneettisin kirjaimin (IPA). Äännekirjoituksessa kutakin foneettista merkkiä vastaa määrätty äänne. Alla selitettyjä foneettisia merkkejä lukuun ottamatta muut äännekirjoituksessa esiintyvät kirjaimet ääntyvät suunnilleen samoin kuin suomen kielessä.

Konsonantit

ð   soinnillinen **s**, joka äännetään yläleuan etuhampaiden ja kielenkärjen välistä

ŋ   kuten **ng** sanassa ke**ng**än

r   äännetään suun etuosassa, mutta pehmeämpänä kuin suomalainen **r**

ʃ   kuten **š** sanassa **š**akki

θ   soinniton **s**, joka äännetään yläleuan etuhampaiden ja kielenkärjen välistä

w   lyhyt **u**, jota seuraa häipyvä vokaali

z   soinnillinen **s**, kuten saksan sanassa **S**ee

ʒ   soinnillinen suhuäänne, kuten **j** sanassa **J**ean

Vokaalit

ɑː   kuten **a** sanassa **aa**mu

æ   kuten **ä** sanassa k**ä**si

ʌ   suunnilleen kuten **a** sanassa t**a**lo

ɛ   kuten **e** sanassa k**e**ksi

ə   heikko katoava **ö**-äänne kuten saksan sanassa hab**e**n

ɔ   kuten **o** sanassa **o**vi, mutta kieli on lähempänä kitalakea

1) Kaksoispistettä [ː] on käytetty silloin kun vokaali ääntyy pitkänä.

2) Ranskankielisissä lainasanoissa on vokaalin yläpuolelle merkitty pieni aaltoviiva (esim. [ɑ̃]), joka ilmaisee että vokaali on nasaalinen. Nenävokaali ääntyy samanaikaisesti suun ja nenän kautta.

Diftongit

Diftongi on kahden vokaalin pariääntiö, joka äännetään yhtenä ääntenä kuten esimerkiksi **ai** sanassa **aita**. Englannin kielen diftongeista jälkimmäinen vokaali on aina painoton. Joskus diftongi päättyy [ə]-äänteeseen, jolloin sitä edeltävä vokaali ääntyy vieläkin painottomampana.

Paino

Pääpaino on merkitty painollisen tavun alkuun [']-merkillä, sivupainollisen tavun alussa on merkkinä [,] .

Ääntäminen amerikkalaisittain

Äännekirjoituksemme noudattaa Oxfordin englantia. Vaikka Englannin eri seuduilla kieltä äännetään eri tavoin, Amerikan englanti poikkeaa ääntämiseltään vielä selvemmin Oxfordin englannista. Seuraavassa esitetään muutamia eroja:

1) **r** äännetään jopa konsonantin edellä ja vokaalin jäljessä (englantilaiset jättävät sen ääntämättä) esim. sanoissa birth ja beer.
2) Usein [ɑ:]-äänne muuttuu [æ:]:ksi kuten sanoissa *ask*, *castle*, *laugh* jne.
3) [ɔ] äännetään usein [ɑ]:na, toisinaan myös [ɔ:]:na.
4) Sanoissa kuten *duty*, *tune*, *new* jne. [j]-äänne, joka edeltää [u:]:ta, jätetään usein ääntämättä.
5) Lisäksi monissa sanoissa paino on eri tavulla kuin Oxfordin englannissa.

Abbreviations
Lyhenteet

adjective	*adj*	adjektiivi
adverb	*adv*	adverbi
American	*Am*	amerikkalainen
article	*art*	artikkeli
conjunction	*conj*	konjunktio
noun	*n*	substantiivi
noun (American)	*nAm*	substantiivi (amerikkalainen)
numeral	*num*	lukusana
past tense	*p*	imperfekti
plural	*pl*	monikko
plural (American)	*plAm*	monikko (amerikkalainen)
postposition	*postp*	postpositio
past participle	*pp*	partisiipin perfekti
present tense	*pr*	preesens
prefix	*pref*	etuliite
preposition	*prep*	prepositio
pronoun	*pron*	pronomini
verb	*v*	verbi
verb (American)	*vAm*	verbi (amerikkalainen)

A

aakkoset (*aak-koa-sayt*) *pl*
alphabet

aallonmurtaja (*aal-loan-moor-tah-ᵞah*) *n*
breakwater

aalto (*aal-toa*) *n* wave

aaltoileva (*aal-toi-lay-vah*)
adj wavy

aaltopituus (*aal-loan-pi-tōōss*) *n* wavelength

aamiainen (*aa-mi-igh-nayn*)
n breakfast

aamu (*aa-moo*) *n* morning;
tänä aamuna this morning

aamulehti (*aa-moo-layh-ti*)
n morning paper

aamunkoitto (*aa-moon-koit-toa*) *n* dawn

aamupainos (*aa-moo-pigh-noass*) *n* morning edition

aamupala (*aa-moo-pah-lah*)
n breakfast

aamupäivä (*aa-moo-pæᵉᵉ-væ*) *n* morning

aamutakki (*aa-moo-tahk-ki*)
n dressing gown

aarre (*aar-ray*) *n* treasure

aasi (*aa-si*) *n* donkey

Aasia (*aa-si-ah*) Asia

aasialainen (*aa-si-ah-ligh-nayn*) *n* Asian; *adj* Asian

aate (*aa-tay*) *n* idea

aatelinen (*aa-tay-li-nayn*) *adj*
noble

aatelisto (*aa-tay-liss-toa*) *n*
nobility

aave (*aa-vay*) *n* ghost,
phantom, spirit, *n* spook

aavistaa (*aa-viss-taa*) *v*
sense

aavistamaton (*aa-viss-tah-mah-toan*) *adj* unexpected

aavistus (*aa-viss-tooss*) *n*
presentiment, idea

abortti kannattava (*ah-boart-ti-ah kahn-naht-tah-vah*) *adj* pro-choice

abortti vastustava (*ah-boart-ti-ah vahss-tooss-ta-vah*) *adj* pro-life

abstrakti (*ahb-strahk-ti-nayn*) *adj* abstract

adjektiivi (*ahd-ᵞayk-tee-vi*) *n*
adjective

adoptoida (*ah-doap-toi-dah*)
v adopt

adverbi (*ahd-vayr-bi*) *n*
adverb

Afrikka (*ahf-rik-kah*) Africa

afrikkalainen (*ahf-rik-kah-ligh-nayn*) *n* African; *adj*
African

agentti (*ah*-gaynt-ti) *n* agent

ahdas (*ahh*-dahss) *adj* narrow

ahdasmielinen (*ahh*-dahss-*myay*-li-nayn) *adj* narrow--minded

ahdistaa (*ahh*-diss-taa) *v* harrass, oppress

ahertaa (*ah*-hayr-taa) *v* labour

ahkera (*ahh*-kay-rah) *adj* industrious, diligent, hard--working

ahkeruus (*ahh*-kay-rōōss) *n* diligence

ahne (*ahh*-nay) *adj* greedy

ahneus (*ahh*-nay-ooss) *n* greed

ahven (*ahh*-vayn) *n* bass, perch

aie (*igh*-ay) *n* intention

aihe (*igh*-hay) *n* topic, theme, subject; reason

aiheuttaa (*igh*-hay-oot-taa) *v* cause

aika (*igh*-kah) *n* time; ~ **ajoin** occasionally; **aikaa säästävä** timesaving; **vanha** ~ antiquity

aikaerorasitus (*igh*-kah-ay-roa-*rah*-si-tooss) *n* jet lag

aikaisempi (*igh*-kigh-saym-pi) *adj* previous, earlier

aikaisin (*igh*-kigh-sin) *adv* early

aikakausjulkaisu (*igh*-kah-*kouss*-^yool-kigh-soo) *n* journal, magazine

aikakauskirja (*igh*-kah-*kouss*-keer-^yah) *n* journal

aikakauslehti (*igh*-kah-*kouss*-layh-ti) *n* magazine, periodical

aikalainen (*igh*-kah-ligh-nayn) *n* contemporary

aikana (*igh*-kah-nah) *postp* during

aikataulu (*igh*-kah-*tou*-loo) *n* schedule, timetable

aikoa (*igh*-koa-ah) *v* intend

aikomus (*igh*-koa-mooss) *n* intention

aikuinen (*igh*-koo^{ee}-nayn) *n* adult, grown-up; *adj* adult

aina (*igh*-nah) *adv* always

ainakin (*igh*-nah-kin) *adv* at least

aine (*igh*-nay) *n* substance; material, matter; essay; **antiseptinen** ~ antiseptic; **kiinteä** ~ solid

aineellinen (*igh*-nāyl-li-nayn) *adj* physical; substantial

aineosa (*igh*-nay-oa-sah) *n* ingredient

aines (*igh*-nayss) *n* ingredient

ainoa (*igh*-noa-ah) *adj* sole, only; single

ainoastaan (*igh*-noa-ahss-taan) *adv* only

ainutlaatuinen (*igh*-noot-*laa*-too^{ee}-nayn) *adj* unique, extraordinary

airo (*igh*-roa) *n* oar

aisti (*ighss*-ti) *n* sense

aistillisuus (*ighss*-til-li-sōōss) *n* sensuality

aistimus (*ighss*-ti-mooss) *n*

sensation, feeling
aita (*igh*-tah) *n* fence

aitaus (*igh*-tah-ooss) *n* fence, enclosure

aito (*igh*-toa) *adj* genuine; real; true

aivan (*igh*-vahn) *adv* exactly; quite

aivastaa (*igh*-vahss-taa) *v* sneeze

aivot (*igh*-voat) *pl* brain

aivotärähdys (*igh*-voa-tæ-ræh-dewss) *n* concussion

ajaa (*ah*-Yaa) *v* *drive; *ride;
~ eteenpäin propel; ~ nopeasti *speed; ~ parta shave; ~ takaa chase; ~ tallin garage

ajaja (*ah*-Yah-Yah) *n* driver

ajaksi (*ah*-Yahk-si) *postp* for

ajanjakso (*ah*-Yahn-Yahk-soa) *n* period

ajankohtainen (*ah*-Yahn-koah-tigh-nayn) *adj* current

ajanviete (*ah*-Yahn-vyay-tay) *n* diversion, entertainment

ajatella (*ah*-Yah-tayl-lah) *v*think

ajattelija (*ah*-Yah-tay-li-Yah) *n* thinker

ajatus (*ah*-Yah-tooss) *n* thought; idea

ajatusviiva (*ah*-Yah-tooss-vee-vah) *n* dash

ajelu (*ah*-Yay-loo) *n* drive; ride

ajoissa (*ah*-Yoiss-sah) *adv* in time

ajoittainen (*ah*-Yoit-tigh-nayn) *adj* periodical

ajokaista (*ah*-Yoa-kighss-tah) *n* lane

ajokortti (*ah*-Yoa-koart-ti) *n* driving licence

ajoneuvo (*ah*-Yoa-nay°°-voa) *n* vehicle

ajorata (*ah*-Yoa-rah-tah) *n* carriageway; roadway *nAm*

ajos (*ah*-Yoass) *n* abscess

ajotie (*ah*-Yoa-tyay) *n* road, drive

akatemia (*ah*-kah-tay-miah) *n* academy

akku (*ahk*-koo) *n* battery

akseli (*ahk*-say-li) *n* axle

aktiivinen (*ahk*-tee-vi-nayn) *adj* active

ala (*ah*-lah) *n* range; branch, field

alahanka (*ah*-lah-*hahng*-kah) *n* port

alaikäinen (*ah*-lah-i-kæ^{ee}-nayn) *adj* under age; *n* minor

alainen (*ah*-ligh-nayn) *adj* subordinate

alakertaan (*ah*-lah-*kayr*-taan) *adv* downstairs

alakuloinen (*ah*-lah-*koo*-loi-nayn) *adj* sad, depressed

alamaa (*ah*-lah-*maa*) *n* lowlands *pl*

alamainen (*ah*-lah-*migh*-nayn) *n* subject

alankomaalainen (*ah*-*lahng*-koa-*maa*-ligh-nayn) *n* Dutchman; *adj* Dutch

Alankomaat (*ah-lahng-koa-maat*) *pl* the Netherlands

alanumero (*ah-lah-noo-may-roa*) *n* extension

alaosa (*ah-lah-oa-sah*) *n* bottom

alaotsikko (*ah-lah-oat-sik-koa*) *n* subtitle

alapuolella (*ah-lah-pwoa-layl-lah*) *adv* beneath, under

alas (*ah-lahss*) *adv* downwards, down

alaspäin (*ah-lahss-pæᵉⁿ*) *adv* down, downwards

alaston (*ah-lahss-toan*) *adj* undressed; naked

alastonkuva (*ah-lahss-toan-koo-vah*) *n* nude

alempi (*ah-laym-pi*) *adj* lower; inferior

alempiarvoinen (*ah-laym-pi-ahr-voi-nayn*) *adj* inferior

alennus (*ah-layn-nooss*) *n* discount, rebate, reduction

alennusmyynti (*ah-layn-nooss-mēwn-ti*) *n* sale

alentaa (*ah-layn-taa*) *v* lower, reduce; ~ arvoa devalue

algebra (*ahl-gayb-rah*) *n* algebra

Algeria (*ahl-gay-ri-ah*) Algeria

algerialainen (*ahl-gay-ri-ah-ligh-nayn*) *n* Algerian; *adj* Algerian

alhaalla (*ahl-haal-lah*) *adv* below

alhaisempi (*ahl-high-saym-pi*) *adj* lower; inferior

aliarvioida (*ah-li-ahr-vi-oi-dah*) *v* underestimate

alin (*ah-lin*) *adj* bottom

alinomaa (*ah-lin-oa-maa*) *adv* continually

alinomainen (*ah-lin-oa-migh-nayn*) *adj* constant

aliravitsemus (*ah-li-rah-vit-say-mooss*) *n* malnutrition

alistaa (*ah-liss-taa*) *v* subject

alistua (*ah-liss-too-ah*) *v* accept, submit

alituinen (*ah-li-tooᵉᵉ-nayn*) *adj* continual

alkaa (*ahl-kaa*) *v* start, *begin

alkaen (*ahl-kah-ayn*) *postp* from, since

alkeis- (*ahl-kayss*) primary, elementary

alkio (*ahl-ki-oa*) *n* embryo; germ

alkoholi (*ahl-koa-hoa-li*) *n* alcohol; **alkoholiton juoma** soft drink

alkoholiliike (*ahl-koa-hoa-li-lee-kay*) *n* off-licence, liquor store *Am*

alkoholipitoinen (*ahl-koa-hoa-li-pi-toi-nayn*) *adj* alcoholic

alku (*ahl-koo*) *n* start, beginning; **alku-** initial

alkuasukas (*ahl-koo-ah-soo-kahss*) *n* native

alkulähde (*ahl-koo-læh-day*) *n* origin

alkuperä (*ahl-koo-pay-ræ*) *n* origin

alkuperäinen (*ahl-koo-pay-ræ^{ee}-nayn*) *adj* original; primary; initial

alkuruoka (*ahl-koo-rwoa-kah*) *n* hors d'œuvre, starter

alkusoitto (*ahl-koo-soit-toa*) *n* overture, prelude

alla (*ahl-lah*) *postp* under, beneath, below; *adv* underneath

allas (*ahl-lahss*) *n* basin; pool

allekirjoittaa (*ahl-lay-keer-^yoit-taa*) *v* sign; endorse

alleviivata (*ahl-lay-vee-vah-tah*) *v* underline

aloite (*ah-loi-tay*) *n* initiative

aloittaa (*ah-loit-taa*) *v* begin; start; ~ **uudestaan** recommence

aloittelija (*ah-loit-tay-li-^yah*) *n* learner, beginner

aloituspotku (*ah-vah-^yighss-poat-koo*) *n* kickoff

alokas (*ah-loa-kahss*) *n* recruit

alppimaja (*ahlp-pi-mah-^yah*) *n* chalet

altis jllk (*ahlt-tiss*) *adj* prone to, subject to

alttari (*ahlt-tah-ri*) *n* altar

alttiiksipano (*ahlt-teek-si-pah-noa*) *n* exposure

altto (*ahlt-toa*) *n* alto

alue (*ah-loo-ay*) *n* area, zone, region, district; field, territory

alueellinen (*ah-loo-āyl-li-nayn*) *adj* regional

alunperin (*ah-loon-pay-rin*) *adv* originally

alus (*ah-looss*) *n* vessel

alushame (*ah-looss-hah-may*) *n* slip

alushousut (*ah-looss-hoa-soot*) *pl* drawers, briefs *pl*; panties *pl*; shorts *pl Am*; underpants *pl Am*

aluspaita (*ah-looss-pigh-tah*) *n* undershirt

alussa (*ah-looss-sah*) *adv* at first

alustava (*ah-looss-tah-vah*) *adj* preliminary

alusvaatteet (*ah-looss-vaat-tāyt*) *pl* underwear; **naisten** ~ lingerie

alusvoide (*ah-looss-voi-day*) *n* foundation cream

ambulanssi (*ahm-boo-lahns-si*) *n* ambulance

Amerikka (*ah-may-rik-kah*) America

amerikkalainen (*ah-may-rik-kah-ligh-nayn*) *n* American; *adj* American

ametisti (*ah-may-tiss-ti*) *n* amethyst

ammatti (*ahm-maht-ti*) *n* profession, occupation, trade

ammattimainen (*ahm-maht-ti-migh-nayn*) *adj* professional

ammattimies (*ahm-maht-ti-myayss*) *n* craftsman, skilled labourer

ammattitaidoton (*ahm-maht-ti-tigh-doa-toan*) *adj* unskilled ammattitaitoinen (*ahm-maht-ti-tigh-*toi-nayn) *adj* skilled, trained

ammattiyhdistys (*ahm-maht-ti-ewh-*diss-tewss) *n* trade union

ammoniakki (*ahm-*moa-ni-ahk-ki) *n* ammonia

ampiainen (*ahm-*pi-igh-nayn) *n* wasp

ampua (*ahm-*poo-ah) *v* fire, *shoot

amuletti (*ah-*moo-layt-ti) *n* lucky charm, charm

analysoida (*ah-*nah-lew-soi-dah) *v* analyse

analyysi (*ah-*nah-lēw-si) *n* analysis

analyytikko (*ah-*nah-lēw-tik-koa) *n* analyst

ananas (*ah-*nah-nahss) *n* pineapple

anarkia (*ah-*nahr-ki-ah) *n* anarchy

anatomia (*ah-*nah-toa-mi-ah) *n* anatomy

anemia (*ah-*nay-mi-ah) *n* anaemia

ankara (*ahng-*kah-rah) *adj* strict, severe, harsh

ankerias (*ahng-*kay-ri-ahss) *n* eel

ankka (*ahngk-*kah) *n* duck

ankkuri (*ahngk-*koo-ri) *n* anchor

annos (*ahn-*noass) *n* portion; ration; dose

anoa (*ah-*noa-ah) *v* beg; apply for

anomus (*ah-*noa-mooss) *n* application

anoppi (*ah-*noap-pi) *n* mother-in-law

ansa (*ahn-*sah) *n* trap

ansaita (*ahn-*sigh-tah) *v* earn; deserve

ansaitsematon (*ahn-*sight-say-mah-toan) *adj* unearned

ansio (*ahn-*si-oa) *n* merit; earnings

antaa (*ahn-*taa) *v* give; allow; ~ myöten *give in; indulge; ~ olla *leave; ~ toimeksi assign to; ~ vuokralle *let

antautua (*ahn-*tah-oo-too-ah) *v* surrender

antautuminen (*ahn-*tah-oo-too-mi-nayn) *n* surrender, capitulation

anteeksi (*ahn-*tāyk-si) sorry; excuse me; antaa anteeksi *forgive

anteeksianto (*ahn-*tāyk-si-*ahn-*toa) *n* pardoning, forgiveness

anteeksipyyntö (*ahn-*tāyk-si-*pēwn-*tur) *n* apology, excuse

anteliaisuus (*ahn-*tay-li-igh-sōoss) *n* generosity

antelias (*ahn-*tay-li-ahss) *adj* generous; liberal

antenni (*ahn-*tayn-ni) *n* aerial

anti (*ahn-*ti) *n* issue; offering

antibiootti (*ahn-*ti-bi-ōat-ti) *n* antibiotic

antiikkiesine (*ahn-*teek-ki-

ay-si-nay) *n* antique

antiikkikauppias (*ahn-teek-ki-koup*-pi-ahss) *n* antique dealer

antiikkinen (*ahn-teek-ki-*nayn) *adj* antique

antipatia (*ahn-ti-pah-ti-ah*) *n* dislike

aperitiivi (*ah-pay-ri-tee-vi*) *n* aperitif

apeus (*ah-pay-ooss*) *n* sadness

apila (*ah-pi-lah*) *n* clover

apilanlehti (*ah-pi-lahn-layh-*ti) *n* shamrock

apina (*ah-pi-nah*) *n* monkey

appelsiini (*ahp-payl-see-ni*) *n* orange

appi (*ahp-*pi) *n* father-in-law

appivanhemmat (*ahp-pi-vahn-*haym-maht) *pl* in-laws *pl*

aprikoosi (*ahp-ri-kōā-si*) *n* apricot

apteekkari (*ahp-tāyk-kah-ri*) *n* chemist, pharmacist *nAm*

apteekki (*ahp-tāyk-*ki) *n* pharmacy, chemist's; drugstore *nAm*

apu (*ah-*poo) *n* aid, assistance, help

apuraha (*ah-poo-rah-*hah) *n* grant, scholarship; allowance

arabi (*ah-rah-bi*) *n* Arab

arabialainen (*ah-rah-bi-ah-*ligh-nayn) *adj* Arab, Arabic

Argentiina (*ahr-gayn-tee-*nah) Argentina

argentiinalainen (*ahr-gayn-*tee-nah-ligh-nayn) *n* Argentinian; *adj* Argentinian

arina (*ah-ri-nah*) *n* grate

arka (*ahr-kah*) *adj* shy, timid

arkaluonteinen (*ahr-kah-lwoan-*tay-nayn) *adj* delicate, sensitive

arkeologi (*ahr-kay-oa-loa-*gi) *n* archaeologist

arkeologia (*ahr-kay-oa-loa-*gi-ah) *n* archaeology

arkihuone (*ahr-ki-hwoa-*nay) *n* morning room

arkipäivä (*ahr-ki-pæ^(ee)-væ*) *n* weekday

arkipäiväinen (*ahr-ki-pæ^(ee)-væ^(ee)*-nayn) *adj* ordinary, everyday

arkisto (*ahr-kiss-toa*) *n* archives *pl*

arkkipiispa (*ahrk-ki-peess-*pah) *n* archbishop

arkkitehti (*ahrk-ki-tayh-ti*) *n* architect

arkkitehtuuri (*ahrk-ki-tayh-tōō-ri*) *n* architecture

armahdus (*ahr-mahh-dooss*) *n*pardon; yleinen ~ amnesty

armeija (*ahr-may-^yah*) *n* army

armeliaisuus (*ahr-may-li-igh-sōōss*) *n* mercy

armelias (*ahr-may-li-ahss*) *adj* merciful

armo (*ahr-*moa) *n* mercy, grace

aromi (*ah-roa-mi*) *n* aroma

aromikeitin (*ah-roa-mi-kay-*

tin) *n* percolator

arpajaiset (*ahr*-pah-ʸigh-sayt) *pl* lottery

arpi (*ahr*-pi) *n* scar

artikkeli (*ahr*-tik-kay-li) *n* article

artisokka (*ahr*-ti-soak-kah) *n* artichoke

arvata (*ahr*-vah-tah) *v* guess

arvella (*ahr*-vayl-lah) *v* reckon; suspect

arvelu (*ahr*-vay-loo) *n* opinion

arveluttava (*ahr*-vay-loot-tah-vah) *adj* doubtful

arvio (*ahr*-vi-oa) *n* estimate

arvioida (*ahr*-vi-oi-dah) *v* estimate, evaluate

arviointi (*ahr*-vi-oin-ti) *n* evaluation

arvo (*ahr*-voa) *n* worth, value

arvoaste (*ahr*-voa-*ahss*-tay) *n* rank

arvoesineet (*ahr*-voa-ay-si-nāyt) *pl* valuables *pl*

arvoinen (*ahr*-voi-nayn) *adj* worthy of

arvoituksellinen (*ahr*-voi-took-sayl-li-nayn) *adj* mysterious

arvoitus (*ahr*-voi-tooss) *n* enigma, mystery; puzzle, riddle

arvojärjestys (*ahr*-voa-ʸær-ʸayss-tewss) *n* hierarchy

arvokas (*ahr*-voa-kahss) *adj* valuable; dignified

arvonanto (*ahr*-voa-*ahn*-toa) *n* esteem, respect

arvonimi (*ahr*-voa-ni-mi) *n* title

arvonta (*ahr*-voan-tah) *n* draw

arvopaperipörssi (*ahr*-voa-pah-pay-ri-*purrs*-si) *n* stock exchange, stock market

arvosana (*ahr*-voa-*sah*-nah) *n* mark, grade *nAm*

arvostaa (*ahr*-voass-taa) *v* appreciate; esteem

arvosteleva (*ahr*-voass-tay-lay-vah) *adj* critical

arvostelija (*ahr*-voass-tay-li-ʸah) *n* critic

arvostella (*ahr*-voass-tayl-lah) *v* criticize; judge; evaluate

arvostelu (*ahr*-voass-tay-loo) *n* criticism, review

arvostus (*ahr*-voass-tooss) *n* appreciation

arvoton (*ahr*-voa-toan) *adj* worthless

asbesti (*ahss*-bayss-ti) *n* asbestos

ase (*ah*-say) *n* weapon

aseistaa (ah-sayss-taa) *v* arm

aseistettu (ah-sayss-tayt-too) *adj* armed

asema (*ah*-say-mah) *n* position, status, rank

asemakaava (*ah*-say-mah-kaa-vah) *n* city plan, town plan; map *n Am*

asemalaituri (*ah*-say-mah-*ligh*-too-ri) *n* platform

asemalaiturilippu (*ah*-say-mah-*ligh*-too-ri-*lip*-poo) *n* platform ticket

asemapäällikkö (*ah*-say-

mah-*pææl*-lik-kur) *n*
stationmaster

asenne (*ah*-sayn-nay) *n*
attitude

asennus (*ah*-sayn-nooss) *n*
installation

asentaa (*ah*-sayn-taa) *v*
install

asentaja (*ah*-sayn-tah-ʸah) *n*
mechanic

asento (*ah*-sayn-toa) *n*
position

asettaa (*ah*-sayt-taa) *v*lay,
*set, *put; place; ~
näytteille exhibit, *show

asevelvollinen (*ah*-sayv-
ʸah-*kahn*-si-oa) *n* file

asfaltti (*ahss*-fahlt-ti) *n*
asphalt

asia (*ah*-si-ah) *n* case, thing,
matter; affair, business,
concern

asiakas (*ah*-si-ah-kahss) *n*
customer, client

asiakirja (*ah*-si-ah-*keer*-ʸah)
n document

asiakirjakansio (*ah*-si-ah-
keer-ʸah-*kahn*-si-oa) *n* file

asiakirjasalkku (*ah*-siah-
keer-ʸah-*sahlk*-koo) *n*
attaché case

asiallinen (*ah*-si-ahl-li-nayn)
adj matter-of-fact,
businesslike

asiamies (*ah*-si-ah-*myass*)
n agent

asianajaja (*ah*-si-ahn-*ah*-
ʸah-ʸah) *n* solicitor,
barrister, attorney, lawyer;

advocate

asianhaara (*ah*-si-ahn-*haa*-
rah) *n* circumstance

asianmukainen (*ah*-si-ahn-
moo-kigh-nayn) *adj* proper,
adequate, appropriate

asianomainen (*ah*-si-ahn-
oa-migh-nayn) *adj* (the
person) concerned

asiantunteva (*ah*-si-ahn-
toon-tay-vah) *adj* expert

asiantuntija (*ah*-si-ahn-
toon-ti-ʸah) *n* specialist,
expert

asiapaperi (*ah*-si-ah-*pah*-
pay-ri) *n* document, official
paper

asioida (*ah*-si-oi-dah) *v*deal
with; *do business

askel (*ahss*-kayl) *n* step;
move, pace

aspiriini (*ahss*-pi-ree-ni) *n*
aspirin

aste (*ahss*-tay) *n* degree,
grade; stage

asteikko (*ahss*-tayk-koa) *n*
scale

asteittainen (*ahss*-tayt-tigh-
nayn) *adj* gradual

asti (*ahss*-ti) *postp* till, until

astia (*ahss*-ti-ah) *n* dish

astianpesukone (*ahss*-ti-
ahn-*pay*-soo-*koa*-nay) *n*
dishwasher

astiapyyhe (*ahss*-ti-ah-*pēw*-
hay) *n* dish towel, dish cloth

astiasto (*ahss*-ti-ahss-toa) *n*
dinner service

astma (*ahst*-mah) *n* asthma

astronautti (*ahss*-troa-noutti) n astronaut

astua (*ahss*-too-ah) v step; ~ laivaan embark; ~ sisään enter

asua (*ah*-soo-ah) v live, reside; inhabit; **asettua asumaan** settle down

asuinpaikka (*ah*-soo^{ee}m-*pighk*-kah) n residence

asukas (*ah*-soo-kahss) n inhabitant; **vakinainen ~** resident; **vakinaisesti asuva** resident

asumaton (*ah*-soo-mah-toan) adj uninhabited, desert

asumiskelpoinen (*ah*-soo-miss-*kayl*-poi-nayn) adj inhabitable

asunto (*ah*-soon-toa) n home, house; flat, apartment nAm; accommodation; **asunnoksi kelpaamaton** uninhabitable

asuntolaiva (*ah*-soon-toa-*ligh*-vah) n houseboat

asuntovaunu (*ah*-soon-toa-*vou*-noo) n caravan; trailer nAm

asusteet (*ah*-sooss-*tāyt*) pl accessories pl

asuttava (*ah*-soot-tah-vah) adj habitable

ateria (*ah*-tay-ri-ah) n meal

Atlantti (*aht*-lahnt-ti) Atlantic

atomi (*ah*-toa-mi) n atom; **atomi-** atomic

aukaista (*ou*-kighss-tah) v open; unlock; untie

auki (*ou*-ki) adj open

aukio (*ou*-ki-oa) n square

aukioloaika (*ou*-ki-*oa*-loa-*igh*-kah) n business hours, opening hours, office hours

aukko (*ouk*-koa) n gap, opening

auktoriteetti (*ouk*-toa-ri-*tāyt*-ti) n authority

auliisti (*ou*-leess-ti) adv willingly

aulis (*ou*-liss) adj ready, willing

aura (*ou*-rah) n plough

auringonlasku (*ou*-ring-ngoan-*lahss*-koo) n sunset

auringonnousu (*ou*-ring-ngoan-*noa*-soo) n sunrise

auringonpaiste (ou-ring-ngoan-*pighss*-tay) n sunshine

auringonpisto (ou-ring-ngoan-*piss*-toa) n sunstroke

aurinko (*ou*-ring-koa) n sun; **aurinko-** adj solar; **aurinkokunta** n solar system; **ottaa aurinkoa** v sunbathe

aurinkoinen (*ou*-ring-koi-nayn) adj sunny

aurinkokatos (*ou*-ring-koa-*kah*-toass) n awning

aurinkolasit (*ou*-ring-koa-*lah*-sit) pl sunglasses pl

aurinkovarjo (ou-ring-koa-*vahr*-^yoa) n sunshade

aurinkööljy (*ou*-ring-koa-*url*-^yew) n suntan oil

Australia (*oust*-rah-li-ah)

Australia

australialainen (*oust-rah-li-ah-ligh-nayn*) *n* Australian; *adj* Australian

autio (*ou-ti-oa*) *adj* abandoned, desolete

autiomaa (*ou-ti-oa-maa*) *n* desert

auto (*ou-toa*) *n* motorcar, car, automobile

autokaista (*ou-toa-kighss-tah*) *n* drive-thru

autoilija (*ou-toi-li-ʸah*) *n* motorist

autoilu (*ou-toi-loo*) *n* motoring

autoklubi (*ou-toa-kloo*-bi) *n* automobile club

automaatio (*ou-toa-maa-ti-oa*) *n* automation

automaatti (*ou-toa-maat*-ti) *n* slotmachine

automaattinen (*ou-toa-maat*-ti-nayn) *adj* automatic

autonalusta *n* chassis

autonjousitus (*ou-toan-ʸoa-si-tooss*) *n* suspension

autonkori (*ou-toang-koa*-ri) *n* bodywork; car body; body *nAm*

autonkuljettaja (*ou-toang-kool-ʸayt-tah-ʸah*) *n* chauffeur

autonominen (*ou-toa-noa-mi-nayn*) *adj* autonomous

autontorvi (*ou-toan-toar*-vi) *n* hooter, horn

autoritäärinen (*ou-toa-ri-tææ-ri-nayn*) *adj* authoritarian

autotalli (*ou-toa-tahl*-li) *n* garage

autovuokraamo (*ou-toa-vwoak-raa-moa*) *n* car hire; car rental *Am*

auttaa (*out-taa*) *v* help, aid, assist

auttaja (*out-tah-ʸah*) *n* helper

avaaja (*ah-vaa-yah*) *n* opener

avaimenreikä (*ah-vigh-mayn-ray-kæ*) *n* keyhole

avain (*ah-vighn*) *n* key; **ulko--oven ~** latchkey

avaruus (*ah-vah-rōōss*) *n* space

avaruussukkula (*ah-vah-rōōss-sook-koo-lah*) *n* space shuttle

avata (*ah-vah-tah*) *v* open; *undo; turn on; **~ lukko** unlock

avioero (*ah-vi-oa-ay-roa*) *n* divorce

avioliitto (*ah-vi-oa-leet-toa*) *n* marriage, matrimony

aviomies (*ah-vi-oa-myayss*) *n* husband

aviopari (*ah-vi-oa-pah-ri*) *n* married couple

aviovaimo (*ah-vi-oa-vigh-moa*) *n* wife

avoin (*ah-voin*) *adj* open

avokätinen (*ah-voa-kæ-ti-nayn*) *adj* liberal, generous

avomielinen (*ah-voa-myay-li-nayn*) *adj* open, frank

avulias (*ah-voo-li-ahss*) *adj* helpful; obliging

avulla (*ah*-vool-lah) *postp* by

avustaa (*ah*-vooss-taa) *v* aid, assist; support

avustaja (*ah*-vooss-tah-*y*ah)

n assistant

avustus (*ah*-vooss-tooss) *n* assistance; grant; contribution

B

baari (*baa*-ri) *n* bar; saloon

baarimikko (*baa*-ri-*mik*-koa) *n* bartender, barman

bakteeri (*bahk*-tāy-ri) *n* bacterium, germ

baletti (*bah*-layt-ti) *n* ballet

banaani (*bah*-naa-ni) *n* banana

baritoni (*bah*-ri-toa-ni) *n* baritone

-barokki (*bah*-roak-ki) baroque

basilika (*bah*-si-li-kah) *n* basilica

basilli (*bah*-sil-li) *n* germ

basso (*bahss*-soa) *n* bass

beige (*bāysh*) *adj* beige

Belgia (*bayl*-gi-ah) Belgium

belgialainen (*bayl*-giah-ligh-nayn) *n* Belgian; *adj* Belgian

bensiini (*bayn*-see-ni) *n* fuel, petrol; gasoline *nAm*, gas *nAm*

bensiiniasema (*bayn*-see-ni-*ah*-say-mah) *n* filling station, petrol station

bensiinipumppu (*bayn*-see-ni-*poomp*-poo) *n* petrol pump; fuel pump *Am*; gas

pump *Am*

bensiinisäiliö (*bayn*-see-ni-sæ*ee*-li-ur) *n* petrol tank

betoni (*bay*-toa-ni) *n* concrete

biljardi (*bil*-*y*ahr-di) *n* billiards *pl*

biologia (*bi*-oa-loa-gi-ah) *n* biology

blogi (*bloa*-gi) *n* Blog

Bolivia (*boa*-li-vi-ah) Bolivia

bolivialainen (*boa*-li-vi-ah-ligh-nayn) *n* Bolivian; *adj* Bolivian

Brasilia (*brah*-si-li-ah) Brazil

brasilialainen (*brah*-si-li-ah-ligh-nayn) *n* Brazilian; *adj* Brazilian

bridge (*bridsh*) *n* bridge

britti (*brit*-ti) *n* Briton

brittiläinen (*brit*-ti-læ*ee*-nayn) *adj* British

budjetti (*bood*-*y*ayt-ti) *n* budget

Bulgaria (*bool*-gah-ri-ah) Bulgaria

bulgarialainen (*bool*-gah-ri-ah-ligh-nayn) *n* Bulgarian; *adj* Bulgarian

bussi (*booss*-si) *n* bus

C

CD-levy (*sāy-dāy- lay-vew*) *n* compact disc

CD-soitin (*sāy-dāy- soi-*tin) *n* CD player

celsius- (*sayl-*si-ooss) *centigrade*

cembalo (*chaym-bah-loa*) *n* harpsichord

Chile (*chee-*lay) Chile

chileläinen (*chee-lay-læ*ᵉᵉ-nayn) *n* Chilean; *adj* Chilean

cocktailpala (*koak-*tighl-*pah-*lah) *n* appetizer

D

day spa (day spa) *n* day spa

debetpuoli (*day-*bayt-*pwoa-*li) *n* debit

demokraattinen (*day-*moa-kraat-ti-nayn) *adj* democratic

demokratia (*day-*moa-krah-ti-ah) *n* democracy

deodorantti (*day-*oa-doa-rahnt-ti) *n* deodorant

desinfioida (*day-*sin-fi-oi-dah) *v* disinfect

desinfioimaisine (*day-*sin-fi-oi-miss-*igh-*nay) *n* disinfectant

devalvointi (*day-*vahl-voin-ti) *n* devaluation

diagnoosi (*di-*ahg-*nōa-*si) *n* diagnosis; **tehdä ∼** diagnose

diakuva (*di-*ah-*koo-*vah) *n* slide

dieselmoottori (*dee-*sayl-*mōat-*toa-ri) *n* diesel

digitalikamera (*di-*gi-taa-li-*kah-*may-rah) *n* digital camera

digitaalikuva (*di-*gi-taa-li-*koo-*vah) *n* digital photo

digitaalinen (*di-*gi-taa-li-nayn) *adj* digital

digitaaliprojektori (*di-*gi-taa-li-*proa-*ᵞayk- *toa-*ri) *n* digital projector

diktaattori (*dik-*taat-toa-ri) *n* dictator

diplomaatti (*dip-*loa-maat-ti) *n* diplomat

diplomi (*dip-*loa-mi) *n* diploma

diskonttokorko (*diss-*koant-toa-*koar-*koa) *n* discount rate

dollari (*doal-*lah-ri) *n* dollar

dramaattinen (*drah-*maat-ti-nayn) *adj* dramatic

DVD-levy (*dāy-*vāy-*dāy- lay-*vew) *n* DVD

DVD-ROM (*dāy-*vāy-*dāy-roam*) *n* DVD-ROM

dynamo (*dew-*nah-moa) *n* dynamo

dyyni (*dēw-*ni) *n* dune

E

Ecuador (*ayk*-vah-doar)
Ecuador

ecuadorilainen (*ayk*-vah-doa-ri-ligh-nayn) *n*
Ecuadorian

edellinen (ay-dayl-li-nayn)
adj preceding, previous, former

edellyttäen (ay-dayl-lewt-tæ-ayn) provided that

edellä (ay-dayl-læ) *adv*
ahead, *postp* ahead of; *adv* before

edeltäjä (ay-dayl-tæ-ᵞæ) *n*
predecessor

edeltävä (ay-dayl-tæ-væ) *adj*
previous

edeltää (ay-dayl-tææ) *v*
precede

edessä (ay-dayss-sæ) *postp*
before, in front of

edistyksellinen (ay-diss-tewk-*sayl*-li-nayn) *adj*
progressive

edistynyt (ay-diss-tew-newt)
adj advanced

edistys (ay-diss-tewss) *n*
progress; **edistysmielinen**
progressive

edistyä (ay-diss-tew-æ) *vget*
on, advance

edistää (ay-diss-tææ) *v*
promote

editoida (ay-di-toi-dah) *v*
edit

eduksi (ay-dook-si) *postp* on

behalf of

edullinen (aydool-li-nayn)
adj advantageous; cheap

edustaa (ay-dooss-taa) *v*
represent

edustava (ay-dooss-tah-vah)
adj representative

edustus (ay-dooss-tooss) *n*
representation

eebenpuu (āy-baym-pōō) *n*
ebony

eepos (āy-poass) *n* epic

eetteri (āy-t-tay-ri) *n* ether

Egypti (ay-gewp-ti) Egypt

egyptiläinen (ay-gewp-ti-læᵉᵉ-nayn) *n* Egyptian; *adj*
Egyptian

ehdokas (ayh-doa-kahss) *n*
candidate

ehdonalainen (ayh-doan-ah-ligh-nayn) *adj*
conditional

ehdoton (ayh-doa-toan) *adj*
unconditional; absolute

ehdottaa (ayh-doat-taa) *v*
suggest, propose

ehdottomasti (ayh-doat-toa-mahss-ti) *adv* absolutely

ehdotus (ayh-doa-tooss) *n*
proposition, suggestion, proposal

eheä (ay-hay-æ) *adj* whole;
unbroken

ehkä (ayh-kæ) *adv* perhaps

ehkäisevä (ayh-kæᵉᵉ-say-væ) *adj* preventive

ehkäistä (*ayh*-kæ*ee*ss-tæ) *v*
prevent;

ehkäisyväline (*ayh*-kæ*ee*-sew-*væ*-li-nay) *n*
contraceptive

ehostus (*ay*-hoass-tooss) *n*
make-up

ehtiä (*ayh*-ti-æ) *v*catch;
*make

ehto (*ayh*-toa) *n* condition;
clause; claim

ei (*ay*) no; not; **ei ... eikä**
neither ... nor; ~ **enää no**
longer; ~ **koskaan never;** ~
kukaan no one; ~
kumpikaan neither; ~
mikään none, nothing; ~
missään nowhere; ~
mitään nothing; ~
suinkaan by no means

eikä (*ay*-kæ) *nor*

eilen (*ay*-layn) *adv* yesterday

ekoturisti (*ay*-koa-*too*-riss-
ti) *n* eco-tourist

eksoottinen (*ayk*-sōat-ti-
nayn) *adj* exotic

eksynyt (*ayk*-sew-newt) *adj*
lost

eksyä (*ayk*-sew-æ) *v*get lost,
*lose one's way

ele (*ay*-lay) *n* gesture

elefantti (*ay*-lay-fahnt-ti) *n*
elephant

elegantti (*ay*-lay-gahnt-ti)
adj elegant

elehtiä (*ay*-layh-ti-æ) *v*
gesticulate

elektroninen (*ay*-layk-troa-
ni-nayn) *adj* electronic

elimellinen (*ay*-li-mayl-li-

nayn) *adj* organic; essential

elin (*ay*-lin) *n* organ

elinaika (*ay*-lin-*igh*-kah) *n*
lifetime

elinkeino (*ay*-ling-*kay*-noa)
n livelihood

elinkeinonharjoittaja (*ay*-
ling-*kay*-noan-*hahr*-*Y*oit-
tah-*Y*ah) *n* self-employed
professional, trader

elintarvikekauppias (*ay*-
ling-*tahr*-vi-kay-*koup*-pi-
ahss) *n* grocer

elintaso (*ay*-lin-*tah*-soa) *n*
standard of living

elintoimintaoppi (*ay*-lin-*toi*-
min-tah-*oap*-pi) *n*
physiology

elintärkeä (*ay*-lin-*tær*-kay-æ)
adj vital

elinympäristö (*ay*-lin-*ewm*-
pæ-riss-tur) *n* environment

e-lippu (*āy*- *lip*-poo) *n* e-
-ticket

ellei (*ayl*-lay) *conj* unless

elohopea (*ay*-loa-*hoa*-pay-
ah) *n* mercury

eloisa (*ay*-loi-sah) *adj* lively,
vivid

elokuu (*ay*-loa-*kōō*) August

elokuva (*ay*-loa-*koo*-vah) *n*
movie, film

elokuvat (*ay*-loa-*koo*-vaht)
pl movie theater *Am*,
movies *Am*

elokuvata (*ay*-loa-*koo*-vah-
tah) *v* film

elokuvateatteri (*ay*-loa-*koo*-
vah-*tay*-aht-tay-ri) *n*
cinema

eloonjääminen (*ay-lōān-ʸǣ-mi-nayn*) *n* survival

elossa (*ay-loass-sah*) *adv* alive

eloton (*ay-loa-toan*) *adj* lifeless; dull

elpyminen (*ay-lpew-mi-nayn*) *n* revival

eltaantunut (*ayl-taan-too-noot*) *adj* rancid

elukka (*ay-look-kah*) *n* beast

eläin (*ay-læᵉᵉn*) *n* animal

eläinlääkäri (*ay-læᵉᵉn-lǣ-kæ-ri*) *n* veterinary surgeon

eläinrata (*ay-læᵉᵉn-rah-tah*) *n* zodiac

eläinsatu (*ay-læᵉᵉn-sah-too*) *n* fable

eläintarha (*ay-læᵉᵉn-tahr-hah*) *n* zoo, zoological gardens

eläintiede (*ay-læᵉᵉn-tyay-day*) *n* zoology

eläke (*ay-læ-kay*) *n* pension; **eläkkeellä oleva** retired

elämä (*ay-læ-mæ*) *n* life

elämänura (*ay-læ-mæn-oo-rah*) *n* career

elämänviisaus (*ay-læ-mæn-vee-sah-ooss*) *n* philosophy

elämää ylläpitävä (*ay-læ-mææ- ewl-læ-pi-tæ-væ*) life support

elävä (*ay-læ-væ*) *adj* live

elää (*ay-læœ*) *v* live

emali (*ay-mah-li*) *n* enamel

emaloitu (*ay-mah-loi-too*) *adj* enamelled

emäntä (*ay-mæn-tæ*) *n* hostess, mistress

enemmistö (*ay-naym-miss-tur*) *n* majority

energia (*ay-nayr-gi-ah*) *n* energy

Englannin kanaali (*ayng-lahn-nin kah-naa-li*) English Channel

Englanti (*ayng-lahn-ti*) England

englantilainen (*ayng-lahn-ti-ligh-nayn*) *n* Englishman *adj* English

enimmäkseen (*ay-nim-mæk-sāyn*) *adv* mostly

enintään (*ay-nin-tææn*) *adv* at most

enkeli (*ayng-kay-li*) *n* angel

ennakko (*ayn-nahk-koa*) *n* advance payment

ennakkoesitys (*ayn-nahk-koa-ay-si-tewss*) *n* preview

ennakkoluulo (*ayn-nahk-koa-lōō-loa*) *n* prejudice

ennakoida (*ayn-nah-koi-dah*) *v* anticipate

ennalta maksettu (*ayn-nahl-tah mahk-sayt-too*) prepaid

ennen (*ayn-nayn*) *prep* before; *adv* formerly, before; **~ kaikkea** above all; **~ kuin** before

ennenaikainen (*ayn-nayn-igh-kigh-nayn*) *adj* premature

ennustaa (*ayn-nooss-taa*) *v* forecast, predict

ennuste (*ayn-nooss-tay*) *n* forecast

ennätys (*ayn-næ-tewss*) *n*

record
eno (ay-noa) n uncle
ensi (ayn-si) adj next,
following
ensiapu (ayn-si-ah-poo) n
first aid
ensiapuasema (ayn-si-ah-
poo-ah-say-mah) n first aid
station
ensiapulaukku (ayn-si-ah-
poo-louk-koo) n first aid kit
ensiksi (ayn-sik-si) adv at
first
ensiluokkainen (ayn-si-
lwoak-kigh-nayn) adj first-
class, first-rate, prime
ensimmäinen (ayn-sim-
mæ^ee-nayn) num first
ensisijainen (ayn-si-si-^yigh-
nayn) adj primary
entinen (ayn-ti-nayn) adj
former
epidemia (ay-pi-day-mi-ah)
n epidemic
epäaito (ay-pæ-igh-toa) adj
fake, artificial
epäilemättä (ay-pæ^ee-lay-
mæt-tæ) adv undoubtedly,
without doubt
epäilevä (ay-pæ^ee-lay-væ)
adj suspicious; doubtful
epäillä (ay-pæ^eel-læ) v
doubt; mistrust; suspect
epäilys (ay-pæ^ee-lewss) n
doubt; suspicion
epäilyttävä (ay-pæ^ee-lewt-
tæ-væ) adj suspicious
epäitsekäs (ay-pæ-it-say-
kæss) adj unselfish
epäjumala (ay-pæ-^yoo-mah-

lah) n idol
epäjärjestys (ay-pæ-^yær-
^yayss-tewss) n disorder
epäkohtelias (ay-pæ-koah-
tay-li-ahss) adj impolite
epäkuntoinen (ay-pæ-koon-
toi-nayn) adj broken; out of
order
epäluotettava (ay-pæ-lwoa-
tayt-tah-vah) adj
untrustworthy, unreliable
epäluulo (ay-pæ-lōō-loa) n
suspicion
epäluuloinen (ay-pæ-lōō-
loi-nayn) adj suspicious
epämiellyttävä (ay-pæ-
myayl-lewt-tæ-væ) adj
disagreeable, unpleasant;
disgusting
epämieluinen (ay-pæ-myay-
loo^ee-nayn) adj
undesirable; unpopular
epämukava (ay-pæ-moo-
kah-vah) adj uncomfortable
epämuodostunut (ay-pæ-
mwoa-doass-too-noot) adj
deformed
epämääräinen (ay-pæ-
mææ-ræ^ee-nayn) adj
indefinite; vague
epäoikeudenmukainen (ay-
pæ-oi-kay-oo-dayn-moo-
kigh-nayn) adj unjust,
unfair
epäonni (ay-pæ-oan-ni) n
misfortune
epäonnistua (ay-pæ-oan-
niss-too-ah) v fail
epäonnistuminen (ay-pæ-
oan-niss-too-mi-nayn) n

failure

epäonnistunut (ay-pæ-oan-niss-too-noot) *adj*
unsuccessful

epäpuhdas (ay-pæ-pooh-dahss) *adj* unclean

epäpätevä (ay-pæ-pæ-tay-væ) *adj* unqualified, incompetent

epärehellinen (ay-pæ-ray-hayl-li-nayn) *adj* dishonest

epäröidä (ay-pæ-ruree-dæ) *v* hesitate

epäselvä (ay-pæ-sayl-væ) *adj* not clear, dim; ambiguous

epäsiisti (ay-pæ-seess-ti) *adj* untidy, sloppy

epäsuopea (ay-pæ-swoa-pay-ah) *adj* adverse, antagonistic

epäsuora (ay-pæ-swoa-rah) *adj* indirect

epäsuotuisa (ay-pæ-swoa-tooee-sah) *adj* unfavourable

epäsäännöllinen (ay-pæ-sææn-nurl-li-nayn) *adj* irregular

epätarkka (ay-pæ-tahrk-kah) *adj* inaccurate

epätasainen (ay-pæ-tah-sigh-nayn) *adj* uneven

epätavallinen (ay-pæ-tah-vahl-li-nayn) *adj* unusual, uncommon; extraordinary

epäterve (ay-pæ-tayr-vay) *adj* unsound

epäterveellinen (ay-pæ-tayr-vāyl-li-nayn) *adj* unhealthy

epätodellinen (ay-pæ-toa-dayl-li-nayn) *adj* unreal

epätodennäköinen (ay-pæ-toa-dayn-næ-kuree-nayn) *adj* improbable, unlikely

epätoivoinen (ay-pæ-toi-voi-nayn) *adj* desperate; **olla ~** despair

epätyydyttävä (ay-pæ-tēw-dewt-tæ-væ) *adj* unsatisfactory

epätäydellinen (ay-pæ-tæew-dayl-li-nayn) *adj* incomplete; imperfect

epävakaa (ay-pæ-vah-kah) *adj* unstable

epävarma (ay-pæ-vahr-mah) *adj* uncertain; hesitant, precarious

epäviisas (ay-pæ-vee-sahss) *adj* unwise

epävirallinen (ay-pæ-vi-rahl-li-nayn) *adj* unofficial; informal

epäystävällinen (ay-pæ-ewss-tæ-væl-li-nayn) *adj* unfriendly, unkind

erehdys (ay-rayh-dewss) *n* error, mistake;

erehtyä (ay-rayh-tew-æ) *v* be mistaken, err;

erheellinen (ayr-hāyl-li-nayn) *adj* mistaken

eri (ay-ri) *adj* different, various

erikoinen (ay-ri-koi-nayn) *adj* peculiar, particular, special

erikoisesti (ay-ri-koi-sayss-ti) *adv* especially

erikoistua (ay-ri-koiss-too-ah) *v* specialize

erikoisuus (*ay*-ri-koi-sōōss) *n* speciality

erikseen (*ay*-rik-sāyn) *adv* separately

erilainen (*ay*-ri-ligh-nayn) *adj* unlike, different; unequal; olla ~ differ

erillinen (*ay*-ril-li-nayn) *adj* separate

erillään (*ay*-ril-lææn) *adv* apart

erinomainen (*ay*-rin-*oa*-migh-hayn) *adj* excellent; fine; superb

erioikeus (*ay*-ri-*oi*-kay-ooss) *n* privilege

eriskummallinen (*ay*-riss-*koom*-mahl-li-nayn) *adj* eccentric

eriste (*ay*-riss-tay) *n* insulation

eristetty (*ay*-riss-tayt-tew) *adj* isolated

eristin (*ay*-riss-tin) *n* insulator

eristyneisyys (*ay*-riss-tew-nay-sēwss) *n* isolation

eristää (*ay*-riss-tææ) *v* isolate; insulate

eritellä (*ay*-ri-tayl-læ) *v* analyse

erittäin (*ay*-rit-tæ^{ee}n) *adv* extremely, highly

erityinen (*ay*-ri-tew^{ee}-nayn) *adj* special; particular

ero (*ay*-roa) *n* distinction, difference; contrast; eron pyyntö resignation

erota (*ay*-roa-tah) *v* divorce;

resign

erottaa (*ay*-roat-taa) *v* divide, part, separate; distinguish; fire; suspend; ~ virasta dismiss

erotuomari (*ay*-roa-*twoa*-mah-ri) *n* umpire, referee

erotus (*ay*-roa-tooss) *n* distinction, difference

erä (*ay*-ræ) *n* heat, round; item, share

erääntynyt (*ay*-rææn-tew-newt) *adv* overdue

erääntyvä (*ay*-ræen-tew-væ) *adj* due

esiin (*ay*-seen) *adv* forward

esiintyminen (*ay*-seen-tew-mi-nayn) *n* appearance; performance; outing

esiintyä (*ay*-seen-tew-æ) *v* occur, appear; act

esi-isä (*ay*-si-*i*-sæ) *n* ancestor

esikaupunki (*ay*-si-*kou*-poong-ki) *n* suburb

esikaupunkilainen (*ay*-si-*kou*-poong-ki-ligh-nayn) *adj* suburban

esiliina (*ay*-si-*lee*-nah) *n* apron

esimerkki (*ay*-si-*mayrk*-ki) *n* example, instance; esimerkiksi for example, for instance

esimies (*ay*-si-mi-ayss) *n* boss, chief

esine (*ay*-si-nay) *n* thing; object

esirippu (*ay*-si-*rip*-poo) *n* curtain

esitaistelija (ay-si-*tighss*-tay-li-ᴵah) *n* protagonist; pioneer

esite (ay-si-tay) *n* prospectus, brochure

esitellä (ay-si-tayl-læ) *v* introduce, present

esitelmä (ay-si-tayl-mæ) *n* lecture, presentation

esittely (ay-sit-tay-lew) *n* introduction

esittää (ay-sit-tææ) *v* represent present

esitys (ay-si-tewss) *n* show, performance; motion

Espanja (ayss-pahn-ᴵah) Spain

espanjalainen (ayss-pahn-ᴵah-ligh-nayn) *n* Spaniard; *adj* Spanish

essee (ayss-say) *n* essay

este (ayss-tay) *n* barrier, obstacle; impediment

estää (ayss-tææ) *v* prevent, hinder; block

etana (ay-tah-nah) *n* snail

etappi (ay-tahp-pi) *n* stage

eteenpäin (ay-tayn-*pæ*ᵉᵉn) *adv* forward, onwards

eteishalli (ay-tayss-*hahl*-li) *n* lobby, hall

etelä (ay-tay-læ) *n* south

Etelä-Afrikka (ay-tay-læ-*ahf*-rik-kah) South Africa

eteläinen (ay-tay-læᵉᵉ-nayn) *adj* southerly, southern

etelänapa (ay-tay-læ-*nah*-pah) *n* South Pole

eteneminen (ay-tay-nay-mi-nayn) *n* advance

etenkin (ay-tayn-kin) *adv* in particular, specially

etevä (ay-tay-væ) *adj* skilful

etikka (ay-tik-kah) *n* vinegar

Etiopia (ay-ti-oa-pi-ah) Ethiopia

etiopialainen (ay-ti-oa-pi-ah-ligh-nayn) *n* Ethiopian; *adj* Ethiopian

etsaus (ayt-sah-ooss) *n* etching

etsijä (ayt-si-ᴵæ) *n* finder

etsivä (ayt-si-væ) *n* detective

etsiä (ayt-si-æ) *v* search, *seek, hunt for; ~ **tarkoin** search

että (ayt-tæ) *conj* that

etu (ay-too) *n* profit, benefit, advantage; interest

etuajo-oikeus (ay-too-*ah*-ᴵoa-*oi*-kay-ooss) *n* right of way

etuala (ay-too-*ah*-lah) *n* foreground

etukäteen (ay-too-*kæ*-tāyn) *adv* in advance; beforehand

etuliite (ay-too-*lee*-tay) *n* prefix

etumaksu (ay-too-mahk-soo) *n* down payment

etumatka (ay-too-*maht*-kah) *n* lead

etummainen (ay-toom-migh-nayn) *adj* foremost

etunimi (ay-too-*ni*-mi) *n* first name

etuoikeus (ay-too-*oi*-kay-ooss) *n* priority; privilege

etupuoli (ay-too-*pwoa*-li) *n* front

eturuoka (*ay*-too-rwoa-kah) *n* hors d'œuvre

etusormi (*ay*-too-*soar*-mi) *n* index finger

etuvalo (*ay*-too-*vah*-loa) *n* headlamp, headlight

etäinen (*ay*-tæ^{ee}-nayn) *adj* distant, far-off

etäisempi (*ay*-tæ^{ee}-saym-pi) *adj* further

etäisin (*ay*-tæ^{ee}-sin) *adj* furthest

etäisyys (*ay*-tæ^{ee}-sēwss) *n* way, distance

etäisyysmittari (*ay*-tæ^{ee}-sēwss-*mit*-tah-ri) *n* range

finder

EU (*ay*-ōō) *n*EU

euro (*ay*^{oo}-roa) *n* Euro

Eurooppa (*ay*^{oo}-rōāp-pah) Europe

eurooppalainen (*ay*^{oo}-rōāp-pah-ligh-nayn) *n* European; *adj* European

evakuoida (*ay*-vah-koo-oi-dah) *v* evacuate

evankeliumi (*ay*-vahng-kay-li-oo-mi) *n* gospel

eversti (*ay*-vayrs-ti) *n* colonel

evätä (*ay*-væ-tæ) *v* deny, decline

F

farmarihousut (*fahr*-mah-ri-*hoa*-soot) *pl* jeans *pl*

farmaseutti (*fahr*-mah-*say*^{oo}t-ti) *n* pharmacist *nAm*

fasaani (*fah*-saa-ni) *n* pheasant

fasismi (*fah*-siss-mi) *n* fascism

fasisti (*fah*-siss-ti) *n* fascist

fasistinen (*fah*-siss-ti-nayn) *adj* fascist

feodaalinen (*fay*-oa-daa-li-nayn) *adj* feudal

festivaali (*fayss*-ti-vaa-li) *n* festival

filippiiniläinen (*fi*-lip-pee-ni-læ^{ee}-nayn) *n* Filipino; *adj* Philippine

Filippiinit (*fi*-lip-pee-nit) *pl*

Philippines *pl*

filmi (*fil*-mi) *n* film; piirretty ~ cartoon

filmikamera (*fil*-mi-*kah*-may-rah) *n* camera

filosofi (*fi*-loa-soa-fi) *n* philosopher

filosofia (*fi*-loa-soa-fi-ah) *n* philosophy

finanssi- (*fi*-nahns-si) *adj* financial

finni (*fin*-ni) *n* acne, spot

flamingo (*flah*-ming-ngoa) *n* flamingo

flanelli (*flah*-nayl-li) *n* flannel

flyygeli (*flēw*-gay-li) *n* grand piano

foneettinen (*foa*-nāyt-ti-nayn) *adj* phonetic

froteekangas (*froa-tāy-kahng*-ngahss) *n* towelling
fysiikka (*few*-seek-kah) *n* physics

fyysikko (*few*-sik-koa) *n* physicist
fyysinen (*few*-si-nayn) *adj* physical

G

gallona (*gahl*-loa-nah) *n*gallon (Brit 4,55 l; Am 3,79 l)
generaattori (*gay*-nay-raat-toa-ri) *n* generator
geologia (*gay*-oa-loa-gi-ah) *n* geology
geometria (*gay*-oa-mayt-ri-ah) *n* geometry
gobeliini (*goa*-bay-lee-ni) *n* gobelin
golfkenttä (*golf-kaynt*-tæ) *n* golf links, golf course
golfmaila (*golf-migh*-lah) *n* golfclub
gondoli (*goan*-doa-li) *n* gondola
GPS: maailmanlaajuinen paikannusjärjestelmä

(*gāy*-pāy-æs) *n* GPS; global positioning system
graafinen esitys (*graa*-finayn *aysi*-tewss) diagram, graph
gramma (*grahm*-mah) *n* gram
graniitti (*grah*-neet-ti) *n* granite
greippi (*grayp*-pi) *n* grapefruit
grillata (*gril*-lah-tah) *v* barbecue
grilliateria (*gril-li-ah*-tay-ri-ah) *n*barbecue (*food*)
grilli (*gril*-li) *n* grillroom
grossi (*groass*-si) *n* gross
gynekologi (*gew*-nay-koa-loa-gi) *n* gynaecologist

H

haalea (*haa*-lay-ah) *adj* lukewarm, tepid
haalistua (*haa*-liss-too-ah) *v* fade
haaraosasto (*haa*-rah-*oa*-sahss-toa) *n* branch
haarautua (*haa*-rou-too-ah) *v* fork, branch
haarautuma (*haa*-rou-too-

mah) *n* fork
haarniska (*haar*-niss-kah) *n* armour
haarukka (*haa*-rook-kah) *n* fork
haastaa (*haass*-taa) *v* dare, challenge
haastattelu (*haass*-taht-tay-loo) *n* interview

haaste (*haass*-tay) *n* challenge

haava (*haa*-vah) *n* wound; cut

haavoittaa (*haa*-voit-taa) *v* wound, *hurt

haavoittuva (*haa*-voit-too-vah) *adj* vulnerable

hahmo (*hahh*-moa) *n* figure

hahmotella (*hahh*-moa-tayl-lah) *v* sketch, outline

hai (high) *n* shark

haihtua (*highh*-too-ah) *v* evaporate

haikara (*high*-kah-rah) *n* stork; heron

haista (*highss*-tah) *v* smell

haitata (*high*-tah-tah) *v* hinder; bother; handicap

haitta (*hight*-tah) *n* disadvantage; inconvenience

hajallaan (*hah-*ʸ*ahl*-laan) *adv* apart, scattered

hajottaa (*hah-*ʸ*oat*-taa) *v* disperse; dissolve

haju (*hah-*ʸ*oo*) *n* odour, smell

hajuvesi (*hah-*ʸ*oo-vay*-si) *n* perfume

hakaneula (*hah-kah-nay*ᵒᵒ-lah) *n* safety pin

hakata hienoksi (*hah-kah-tah hyay*-noak-si) mince

hakea (*hah*-kay-ah) *v* look for; look up; ~ **paikkaa** apply for a job

hakemisto (*hah*-kay-miss-toa) *n* index

hakemus (*hah*-kay-mooss) *n* application

haljeta (*hahl-*ʸ*ay*-tah) *v* burst, break down

halkaista (*hahl*-kighss-tah) *v* split

halkeama (*hahl*-kay-ah-mah) *n* crack

halkio (*hahl*-ki-oa) *n* fly; opening

halko (*hahl*-koa) *n* log

hallinnollinen (*hahl*-lin-noal-li-nayn) *adj* administrative

hallinto (*hahl*-lin-toa) *n* administration

hallinto-oikeus (*hahl*-lin-toa-*oi*-kay-ooss) *n* administrative court

hallita (*hahl*-li-tah) *v* govern; reign, rule; master

hallitsija (*hahl*-lit-si-ʸah) *n* sovereign, ruler; monarch

hallitus (*hahl*-li-tooss) *n* government; administration

hallitusaika (*hahl*-li-tooss-*igh*-kah) *n* reign

hallitusjärjestelmä (*hahl*-li-tooss-ʸ*ær*-ʸayss-tayl-mæ) *n* régime

halpa (*hahl*-pah) *adj* inexpensive, cheap

halpamainen (*hahl*-pah-migh-nayn) *adj* foul; mean

haltija (*hahl*-ti-ʸah) *n* owner; occupant

haltijatar (*hahl*-ti-ʸah-tahr) *n* fairy

halu (*hah*-loo) *n* desire; **kiihkeä ~** urge

halukas (*hah*-loo-kahss) *adj*
 willing; inclined
haluta (*hah*-loo-tah) *v* want;
 desire, wish; ~ mieluummin
 prefer
haluttava (*hah*-loot-tah-vah)
 adj desirable
halvaannuttaa (*hahl*-vaan-
 noot-taa) *v* paralyse
halvaantunut (*hahl*-vaan-
 too-noot) *adj* paralised
halvaus (*hahl*-vah-ooss) *n*
 paralysis, stroke
halveksia (*hahl*-vayk-si-ah)
 v scorn, despise
halveksiminen (*hahl*-vayk-
 si-mi-nayn) *n* contempt
hame (*hah*-may) *n* skirt
hammas (*hahm*-mahss) *n*
 tooth
hammasharja (*hahm*-
 mahss-*hahr*-ʸah) *n*
 toothbrush
hammasjauhe (*hahm*-
 mahss-ʸou-hay) *n*
 toothpowder
hammaslääkäri (*hahm*-
 mahss-*læ*æ-kæ-ri) *n* dentist
hammaspaikka (*hahm*-
 mahss-*pighk*-kah) *n* filling
hammassärky (*hahm*-
 mahss-*sær*-kew) *n*
 toothache
hammastahna (*hahm*-
 mahss-*tahh*-nah) *n*
 toothpaste
hammastikku (*hahm*-
 mahss-*tik*-koo) *n* toothpick
hamppu (*hahmp*-poo) *n*
 hemp

hampurilainen (*hahm*-poo-
 ri-ligh-nayn) *n* beefburger
hana (*hah*-nah) *n* tap; faucet
 nAm
hangata (*hahng*-ngah-tah) *v*
 scrub
hanhi (*hahn*-hi) *n* goose
hankala (*hahng*-kah-lah) *adj*
 inconvenient; difficult
hankauma (*hahng*-kah-oo-
 mah) *n* sore, abrasion
hanke (*hahng*-kay) *n* project
hankinta (*hahng*-kin-tah) *n*
 acquisition, purchase
hankkia (*hahngk*-ki-ah)
 *v*buy; acquire, obtain;
 provide, supply; *get
hankkiutua eroon (*hahngk*-
 ki-oo-too-ah) *vget* rid of
hansikas (*hahn*-si-kahss) *n*
 glove
hapan (*hah*-pahn) *adj* sour
happi (*hahp*-pi) *n* oxygen
hapsu (*hahp*-soo) *n* fringe
harava (*hah*-rah-vah) *n* rake
harhailla (*hahr*-highl-lah) *v*
 wander
harhakuva (*hahr*-hah-*koo*-
 vah) *n* illusion
harja (*hahr*-ʸah) *n* brush
harjata (*hahr*-ʸah-tah) *v*
 brush
harjoitella (*hahr*-ʸoi-tayl-
 lah) *v* practise, exercise;
 rehearse
harjoittaa (*hahr*-ʸoit-taa) *v*
 exercise; practise; ~
 salametsästystä poach
harjoittelija (*hahr*-ʸoit-tay-li-
 yah) *n* apprentice, trainee

harjoittelu (*hahr-ᵞoit-tay-loo*) *n* practice

harjoitus (*hahr-ᵞoi-tooss*) *n* exercise; rehearsal

harjoituttaa (hahr-ᵞoi-toot-taa) *v* drill; train

harkinta (*hahr-kin-tah*) *n* deliberation; consideration

harkita (*hahr-ki-tah*) *v* deliberate; consider

harkitsematon (*hahr-kit-say-mah-toan*) *adj* rash

harkittu (*hahr-kit-too*) *adj* deliberate

harmaa (*hahr-maa*) *adj* grey

harmi (*hahr-mi*) *n* harm

harmillinen (*hahr-mil-li-nayn*) *adj* annoying

harmittaa (*hahr-mit-taa*) *v* annoy

harppu (*hahrp-poo*) *n* harp

harrastus (*hahr-rahss-tooss*) *n* hobby

harso (*hahr-soa*) *n* veil

harsokangas (*hahr-soa-kahng-ngahss*) *n* net

hartia (*hahr-ti-ah*) *n* shoulder

hartiahuivi (*hahr-ti-ah-hooᵉᵉ-vi*) *n* shawl

hartiaviitta (*hahr-ti-ah-veet-tah*) *n* cape

harva (*hahr-vah*) *adj* few

harventaa (*hahr-vayn-taa*) *v* space

harvinainen (*hahr-vi-nigh-nayn*) *adj* rare, infrequent; uncommon, unusual

harvinaisuus (*hahr-vi-nigh-sōōss*) *n* rarity

harvoin (*hahr-voin*) *adv* seldom, rarely

hassu (*hahss-soo*) *adj* funny

hattu (*haht-too*) *n* hat

haudata (*hou-dah-tah*) *v* bury

hauki (*hou-ki*) *n* pike

haukka (*houk-kah*) *n* hawk

haukkua (*houk-koo-ah*) *v* bark, bay; call names

haukotella (*hou-koa-tayl-lah*) *v* yawn

hauras (*hou-rahss*) *adj* fragile

hauska (*houss-kah*) *adj* pleasant, amusing

hauskannäköinen (*houss-kahn-næ-kurᵉᵉ-nayn*) *adj* good-looking, nice

hauskuttaa (*houss-koot-taa*) *v* amuse

hauta (*hou-tah*) *n* grave, tomb

hautajaiset (*hou-tah-ᵞigh-sayt*) *pl* burial, funeral

hautakappeli (*hou-tah-kahp-pay-li*) *n* mausoleum

hautakivi (*hou-tah-ki-vi*) *n* gravestone, tombstone

hautaus (*hou-tah-ooss*) *n* burial

hautausmaa (*hou-tah-ooss-maa*) *n* graveyard, cemetery

havainnoida (*hah-vahn-noi-dah*) *v* observe

havainnollinen (*hah-vighn-noal-li-nayn*) *adj* explicit

havainto (*hah-vighn-toa*) *n* observation

havaita (*hah-vigh-tah*) *v*

discover, detect; notice

havaittava (*hah-*vight-*tah-*vah) *adj* perceptible, noticeable

havupuu (*hah-*voo-*pōō*) *n* fir tree

he (*hay*) *pron* they

hedelmä (*hay-*dayl-mæ) *n* fruit

hedelmällinen (*hay-*dayl-mæl-li-nayn) *adj* fertile

hedelmämehu (*hay-*dayl-mæ-*may-*hoo) *n* squash, fruit juice

hedelmätarha (*hay-*dayl-mæ-*tahr-*hah) *n* orchard

hedelmöittyminen (*hay-*dayl-mur^ee-tew-mi-nayn) *n* conception

hehku (*hayh-*koo) *n* glow

hehkua (*hayh-*koo-ah) *v* glow

hehkulamppu (*hayh-*koo-*lahmp-*poo) *n* light bulb

hei! (*hay*) hello!

hei hei (*hay-*hay) bye-~bye(*colloquial*)

heidän (*hay-*dæn) *pron* their

heidät (*hay-*dæt) *pron* them

heijastaa (*hay-*^yahss-taa) *v* reflect

heijastin (*hay-*^yahss-tin) *n* reflector

heijastus (*hay-*^yahss-tooss) *n* reflection

heikko (*hayk-*koa) *adj* weak; shaky; faint

heikkous (*hayk-*koa-ooss) *n* weakness

heille (*hayl-*lay) *pron* them

heiluttaa (*hay-*loot-taa) *v* wave

heimo (*hay-*moa) *n* tribe

heinä (*hay-*næ) *n* hay

heinäkuu (*hay-*næ-*kōō*) July

heinänkorsi (*hay-*næng-*koar-*si) *n* blade of grass

heinänuha (*hay-*næ-*noo-*hah) *n* hay fever

heinäsirkka (*hay-*næ-*seerk-*kah) *n* grasshopper

heittiö (*hayt-*ti-ur) *n* bastard

heitto (*hayt-*toa) *n* throw, cast

heittää (*hayt-*tææ) *v* toss, *cast, *throw; ~ pois discard

helakanpunainen (*hay-*lah-kahm-*poo-*nigh-nayn) *adj* scarlet

helikopteri (*hay-*li-koap-tay-ri) *n* helicopter

hellä (*hayl-*læ) *adj* affectionate, tender

hellävarainen (*hayl-*læ-*vah-*righ-nayn) *adj* gentle, cautious

helmeilevä (*hayl-*may-lay-væ) *adj* sparkling

helmi (*hayl-*mi) *n* bead, pearl

helmikuu (*hayl-*mi-*kōō*) February

helminauha (*hayl-*mi-*nou-*hah) *n* beads *pl*

helmiäinen (*hayl-*mi-æ^ee-nayn) *n* mother of pearl

helposti sulava (*hayl-*poass-ti *soo-*lah-vah) *adj* digestible

helpottaa (*hayl*-poat-taa) *v* relieve

helpotus (*hayl*-poa-tooss) *n* relief

helppo (*haylp*-poa) *adj* easy

helppopääsyinen (*haylp*-poa-*pææ*-sew^ee-nayn) *adj* accessible

helppous (*haylp*-poa-ooss) *n* ease

helvetti (*hayl*-vayt-ti) *n* hell

hemmotella (*haym*-moa-tayl-lah) *v*spoil, pamper

hengellinen (*hayng*-ngayl-li-nayn) *adj* spiritual

hengittää (*hayng*-ngit-tææ) *v* breathe; ~ sisään inhale; ~ ulos expire, exhale

hengitys (*hayng*-ngi-tewss) *n* breathing, respiration

hengitysputki (*hayng*-ngi-tewss-*poot*-ki) *n* snorkel

henki (*hayng*-ki) *n* soul, spirit

henkilö (*hayng*-ki-lur) *n* person; **henkeä kohti per** person

henkilöjuna (*hayng*-ki-lur-^oo-nah) *n* passenger train

henkilökohtainen (*hayng*-ki-lur-*koah*-tigh-nayn) *adj* personal; private

henkilökunta (*hayng*-ki-lur-*koon*-tah) *n* staff, personnel

henkilöllisyys (*hayng*-ki-lurl-li-sēwss) *n* identity

henkilöllisyystodistus (*hayng*-ki-lurl-li-sēwss-*toa*-diss-tooss) *n* identity card

henkinen (*hayng*-ki-nayn)

adj mental; psychic

henkivakuutus (*hayng*-ki-vah-kōō-tooss) *n* life insurance

henkivartija (*hayng*-ki-*vahr*-ti-^¹ah) *n* bodyguard

henkäys (*hayng*-kæ-ewss) *n* breath

heprea (*hayp*-ray-ah) *n* Hebrew

hereillä (*hay*-rayl-læ) *adv* awake

herkku (*hayrk*-koo) *n* delicacy; delicatessen

herkkulike (*hayrk*-koo-*lee*-kay) *n* delicatessen

herkkusieni (*hayrk*-koo-*syay*-ni) *n*mushroom

herkkusuu (*hayrk*-koo-*sōō*) *n* gourmet

herkkä (*hayrk*-kæ) *adj* sensitive; tender

herkkäuskoinen (*hayrk*-kæ-*ooss*-koi-nayn) *adj* credulous

herkullinen (*hayr*-kool-li-nayn) *adj* delicious

hermo (*hayr*-moa) *n* nerve

hermostunut (*hayr*-moass-too-noot) *adj* nervous

hermostuttaa (*hayr*-moass-toot-taa) *v* irritate

hermosärky (*hayr*-moa-*sær*-kew) *n* neuralgia

herne (*hayr*-nay) *n* pea

herra (*hayr*-rah) *n* mister; sir

herraskartano (*hayr*-rahss-*kahr*-tah-noa) *n* mansion, manor house

herrasmies (*hayr*-rahssmyayss) n gentleman

herruus (*hayr-rōōss*) n
domination

herttainen (*hayrt-tigh-nayn*)
adj sweet

herttua (*hayrt-too-ah*) n
duke

herttuatar (*hayrt-too-ah-tahr*) n duchess

herukka (*hay-rook-kah*) n
currant

herättää (*hay-ræt-tææ*)
vawake, *wake

herätyskello (*hay-ræ-tewss-kayl-loa*) n alarm-clock

herätä (*hay-ræ-tæ*) v wake
up

heteroseksuaalinen (*hay-tay-roa-sayk-soo-aa-li-nayn*)
adj heterosexual

heti (*hay-ti*) adv
immediately, instantly, at
once; presently; ~ paikalla
straight away

hetkellinen (*hayt-kayl-li-nayn*) adj momentary

hetki (*hayt-ki*) n moment

hevonen (*hay-voa-nayn*) n
horse

hevosenkenkä (*hay-voa-sayng-kayng-kæ*) n
horseshoe

hevosvoima (*hay-voass-voi-mah*) n horsepower

hidas (*hi-dahss*) adj slow;
slack

hidasjärkinen (*hi-dahss-ʸær-ki-nayn*) adj slow

hidastaa (*hi-dahss-taa*) v
slow down

hiekka (*hyayk-kah*) n sand

hiekkainen (*hyayk-kigh-nayn*) adj sandy

hiekkapaperi (*hyayk-kah-pah-pay-ri*) n sandpaper

hieno (*hyay-noa*) adj
delicate, fine; select

hienontaa (*hyay-noan-taa*)
vgrind; chop

hienostumaton (*hyay-noass-too-mah-toan*) adj
coarse

hieroa (*hyay-roa-ah*) v
massage; rub; ~ kauppaa
bargain

hieroja (*hyay-roa-ʸah*) n
masseur

hieronta (*hyay-roan-tah*) n
massage

hiha (*hi-hah*) n sleeve

hihittää (*hi-hit-tææ*) v
chuckle

hihna (*hih-nah*) n strap

hiihto (*heeh-toa*) n skiing

hiihtohissi (*heeh-toa-hiss-si*)
n ski lift

hiihtohousut (*heeh-toa-hoa-soot*) pl ski pants

hiihtokengät (*heeh-toa-kayng-ngæt*) pl ski boots

hiihtäjä (*heeh-tæ-ʸæ*) n skier

hiihtää (*heeh-tææ*) v ski

hiilipaperi (*hee-li-pah-pay-ri*) n carbon paper

hiiri (*hee-ri*) n mouse

hiiva (*hee-vah*) n yeast

hiki (*hi-ki*) n sweat,
perspiration

hikka (*hik-kah*) n hiccup

hikoilla (*hi-koil-lah*) v sweat,

perspire

hikoilu (*hi*-koi-loo) *n*
perspiration

hiljainen (*hil*-ᵞigh-nayn) *adj*
quiet, still; ~ kausi low
season

hiljaisuus (*hil*-ᵞigh-sõõss) *n*
silence, quiet

hiljattain (*hil*-ᵞaht-tighn) *adv*
recently

hillitä (*hil*-li-tæ) *v* curb,
restrain

hillo (*hil*-loa) *n* jam

hilse (*hil*-say) *n* dandruff

himmeä (*him*-may-æ) *adj*
mat, dull, dim

himo (*hi*-moa) *n* desire, lust

hinaaja (*hi*-naa-ᵞah) *n* tug,
tow-boat

hinata (*hi*-nah-tah) *v* tow,
tug

hinnanalennus (*hin*-nahn-
ahlayn-nooss) *n* discount

hinnasto (*hin*-nahss-toa) *n*
price list

hinnoitella (*hin*-noit-tel-laa)
v price

hinta (*hin*-tah) *n* rate, cost,
price

hiphop (*hip*-hoap) *n* hip-hop

hipiä (*hi*-pi-æ) *n* complexion

hirsi (*heer*-si) *n* log, beam

hirsipuu (*heer*-si-*põõ*) *n*
gallows *pl*

hirveä (*heer*-vay-æ) *adj*
terrible, awful, dreadful;
horrible

hirvi (*heer*-vi) *n* elk

hirvittävä (*heer*-vit-tæ-væ)
adj horrible, frightful

hissi (*hiss*-si) *n* lift; elevator
nAm

historia (*hiss*-toa-ri-ah) *n*
history

historiallinen (*hiss*-toa-ri-
ahl-li-nayn) *adj* historic,
historical

historioitsija (*hiss*-toa-ri-
oit-si-ᵞah) *n* historian

hitsata (*hit*-sah-tah) *v* weld

hiukan (*hee°°*-kahn) *adv*
slightly, somewhat

hiuksenhieno (*hee°°*k-sayn-
hyay-noa) *adj* subtle

hiusharja (*hee°°*ss-hahr-ᵞah)
n hairbrush

hiuskiinne (*hee°°*ss-keen-
nay) *n* hair spray

hiuslisäke (*hee°°*ss-li-sæ-
kay) *n* hair piece

hiusneula (*hee°°*ss-nay°°-
lah) *n* hairpin; bobby pin
Am

hiussolki (*hee°°*ss-soal-ki) *n*
hairgrip

hiustenkuivaaja (*hee°°*ss-
tayn-*koo°°*-vaa-ᵞah) *n*
hairdrier, hairdryer

hiusverkko (*hee°°*ss-vayrk-
koa) *n* hair net

hiusvesi (*hee°°*ss-vay-si) *n*
hair tonic

hiusvoide (*hee°°*ss-voi-day)
n hair cream

hiusöljy (*hee°°*ss-url²ew) *n*
hair oil

hiven (*hi*-vayn) *n* bit

hohkakivi (*hohk*-kah-*ki*-vi)
n pumice stone

hohtimet (*hoah*-ti-mayt) *pl*

pincers pl

hohto (*hoah*-toa) n gloss

hoikka (*hoik*-kah) adj slender

hoitaa (*hoi*-taa) v tend, nurse; look after

hoito (*hoi*-toa) n treatment; therapy

hoitokoti (*hoi*-toa-*koa*-ti) n nursing home

holhooja (*hoal*-hōa-ʸah) n guardian

holhous (*hoal*-hoa-ooss) n custody

Hollanti (*hoal*-lahn-ti) Holland

hollantilainen (*hoal*-lahn-ti-ligh-nayn) n Dutchman; adj Dutch

holvattu (*hoal*-vaht-too) adj arched

holvi (*hoal*-vi) n arch; vault

home (*hoa*-may) n mildew

homeinen (*hoa*-may-nayn) adj mouldy

homoseksuaalinen (*hoa*-moa-*sayk*-soo-aa-li-nayn) adj homosexual

hopea (*hoa*-pay-ah) n silver

hopeaseppä (*hoa*-pay-ah-*sayp*-pæ) n silversmith

hopeatavara (*hoa*-pay-ah-*tah*-vah-rah) n silverware

hopeinen (*hoa*-pay-nayn) adj silver

horjahdus (*hoar*-ʸahh-dooss) n slip

horjua (*hoar*-ʸoo-ah) v falter

horjuva (*hoar*-ʸoo-vah) adj unsteady

hotelli (*hoa*-tayl-li) n hotel

hotellipoika (*hoa*-tayl-li-*poi*-kah) n pageboy, bellboy

houkutella (*hoa*-koo-tayl-lah) v tempt

houkutus (*hoa*-koo-tooss) n attraction; temptation

housun- (*hoa*-soong) adj trouser

housunkannattimet (*hoa*-soong-*kahn*-naht-ti-mayt) pl suspenders plAm

housupuku (*hoa*-soo-*poo*-koo) n pantsuit

housut (*hoa*-soot) pl trousers pl ; pants plAm ; pitkät ~ slacks pl

hovi (*hoa*-vi) n court

hovimestari (*hoa*-vi-*mayss*-tah-ri) n head waiter

huhtikuu (*hooh*-ti-*kōō*) April

huhu (*hoo*-hoo) n rumour

huijari (*hoo*ᵉᵉ-ʸah-ri) n swindler; quack

huijaus (*hoo*ᵉᵉ-ʸah-ooss) n swindle

huilu (*hoo*ᵉᵉ-loo) n flute

huimaus (*hoo*ᵉᵉ-mah-ooss) n dizziness, giddiness; huimausta tuntevа giddy

huippu (*hoo*ᵉᵉp-poo) n peak, summit, top; spire

huippuhyvä (*hoo*ᵉᵉp-poo-hew-væ) adj super (*colloquial*)

huippukausi (*hoo*ᵉᵉp-poo-kou-si) n peak season

huippukohta (*hoo*ᵉᵉp-poo-koah-tah) n climax

huivi (*hoo^ee-*vi) *n* scarf

hukata (*hoo-*kah-tah) *v* mislay, *lose

hukkua (*hook-*koo-ah) *v* drown, *be drowned

hullu (*hool-*loo) *adj* crazy, mad

hullunkurinen (*hool-*loong-koo-ri-nayn) *adj* funny; cheerful; ludicrous

hulluus (*hool-*lōōss) *n* madness

humalainen (*hoo-*mah-lighnayn) *adj* drunk

humalakasvi (*hoo-*mah-lah-kahss-vi) *n* hop

hummeri (*hoom-*may-ri) *n* lobster

humoristinen (*hoo-*moariss-ti-nayn) *adj* humorous

hunaja (*hoo-*nah-ʸah) *n* honey

huohottaa (*hwoa-*hoat-taa) *v* pant

huojennus (*hwoa-*ʸaynnooss) *n* relief

huolehtia jstk (*hwoa-*layhti-ah) *v* look after, *take care of,

huolellinen (*hwoa-*layl-linayn) *adj* careful

huolenpito (*hwoa-*laym-pitoa) *n* care

huolestua (*hwoa-*layss-tooah) *v* worry

huolestunut (*hwoa-*laysstoo-noot) *adj* concerned, anxious, worried

huolestuttava (*hwoa-*laysstoot-tah-vah) *adj* alarming

huoleton (*hwoa-*lay-toan) *adj* carefree; casual; easy-going

huoli (*hwoa-*li) *n* concern, anxiety, worry, care; trouble; olla huolissaan be worried

huolimaton (*hwoa-*li-mahtoan) *adj* neglectful, careless

huolimatta (*hwoa-*li-mahttah) *prep/postp* despite, in spite of; siitä ∼ nevertheless

huoliteltu (*hwoa-*li-tayl-too) *adj* neat

huoltaa (*hoo-*oal-taa) *v* maintain; overhaul

huoltoasema (*hwoal-*toaah-say-mah) *n* service station; gas station *Am*

huomaamaton (*hwoa-*maamah-toan) *adj* inconspicuous

huomaavainen (*hwoa-*maavigh-nayn) *adj* thoughtful, considerate

huomaavaisuus (*hwoa-*maa-vigh-sōōss) *n* consideration

huomata (*hwoa-*mah-tah) *v* notice, observe, note

huomattava (*hwoa-*mahttah-vah) *adj* considerable; noticeable; remarkable, outstanding

huomauttaa (*hwoa-*mahoot-taa) *v* remark; comment

huomautus (*hwoa-*mah-ootooss) *n* remark, comment;

note

huomenna (*hwoa*-mayn-nah) *adv* tomorrow

huomio (*hwoa*-mi-oa) *n* attention, notice; **huomioon ottaen** considering

huomioonottaminen (*hwoa*-mi-*ōan*-*oat*-tah-minayn) *n* consideration

huomiota herättävä (*hwoa*-mi-oa-tah *hay*-ræt-tæ-væ) *adj* sensational; striking

huone (*hwoa*-nay) *n* room, chamber; **yhden hengen ~** single room

huoneisto (*hwoa*-nayss-toa) *n* flat; apartment *nAm*

huonekalut (*hwoa*-nay-kahloot) *pl* furniture

huonelämpötila (*hwoa*-nay-*læm*-pur-*ti*-lah) *n* room temperature

huonepalvelu (*hwoa*-nay-*pahl*-vay-loo) *n* room service

huono (*hwoa*-noa) *adj* bad; poor; **~ onni** bad luck; misfortune

huonompi (*hwoa*-noam-pi) *adj* inferior

huonovointinen (*hwoa*-noa-*voin*-ti-nayn) *adj* unwell

huopa (*hwoa*-pah) *n* felt; blanket

huora (*hwoa*-rah) *n* whore

huosta (*hwoass*-tah) *n* custody

hupi (*hoo*-pi) *n* fun

huppu (*hoop*-poo) *n* hood

hupsu (*hoop*-soo) *adj* foolish

hurja (*hoor*-ʸah) *adj* wild; furious

hurmaava (*hoor*-maa-vah) *adj* adorable, charming

hurmata (*hoor*-mah-tah) *v* charm

hurmio (*hoor*-mi-oa) *n* ecstasy

hurrata (*hoor*-rah-tah) *v* cheer

hurskas (*hoors*-kahss) *adj* pious

huudahdus (*hōō*-dahhdooss) *n* exclamation; cry

huudahtaa (*hōōdahh*-taa) *v* exclaim

huuhtelu (*hōōh*-tay-loo) *n* rinse

huuhtoa (*hōōh*-toa-ah) *v* rinse

huuli (*hōō*-li) *n* lip

huulipuna (*hōō*-li-*poo*-nah) *n* lipstick

huume (*hōō*-may) *n* drug, narcotic

huumori (*hōō*-moa-ri) *n* humour

huutaa (*hōō*-taa) *v* call, cry, shout; scream

huuto (*hōō*-toa) *n* call, cry, shout

huutokauppa (*hōō*-toa-*koup*-pah) *n* auction

huvi (*hoo*-vi) *n* fun; amusement, pleasure

huvila (*hoo*-vi-lah) *n* villa

huvimatka (*hoo*-vi-*maht*-

kah) *n* excursion

huvinäytelmä (*hoo*-vi-*nææ*ᵉʷ-tayl-mæ) *n* comedy

huvipursi (*hoo*-vi-poor-si) *n* yacht

huviretki (*hoo*-vi-*rayt*-ki) *n* outing; **tehdä ~** picnic

huvittaa (*hoo*-vit-taa) *v* amuse, entertain

huvittava (*hoo*-vit-tah-vah) *adj* humorous, entertaining, amusing

huvitus (*hoo*-vi-tooss) *n* amusement, entertainment

hygieeninen (*hew*-gi-*āy*-ni-nayn) *adj* hygienic

hygienia (*hew*-gi-ay-ni-ah) *n* hygiene

hyi! (hewᵉᵉ) shame!

hylje (*hewl*-ʸay) *n* seal

hylky (*hewl*-kew) *n* wreck

hylly (*hewl*-lew) *n* shelf

hylätä (*hew*-læ-tæ) *v* reject; turn down; desert

hymni (*hewm*-ni) *n* hymn

hymy (*hew*-mew) *n* smile

hymyillä (*hew*-mew-ᵉᵉl-læ) *v* smile

hyppiä (*hewp*-pi-æ) *v* hop;

hyppy (*hewp*-pew) *n* leap, jump

hyppäys (*hewp*-pæ-ewss) *n* hop

hypätä (*hew*-pæ-tæ) *v* jump; **~ yli** skip

hyräillä (*hew*-ræ-ᵉᵉl-læ) *v* hum

hysteerinen (*hewss*-tāy-ri-nayn) *adj* hysterical

hytti (*hewt*-ti) *n* cabin; **hytin**

ikkuna porthole

hyttysverkko (*hewt*-tewss-*vayrk*-koa) *n* mosquito net

hyve (*hew*-vay) *n* virtue

hyvin (*hew*-vin) *adv*well; very, quite; **~ tärkeä henkilö** *n*VIP

hyvinvointi (*hew*-vin-*voin*-ti) *n* welfare; comfort

hyvittää (*hew*-vit-tææ) *v*make good; credit; compensate

hyvitys (*hew*-vi-tewss) *n* compensation

hyvä (*hew*-væ) *adj* good, nice; **~ on!** all right!; **olkaa ~** please; here you are

hyväksyminen (*hew*-væk-sew-mi-nayn) *n* approval; authorization; **antaa ~** approve of

hyväksyä (*hew*-væk-sew-æ) *v* accept, approve; endorse

hyväntahtoinen (*hew*-væn-*tahh*-toi-nayn) *adj* kind; good-natured

hyväntahtoisuus (*hew*-væn-*tahh*-toi-sōōss) *n* goodwill

hyväntekeväisyys (*hew*-væn-*tay*-kay-væᵉᵉ-sēwss) *n* charity

hyväntuulinen (*hew*-væn-*tōō*-li-nayn) *adj* good-tempered, good-humoured

hyytelö (*hēw*-tay-lu) *n* jelly

hyödyllinen (hᵉʷur-dewl-li-nayn) *adj* useful

hyödyllisyys (hᵉʷur-dewl-li-sēwss) *n* usefulness

hyödyttää (hᵉʷur-dewt-tææ)

*v*be of use

hyödytön (*h^{ew}ur*-dew-turn)
adj useless; idle

hyökkäys (*h^{ew}urk*-kæ-ewss)
n attack; raid

hyökkäävä (*h^{ew}urk*-kææ-væ)
adj aggressive; offensive

hyökätä (*h^{ew}ur*-kæ-tæ) *v*
attack

hyönteinen (*h^{ew}urn*-tay-
nayn) *n* insect; bug *nAm*

hyönteismyrkky (*h^{ew}urn*-
tayss-*mewrk*-kew) *n*
insecticide

hyönteisvoide (*h^{ew}urn*-
tayss-*voi*-day) *n* insect
repellent

hyöty (*h^{ew}ur*-tew) *n* use;
profit

hyötyä jstkn (*h^{ew}ur*-tew-æ)
v benefit; profit

häijy (*hæ^{ee}*-Yew) *adj* nasty

häikäisevä (*hæ^{ee}*-kæ^{ee}-say-
væ) *adj* glaring, dazzling

häilyväinen (*hæ^{ee}*-lew-væ^{ee}-
nayn) *adj* unsteady

häipyä (*hæ^{ee}*-pew-æ) *v*
vanish; fade

häiritä (*hæ^{ee}*-ri-tæ) *v*
disturb; bother

häiriö (*hæ^{ee}*-ri-ur) *n*
disturbance

häkeltynyt (*hæ*-kayl-tew-
newt) *adj* embarrassed

häkki (*hæk*-ki) *n* cage

hälinä (*hæ*-li-næ) *n* noise;
fuss

hälyttää (*hæ*-lewt-tææ) *v*
alarm

hälytys (*hæ*-lew-tewss) *n*
alarm

hämillinen (*hæ*-mil-li-nayn)
adj puzzled

hämillisyys (*hæ*-mil-li-
sewss) *n* shyness

hämmentynyt (*hæm*-mayn-
tew-newt) *adj* confused

hämmentää (*hæm*-mayn-
tææ) *v* stir; confuse

hämminki (*hæm*-ming-ki) *n*
confusion

hämmästys (*hæm*-mæss-
tewss) *n* astonishment,
amazement; surprise

hämmästyttävä (*hæm*-
mæss-tewt-tæ-væ) *adj*
surprising, astonishing

hämmästyttää (*hæm*-mæss-
tewt-tææ) *v* amaze,
astonish; surprise

hämähäkinverkko (*hæ*-mæ-
hæ-kin-vayrk-koa) *n*
spider's web

hämähäkki (*hæ*-mæ-hæk-ki)
n spider

hämärä (*hæ*-mæ-ræ) *adj*
dim; obscure, faint; *n* dusk

hämäräperäinen (*hæ*-mæ-
ræ-*pay*-ræ^{ee}-nayn) *adj*
obscure

hän (*hæn*) *pron* he, she

hänelle (*hæ*-nayl-lay) *pron*
him, her

hänen (*hæ*-nayn) *pron* his,
her

hänet (*hæ*-nayt) *pron* him,
her

häntä (*hæn*-tæ) *n* tail

häpeissään (*hæ*-payss-
sæædn) *adv* ashamed

häpeä (*hæ-pay-æ*) *n* shame, disgrace

härkä (*hær-kæ*) *n* bull; ox

härkäpäinen (*hær-kæ-pæ^(ee)-nayn*) *adj* pig-headed

härkätaistelu (*hær-kæ-tighss-tay-loo*) *n* bullfight

härkätaisteluareena (*hær-kæ-tighss-tay-loo-ah-rāy-nah*) *n* bullring

hätä (*hæ-tæ*) *n* distress

hätämerkki (*hæ-tæ-mayrk-ki*) *n* distress signal

hätätapaus (*hæ-tæ-tah-pah-ooss*) *n* emergency

hätätilanne (*hæ-tæ-ti-lahn-nay*) *n* emergency

hävetä (*hæ-vay-tæ*) *vbe* ashamed

hävittää (*hæ-vit-tææ*) *v* destroy

hävitys (*hæ-vi-tewss*) *n* destruction

häviäjä (*hæ-vi-æ-^yæ*) *n* loser

hävyttömyys (*hæ-vewt-tur-mēwss*) *n* impudence

hävytön (*hæ-vew-turn*) *adj* impudent

häväistysjuttu (*hæ-væ^(ee)ss-tewss-^yoot-too*) *n* scandal

häämatka (*hææ-maht-kah*) *n* honeymoon

häät (*hæet*) *pl* wedding

hölmö (*hurl-mur*) *n* fool

hölynpöly (*hur-lewm-pur-lew*) *n* nonsense

höyhen (*hur^(ew)-hayn*) *n* feather

höyry (*hur^(ew)-rew*) *n* steam

höyrylaiva (*hur^(ew)-rew-ligh-vah*) *n* steamer

I

identtinen (*i-daynt-ti-nayn*) *adj* identical

idiomaattinen (*i-di-oa-maat-ti-nayn*) *adj* idiomatic

idiomi (*i-di-oa-mi*) *n* idiom

idiootti (*i-di-ōat-ti*) *n* idiot

ien (*yayn*) *n* gum

ies (*yayss*) *n* yoke

ihailija (*i-high-li-^yah*) *n* fan

ihailla (*i-highl-lah*) *v* admire

ihailu (*i-high-loo*) *n* admiration

ihana (*i-hah-nah*) *adj* delightful, wonderful, lovely

ihanne (*i-hahn-nay*) *n* ideal

ihanteellinen (*i-hahn-tāyl-li-nayn*) *adj* ideal

ihastunut (*i-hahss-too-noot*) *adj* delighted

ihastuttaa (*i-hahss-toot-taa*) *v* delight

ihastuttava (*i-hahss-toot-tah-vah*) *adj* delightful; stunning

ihme (*ih-may*) *n* wonder, miracle; marvel

ihmeellinen (*ih-māyl-li-nayn*) *adj* wonderful, marvellous; miraculous

ihmetellä (*ih*-may-tayl-læ) *v* marvel, wonder

ihmettely (*ih*-mayt-tay-lew) *n* wonder

ihminen (*ih*-mi-nayn) *n* human being; man

ihmiset (*ih*-mi-sayt) *pl* people *pl*

ihmiskunta (*ih*-miss-*koon*-tah) *n* mankind, humanity

iho (*i*-hoa) *n* skin

ihottuma (*i*-hoat-too-mah) *n* eczema, rash

ihovoide (*i*-hoa-*voi*-day) *n* skin cream

ikimuistettava (*i*-ki-*moo*ee*ss*-tayt-tah-vah) *adj* memorable

ikivanha (*i*-ki-*vahn*-hah) *adj* ancient

ikkuna (*ik*-koo-nah) *n* window

ikkunalauta (*ik*-koo-nah-*lou*-tah) *n* windowsill

ikkunaluukku (*ik*-koo-nah-*looök*-koo) *n* shutter

ikoni (*i*-koa-ni) *n* icon

ikuinen (*i*-koo*ee*-nayn) *adj* eternal

ikuisesti (*i*-koo*ee*-says-ti) *adv* forever, for ever

ikuisuus (*i*-koo*ee*-sōöss) *n* eternity

ikä (*i*-kæ) *n* age

ikävystyttävä (*i*-kæ-vewss-tewt-tæ-væ) *adj* boring, dull

ikävystyttää (*i*-kæ-vewss-tewt-tææ) *v* bore

ikävä (*i*-kæ-væ) *adj* dull, unpleasant

ikävöidä (*i*-kæ-vur*ee*-dæ) *v* long for

ikään kuin (ikææn koo*ee*n) as if

ilahduttava (*i*-lahh-doot-tah-vah) *adj* delightful

ilahtunut (*i*-lahh-too-noot) *adj* delighted

ilkeä (*il*-kay-æ) *adj* evil, wicked; bad

ilkikuri (*il*-ki-*koo*-ri) *n* mischief

ilkityö (*il*-ki-*t*ᵉᵘr) *n* outrage

illallinen (*il*-lahl-li-nayn) *n* supper

ilma (*il*-mah) *n* air; ilma-pneumatic

ilmaantua (*il*-maan-too-ah) *v* appear

ilmaantuminen (*il*-maan-too-mi-nayn) *n* appearance

ilmainen (*il*-migh-nayn) *adj* gratis, free of charge, free

ilmaista (*il*-mighss-tah) *v* express; reveal, *give away; indicate

ilmaisu (*il*-migh-soo) *n* expression; term

ilmakehä (*il*-mah-*kay*-hæ) *n* atmosphere

ilman (*il*-mahn) *prep* without

ilmanpaine (*il*-mahm-*pigh*-nay) *n* atmospheric pressure

ilmanpitävä (*il*-mahm-*pi*-tæ-væ) *adj* airtight

ilmanpuhdistin (*il*-mahm-*pooh*-diss-tin) *n* air-filter

ilmanvaihto (*il*-mahm-*vighh*-toa) *n* ventilation

ilmapallo (*il-mah-pahl-*loa) *n* balloon

ilmapuntari (*il-mah-poon-*tah-ri) *n* barometer

ilmasto (*il-*mahss-toa) *n* climate

ilmastointi (*il-*mahss-toin-ti) *n* air conditioning

ilmastoitu (*il-*mahss-toi-too) *adj* air-conditioned

ilmaus (*il-*mah-ooss) *n* expression

ilmava (*il-*mah-vah) *adj* airy

ilmeinen (*il-*may-nayn) *adj* obvious, apparent

ilmeisesti (*il-*may-sayss-ti) *adv* apparently

ilmestyä (*il-*mayss-tew-æ) *v* appear

ilmetä (*il-*may-tæ) *v* appear

ilmoittaa (*il-*moit-taa) *v* inform, declare, announce; notify; report; state

ilmoittautua (*il-*moit-tou-tooah) *v* enrol ~ lähtiessä check out; ~ saapuessa check in

ilmoittautuminen (*il-*moit-tou-too-mi-nayn) *n* registration

ilmoittautumislomake (*il-*moit-tou-too-miss-*loa-*mah-kay) *n* registration form

ilmoitus (*il-*moi-tooss) *n* advertisement; announcement; information; indication

ilmoitustaulu (*il-*moi-tooss-*tou-*loo) *n* bulletin board

ilo (*i-*loa) *n* joy, gladness;

delight

iloinen (*i-*loi-nayn) *adj* merry, glad, gay, cheerful, joyful, jolly; happy

iloisuus (*i-*loi-sōōss) *n* gaiety

iloita (**jstk**) (*i-*loi-tah) *v* enjoy, be happy

ilomielin (*i-*loa-*myay-*lin) *adv* gladly

ilta (*il-*tah) *n* evening; night; tänä **iltana** tonight

iltahämärä (*il-*tah-*hæ-*mæ-ræ) *n* twilight

iltapuku (*il-*tah-*poo-*koo) *n* evening dress;

iltapäivä (*il-*tah-*pæ^{ee}-*væ) *n* afternoon; tänään **iltapäivällä** this afternoon

ilveilijä (*il-*vay-li-¹æ) *n* clown

ilveily (*il-*vay-lew) *n* farce

imettää (*i-*mayt-tææ) *v* nurse

imeä (*i-*may-æ) *v* suck

immunisoida (*im-*moo-ni-soi-dah) *v* immunize

immuniteetti (*im-*moo-ni-tāyt-ti) *n* immunity

improvisoida (*im-*proa-vi-soi-dah) *v* improvise

impulsiivinen (*im-*pool-see-vi-nayn) *adj* impulsive

imuke (*i-*moo-kay) *n* cigarette holder

imupaperi (*i-*moo-*pah-*pay-ri) *n* blotting paper

imuroida (*i-*moo-roi-dah) *v* hoover; vacuum *vAm*

Indonesia (*in-*doa-nay-si-ah) Indonesia

indonesialainen (*in-*doa-nay-si-ah-ligh-nayn) *n*

Indonesian; *adj* Indonesian

infinitiivi (*in-fi-ni-tee-vi*) *n* infinitive

inflaatio (*inf-laa-ti-oa*) *n* inflation

influenssa (*inf-loo-aynssah*) *n* flu, influenza

infrapunainen (*inf-rah-poonigh-nayn*) *adj* infra-red

inhimillinen (*in-hi-mil-linayn*) *adj* human

inho (*in-hoa*) *n* disgust; dislike

inhota (*in-hoa-tah*) *v* detest

inhottaa (*in-hoat-taa*) *v* disgust

inhottava (*in-hoat-tah-vah*) *adj* disgusting, revolting; horrible, hideous

inkivääri (*ing-ki-vææ-ri*) *n* ginger

innoittaa (*in-noit-taa*) *v* inspire

innokas (*in-noa-kahss*) *adj* eager; anxious

innostunut (*in-noass-toonoot*) *adj* enthusiastic

innostus (*in-noass-tooss*) *n* enthusiasm

insinööri (*in-si-nūū-ri*) *n* engineer

instituutio (*ins-ti-tōō-ti-oa*) *n* institution

intensiivinen (*in-tayn-seevi-nayn*) *adj* intense

Internet (*in-tayr-nayt-ti*) *n* Internet

Intia (*in-ti-ah*) India

intiaani (*in-ti-aa-ni*) *n* Indian; intiaani- Indian

intialainen (*in-ti-ah-lighnayn*) *n* Indian; *adj* Indian

into (*in-toa*) *n* zeal, enthusiasm, eagerness

intohimo (*in-toa-hi-moa*) *n* passion

intohimoinen (*in-toa-himoi-nayn*) *adj* passionate

inttää (*ay-hoass-tooss*) *v* insist

invalidi (*in-vah-li-di*) *n* invalid

inventaario (*in-vayn-taa-ri-oa*) *n* inventory

investoida (*in-vayss-toi-dah*) *v* invest

Irak (*i-rahk*) Iraq

irakilainen (*i-rah-ki-lighnayn*) *n* Iraqi; *adj* Iraqi

Iran (*i-rahn*) Iran

iranilainen (*i-rah-ni-lighnayn*) *n* Iranian; *adj* Iranian

Irlanti (*eer-lahn-ti*) Ireland

irlantilainen (*eer-lahn-tiligh-nayn*) *adj* Irish

irrottaa (*eer-roat-taa*) *v* detach, loosen; unfasten

irtonainen (*eer-toa-nighnayn*) *adj* loose

iskelmä (*iss-kayl-mæ*) *n* hit (song)

iskeä (*iss-kay-æ*) vhit; ~ maahan knock down; ~ nyrkillä punch

isku (*iss-koo*) *n* blow

iskulause (*iss-koo-lou-say*) *n* slogan

iskunvaimennin (*iss-koon-vigh-mayn-nin*) *n* shock absorber; bumper

iskusana (*iss*-koo-*sah*-nah) *n* slogan

Islanti (*iss*-lahn-ti) Iceland

islantilainen (*iss*-lahn-ti-ligh-nayn) *n* Icelander; *adj* Icelandic

iso (*i*-soa) *adj* big

Iso-Britannia (*i*-soa-*bri*-tahn-ni-ah) Great Britain

isoisä (*i*-soa-*i*-sæ) *n* granddad, grandfather

isorokko (*i*-soa-*roak*-koa) *n* smallpox

isovanhemmat (*i*-soa-*vahn*-haym-maht) *pl* grandparents *pl*

isoäiti (*i*-soa-*æ^{ee}*-ti) *n* grandmother

Israel (*iss*-rah-ayl) Israel

israelilainen (*iss*-rah-ay-li-ligh-nayn) *n* Israeli; *adj* Israeli

istua (*iss*-too-ah) *v*sit

istuin (*iss*-too^{ee}n) *n* seat

istumapaikka (*iss*-too-mah-*pighk*-kah) *n* seat

istunto (*iss*-toon-toa) *n* session

istuttaa (*iss*-toot-taa) *v* plant

isä (*i*-sæ) *n* father; dad, daddy

isänmaa (*i*-sæn-maa) *n* native country

isänmaanystävä (*i*-sæn-maan-ewss-tæ-væ) *n* patriot

isäntä (*i*-sæn-tæ) *n* host; master

isäpuoli (*i*-sæ-*pwoa*-li) *n* stepfather

Italia (*i*-tah-li-ah) Italy

italialainen (*i*-tah-li-ah-ligh-nayn) *n* Italian; *adj* Italian

itkeä (*it*-kay-æ) *v* cry, *weep

itse (*it*-say) *pron* myself; yourself; himself; herself; oneself; ourselves; yourselves; themselves; ~ **asiassa** in effect, actually, as a matter of fact; in fact; ~ **siliävä** drip-dry, wash and wear

itsehallinto (*it*-sayh-*hahl*-lin-toa) *n* self-government, autonomy

itsekeskeinen (*it*-sayk-*kayss*-kay-nayn) *adj* self-centred

itsekkyys (*it*-sayk-kēwss) *n* selfishness

itsekäs (*it*-say-kæss) *adj* selfish

itsemme (*it*-saym-may) *pron* ourselves

itsemurha (*it*-saym-*moor*-hah) *n* suicide

itsemurhaisku (*it*-saym-*moor*-hah- *iss*-koo) *n* suicide attack

itsemurhapommittaja (*it*-saym-*moor*-hah- *poam*-mit-ta-^ja) *n* suicide bomber

itseni (*it*-say-ni) *pron* myself

itsenne (*it*-sayn-nay) *pron* yourselves

itsensä (*it*-sayn-sæ) *pron* herself, himself

itsenäinen (*it*-sayl-li-nayn) *adj* independent; self-employed

itsepalvelu (*it*-sayp-*pahl*-

vay-loo) *n* self-service

itsepalvelukahvila (*it*-sayp-*pahl*-vay-loo-*kahh*-vi-lah) *n* cafeteria

itsepalvelupesula (*it*-sayp-*pahl*-vay-loo-*pay*-soo-lah) *n* launderette

itsepalveluravintola (*it*-sayp-*pahl*-vay-loo-*rah*-vin-toa-lah) *n* self-service restaurant

itsepäinen (*it*-sayp-*pæᵉᵉ*-nayn) *adj* stubborn, obstinate, dogged

itserakas (*it*-sayr-*rah*-kahss) *adj* conceited

itsesi (*it*-say-si) *pron* yourself

itsestään (*it*-says-tææn) by

itself

itsestään selvä (*it*-sayss-tææn *sayl*-væ) self-evident

itä (*i*-tæ) *n* east

itäinen (*i*-tæᵉᵉ-nayn) *adj* eastern

itämaat (*i*-tæ-*maat*) *pl* Orient

itämainen (*i*-tæ-*migh*-nayn) *adj* oriental

Itävalta (*i*-tæ-*vahl*-tah) *n* Austria

itävaltalainen (*i*-tæ-*vahl*-tah-ligh-nayn) *n* Austrian; *adj* Austrian

iva (*i*-vah) *n* scorn, mockery

ivallinen (*i*-vahl-li-nayn) *adj* scornful

iäkäs (*i*-æ-kæss) *adj* aged

J

ja (ᵞ*ah*) *conj* and; ~ **niin edelleen** et cetera

jaaritella (ᵞ*aari*-tayl-lah) *v* chatter, talk rubbish

jaaritus (ᵞ*aa*-ri-tooss) *n* idle talk

jadekivi (ᵞ*ah*-day-*ki*-vi) *n* jade

jakaa (ᵞ*ah*-kaa) *v* divide; distribute; *deal; share

jakaus (ᵞ*ah*-kah-ooss) *n* parting

jakelija (ᵞ*ah*-kay-li-ᵞ*ah*) *n* distributor

jako (ᵞ*ah*-koa) *n* division

jakoavain (ᵞ*ah*-koa-*ah*-vighn) *n* wrench

jakso (ᵞ*ahk*-soa) *n* period;

series; cycle

jalan (ᵞ*ah*-lahn) *adv* on foot

jalankulkija (ᵞ*ah*-lahng-*kool*-ki-ᵞ*ah*) *n* pedestrian; **jalankulku kielletty** no pedestrians

jalava (ᵞ*ah*-lah-vah) *n* elm

jalka (ᵞ*ahl*-kah) *n* foot

jalkajarru (ᵞ*ahl*-kah-ᵞ*ahr*-roo) *n* foot brake

jalkakäytävä (ᵞ*ahl*-kah-*kæᵉʷ*-tæ-væ) *n* pavement; sidewalk *nAm*

jalkapallo (ᵞ*ahl*-kah-*pahl*-loa) *n* football

jalkapallo-ottelu (ᵞ*ahl*-kah-*pahl*-loa-*oat*-tay-loo) *n* football match

jalkatalkki (ᵞahl-kah-tahlk-ki) n foot powder

jalkaväki (ᵞahl-kah-væ-ki) n infantry

jalkineet (ᵞahl-ki-nāyt) pl footwear

jalkahoito (ᵞahl-kah-hoi-toa) n podiatry, footcare

jalo (ᵞah-loa) adj noble

jalokivi (ᵞah-loa-ki-vi) n gem; stone

jalokivikauppias (ᵞah-loa-ki-vi-koup-pi-ahss) n jeweller

jalusta (ᵞah-looss-tah) n stand, base

jalustin (ᵞah-looss-tin) n pedestal

jano (ᵞah-noa) n thirst

janoinen (ᵞah-noi-nayn) adj thirsty

jaosto (ᵞah-oass-toa) n section, department

Japani (ᵞah-pah-ni) Japan

japanilainen (ᵞah-pah-ni-ligh-nayn) n Japanese; adj Japanese

jarru (ᵞahr-roo) n brake

jarrurumpu (ᵞahr-roo-room-poo) n brake drum

jarruvalot (ᵞahr-roo-vah-loat) pl brake lights

jatkaa (ᵞaht-kaa) v carry on, *go on, continue; *go ahead; *keep on

jatko (ᵞaht-koa) n continuation

jatkojohto (ᵞaht-koa-ᵞoah-toa) n extension cord

jatkokertomus (ᵞaht-koa-kayr-toa-mooss) n serial

jatko-opinnot (ᵞaht-koa-oa-pin-noat) npl pl studies

jatkoyhteys (ᵞaht-koa-ewh-tay-ewss) n connection

jatkua (ᵞaht-koo-ah) v continue, *go on

jatkuva (ᵞaht-koo-vah) adj continuous

jauhaa (ᵞou-haa) vgrind

jauhe (ᵞou-hay) n powder

jauho (ᵞou-hoa) n flour

jersey (ᵞayr-say^ew) n jersey

jo (ᵞoa) adv already

jodi (ᵞoa-di) n iodine

joenvarsi (ᵞoa-ayn-vahr-si) n riverside

johdanto (ᵞoah-dahn-toa) n introduction

johdon assistentti (ᵞoah-doan ahss-sis- taynt-ti) n executive assistant

johdonmukainen (ᵞoah-doan-moo-kigh-nayn) adj logical; consistent

johdosta (ᵞoah-doass-tah) postp on account of, owing to

johtaa (ᵞoah-taa) v head, *lead, direct, conduct; manage

johtaja (ᵞoah-tah-ᵞah) n director, manager; leader

johtajaopettaja (ᵞoah-tah-ᵞah-oa-payt-tah-ᵞah) n head teacher

johtajuus (ᵞoah-tah-ᵞōōss) n leadership

johtava (ᵞoah-tah-vah) adj leading

johto (*?oah*-toa) *n* flex;
electric cord; lead,
direction, management

johtohenkilö (*?oah*-toa-
hayn-ki-lur) *n* executive,
leader

johtokunta (*?oah*-toa-*koon*-
tah) *n* board, direction

johtopäätös (*?oah*-toa-
pææ-turss) *n* conclusion;
tehdä ~ *draw a conclusion

joka¹ (*?oa*-kah) *pron* who,
that, which

joka² (*?oa*-kah) *pron* every; ~
tapauksessa at any rate,
anyway

jokainen (*?oa*-kigh-nayn)
pron everyone, anyone,
everybody; *adj* each

jokapäiväinen (*?oa*-kah-
*pææ*ᵉᵉ-*væ*ᵉᵉ-nayn) *adj*
everyday

jokatuntinen (*?oa*-kah-*toon*-
ti-nayn) *adj* hourly

joki (*?oa*-ki) *n* river

jokipenger (*?oa*-ki-*payng*-
ngayr) *n* river bank

joko ... tai either ... or

joku (*?oa*-koo) *pron* one;
someone, somebody; any

jolla (*?oal*-lah) *n* dinghy

jolle (*?oal*-lay) *pron* whom

jolloin (*?oal*-loin) *conj* when

jompikumpi (*?oam*-pi-
koom-pi) *pron* either

jonkinverran (*?oang*-kin-
vayr-rahn) *adv* slightly,
somewhat

jono (*?oa*-noa) *n* queue; line
nAm

jonottaa (*?oa*-noat-taa) *v*
queue; stand in line *Am*

jopa (*?oa*-pah) *adv* even

Jordania (*?oar*-dah-ni-ah)
Jordan

jordanialainen (*?oar*-dah-ni-
ah-ligh-nayn) *n* Jordanian;
adj Jordanian

jos (*?oass*) *conj* if; in case

joskus (*?oass*-kooss) *adv*
some time, some day

jossain (*?oass*-sighn) *adv*
somewhere

jotakin (*?oa*-tah-kin) *pron*
something

joten (*?oa*-tayn) *conj* so

jotensakin (*?oa*-tayn-sah-
kin) *adv* fairly, rather

jotkut (*?oat*-koot) *pron* some

jotta (*?oat*-tah) *conj* in order
to, so that

joukko (*?oak*-koa) *n* crowd,
lot

joukkotuhoaseet (*?oak*-
koa-*too*-hoa-ah-*sāyt*) *n*
WMD; weapons of mass
destruction

joukkue (*?oak*-koo-ay) *n*
team

joukossa (*?oa*-koass-sah)
postp amid, among

joukot (*?oa*-koat) *pl* troops
pl

joulu (*?oa*-loo) Christmas;
Xmas

joulukuu (*?oa*-loo-*kōō*)
December

jousi (*?oa*-si) *n* bow; spring

jousitus (*?oa*-si-tooss) *n*
suspension

joustava (*ᵞoass*-tah-vah) *adj* smooth, flexible; elastic

joustavuus (*ᵞoass*-tah-vōōss) *n* elasticity

joutilas (*ᵞoa*-ti-lahss) *adj* idle

joutoaika (*ᵞoa*-toa-*igh*-kah) *n* spare time, leisure

joutsen (*ᵞoat*-sayn) *n* swan

jugoslaavi (*ᵞoo*-goass-laa-vi) *n* Jugoslav, Yugoslav

Jugoslavia (*ᵞoo*-goass-lah-vi-ah) Jugoslavia, Yugoslavia

jugoslavialainen (*ᵞoo*-goass-lah-vi-ah-ligh-nayn) *adj* Jugoslav

juhla (*ᵞooh*-lah) *n* celebration, party

juhla-ateria (*ᵞooh*-lah-*ah*-tay-ri-ah) *n* banquet, feast

juhlallinen (*ᵞooh*-lahl-li-nayn) *adj* solemn

juhlamenot (*ᵞooh*-lah-*may*-noat) *pl* ceremony

juhlasali (*ᵞooh*-lah-*sah*-li) *n* hall; assembly hall

juhlava (*ᵞooh*-lah-vah) *adj* festive

juhlia (*ᵞooh*-li-ah) *v* celebrate

julistaa (*ᵞoo*-liss-taa) *v* announce, proclaim; declare; ~ menetetyksi confiscate

juliste (*ᵞoo*-liss-tay) *n* poster, banner

julistus (*ᵞoo*-liss-tooss) *n* declaration

julkaiseminen (*ᵞool*-kigh-say-mi-nayn) *n* publication

julkaista (*ᵞool*-kighss-tah) *v* publish; issue

julkea (*ᵞool*-kay-ah) *adj* impudent

julkinen (*ᵞool*-ki-nayn) *adj* public

julkisivu (*ᵞool*-ki-*si*-voo) *n* façade

julkisuus (*ᵞool*-ki-sōōss) *n* publicity

julma (*ᵞool*-mah) *adj* cruel, harsh

jumala (*ᵞoo*-mah-lah) *n* god

jumalallinen (*ᵞoo*-mah-lahl-li-nayn) *adj* divine

jumalankieltäjä (*ᵞoo*-mah-lahng-*kyayl*-tæ-*ᵞæ*) *n* atheist

jumalanpalvelus (*ᵞoo*-mah-lahn-*pahl*-vay-looss) *n* divine service

jumalatar (*ᵞoo*-mah-lah-tahr) *n* goddess

jumaluusoppi (*ᵞoo*-mah-lōōss-*oap*-pi) *n* theology

juna (*ᵞoo*-nah) *n* train

junalautta (*ᵞoo*-nah-*lout*-tah) *n* train ferry

juoda (*ᵞwoa*-dah) *v* drink

juoksija (*ᵞwoak*-si-*ᵞa*) *n* runner

juoma (*ᵞwoa*-mah) *n* drink

juomaraha (*ᵞwoa*-mah-*rah*-hah) *n* tip, gratuity

juomavesi (*ᵞwoa*-mah-*vay*-si) *n* drinking water

juoni (*ᵞwoa*-ni) *n* plot; conspiracy, ruse

juontaja (*ᵞwoan*-tah-*ᵞah*) *n*

speaker, host

juoru (ˀywoa-roo) n gossip

juoruta (ˀywoa-roo-tah) v gossip

juosta (ˀywoass-tah) vrun; flow

juotava (ˀywoa-tah-vah) adj potable; drinkable

juppi (ˀyoop-pi) n yuppie

juristi (ˀyoo-riss-ti) n lawyer

jutella (ˀyoo-tayl-lah) v chat

juttelu (ˀyoot-tay-loo) n chat

juuri (ˀyōō-ri) n root; adv just

juurikas (ˀyōō-ri-kahss) n beet

juusto (ˀyōōss-toa) n cheese

juutalainen (ˀyōō-tah-lighnayn) n Jew; adj Jewish

jykevä (ˀyew-kay-væ) adj solid, massive

jyristä (ˀyew-riss-tæ) v thunder

jyrkkä (ˀyewrk-kæ) adj steep

jyrkänne (ˀyewr-kæn-nay) n precipice

jyskyttää (ˀyewss-kewt-tææ) v thump

jyvä (ˀyew-væ) n grain

jyvänen (ˀyew-væ-nayn) n grain

jyvät (ˀyew-væt) pl grain

jäljellä oleva (ˀyæl-ˀyayl-læ oa-lay-vah) remaining

jäljennös (ˀyæl-ˀyayn-nurss) n copy; reproduction

jäljentää (ˀyæl-ˀyayn-tææ) v copy; reproduce

jäljessä (ˀyæl-ˀyayss-sæ) adv behind

jäljitellä (ˀyæl-ˀyi-tayl-læ) v

imitate

jäljittely (ˀyæl-ˀyit-tay-lew) n imitation

jäljittää (ˀyæl-ˀyit-tææ) v trace

jälkeen (ˀyæl-kāyn) postp after

jälkeenpäin (ˀyæl-kāympæ⁽ᵉⁿ⁾ⁿ) adv afterwards

jälkeläinen (ˀyæl-kay-læᵉᵉ-nayn) n descendant

jälki (ˀyæl-ki) n mark, trace

jälkiruoka (ˀyæl-ki-rwoa-kah) n dessert

jälleen (ˀyæl-lāyn) adv again

jälleenmyyjä (ˀyæl-lāynmēw-ˀyæ) n retailer

jänis (ˀyæ-niss) n hare

jänne (ˀyæn-nay) n tendon, sinew

jännite (ˀyæn-ni-tay) n voltage

jännittynyt (ˀyæn-nit-tewnewt) adj tense

jännittävä (ˀyæn-nit-tæ-væ) adj exciting

jännitys (ˀyæn-ni-tewss) n strain, tension

järjestellä (ˀyær-ˀyayss-tayllæ) v arrange

järjestelmä (ˀyær-ˀyayss-taylmæ) n system

järjestelmällinen (ˀyærˀyayss-tayl-mæl-li-nayn) adj methodical, systematic

järjestely (ˀyær-ˀyayss-taylew) n arrangement

järjestys (ˀyær-ˀyayss-tewss) n order; sequence

järjestää (ˀyær-ˀyayss-tææ) v sort, arrange; settle

jäävesi

järjestö (*y*ær-*y*ayss-tur) *n*
organization
järjetön (*y*ær-*y*ay-turn) *adj*
senseless; absurd
järkeillä (*y*ær-kayl-læ) *v*
reason; argue
järkevä (*y*ær-kay-væ) *adj*
reasonable, sensible
järki (*y*ær-ki) *n* reason; sense
järkkymätön (*y*ærk-kew-
mæ-turn) *adj* steadfast
järkyttynyt (*y*ær-kewt-tew-
newt) *adj* upset, shocked
järkyttävä (*y*ær-kewt-tæ-væ)
adj shocking
järkyttää (*y*ær-kewt-tææ) *v*
shock
järkytys (*y*ær-kew-tewss) *n*
shock
järvi (*y*ær-vi) *n* lake
jäsen (*y*æ-sayn) *n* member;
limb
jäsenyys (*y*æ-say-nēwss) *n*
membership
jätteet (*y*æt-tāyt) *pl* garbage;
refuse
jättiläinen (*y*æt-ti-læ^{ee}-nayn)
n giant
jättiläismäinen (*y*æt-ti-
læ^{ee}ss-mæ^{ee}-nayn) *adj*
gigantic
jättää (*y*ahⁿt-tææ) *v*leave; ~
huomioonottamatta
overlook; ~ jklle deliver; ~

pois omit, *leave out
jää (*y*ææ) *n* ice
jäädyttää (*y*ææ-dewt-tææ)
*v*freeze
jäädä (*y*ææ-dæ) *v* stay,
remain; ~ eloon survive; ~
jäljelle remain
jäähyväiset (*y*ææ-hew-væ^{ee}-
sayt) *pl* farewell
jääkaappi (*y*ææ-kaap-pi) *n*
refrigerator, fridge
jääkiekkoilu (*y*ææ-kyayk-
koi-loo) *n* ice hockey
jäänne (*y*ææn-nay) *n*
remnant
jäännös (*y*ææn-nurss) *n*
remnant; rest, remainder
jääpussi (*y*ææ-pooss-si) *n*
ice bag
jäätelö (*y*ææ-tay-lur) *n* ice
cream
jäätikkö (*y*ææ-tik-kur) *n*
glacier
jäätymispiste (*y*ææ-tew-
miss-*piss*-tay) *n* freezing
point
jäätynyt (*y*ææ-tew-newt) *adj*
frozen
jäätyä (*y*ææ-tew-æ) *v*freeze
jäätävä (*y*ææ-tæ-væ) *adj*
freezing
jäävesi (*y*ææ-vay-si) *n* iced
water

K

kaakeli (*kaa*-kay-li) *n* tile

kaakko (*kaak*-koa) *n* southeast

kaali (*kaa*-li) *n* cabbage

kaapata (*kaa*-pah-tah) *v* hijack

kaapeli (*kaa*-pay-li) *n* cable

kaappaaja (*kaap*-paa-ʸah) *n* hijacker

kaappi (*kaa*-p-pi) *n* cupboard

kaareva (*kaa*-ray-vah) *adj* curved

kaari (*kaa*-ri) *n* arch

kaarikäytävä (*kaa*-ri-kæ^{ew}-tæ-væ) *n* arcade

kaarna (*kaar*-nah) *n* bark

kaarre (*kaar*-ray) *n* turning, bend, curve

kaasu (*kaa*-soo) *n* gas

kaasulaitos (*kaa*-soo-ligh-toass) *n* gasworks

kaasuliesi (*kaa*-soo-lyay-si) *n* gas cooker

kaasupoljin (*kaa*-soo-poal-ʸin) *n* accelerator

kaasutin (*kaa*-soo-tin) *n* carburettor

kaasu-uuni (*kaa*-soo-ōō-ni) *n* gas stove

kaataa (*kaa*-taa) *v* pour

kaatosade (*kaa*-toa-sah-day) *n* downpour

kaatumatauti (*kaa*-too-mah-tou-ti) *n* epilepsy

kaava (*kaa*-vah) *n* scheme; formula

kaavakuva (*kaa*-vah-koo-vah) *n* diagram

kaavio (*kaa*-vi-oa) *n* layout, chart

kabaree (*kah*-bah-rāy) *n* cabaret

kabinetti (*kah*-bi-nayt-ti) *n* cabinet

kadehtia (*kah*-dayh-ti-ah) *v* envy

kadonnut (*kah*-doan-noot) *adj* lost; ~ henkilö missing person

kadota (*kah*-doa-tah) *v* disappear

kadottaa (*kah*-doat-taa) *v*lose

kahdeksan (*kahh*-dayk-sahn) *num* eight

kahdeksankymmentä (*kahh*-dayk-sahn-*kewm*-mayn-tæ) *num* eighty

kahdeksantoista (*kahh*-dayk-sahn-*toiss*-tah) *num* eighteen

kahdeksas (*kahh*-dayk-sahss) *num* eighth

kahdeksastoista (*kahh*-dayk-sahss-*toiss*-tah) *num* eighteenth

kahdeksymmenes (*kahh*-dayss-*kewm*-may-nayss) *num* twentieth

kahdesti (*kahh*-dayss-ti) *adv* twice

kahdestoista (*kahh*-dayss-*toiss*-tah) *num* twelfth

kahlata (*kahh*-lah-tah) *v* wade

kahva (*kahh*-vah) *n* handle

kahvi (*kahh*-vi) *n* coffee

kahvila (*kahh*-vi-lah) *n* café

kaide (*kigh*-day) *n* railing

kaikkein (*kighk*-kayn) *adv* by far; ~ eniten most of all

kaikki (*kighk*-ki) *pron* everything, all; kaiken aikaa all the time; kaiken kaikkiaan all in, altogether

kaikkialla (*kighk*-ki-ahl-lah) *adv* everywhere

kaikkivaltias (*kighk*-ki-vahl-ti-ahss) *adj* omnipotent

kaiku (*kigh*-koo) *n* echo

kainalosauva (*kigh*-nah-loa-*sou*-vah) *n* crutch

kainostelematon (*kigh*-noass-tay-lay-mah-toan) *adj* immodest, unreserved

kaipaus (*kigh*-pah-ooss) *n* longing

kaisla (*kighss*-lah) *n* reed, rush

kaistale (*kighss*-tah-lay) *n* strip

kaiutin (*kigh*-oo-tin) *n* loudspeaker

kaiutinpuhelin (*kigh*-oo-tin-*poo*-hay-lin) *n* speaker phone

kaivaa (*kigh*-vaa) *v* dig

kaivanto (*kigh*-vahn-toa) *n* ditch

kaivata (*kigh*-vah-tah) *v* miss

kaivaus (*kigh*-vah-ooss) *n* excavation

kaiverrus (*kigh*-vayr-rooss) *n* engraving; inscription

kaivertaa (*kigh*-vayr-taa) *v* engrave

kaivertaja (*kigh*-vayr-tah-ᵞah) *n* engraver

kaivo (*kigh*-voa) *n* well

kaivos (*kigh*-voass) *n* mine

kaivosmies (*kigh*-voass-myayss) *n* miner

kaivostyö (*kigh*-voass-*tᵉʷur*) *n* mining

kakku (*kahk*-koo) *n* cake

kaksi (*kahk*-si) *num* two

kaksikielinen (*kahk*-si-kyay-li-nayn) *adj* bilingual

kaksikymmentä (*kahk*-si-kewm-mayn-tæ) *num* twenty

kaksimielinen (*kahk*-si-myay-li-nayn) *adj* ambiguous, suggestive

kaksinapainen (*kahk*-si-nah-pigh-nayn) *adj* bipolar

kaksinkertainen (*kahk*-sin-kayr-tigh-nayn) *adj* double

kaksiosainen (*kahk*-si-oa-sigh-nayn) *adj* two-piece

kaksiselitteinen (*kahk*-si-say-lit-tay-nayn) *adj* ambiguous

kaksitoista (*kahk*-si-*toiss*-tah) *num* twelve

kaksisvuode (*kahk*-soiss-vwoa-day) *n* double bed

kakset (*kahk*-soa-sayt) *pl* twins *pl*

kala (*kah*-lah) *n* fish

kalakauppa (*kah*-lah-*koup*-

pah) n fish shop

kalalokki (*kah-lah-loak*-ki) n seagull

kalastaa (*kah-lahss-taa*) v fish

kalastaja (*kah-lahss-tah-*ᵞah) n fisherman

kalastus (*kah-lahss-tooss*) n fishing industry

kalastuslupa (*kah-lahss-tooss-loo*-pah) n fishing licence

kalastustarvikkeet (*kah-lahss-tooss-tahr*-vik-kāyt) pl fishing tackle

kalastusverkko (*kah-lahss-tooss-vayrk*-koa) n fishing net

kalastusvälineet (*kah-lahss-tooss-væ*-li-nāyt) pl fishing gear

kalenteri (*kah-layn-tay-ri*) n calendar

kalju (*kahl-*ᵞoo) adj bald

kalkki (*kahlk*-ki) n lime

kalkkuna (*kahlk-koo-nah*) n turkey

kallio (*kahl-li-oa*) n rock

kallioinen (*kahl-li-oi-*nayn) adj rocky

kallis (*kahl-*liss) adj expensive, dear

kallisarvoinen (*kahl-liss-ahr-*voi-nayn) adj precious

kallistua (*kahl-liss-too-ah*) v decline, lean

kallo (*kahl-*loa) n skull

kalori (*kah-loa-ri*) n calorie

kalpea (*kahl-pay-ah*) adj pale

kalsium (*kahl-si-oom*) n calcium

kaltainen (jkn) (*kahl-tigh-*nayn) like

kalteva (*kahl-tay-vah*) adj sloping

kaltevuus (*kahl-tay-vōōss*) n gradient

kalustaa (*kah-looss-taa*) v furnish

kalusteet (*kah-looss-tāyt*) pl furniture, fixtures pl

kalvinismi (*kahl-vi-niss-mi*) n Calvinism

kalvo (*kahl-*voa) n transparency; diaphragm

kalvosin (*kahl-voa-sin*) n cuff

kalvosinnapit (*kahl-voa-sin-nah*-pit) pl cuff links pl

kamaripalvelija (*kah-mah-ri-pahl-*vay-li-ᵞah) n valet

kamee (*kah-māy*) n cameo

kameli (*kah-may-li*) n camel

kamera (*kah-may-rah*) n camera

kammata (*kahm-mah-tah*) v comb

kammo (*kahm-*moa) n horror

kammottava (*kahm-moat-tah-vah*) adj horrible, creepy

kampa (*kahm-*pah) n comb

kampaaja (*kahm-paa-*ᵞah) n hairdresser

kampanja (*kahm-pahng-*ᵞah) n campaign

kampaus (*kahm-pah-ooss*) n hairdo

kampausneste (*kahm*-pah-ooss-*nayss*-tay) *n* setting lotion

kampauspöytä (*kahm*-pah-ooss-*pur*^{ew}-tæ) *n* dressing table

kamppailla (*kahmp*-pighl-lah) *v* struggle, combat

kamppailu (*kahmp*-pigh-loo) *n* struggle, battle

kana (*kah*-nah) *n* hen

kanaali (*kah*-naa-li) *n* channel

Kanada (*kah*-nah-dah) Canada

kanadalainen (*kah*-nah-dah-ligh-nayn) *n* Canadian; *adj* Canadian

kananliha (*kah*-nahn-*li*-hah) *n* goose flesh, goose bumps

kananpoika (*kah*-nahn-*poi*-kah) *n* chicken

kanarialintu (*kah*-nah-ri-ah-*lin*-too) *n* canary

kanava (*kah*-nah-vah) *n* canal

kaneli (*kah*-nay-li) *n* cinnamon

kanerva (*kah*-nayr-vah) *n* heather

kanervanummi (*kah*-nayr-vah-*noom*-mi) *n* moor

kangas (*kahng*-ngahss) *n* cloth, material, fabric, tissue

kangastavarat (*kahng*-ngahss-*tah*-vah-raht) *pl* drapery

kaniini (*kah*-nee-ni) *n* rabbit

kankea (*kahng*-kay-ah) *adj* stiff

kannattaa (*kahn*-naht-taa) *vbe* worth-while; *pay

kannattaja (*kahn*-naht-tah-^{y}ah) *n* supporter

kannattava (*kahn*-naht-tah-vah) *adj* profitable, lucrative

kannettava (*kahn*-nayt-tah-vah) *adj* portable

kannikka (*kahn*-nik-kah) *n* crust

kannu (*kahn*-noo) *n* pitcher, jug

kannustaa (*kahn*-nooss-taa) *v* encourage

kanootti (*kah*-nōāt-ti) *n* canoe

kansa (*kahn*-sah) *n* people, nation; **kansan-** national, popular

kansainvälinen (*kahn*-sighn-*væ*-li-nayn) *adj* international

kansainvälistyä (*kahn*-sighn-*væ*-lis- tewæ) *v* globalize

kansainvälistyminen (*kahn*-sighn-*væ*-lis-tew-mi-nayn) *n* globalization

kansakunta (*kahn*-sah-*koon*-tah) *n* nation

kansalais- (*kahn*-sah-lighss) *adj* civil, civic

kansalaisuus (*kahn*-sah-ligh-sōōss) *n* citizenship

kansallinen (*kahn*-sahl-li-nayn) *adj* national

kansallislaulu (*kahn*-sahl-liss-*lou*-loo) *n* national anthem

kansallispuisto (*kahn-sahl-liss-poo^{ee}ss-toa*) *n* national park

kansallispuku (*kahn-sahl-liss-poo-koo*) *n* national dress

kansallistaa (*kahn-sahl-liss-taa*) *v* nationalize

kansallisuus (*kahn-sahl-li-sōōss*) *n* nationality

kansanedustaja (*kahn-sahn-ay-dooss-tah-ʸah*) *n* Member of Parliament

kansanlaulu (*kahn-sahn-lou-loo*) *n* folk song

kansannousu (*kahn-sahn-noa-soo*) *n* rising

kansanomainen (*kahn-sahn-oa-migh-nayn*) *adj* popular

kansanperinne (*kahn-sahn-pay-rin-nay*) *n* folklore

kansantanssi (*kahn-sahn-tahns-si*) *n* folk dance

kansi (*kahn-si*) *n* cover, top; deck

kansihytti (*kahn-si-hewt-ti*) *n* deck cabin

kanslisti (*kahns-liss-ti*) *n* clerk

kanssa (*kahns-sah*) *postp* with

kanta (*kahn-tah*) *n* counterfoil, stub

kantaa (*kahn-taa*) *v*bear, carry

kantahenkilökunta (*kahn-tah-hayn-ki-lur-koon-tah*) *n* cadre

kantaja (*kahn-tah-ʸah*) *n* bearer, porter

kantama (*kahn-tah-mah*) *n* reach

kantapää (*kahn-tah-pææ*) *n* heel

kantasolu (*kahn-tah-soa-loo*) *n* stem cell

kanttiini (*kahnt-tee-ni*) *n* canteen

kapakka (*kah-pahk-kah*) *n* restaurant; pub

kapalo (*kah-pah-loa*) *n* swaddle

kapasiteetti (*kah-pah-si-tāyt-ti*) *n* capacity

kapea (*kah-pay-ah*) *adj* narrow

kapina (*kah-pi-nah*) *n* rebellion, revolt; mutiny

kapinoida (*kah-pi-noi-dah*) *v* revolt

kapitalismi (*kah-pi-tah-liss-mi*) *n* capitalism

kappalainen (*kahp-pah-ligh-nayn*) *n* chaplain

kappale (*kahp-pah-lay*) *n* copy; paragraph, passage; piece

kappeli (*kahp-pay-li*) *n* chapel

kapseli (*kahp-say-li*) *n* capsule

kapteeni (*kahp-tāy-ni*) *n* captain

karaatti (*kah-raat-ti*) *n* carat

karamelli (*kah-rah-mayl-li*) *n* caramel, candy

karanteeni (*kah-rahn-tāy-ni*) *n* quarantine

karata (*kah*-rah-tah) v desert

kardinaali (*kahr*-di-naa-li) n cardinal

karhea (*kahr*-hay-ah) adj hoarse

karhu (*kahr*-hoo) n bear

karhunvatukka (*kahr*-hoon-vah-took-kah) n blackberry

karitsa (*kah*-rit-sah) n lamb; **karitsan liha** lamb

karjua (*kahr*-ʸoo-ah) v roar

karjunta (*kahr*-ʸoon-tah) n roar

karkausvuosi (*kahr*-kah-ooss-vwoa-si) n leap year

karkea (*kahr*-kay-ah) adj harsh; gross, coarse; rude

karkottaa (*kahr*-koat-taa) v expel; chase

karkuri (*kahr*-koo-ri) n fugitive

karmiininpunainen (*kahr*-mee-nin-*poo*-nigh-nayn) adj crimson

karnevaali (*kahr*-nay-vaa-li) n carnival

karppi (*kahrp*-pi) n carp

karski (*kahrs*-ki) adj harsh, stern

kartano (*kahr*-tah-noa) n mansion

kartonki (*kahr*-toang-ki) n carton

kartta (*kahrt*-tah) n map; plan

karttapallo (*kahrt*-tah-*pahl*-loa) n globe

karttuva (*kahrt*-too-vah) adj progressive

karuselli (*kah*-roo-sayl-li) n

merry-go-round

karvainen (*kahr*-vigh-nayn) adj hairy

karviaismarja (*kahr*-vi-ighss-*mahr*-ʸah) n gooseberry

kasa (*kah*-sah) n heap

kasari (*kah*-sah-ri) n saucepan

kasarmi (*kah*-sahr-mi) n barracks pl

kasetti (*kah*-sayt-ti) n cassette

kasino (*kah*-si-noa) n casino

kašmirvilla (*kahsh*-meer-*vil*-lah) n cashmere

kassa (*kahss*-sah) n cash-desk; check-out counter

kassaholvi (*kahss*-sah-*hoal*-vi) n vault

kassakaappi (*kahss*-sah-*kaap*-pi) n safe

kassanhoitaja (*kahss*-sahn-*hoi*-tah-ʸah) n cashier

kassi (*kahss*-si) n bag

kastaa (*kahss*-taa) v christen, baptize

kastanja (*kahss*-tahn-ʸah) n chestnut

kaste (*kahss*-tay) n dew; christening, baptism

kastike (*kahss*-ti-kay) n sauce

kasvaa (*kahss*-vaa) v grow; increase

kasvain (*kahss*-vighn) n tumour, growth

kasvattaa (*kahss*-vaht-taa) v cultivate, *bring up; raise, *breed; *grow

kasvatus (*kahss*-vah-tooss)
n education, upbringing

kasvatusvanhemmat
(*kahss*-vah-tooss-*vahn*-
haym-maht) *pl* foster
parents *pl*

kasvi (*kahss*-vi) *n* plant

kasvihuone (*kahss*-vi-*hwoa*-
nay) *n* greenhouse

kasvillisuus (*kahss*-vil-li-
sōōss) *n* vegetation

kasvissyöjä (*kahss*-viss-
s^{ew}ur-^yæ) *n* vegetarian

kasvitarha (*kahss*-vi-*tahr*-
hah) *n* kitchen garden

kasvitiede (*kahss*-vi-*tyay*-
day) *n* botany

kasvojenhieronta (*kahss*-
voa-^yayn-*hyay*-roan-tah) *n*
face massage

kasvonaamio (*kahss*-voa-
naa-mi-oa) *n* face pack

kasvonpiirteet (*kahss*-voan-
peer-tayt) *pl* features *pl*

kasvot (*kahss*-voat) *pl* face

kasvovesi (*kahss*-voa-*vay*-
si) *n* lotion

kasvovoide (*kahss*-voa-*voi*-
day) *n* face cream

kasvu (*kahss*-voo) *n* growth

katakombi (*kah*-tah-koam-
bi) *n* catacomb

katarri (*kah*-tahr-ri) *n*
catarrh

katastrofi (*kah*-tahss-troa-fi)
n catastrophe

katedraali (*kah*-tayd-raa-li)
n cathedral

kateellinen (*kah*-tāyl-li-
nayn) *adj* envious

kategoria (*kah*-tay-goa-ri-
ah) *n* category

kateus (*kah*-tay-ooss) *n* envy

katkaisin (*kaht*-kigh-sin) *n*
switch, contact

katkaista (*kaht*-kighss-tah)
v cut off; disconnect; ~ virta
disconnect

katkarapu (*kaht*-kah-*rah*-
poo) *n* shrimp, prawn

katkelma (*kaht*-kayl-mah) *n*
extract

katolinen (*kah*-toa-li-nayn)
adj catholic

katsantokanta (*kaht*-sahn-
toa-*kahn*-tah) *n* outlook

katse (*kaht*-say) *n* look

katselija (*kaht*-say-li-^yah) *n*
spectator

katsella (*kaht*-sayl-lah) *v*
look at, view; watch

katsoa (*kaht*-soa-ah) *v* look
at, look

katsojaparveke (*kaht*-soa-
^yah-*pahr*-vay-kay) *n*
balcony

kattaa (*kaht*-taa) *v* cover; set

kattamismaksu (*kaht*-tah-
miss-*mahk*-soo) *n* cover
charge

katto (*kaht*-toa) *n* roof

katu (*kah*-too) *n* road, street

katukiveys (*kah*-too-*ki*-vay-
ewss) *n* pavement

katumus (*kah*-too-mooss) *n*
repentance

katuoja (*kah*-too-oiah) *n*
gutter

kauas (*kou*-ahss) *adj* far

kauasulottuva (*kou*-ahss-

oo-loat-too-vah) *adj*
extensive
kauempana (*kou*-aym-pah-nah) *adj* farther
kauhea (*kou*-hay-ah) *adj*
terrible, frightful
kauhistuttava (*kou*-hiss-toot-tah-vah) *adj* terrible,
dreadful
kauhistuttaa (*kou*-hiss-toot-taa) *v* terrify
kauhtua (*kouh*-too-ah) *v*
discolour
kauhtunut (*kouh*-too-noot)
adj discoloured, faded
kauhu (*kou*-hoo) *n* terror,
horror
kaukainen (*kou*-kigh-nayn)
adj faraway, remote, distant
kaukana (*kou*-kah-nah) *far*
away
kaukokirjoitin (*kou*-koa-keer-ʸoi-tin) *n* telex
kaukopuhelu (*kou*-koa-poo-hay-loo) *n* long-distance
call
kaukosäädin (*kou*-koa-sææ-din) *n* remote control
kaula (*kou*-lah) *n* throat
kaulahihna (*kou*-lah-hih-nah) *n* collar
kaulaliina (*kou*-lah-*lee*-nah)
n scarf
kaulanauha (*kou*-lah-*nou*-hah) *n* necklace
kauluksennappi (*kou*-look-sayn-*nahp*-pi) *n* collar stud
kaulus (*kou*-looss) *n* collar
kauneudenhoito (*kou*-nayᵒᵒ-dayn-*hoi*-toa) *n*

cosmetology
kauneudenhoitoaineet
(*kou*-nayᵒᵒ-dayn-*hoi*-toa-igh-nāyt) *pl* cosmetics *pl*
kauneus (*kou*-nay-ooss) *n*
beauty
kauneussalonki (*kou*-nay-ooss-*sah*-loang-ki) *n* beauty
salon, beauty parlour
kaunis (*kou*-niss) *adj*
beautiful, pretty
kaupaksi menevä (*kou*-pahk-si *may*-nay-væ) *adj*
marketable
kaupallinen (*kou*-pahl-li-nayn) *adj* commercial
kaupankäynti (*kou*-pahn-kæᵉʷn-ti) *n* trade, business,
commerce
kauppa (*koup*-pah) *n* shop,
store; business, commerce;
hyvä ~ bargain; **kauppa-**
commercial
kauppakoju (*koup*-pah-*koa*-ʸoo) *n* stall
kauppaoikeus (*koup*-pah-oi-kay-ooss) *n* commercial
law
kauppasulku (*koup*-pah-sool-koo) *n* embargo,
blockade
kauppatavara (*koup*-pah-*tah*-vah-rah) *n* merchandise
kauppias (*koup*-pi-ahss) *n*
dealer; merchant;
shopkeeper
kaupunginosa (*kou*-poong-ngin-*oa*-sah) *n* district,
quarter
kaupungintalo (*kou*-poong-

ngin-*tah*-loa) *n* town hall

kaupunki (*kou*-poong-ki) *n* city, town; **kaupunki-urban**

kaupunkilainen (*kou*-poong-ki-ligh-nayn) *n* citizen

kaupunkilaiset (*kou*-poong-ki-ligh-sayt) *pl* townspeople *pl*

kaura (*kou*-rah) *n* oats *pl*

kauriinvasa (*kou*-reen-*vah*-sah) *n* fawn

kausi (*kou*-si) *n* period; season

kausilippu (*kou*-si-*lip*-poo) *n* season ticket; **kausilipun haltija** commuter

kautta (*kout*-tah) *postp* via

kauttaaltaan (*kout*-taal-taan) *adv* throughout

kauttakulku (*kout*-tah-*kool*-koo) *n* passage

kavallus (*kah*-vahl-looss) *n* treason

kaveri (*kah*-vay-ri) *n* chap, guy

kaviaari (*kah*-vi-aa-ri) *n* caviar

kavio (*kah*-vi-oa) *n* hoof

kavuta (*kah*-voo-tah) *v* climb

kehittää (*kay*-hit-tææ) *v* develop; expand

kehitys (*kay*-hi-tewss) *n* development; evolution

kehityskulku (*kay*-hi-tewss-*kool*-koo) *n* development, progression

keho (*kay*-hoa) *n* body

kehottaa (*kay*-hoat-taa) *v* urge; incite; recommend

kehrätä (*kayh*-ræ-tæ) *v* spin

kehto (*kayh*-toa) *n* cradle

kehua (*kay*-hoo-ah) *v* compliment, praise

kehys (*kay*-hewss) *n* frame

kehä (*kay*-hæ) *n* ring

keidas (*kay*-dahss) *n* oasis

keihäs (*kay*-hæss) *n* spear

keijukainen (*kay*-Ɂoo-kigh-nayn) *n* fairy

keilailu (*kay*-ligh-loo) *n* bowling

keilarata (*kay*-lah-*rah*-tah) *n* bowling alley

keino (*kay*-noa) *n* means

keinosilkki (*kay*-noa-*silk*-ki) *n* rayon

keinotekoinen (*kay*-noa-*tay*-koi-nayn) *adj* artificial

keinotella (*kay*-noa-tayl-lah) *v* speculate

keinu (*kay*-noo) *n* swing

keinua (*kay*-noo-ah) *v* rock; *swing

keinulauta (*kay*-noo-*lou*-tah) *n* seesaw

keinuttaa (*kay*-noot-taa) *v* swing

keisari (*kay*-sah-ri) *n* emperor

keisarikunta (*kay*-sah-ri-*koon*-tah) *n* empire

keisarillinen (*kay*-sah-ril-li-nayn) *adj* imperial

keisarinna (*kay*-sah-rin-nah) *n* empress

keittiö (*kayt*-ti-ur) *n* kitchen

keittiömestari (*kayt*-ti-urmayss-tah-ri) *n* chef

keittiöpyyhe (*kayt*-ti-ur-*pēw*-hay) *n* kitchen towel

keitto (*kayt*-toa) *n* soup

keittokirja (*kayt*-toa-*keer*-ʸah) *n* cookery book; cookbook *nAm*

keittotilat (*kayt*-toa-*ti*-laht) *npl* cooking facilities

keittää (*kayt*-tææ) *v* cook

kekseliäs (*kayk*-say-li-æss) *adj* inventive, clever

keksi (*kayk*-si) *n* biscuit; cookie *nAm* ; cracker *nAm*

keksijä (*kayk*-si-ʸæ) *n* inventor

keksintö (*kayk*-sin-tur) *n* invention; discovery

keksiä (*kayk*-si-æ) *v* invent; discover; devise

kelkka (*kaylk*-kah) *n* sleigh, sledge

kellanruskea (*kayl*-lahn-*rooss*-kay-ah) *adj* tawny

kellari (*kayl*-lah-ri) *n* cellar

kellarikerros (*kayl*-lah-ri-*kayr*-roass) *n* basement

kello (*kayl*-loa) *n* watch, clock; kello ... at ... o'clock

kellonremmi (*kayl*-loan-*raym*-mi) *n* watchstrap

kellonsoitto (*kayl*-loan-*soit*-toa) *n* chimes *pl*

kelloseppä (*kayl*-loa-*sayp*-pæ) *n* watchmaker

kellua (*kayl*-loo-ah) *v* float

kelpo (*kayl*-poa) *adj* brave

keltainen (*kayl*-tigh-nayn) *adj* yellow

keltanarsissi (*kayl*-tah-

nahr-siss-si) *n* daffodil

keltatauti (*kayl*-tah-*tou*-ti) *n* jaundice

keltuainen (*kayl*-too-igh-nayn) *n* yolk

kemia (*kay*-mi-ah) *n* chemistry

kemiallinen (*kay*-mi-ahl-li-nayn) *adj* chemical; ~ pesula dry-cleaner's

kenguru (*kayng*-ngoo-roo) *n* kangaroo

kengänkiilloke (*kayng*-ngæng-*keel*-loa-kay) *n* shoe polish

kengännauha (*kayng*-ngæn-*nou*-hah) *n* shoelace, lace

kengänpohja (*kayng*-ngæm-*poah*-ʸah) *n* sole

Kenia (*kay*-ni-ah) Kenya

kenkä (*kayng*-kæ) *n* shoe

kenkäkauppa (*kayng*-kæ-*koup*-pah) *n* shoe shop

kenraali (*kayn*-raa-li) *n* general

kenties (*kayn*-tyayss) *adv* maybe, perhaps

kenttäkiikari (*kaynt*-tæ kee-kah-ri) *n* field glasses

keppi (*kayp*-pi) *n* rod; stick

keppihevonen (*kayp*-pi-*hay*-voa-nayn) *n* hobbyhorse

kepponen (*kayp*-poa-nayn) *n* trick

kera (*kay*-rah) *postp* with

keramiikka (*kay*-rah-*meek*-kah) *n* ceramics *pl*

kerho (*kayr*-hoa) *n* club

kerjäläinen (*kayr*-ʸæ-læ^{ee}-

nayn) *n* beggar

kerjätä (*kayr-ᵞæ-tæ*) *v* beg

kerma (*kayr-mah*) *n* cream

kermainen (*kayr-migh-nayn*) *adj* creamy

kermanvärinen (*kayr-mahn-væ-ri-nayn*) *adj* cream

kerran (*kayr-rahn*) *adv* once; ~ **vielä** once more

kerrankin (*kayr-rahn-kin*) *adv* for once

kerros (*kayr-roass*) *n* storey, floor; layer

kerrostalo (*kayr-roass-tah-loa*) *n* block of flats

kerrostuma (*kayr-roass-too-mah*) *n* deposition; layer

kerskata (*kayrs-kah-tah*) *v* boast

kerta (*kayr-tah*) *n* time

kertakäyttöinen (*kayr-tah-kæᵉʷt-turᵉᵉ-nayn*) *adj* disposable

kertoa (*kayr-toa-ah*) *v* *tell; inform; multiply

kertolasku (*kayr-toa-lahss-koo*) *n* multiplication

kertomus (*kayr-toa-mooss*) *n* tale, story

kertova (*kayr-toa-vah*) *adj* narrative

keräilijä (*kay-ræᵉᵉ-li-ᵞæ*) *n* collector

kerätä (*kay-ræ-tæ*) *v* gather; collect

kerääjä (*kay-ræær-ᵞæ*) *n* collector

keskellä (*kayss-kayl-læ*) *prep* / *postp* amid

kesken (*kayss-kayn*) *postp* among

keskenmeno (*kayss-kayn-may-noa*) *n* miscarriage

keskeyttää (*kayss-kay-ewt-tææ*) *v* interrupt

keskeytymätön (*kayss-kay-ew-tew-mæ-turn*) *adj* continuous

keskeytys (*kayss-kay-ew-tewss*) *n* interruption

keski- (*kayss-ki*) *adj* medium; central

keskiaika (*kayss-ki-igh-kah*) *n* Middle Ages

keskiaikainen (*kayss-ki-igh-kigh-nayn*) *adj* mediaeval

keskiarvo (*kayss-ki-ahr-voa*) *n* average

keskikesä (*kayss-ki-kay-sæ*) *n* midsummer

keskikohta (*kayss-ki-koah-tah*) *n* middle

keskiluokka (*kayss-ki-lwoak-kah*) *n* middle class

keskimmäinen (*kayss-kim-mæᵉᵉ-nayn*) *adj* middle

keskimäärin (*kayss-ki-mæær-rin*) *adv* on the average

keskimääräinen (*kayss-ki-mæær-ræᵉᵉ-nayn*) *adj* medium, average

keskinkertainen (*kayss-king-kayr-tigh-nayn*) *adj* moderate; medium

keskinäinen (*kayss-ki-næᵉᵉ-nayn*) *adj* mutual

keskipiste (*kayss-ki-piss-tay*) *n* centre, central point keskipäivä (*kayss*-ki-*pæ^{ee}-væ*) *n* midday, noon

keskittää (*kayss*-kit-tææ) *v* concentrate; centralize

keskitys (*kayss*-ki-tewss) *n* concentration

keskiverto (*kayss*-ki-*vayr*-toa) *n* mean, average

keskiviikko (*kayss*-ki-*veek*-koa) *n* Wednesday

keskiyö (*kayss*-ki-^{ew}*ur*) *n* midnight

keskusasema (*kayss*-kooss-*ah*-say-mah) *n* central station

keskuslämmitys (*kayss*-kooss-*læm*-mi-tewss) *n* central heating

keskusta (*kayss*-kooss-tah) *n* centre; kaupungin ~ town centre

keskustella (*kayss*-kooss-tayl-lah) *v* discuss, talk, argue

keskustelu (*kayss*-kooss-tay-loo) *n* conversation, discussion, talk

kestitä (*kayss*-ti-tæ) *v* entertain

kestoaika (*kayss*-toa-*igh*-kah) *n* duration

kestokyky (*kayss*-toa-*kew*-kew) *n* endurance; tolerance

kestosileä (*kayss*-toa-*si*-lay-æ) *adj* permanent press

kestävä (*kayss*-tæ-væ) *adj* lasting

kestää (kayss-tææ) *v* last; endure; *go through

kesy (*kay*-sew) *adj* tame

kesyttää (*kay*-sewt-tææ) *v* tame

kesä (*kay*-sæ) *n* summer

kesäaika (*kay*-sæ-*igh*-kah) *n* summer time

kesäkuu (*kay*-sæ-*$\overline{koo}$*) June

ketju (*kayt*-^{y}oo) *n* chain

kettu (*kayt*-too) *n* fox

keuhko (*kay^{oo}h*-koa) *n* lung; keuhkoputken tulehdus bronchitis

keuhkokuume (*kay^{oo}h*-koa-*$\overline{koo}$*-may) *n* pneumonia

kevyt (*kay*-vewt) *adj* light

kevät (*kay*-væt) *n* spring

kevätaika (*kay*-væt-*igh*-kah) *n* springtime

khakikangas (*kah*-ki-*kahng*-ngahss) *n* khaki

kidus (*ki*-dooss) *n* gill

kiduttaa (*ki*-doot-taa) *v* torture

kidutus (*ki*-doo-tooss) *n* torture

kiehtoa (*kyayh*-toa-ah) *v* fascinate

kiehua (*kyay*-hoo-ah) *v* boil

kielenkääntäjä (*kyay*-layng-*kææn*-tæ-*^{y}æ*) *n* translator

kieli (*kyay*-li) *n* tongue; language; string

kieliopillinen (*kyay*-li-*oa*-pil-li-nayn) *adj* grammatical

kielioppi (*kyay*-li-*oap*-pi) *n* grammar

kielistudio (*kyay*-li-*stoo*-di-oa) *n* language laboratory

kielletty (*kyayl*-layt-tew) *adj* prohibited, forbidden

kielteinen (*kyayl*-tay-nayn)
adj negative

kielto (*kyayl*-toa) *n*
prohibition

kieltävä (*kyayl*-tæ-væ) *adj*
negative

kieltäytyminen (*kyayl*-tæᵉʷ-
tew-mi-nayn) *n* refusal

kieltäytyä (*kyayl*-tæᵉʷ-tew-
æ) *v* deny, refuse

kieltää (*kyayl*-tææ) *v* deny;
*forbid, prohibit

kiemurteleva (*kyay*-moor-
tay-lay-vah) *adj* winding

kierittää (*kyay*-rit-tææ) *v*
roll

kiero (*kyay*-roa) *adj* crooked

kierosilmäinen (*kyay*-roa-
sil-mæᵉᵉ-nayn) *adj* cross-
-eyed

kierrekaihdin (*kyayr*-rayk-
kighh-din) *n* blind

kierros (*kyayr*-roass) *n*
round; turn

kierrätettävä (*kyayr*-ræ-taytt-
tæ-væ) *adj* recyclable

kiertokulku (*kyayr*-toa-*kool*-
koo) *n* circulation, circle

kiertorata (*kyayr*-toa- *rah*-
tah) *n* orbit

kiertoliike (*kyayr*-toa-*lee*-
kay) *n* circular motion

kiertomatka (*kyayr*-toa-
maht-kah) *n* tour

kiertotie (*kyayr*-toa-*tyay*) *n*
detour; diversion

kiertävä (*kyayr*-tæ-væ) *adj*
winding

kiertää (*kyayr*-tææ) *v*
circulate; rotate; turn; by-

-pass; ~ auki unscrew

kihara (*ki*-hah-rah) *n* curl

kiharainen (*ki*-hah-righ-
nayn) *adj* curly

kihartaa (*ki*-hahr-taa) *v* curl

kihlasormus (*kih*-lah-*soar*-
mooss) *n* engagement ring

kihlattu (*kih*-laht-too) *n*
fiancée

kihlaus (*kih*-la-ooss) *n*
engagement

kihloissa (*kih*-loiss-sah) *adv*
engaged

kihti (*kih*-ti) *n* gout

kiihdyttää (*keeh*-dewt-tææ)
v accelerate

kiihkeä (*keeh*-kay-æ) *adj*
intense; passionate

kiihkomielinen (*keeh*-koa-
myay-li-nayn) *adj* fanatical

kiihottaa (*keeh*-hoat-taa) *v*
excite

kiihtymys (*keeh*-tew-mewss)
n excitement

kiikari (*kee*-kah-ri) *n*
binoculars *pl*

kiila (*kee*-lah) *n* wedge

kiilloton (*keel*-loa-toan) *adj*
mat

kiillottaa (*keel*-loat-taa) *v*
polish

kiiltävä (*keel*-tæ-væ) *adj*
glossy

kiiltää (*keel*-tææ) *v* *shine

Kiina (*kee*-nah) China

kiinalainen (*kee*-nah-ligh-
nayn) *n* Chinese; *adj*
Chinese

kiinnelaastari (*keen*-nay-
laass-tah-ri) *n* adhesive

tape
kiinnelaina (*keen*-ni-tewss-*ligh*-nah) *n* mortgage
kiinnitin (*keen*-ni-tin) *n* fastener
kiinnittää (*keen*-nit-*tææ*) *v* attach; fasten; ~ huomiota *pay attention to; ~ neulalla pin
kiinnostaa (*keen*-noass-taa) *v* interest
kiinnostunut (*keen*-noass-too-noot) *adj* interested
kiinnostus (*keen*-noass-tooss) *n* interest
kiinteistö (*keen*-tayss-tur) *n* real estate; grounds
kiinteistövälittäjä (*keen*-tayss-tur-*væ*-lit-tæ-*y*æ) *n* estate agent
kiinteä (*keen*-tay-æ) *adj* solid; compact
kiintiö (*keen*-ti-ur) *n* quota
kiintolevyasema (*keen*-toa-*lay*-vew-*ah*-say-mah) *n* hard drive
kiintymys (*keen*-tew-mewss) *n* affection
kiintynyt (*keen*-tew-newt) *adj* attached to
kiipeäminen (*kee*-pay-æ-mi-nayn) *n* climb
kiire (*kee*-ray) *n* haste, hurry
kiireellinen (*kee*-*rä*yl-li-nayn) *adj* urgent, pressing
kiireellisyys (*kee*-*rä*yl-li-sewss) *n* urgency
kiireesti (*kee*-*rä*yss-ti) *adj* in a hurry
kiirehtiä (*kee*-rayh-ti-æ) *v*

hurry, hasten
kiireinen (*kee*-ray-nayn) *adj* busy
kiista (*keess*-tah) *n* dispute
kiistakysymys (*keess*-tah-*kew*-sew-mewss) *n* issue
kiistanalainen (*keess*-tahn-*ah*-ligh-nayn) *adj* controversial
kiistellä (*keess*-tayl-læ) *v* argue
kiistää (*keess*-tææ) *v* deny
kiitollinen (*keetoa*-loa-nayn) *adj* thankful, grateful
kiitollisuus (*kee*-toal-li-sööss) *n* gratitude; olla kiitollisuuden velassa owe
kiitorata (*kee*-toa-*rah*-tah) *n* runway
kiitos (*kee*-toass) thank you
kiittämätön (*keet*-tæ-mæ-turn) *adj* ungrateful
kiittää (*keet*-tææ) *v* thank
kiivasluonteinen (*kee*-vahss-*lwoan*-tay-nayn) *adj* hot-tempered
kiivaus (*kee*-vah-ooss) *n* temper
kiivetä (*keevay*-tæ) *v* climb; ascend
kikattaa (*ki*-kaht-taa) *v* giggle
kiljaisu (*kil*-*y*igh-soo) *n* yell
kiljua (*kil*-*y*oo-ah) *v* yell
kilo (*ki*-loa) *n* kilogram
kilometri (*ki*-loa-*mayt*-ri) *n* kilometre
kilometrimäärä (*ki*-loa-*mayt*-ri-*mææ*-ræ) *n* distance in kilometres

kilometripylväs (*ki-loa-mayt-ri-pewl-væss*) *n* milestone

kilpa-ajo (*kil-pah-ah-*ᵞoa) *n* race

kilpa-ajorata (*kil-pah-ah-*ᵞoa-*rah-tah*) *n* racecourse

kilpahevonen (*kil-pah-hay-*voa-*nayn*) *n* racehorse

kilpailija (*kil-pigh-li-*ᵞah) *n* rival, competitor

kilpailla (*kil-pighl-lah*) *v* compete; rival

kilpailu (*kil-pigh-loo*) *n* competition, contest

kilpajuoksu (*kil-pah-*ᵞ*woak-soo*) *n* race

kilparata (*kil-pah-rah-tah*) *n* racetrack, racecourse

kilparatsastaja (*kil-pah-raht-sahss-tah-*ᵞah) *n* jockey

kilpikonna (*kil-pi-koan-nah*) *n* turtle

kiltti (*kilt-ti*) *adj* good, kind

kimmoisa (*kim-moi-sah*) *adj* elastic

kimpale (*kim-pah-lay*) *n* chunk

kimppakyyti (*kimp-pah-kēw-ti*) *n* carpool

kimppu (*kimp-poo*) *n* bouquet, bunch

kinkku (*kingk-koo*) *n* ham

kioski (*ki-oass-ki*) *n* kiosk

kipeä (*ki-pay-æ*) *adj* ill, sick, sore; ~ kohta sore

kipinä (*ki-pi-næ*) *n* spark

kipinöivä (*ki-pi-nur*ᶜᵉ*-væ*) *adj* sparkling

kipsi (*kip-si*) *n* plaster

kipu (*ki-poo*) *n* pain, ache

kiristys (*ki-riss-tewss*) *n* blackmail, extortion

kiristää (*ki-riss-tææ*) *v* tighten; extort, blackmail

kirja (*keer-*ᵞah) *n* book; kirja-ja lehtikioski bookstand

kirjailija (*keer-*ᵞigh-li-ᵞah) *n* author, writer

kirjailla (*keer-*ᵞighl-lah) *v* embroider

kirjain (*keer-*ᵞighn) *n* letter; iso ~ capital letter

kirjakauppa (*keer-*ᵞah-*koup-pah*) *n* bookstore, bookshop

kirjakauppias (*keer-*ᵞah-*koup-pi-ahss*) *n* bookseller

kirjallinen (*keer-*ᵞahl-li-nayn) *adj* written; literary

kirjallisesti (*keer-*ᵞahl-li-sayss-ti) *adv* in writing

kirjallisuus (*keer-*ᵞahl-li-sōōss) *n* literature

kirjasto (*keer-*ᵞahss-toa) *n* library

kirjata (*keer-*ᵞah-tah) *v* list, register; book

kirjava (*keer-*ᵞah-vah) *adj* multi-coloured; mixed

kirje (*keer-*ᵞay) *n* letter; kirjattu ~ registered letter

kirjeenvaihtaja (*keer-*ᵞ**ā̄yn**-*vighh-tah-*ᵞah) *n* correspondent

kirjeenvaihto (*keer-*ᵞ**ā̄yn**-*vighh-toa*) *n* correspondence; olla kirjeenvaihdossa correspond

kivennäisvesi

kirjekortti (*keer-ᵞayk-koartti*) *n* postcard

kirjekuori (*keer-ᵞayk-kwoari*) *n* envelope

kirjelaatikko (*keer-ᵞayl-laatik-koa*) *n* letterbox

kirjepaperi (*keer-ᵞayp-pahpay-ri*) *n* notepaper

kirjoittaa (*keer-ᵞoit-taa*) *v* *write; ~ muistiin *write down

kirjoittautua (*keer-ᵞoit-toutoo-ah*) *v* register

kirjoituskone (*keer-ᵞoitooss-koa-nay*) *n* typewriter

kirjoituslehtiö (*keer-ᵞoitooss-layh-ti-ur*) *n* writing pad

kirjoituslipasto (*keer-ᵞoitooss-li-pahss-toa*) *n* bureau

kirjoituspaperi (*keer-ᵞoitooss-pah-pay-ri*) *n* writing paper, notepaper

kirjoituspöytä (*keer-ᵞoitooss-purᵉʷ-tæ*) *n* desk

kirkaisu (*keer-kigh-soo*) *n* scream

kirkas (*keer-kahss*) *adj* clear; bright

kirkastaa (*keer-kahss-taa*) *v* brighten

kirkko (*keerk-koa*) *n* chapel, church

kirkkoherra (*keerk-koahayr-rah*) *n* rector, vicar

kirkkomaa (*keerk-koa-maa*) *n* churchyard

kirkonmies (*keer-koanmyayss*) *n* clergyman

kirkontorni (*keer-koan-toar-ni*) *n* steeple

kirkua (*keer-koo-ah*) *v* shriek, scream

kiroilla (*ki-roil-lah*) *v* *swear, curse

kirota (*ki-roa-tah*) *v* curse

kirottu (*ki-roat-too*) *adj* bloody (*colloquial*)

kirous (*ki-roa-ooss*) *n* curse

kirpeä (*keer-pay-æ*) *adj* savoury, pungent

kirsikka (*keer-sik-kah*) *n* cherry

kirurgi (*ki-roor-gi*) *n* surgeon

kirves (*keer-vayss*) *n* axe

kissa (*kiss-sah*) *n* cat

kita (*ki-tah*) *n* mouth, jaws, mouth

kitara (*ki-tah-rah*) *n* guitar

kitka (*kit-kah*) *n* friction

kitkerä (*kit-kay-ræ*) *adj* bitter

kiukku (*keeᵒᵒk-koo*) *n* anger

kiusa (*keeᵒᵒ-sah*) *n* bother, annoyance

kiusallinen (*keeᵒᵒ-sahl-linayn*) *adj* embarrassing, awkward

kiusata (*keeᵒᵒ-sah-tah*) *v* bother; bully

kiusaus (*keeᵒᵒ-sah-ooss*) *n* temptation

kiusoitella (*keeᵒᵒ-soi-tayllah*) *v* kid, tease

kivennäinen (*ki-vayn-næᵉᵉ-nayn*) *n* mineral

kivennäisvesi (*ki-vayn-næᵉᵉss-vay-si*) *n* soda water, mineral water

kivetä

kivetä (*ki*-vay-tæ) *v* pave

kivi (*ki*-vi) *n* stone

kivihiili (*ki*-vi-*hee*-li) *n* coal

kivinen (*ki*-vi-nayn) *adj* stone

kivääri (*ki*-vææ-ri) *n* rifle, gun

klassinen (*klahss*-si-nayn) *adj* classical

klinikka (*kli*-nik-kah) *n* clinic, doctor's

kloonata (*klōa*-nah-tah) *v* clone

klooni (*klōa*-ni) *n* clone

kloori (*klōa*-ri) *n* chlorine

klubi (*kloo*-bi) *n* club

-ko (koa) *suf* whether, if; -ko ... vai whether ... or

kodikas (*koa*-di-kahss) *adj* cosy

koe (*koa*-ay) *n* experiment, test

koettaa (*koa*-ayt-taa) *v* attempt

kofeiini (*koa*-fay-ee-ni) *n* caffeine

kofeiiniton (*koa*-fay-ee-ni-toan) *adj* decaffeinated

kohdakkoin (*koah*-dahk-koin) *adv* soon

kohdata (*koah*-dah-tah) *v* *meet; encounter; *come across; ~ sattumalta run into

kohde (*koah*-day) *n* object, target

kohdella (*koah*-dayl-lah) *v* treat

kohden (*koah*-dayn) *postp* towards

kohista (*koa*-hiss-tah) *v* roar

kohmettunut (*koah*-mayt-too-noot) *adj* numb

kohota (*koa*-hoa-tah) *v* ascend, *rise; amount to

kohottaa (*koa*-hoat-taa) *v* lift

kohta (*koah*-tah) *n* item, point

kohtaaminen (*koah*-taa-mi-nayn) *n* encounter

kohtaamispaikka (*koah*-taa-miss-*pighk*-kah) *n* meeting place

kohtaan (*koah*-taan) *postp* towards

kohtalaisen (*koah*-tah-ligh-sayn) *adv* fairly

kohtalo (*koah*-tah-loa) *n* fate, destiny, lot, fortune

kohtalokas (*koah*-tah-loa-kahss) *adj* fatal

kohtaus (*koah*-tah-ooss) *n* meeting; fit; date; ~ näytelmässä scene

kohteliaisuus (*koah*-tay-li-igh-sōōss) *n* compliment

kohtelias (*koah*-tay-li-ahss) *adj* polite, courteous

kohti (*koah*-ti) *postp* to, towards

kohtisuora (*koah*-ti-swoa-rah) *adj* perpendicular, vertical

kohtu (*koah*-too) *n* womb

kohtuullinen (*koah*-tōōl-li-nayn) *adj* moderate, reasonable

kohtuuton (*koah*-tōō-toan) *adj* unreasonable, unfair

koi (*koi*) n moth

koillinen (*koil*-li-nayn) n north-east

koira (*koi*-rah) n dog

koirankoppi (*koi*-rahng-koap-pi) n kennel

koirankuje (*koi*-rahng-*koo*-ᵞay) n mischief

koiratarha (*koi*-rah-*tahr*-hah) n doghouse, kennel

koivu (*koi*-voo) n birch

koje (*koa*-ᵞay) n gadget, apparatus; appliance

kojelauta (*koa*-ᵞayl-*lou*-tah) n dashboard

koju (*koa*-ᵞoo) n booth

kokaiini (*koa*-kah-ee-ni) n cocaine

kokea (*koa*-kay-ah) v experience

kokeilla (*koa*-kayl-lah) v try; test, experiment

kokeilu (*koa*-kay-loo) n experiment, test

kokematon (*koa*-kay-mah-toan) adj inexperienced

kokemus (*koa*-kay-mooss) n experience

kokenut (*koa*-kay-noot) adj experienced

kokkare (*koak*-kah-ray) n lump

kokkareinen (*koak*-kah-ray-nayn) adj lumpy

kokki (*koak*-ki) n cook

koko¹ (*koa*-koa) n size; erikoissuuri ~ outsize

koko² (*koa*-koa) adj total, whole

kokoelma (*koa*-koa-ayl-mah) n collection

kokojyväleipä (*koa*-koa-ᵞew-væ-*lay*-pæ) n wholemeal bread

kokonaan (*koa*-koa-naan) adv completely, wholly

kokonainen (*koa*-koa-nigh-nayn) adj entire, complete

kokonais- (*koa*-koa-nighss) overall, total

kokonaissumma (*koa*-koa-nighss-*soom*-mah) n lump sum

kokonaisuus (*koa*-koa-nigh-sōōss) n whole

kokoontua (*koa*-kōan-too-ah) v gather

kokoontuminen (*koa*-kōan-too-mi-nayn) n reunion; rally

kokous (*koa*-koa-ooss) n meeting; assembly

kolaus (*koa*-lah-ooss) n bang, bump

kolea (*koa*-lay-ah) adj chilly

kolikko (*koa*-lik-koa) n coin

kolina (*koa*-li-nah) n noise

kolja (*koal*-ᵞah) n haddock

kolkuttaa (*koal*-koot-taa) v knock

kolkutus (*koal*-koo-tooss) n knock

kolmas (*koal*-mahss) num third

kolmaskymmenes (*koal*-mahss-*kewm*-may-nayss) num thirtieth

kolmastoista (*koal*-mahss-*toiss*-tah) num thirteenth

kolme (*koal*-may) num

three; ~ nejännestä three-
-quarters

kolmekymmentä (*koal-
may-kewm*-mayn-tæ) *num*
thirty

kolmetoista (*koal-may-
toiss*-tah) *num* thirteen

kolmikulmainen (*koal-mi-
kool*-migh-nayn) *adj*
triangular

kolmio (*koal*-mi-oa) *n*
triangle

Kolumbia (*koa*-loom-bi-ah)
Colombia

kolumbialainen (*koa*-loom-
bi-ah-ligh-nayn) *n*
Colombian; *adj* Colombian

komea (*koa*-may-ah) *adj*
handsome

komento (*koa*-mayn-toa) *n*
command

komero (*koa*-may-roa) *n*
cupboard, closet

komitea (*koa*-mi-tay-ah) *n*
committee

kommunikoida (*koam*-
moo-ni-koi-dah) *v*
communicate

kommunismi (*koam*-moo-
niss-mi) *n* communism

kommunisti (*koam*-moo-
niss-ti) *n* communist

kompassi (*koam*-pahss-si) *n*
compass

kompastua (*koam*-pahss-
too-ah) *v* stumble

kone (*koa*-nay) *n* machine

koneisto (*koa*-nayss-toa) *n*
machinery; mechanism

konekirjoittaa (*koa*-nayk-

**keer-Yoit*-taa) *v* type

konekirjoittaja (*koa*-nayk-
keer-Yoit-tah-Yah) *n* typist

konekirjoituspaperi (*koa*-
nayk-*keer-Yoi*-tooss-*pah*-
pay-ri) *n* typing paper

konepelti (*koa*-nayp-*payl*-ti)
n bonnet; hood *nAm*

konerikko (*koa*-nayr-*rik*-
koa) *n* breakdown

konevika (*koa*-nayv-*vi*-kah)
n breakdown

konferenssi (*koan*-fay-
rayns-si) *n* conference

kongressi (*koang*-rayss-si) *n*
congress

konjakki (*koan-Yahk*-ki) *n*
cognac

konkreettinen (*koang*-
krǟyt-ti-nayn) *adj* concrete

konna (*koan*-nah) *n* villain

konsertti (*koan*-sayrt-ti) *n*
concert

konserttisali (*koan*-sayrt-ti-
sah-li) *n* concert hall

konservatiivinen (*koan*-
sayr-vah-tee-vi-nayn) *adj*
conservative

konsulaatti (*koan*-soo-laat-
ti) *n* consulate

konsuli (*koan*-soo-li) *n*
consul

kontti (*koant*-ti) *n* container

konttoriaika (*koant*-toa-ri-
igh-kah) *n* business hours

konttoristi (*koant*-toa-riss-
ti) *n* clerk

kookas (*kōā*-kahss) *adj* tall,
big

kookospähkinä (*kōā*-koass-

pæh-ki-næ) *n* coconut

koomikko (*kōā*-mik-koa) *n* comedian

koominen (*kōā*-mi-nayn) *adj* comic

koostua (*kōāss*-too-ah) *v* consist of

koostumus (*kōāstoo*-mooss) *n* texture

koota (*kōā*-tah) *v* gather, collect; assemble

kopea (*koa*-pay-ah) *adj* presumptuous, proud

kopio (*koa*-pi-oa) *n* copy

koppava (*koap*-pah-vah) *adj* snooty, arrogant

koppi (*koap*-pi) *n* booth

koputtaa (*koa*-poot-taa) *v* tap

koputus (*koa*-poo-tooss) *n* tap

koralli (*koa*-rahl-li) *n* coral

kori (*koa*-ri) *n* hamper, basket

korintti (*koa*-rint-ti) *n* currant

koristaa (*koa*-riss-taa) *v* decorate

koristeellinen (*koa*-riss-tāyl-li-nayn) *adj* ornamental

koristekuvio (*koa*-riss-tay-koo-vi-oa) *n* ornament

koristelu (*koa*-riss-tay-loo) *n* decoration

korjaava kirurgia (*koar*-ᵛaa-vah *ki*-roor-gi-ah) *n*reconstructive surgery

korjata (*koar*-ᵛah-tah) *v* repair; fix; mend; correct

korjaus (*koar*-ᵛah-ooss) *n*

reparation, repair; correction

korkea (*koar*-kay-ah) *adj* high, tall

korkeakoulu (*koar*-kay-ahk-koa-loo) *n* college

korkeintaan (*koar*-kayn-taan) *adv* at most

korkeus (*koar*-kay-ooss) *n* height, altitude

korkki (*koark*-ki) *n* cork; poistaa ~ uncork

korkkiruuvi (*koark*-ki-rōō-vi) *n* corkscrew

korko (*koar*-koa) *n* heel; interest

korkokuva (*koar*-kay-koo-vah) *n* relief

korostaa (*koa*-roass-taa) *v* emphasize

korostus (*koa*-roass-tooss) *n* accent; stress

korottaa (*koa*-roat-taa) *v* raise

korotus (*koa*-roa-tooss) *n* rise

korppi (*koarp*-pi) *n* raven

korppikotka (*koarp*-pi-koat-tah) *n* vulture

korsetti (*koar*-sqt-ti) *n* corset

kortteli (*koart*-tay-li) *n* house block *Am*

kortti (*koart*-ti) *n* card

koru (*koa*-roo) *n* jewel

koruompelu (*koa*-roo-oam-pay-loo) *n* embroidery

korut (*koa*-root) *pl* jewellery

korva (*koar*-vah) *n* ear

korvakoru (*koar*-vah-*koa*-

roo) *n* earring

korvasärky (*koar*-vah-*sær*-kew) *n* earache

korvata (*koar*-vah-tah) *v* substitute, replace; remunerate; compensate

korvaus (*koar*-vah-ooss) *n* remuneration

korvike (*koar*-vi-kay) *n* replacement, makeshift

koska (*koass*-kah) *conj* since, as, because

ei koskaan (*ay* koass-kaan) never

koskea (*koass*-kay-ah) *v* touch; ~ jtk apply, concern

koskematon (*koass*-kay-mah-toan) *adj* intact, untouched

kosketin (*koass*-kay-tin) *n* key; contact; plug

koskettaa (*koass*-kayt-taa) *v* touch

kosketus (*koass*-kay-tooss) *n* touch; contact

koski (*koass*-ki) *n* rapids *pl*

koskien jtk (*koass*-ki-ayn) about, regarding

kostea (*koass*-tay-ah) *adj* damp, humid, moist

kosteus (*koass*-tay-ooss) *n* humidity, moisture, damp

kosteusvoide (*koass*-tay-ooss-*voi*-day) *n* moisturizing cream

kosto (*koass*-toa) *n* revenge

kostuttaa (*koass*-toot-taa) *v* moisten, damp

kotelo (*koa*-tay-loa) *n* case; sleeve

koti (*koa*-ti) *n* home; koti-domestic

kotiapulainen (*koa*-ti-ah-poo-ligh-nayn) *n* maid

kotiasu (*koa*-ti-ah-soo) *n* negligee, house coat

koti-ikävä (*koa*-ti-i-kæ-væ) *n* homesickness

kotilo (*koa*-ti-loa) *n* shell

kotimainen (*koa*-ti-migh-nayn) *adj* domestic

kotiopettajatar (*koa*-ti-oa-payt-tah-ʸah-tahr) *n* governess

kotipaikka (*koa*-ti-*pighk*-kah) *n* domicile; seat

kotirouva (*koa*-ti-*roa*-vah) *n* housewife

kotitehtävät (*koa*-ti-*tayh*-tæ-væt) *npl* homework

kotitekoinen (*koa*-ti-*tay*-koi-nayn) *adj* home-made

kotityöt (*koa*-ti-*t*ᵉʷ*urt*) *pl* housework

kotka (*koat*-kah) *n* eagle

kotona (*koa*-toa-nah) *adv* home, at home

kottarainen (*koat*-tah-righ-nayn) *n* starling

koukku (*koak*-koo) *n* hook

koulu (*koa*-loo) *n* school

koululaukku (*koa*-loo-*louk*-koo) *n* satchel, school bag

koulupoika (*koa*-loo-*poi*-kah) *n* schoolboy

kouluttaa (*koa*-loot-taa) *v* educate; train

kouluttaja (*koa*-loot-tah-ʸa) *n* trainer

koulutus (*koa*-loo-tooss) *n*

education; background
koulutyttö (*koa-loo-tewt-tur*) *n* schoolgirl
kourallinen (*koa-rahl-li-nayn*) *n* handful
kouriintuntuva (*koa-reen-toon-too-vah*) *adj* palpable, tangible
kouristus (*koa-riss-tooss*) *n* convulsion
kova (*koa-vah*) *adj* hard; severe
kovakuoriainen (*koa-vah-kwoa-ri-igh-nayn*) *n* bug, beetle
kovaonninen (*koa-vah-oan-ni-nayn*) *adj* unlucky, unfortunate
kraatteri (*kraat-tay-ri*) *n* crater
krapula (*krah-poo-lah*) *n* hangover
krassi (*krahss-si*) *n* watercress
Kreikka (*krayk-kah*) Greece
kreikkalainen (*krayk-kah-ligh-nayn*) *n* Greek; *adj* Greek
kreivi (*kray-vi*) *n* count, earl
kreivikunta (*kray-vi-koon-tah*) *n* county
kreivitär (*kray-vi-tær*) *n* countess
krikettipeli (*kri-kayt-ti-pay-li*) *n* cricket
kristalli (*kriss-tahl-li*) *n* crystal; kristalli- crystal
kristitty (*kriss-tit-tew*) *adj* Christian; *n* Christian
Kristus (*kriss-tooss*) Christ

krokotiili (*kroa-koa-tee-li*) *n* crocodile
kronologinen (*kroa-noa-loa-gi-nayn*) *adj* chronological
krooli (*krōa-li*) *n* crawl
krooninen (*krōa-ni-nayn*) *adj* chronic
krouvi (*kroa-vi*) *n* pub
krusifiksi (*kroo-si-fik-si*) *n* crucifix
kruunata (*krōō-nah-tah*) *v* crown
kruunu (*krōō-noo*) *n* crown
kuherruskuukausi (*koo-hayr-rooss-kōō-kou-si*) *n* honeymoon
kuhmu (*kooh-moo*) *n* lump
kuilu (*koo^{ee}-loo*) *n* gorge
kuin (*koo^{ee}n*) *conj* than, as; kuinka monta how many; kuinka paljon how much
kuiskata (*koo^{ee}ss-kah-tah*) *v* whisper
kuiskaus (*koo^{ee}ss-kah-ooss*) *n* whisper
kuisti (*koo^{ee}ss-ti*) *n* veranda
kuitenkaan (*koo^{ee}-tayng-kaan*) *adv* though
kuitenkin (*koo^{ee}-tayng-kin*) *conj* however
kuitti (*koo^{ee}t-ti*) *n* receipt
kuiva (*koo^{ee}-vah*) *adj* dry
kuivata (*koo^{ee}-vah-tah*) *v* dry; wipe
kuivattaa (*koo^{ee}-vaht-taa*) *v* dry; drain
kuivausrumpu (*koo^{ee}-vah-ooss-room-poo*) *n* dryer
kuivua (*koo^{ee}-voo-ah*) *v* dry

kuivuus (*koo^ee-vōōss*) *n* drought

kuja (*koo-^yah*) *n* alley, lane

kuje (*koo-^yay*) *n* trick

kuka (*koo-kah*) *pron* who; ~ tahansa whoever; anybody; ei kukaan nobody

kukin (*koo-kin*) *pron* each

kukinta (*koo-kin-tah*) *n* blossom

kukka (*kook-kah*) *n* flower

kukkakaali (*kook-kah-kaa-li*) *n* cauliflower

kukkakauppa (*kook-kah-koup-pah*) *n* flower shop

kukkakauppias (*kook-kah-koup-pi-ahss*) *n* florist

kukkapenkki (*kook-kah-payngk-ki*) *n* flowerbed

kukkaro (*kook-kah-roa*) *n* purse

kukkasipuli (*kook-kah-si-poo-li*) *n* bulb

kukko (*kook-koa*) *n* cock

kukkula (*kook-koo-lah*) *n* hill

kukoistava (*koo-koa-i-stah-vah*) *adj* flourishing

kulho (*kool-hoa*) *n* bowl, dish

kuljeskella (*kool-^yayss-kayl-lah*) *v* roam, stroll

kuljettaa (*kool-^yayt-taa*) *v* transport; *drive, carry

kuljetus (*kool-^yay-tooss*) *n* transportation

kuljetusmaksu (*kool-^yay-tooss-mahk-soo*) *n* fare

kulkea läpi (*kool-kay-ah læ-pi*) pass through

kulku (*kool-koo*) *n* course

kulkue (*kool-koo-ay*) *n* procession

kulkunopeus (*kool-koo-noa-pay-ooss*) *n* cruising speed

kulkuri (*kool-koo-ri*) *n* tramp

kullankeltainen (*kool-lahng-kayl-tigh-nayn*) *adj* golden

kullattu (*kool-laht-too*) *adj* gilt

kulma (*kool-mah*) *n* corner; angle

kulmakarva (*kool-mah-kahr-vah*) *n* eyebrow

kulmakynä (*kool-mah-kew-næ*) *n* eyepencil

kulta (*kool-tah*) *n* gold

kultakaivos (*kool-tah-kigh-voass*) *n* goldmine

kultaseppä (*kool-tah-sayp-pæ*) *n* goldsmith

kulttuuri (*koolt-tōō-ri*) *n* culture

kulua (*koo-loo-ah*) *v* pass; ~ umpeen expire

kulunut (*koo-loo-noot*) *adj* worn

kulut (*koo-lit*) *pl* expenditure; expense

kuluttaa (*koo-loot-taa*) *v* *spend; ~ loppuun use up, wear out

kuluttaja (*koo-loot-tah-^yah*) *n* consumer

kuluttua (*koo-loot-too-ah*) *postp* after

kumartua (*koo-mahr-too-ah*) v *bend down

kumi (*koo-mi*) n gum, rubber

kuminauha (*koo-mi-nou-hah*) n elastic band, rubber band

kumitossut (*koo-mi-toass-soot*) pl plimsolls pl ; sneakers plAm

kummallinen (*koom-mahl-li-nayn*) adj strange, odd; queer

kummisetä (*koom-mi-say-tæ*) n godfather

kummitus (*koom-mi-tooss*) n ghost

kummitäti (*koom-mi-tæ-ti*) n godmother

kumoon (*koo-mōan*) adv over

kumpi (*koom-pi*) pron which

kumpikin (*koom-pi-kin*) pron both; either

kumppani (*koomp-pah-ni*) n partner; associate

kumpu (*koom-poo*) n hillock

kun (*koon*) conj when; as

kuningas (*koo-ning-ngahss*) n king

kuningaskunta (*koo-ning-ngahss-koon-tah*) n kingdom

kuningatar (*koo-ning-ngah-tahr*) n queen

kuninkaallinen (*koo-ning-kaal-li-nayn*) adj royal

kunnallinen (*koo-nahl-li-nayn*) adj municipal

kunnallishallitus (*koon-nahl-liss-hahl-li-tooss*) n municipality

kunnes (*koon-nayss*) conj till

kunnia (*koon-ni-ah*) n honour, glory

kunniakas (*koon-ni-ah-kahss*) adj honourable

kunniallinen (*koon-ni-ahl-li-nayn*) adj respectable, honourable

kunnianarvoisa (*koon-ni-ahn-ahr-voi-sah*) adj venerable

kunnianhimo (*koon-ni-ahn-hi-moa*) n ambition

kunnianhimoinen (*koon-ni-ahn-hi-moi-nayn*) adj ambitious

kunnianosoitus (*koon-ni-ahn-oa-soi-tooss*) n homage

kunniantunto (*koon-ni-ahn-toon-toa*) n sense of honour

kunnioitettava (*koon-ni-oi-tayt-tah-vah*) adj respectable, honourable

kunnioittaa (*koon-ni-oit-taa*) v respect, honour

kunnioittava (*koon-ni-oit-tah-vah*) adj respectful

kunnioituksenosoitus (*koon-ni-oi-took-sayn-oa-soi-tooss*) n tribute

kunnioitus (*koon-ni-oi-tooss*) n respect, esteem; regard

kunnossa (*koon-noass-sah*) adv in order

kunnossapito (*koon-noass-*

sah-*pi*-toa) *n* upkeep,
maintenance

kunnostaa (*koon*-noass-taa)
v repair

kunnostautua (*koon*-noass-
tou-too-ah) *v* excel

kunta (*koon*-tah) *n*
commune

kunto (*koon*-toa) *n*
condition; order

kuntouttaminen (*koon*-toa-
oot-tah-mi-nayn) *n*
rehabilitation

kuohuttava (*kwoa*-hoot-tah-
vah) *adj* shocking, exciting

kuolema (*kwoa*-lay-mah) *n*
death

kuolemanrangaistus
(*kwoa*-lay-mahn-*rahng*-
ngighss-tooss) *n* death
penalty

kuolettava (*kwoa*-layt-tah-
vah) *adj* fatal, mortal

kuolevainen (*kwoa*-lay-
vigh-nayn) *adj* mortal

kuolla (*kwoal*-lah) *v* die

kuollut (*kwoal*-loot) *adj*
dead

kuono (*kwoa*-noa) *n* snout,
nose

kuoppa (*kwoap*-pah) *n* hole;
pit

kuoppainen (*kwoap*-pigh-
nayn) *adj* bumpy

kuori (*kwoa*-ri) *n* skin, peel

kuoria (*kwoa*-ri-ah) *v* peel

kuorma (*kwoar*-mah) *n*
burden, load; charge

kuorma-auto (*kwoar*-mah-
ou-toa) *n* lorry; truck *nAm*

kuormittaa (*kwoar*-mit-taa)
v charge, load

kuoro (*kwoa*-roa) *n* choir

kuorsata (*kwoar*-sah-tah) *v*
snore

kupari (*koo*-pah-ri) *n* copper

kupla (*koop*-lah) *n* bubble

kupoli (*koo*-poa-li) *n* dome

kuponki (*koo*-poang-ki) *n*
voucher, coupon

kuppi (*koop*-pi) *n* cup

kurainen (*koo*-righ-nayn)
adj dirty, muddy

kuri (*koo*-ri) *n* discipline

kuristaa (*koo*-riss-taa) *v*
strangle, choke

kurja (*koor*-ᵛah) *adj*
miserable

kurjuus (*koor*-ᵛōōss) *n*
misery

kurkistaa (*koor*-kiss-taa) *v*
peep

kurkku (*koork*-koo) *n*
throat; cucumber

kurkkukipu (*koork*-koo-*ki*-
poo) *n* sore throat

kurkkumätä (*koork*-koo-
mæ-tæ) *n* diphtheria

kurlata (*koor*-lah-tah) *v*
gargle

kurssi (*koors*-si) *n* course

kustannukset (*kooss*-tahn-
nook-sayt) *pl* cost; expenses
pl

kustantaja (*kooss*-tahn-tah-
ᵛah) *n* publisher

kuten (*koo*-tayn) *conj* as,
like, such as

kutina (*koo*-ti-nah) *n* itch

kutistua (*koo*-tiss-too-ah) *v*

kuva

*shrink

kutistumaton (*koo-tiss-too-mah-toan*) *adj* shrinkproof

kutittaa (*koo-tit-taa*) *v* tickle

kutoa (*koo-toa-ah*) *v* *weave

kutoja (*koo-toa-ʸah*) *n* weaver

kutsu (*koot-soo*) *n* invitation

kutsua (*koot-soo-ah*) *v* call; ask, invite; ~ koolle assemble; ~ takaisin recall

kutsut (*koot-soot*) *pl* party

kuu (*koo*) *n* moon

Kuuba (*koo-bah*) Cuba

kuubalainen (*koo-bah-ligh-nayn*) *n* Cuban; *adj* Cuban

kuudes (*koo-dayss*) *num* sixth

kuudestoista (*koo-dayss-toiss-tah*) *num* sixteenth

kuukausi (*koo-kou-si*) *n* month

kuukausijulkaisu (*koo-kou-si-ʸool-kigh-soo*) *n* monthly magazine

kuukausittainen (*koo-kou-sit-tigh-nayn*) *adj* monthly

kuukautiset (*koo-kou-ti-sayt*) *pl* menstruation

kuula (*koo-lah*) *n* bullet; ball

kuulakärkikynä (*koo-lah-kær-ki-kew-næ*) *n* Biro®, ballpoint pen

kuulla (*kool-lah*) *v* *hear

kuulo (*koo-loa*) *n* hearing

kuuloke (*koo-loa-kay*) *n* receiver

kuulostaa (*koo-loass-taa*) *v* sound

kuulua (*koo-loo-ah*) *v*

belong to; concern

kuuluisa (*koo-loo^ee-sah*) *adj* famous

kuuluisuus (*koo-loo^ee-sōōss*) *n* celebrity

kuulustella (*koo-looss-tayl-lah*) *v* interrogate, question

kuulustelu (*koo-looss-tay-loo*) *n* examination, interrogation

kuuluttaa (*koo-loot-taa*) *v* announce

kuulutus (*koo-loo-tooss*) *n* notice, announcement

kuuluva (*koo-loo-vah*) *adj* audible

kuuma (*koo-mah*) *adj* hot

kuumavesipullo (*koo-mah-vay-si-pool-loa*) *n* hot-water bottle

kuume (*koo-may*) *n* fever

kuumeinen (*koo-may-nayn*) *adj* feverish

kuumuus (*koo-mōōss*) *n* heat

kuunnella (*koon-nayl-lah*) *v* listen; ~ salaa eavesdrop

kuuntelija (*koon-tay-li-ʸah*) *n* auditor, listener

kuuro (*koo-roa*) *adj* deaf

kuusi (*koo-si*) *num* six; *n* fir tree

kuusikymmentä (*koo-si-kewm-mayn-tæ*) *num* sixty

kuusitoista (*koo-si-toiss-tah*) *num* sixteen

kuutamo (*koo-tah-moa*) *n* moonlight

kuutio (*koo-ti-oa*) *n* cube

kuva (*koo-vah*) *n* picture,

image

kuvailla (*koo-vighl-lah*) *v*
describe

kuvanveistäjä (*koo-vahn-vayss-tæ-ʸæ*) *n* sculptor

kuvapatsas (*koo-vah-paht-sahss*) *n* statue

kuvapostikortti (*koo-vah-poass-*ti-*koart-*ti) *n* picture postcard

kuvaruutu (*koo-vahroo-too*) *n* screen

kuvaus (*koo-vah-ooss*) *n* description

kuvaviesti (*koo-vah-vyayss-*ti) *n* photo message

kuvernööri (*koo-vayr-nūr-*ri) *n* governor

kuvio (*koo-vi-oa*) *n* pattern

kuvitella (*koo-vi-tayl-lah*) *v* imagine, fancy, *think; imagine; ~ mielessään conceive

kuvitelma (*koo-vi-tayl-mah*) *n* fancy; fiction

kuviteltu (*koo-vi-tayl-too*) *adj* imaginary

kuvittaa (*koo-vit-taa*) *v* illustrate

kuvitus (*koo-vi-tooss*) *n* illustration

kuvottava (*koo-voat-tah-vah*) *adj* revolting

kyetä (*kew-ay-tæ*) *v* *be able to

kykenemättömyys (*kew-kay-nay-mæt-tur-mēwss*) *n* impotence

kykenemätön (*kew-kay-nay-mæ-turn*) *adj*

incapable, unable; impotent

kykenevä (*kew-kay-nay-væ*) *adj* able; capable

kyky (*kew-kew*) *n* ability,

kyljys (*kewl-ʸewss*) *n* cutlet, chop

kylkiluu (*kewl-ki-loo*) *n* rib

kylliksi (*kewl-lik-si*) *adv* enough

kyllin (*kewl-lin*) *adv* enough; *adj* sufficient

kyllä (*kewl-læ*) yes

kyllästynyt (*kewl-læss-tew-newt*) *adj* tired of, fed up with

kylmyys (*kewl-mēwss*) *n* cold

kylmä (*kewl-mæ*) *adj* cold

kylpeä (*kewl-pay-æ*) *v* bathe

kylpy (*kewl-pew*) *n* bath

kylpyhuone (*kewl-pew-hwoa-*nay) *v* bathroom

kylpypyyhe (*kewl-pew-pēw-*hay) *n* bath towel

kylpysuola (*kewl-pew-swoa-*lah) *n* bath salts

kylpytakki (*kewl-pew-tahk-*ki) *n* bathrobe

kylvettää (*kewl-vayt-tææ*) *v* bathe

kylvää (*kewl-væ*) *v* sow

kylä (*kew-læ*) *n* village

kymmenen (*kewm-may-*nayn) *num* ten

kymmenes (*kewm-may-*nayss) *num* tenth

kymmenjärjestelmä (*kewm-mayn-ʸer-ʸayss-*tayl-mæ*) *n* decimal system

kynnys (*kewn*-newss) *n*
threshold

kynsi (*kewn*-si) *n* nail; claw

kynsilakka (*kewn*-si-*lahk*-kah) *n* nail polish

kynsisakset (*kewn*-si-*sahk*-sayt) *pl* nail scissors *pl*

kynsiviila (*kewn*-si-*vee*-lah) *n* nail file

kynttilä (*kewnt*-ti-læ) *n* candle

kyntää (*kewn*-tææ) *v* plough

kynä (*kew*-næ) *n* pen

kypsyys (*kewp*-sēwss) *n* maturity

kypsä (*kewp*-sæ) *adj* ripe, mature

kypärä (*kew*-pæ-ræ) *n* helmet

kyseenalainen (*kew*-sāyn-ah-ligh-nayn) *adj* controversial, disputable

kysellä (*kew*-sayl-læ) *v* ask, query

kysely (*kew*-say-lew) *n* inquiry

kysymys (*kew*-sew-mewss) *n* question

kysymysmerkki (*kew*-sew-mewss-*mayrk*-ki) *n* question mark

kysyntä (*kew*-sewn-tæ) *n* demand

kysyvä (*kew*-sew-væ) *adj* interrogative

kysyä (*kew*-sew-æ) *v* ask; ~ neuvoa consult

kytkeytyä (atk) (*kewt*-kayew-tew-æ) *v* log in

kytkeä (*kewt*-kay-æ) *v*

connect; plug in; switch on; ~ vaihde change gear

kytkin (*kewt*-kin) *n* clutch

kyyhkynen (*kēwh*-kew-nayn) *n* pigeon

kyynel (*kēw*-nayl) *n* tear

kyynärpää (*kēw*-nær-*pææ*) *n* elbow

kädenpuristus (*kæ*-dayn-*poo*-riss-tooss) *n* handshake

kähertää (*kæ*-hayr-tææ) *v* curl

käheä (*kæ*-hay-æ) *adj* hoarse

käki (*kæ*-ki) *n* cuckoo

käly (*kæ*-lew) *n* sister-in-law

kämmen (*kæm*-mayn) *n* palm

käpälä (*kæ*-pæ-læ) *n* paw

kärki (*kær*-ki) *n* point, tip

kärkäs (*kær*-kæss) *adj* eager

kärpänen (*kær*-pæ-nayn) *n* fly

kärsimys (*kær*-si-mewss) *n* suffering

kärsimätön (*kær*-si-mæ-turn) *adj* impatient, eager

kärsivällinen (*kær*-si-væl-li-nayn) *adj* patient

kärsivällisyys (*kær*-si-væl-li-sēwss) *n* patience

kärsiä (*kær*-si-æ) *v* suffer; *bear

käsi (*kæ*-si) *n* hand; käsi-manual; käsin kosketeltava tangible

käsiala (*kæ*-si-ah-lah) *n* handwriting

käsienhoito (*kæ*-si-ayn-*hoi*-toa) *n* manicure

käsijarru (*kæ*-si-ʸ*ahr*-roo) *n*

handbrake

käsikirja (*kæ-si-keer-*ʸah) *n* handbook

käsikirjoitus (*kæ-si-keer-*ʸoi-tooss) *n* manuscript

käsikoukkua (*kæ-si-koak-koo-ah*) *adv* arm-in-arm

käsilaukku (*kæ-si-louk-koo*) *n* bag, handbag

käsimatkatavara (*kæ-si-maht-kah-tah-vah-rah*) *n* hand luggage; hand baggage *Am*

käsinoja (*kæ-si-noa-*ʸah) *n* arm

käsintehty (*kæ-sin-tayh-tew*) *adj* hand-made

käsiraudat (*kæ-si-rou-daht*) *pl* handcuffs *pl*

käsite (*kæ-si-tay*) *n* concept

käsitellä (*kæ-si-tayl-læ*) *v* handle; *deal with

käsittämätön (*kæ-sit-tæ-mæ-turn*) *adj* puzzling, incomprehensible

käsittää (*kæ-sit-tææ*) *v* include, conceive; *see; ~ väärin *misunderstand

käsitys (*kæ-si-tewss*) *n* idea, conception; notion

käsityö (*kæ-si-t*ᵉʷur) *n* handwork, handicraft; needlework

käsivarsi (*kæ-si-vahr-si*) *n* arm

käsivoide (*kæ-si-voi-day*) *n* hand cream

käskeä (*kæss-kay-æ*) *v* order, command

käsky (*kæss-kew*) *n* order

kätevä (*kæ-tay-væ*) *adj* practical, handy

kätilö (*kæ-ti-lur*) *n* midwife

kätkeä (*kæt-kay-æ*) *v* hide; conceal

kävelijä (*kæ-vay-li-*ʸæ) *n* walker

kävellä (*kæ-vayl-læ*) *v* walk

kävely (*kæ-vay-lew*) *n* stroll; walk

kävelykeppi (*kæ-vay-lew-kayp-pi*) *n* cane, walking stick

kävelyretki (*kæ-vay-lew-rayt-ki*) *n* walk

kävelytapa (*kæ-vay-lew-tah-pah*) *n* pace, walk

kävelytie (*kæ-vay-lew-tyay*) *n* footpath, promenade

käydä (*kæ*ᵉʷ-*dæ*) *v* visit; ferment; ~ kauppaa trade; ~ makuulle *lie down; ~ ostoksilla shop

käymälä (*kæ*ᵉʷ-*mæ-læ*) *n* toilet, bathroom; washroom *nAm*

käynti (*kæ*ᵉʷ*n-ti*) *n* pace

käyntikortti (*kæ*ᵉʷ*n-ti-koart-ti*) *n* business card

käypä (*kæ*ᵉʷ-*pæ*) *adj* current

käyrä (*kæ*ᵉʷ-*ræ*) *adj* crooked, bent

käytetty (*kæ*ᵉʷ-*tayt-tew*) *adj* second-hand

käyttäjä (*kæ*ᵉʷ*t-tæ-*ʸæ) *n* user

käyttäytyä (*kæ*ᵉʷ*t-tæ*ᵉʷ-*tew-æ*) *v* act, behave

käyttää (*kæ*ᵉʷ*t-tææ*) *v* apply, employ, use; *spend;

*wear; käytettävissä oleva available; ~ hyväksi exploit; ~ hyödykseen utilize

käyttö (*kæ^ew^t-tur*) *n* use

käyttöesine (*kæ-ewt-tur-ay-si-nay*) *n* utensil

käyttökelpoinen (*kæ^ew^t-tur-kayl-poi-nayn*) *adj* usable, applicable

käyttöohje (*kæ^ew^t-tur-oah-^y^ay*) *n* instructions

käyttövoima (*kæ^ew^t-tur-voi-mah*) *n* driving force

käytännöllinen (*kæ^ew^-tæn-nurl-li-nayn*) *adj* practical

käytäntö (*kæ^ew^-tæn-tur*) *n* usage

käytävä (*kæ^ew^-tæ-væ*) *n* corridor; aisle

käytös (*kæ^ew^-turss*) *n* behaviour, conduct; manners *pl*

käänne (*kææn-nay*) *n* turn

käännekohta (*kææn-nayk-koah-tah*) *n* turning point; crisis

käännellä (*kææn-nayl-læ*) *v* turn round

käännyttää (*kææn-newt-tææ*) *v* convert

käännös (*kææn-nurss*) *n* translation, version

kääntyä (*kææn-tew-æ*) *v* turn round; ~ takaisin turn back

kääntää (*kææn-tææ*) *v* turn; translate; ~ ylösalaisin invert; ~ ympäri turn over

kääntöpuoli (*kææn-tur-pwoa-li*) *n* reverse

kääpiö (*kææ-pi-ur*) *n* dwarf

käärepaperi (*kææ-rayp-pah-pay-ri*) *n* wrapping paper

kääriä (*kææ-ri-æ*) *v* wrap; ~ auki unfold; unwrap

käärme (*kæær-may*) *n* snake

käärö (*kææ-rur*) *n* bundle

köli (*kur-li*) *n* keel

kömpelö (*kurm-pay-lur*) *adj* clumsy, awkward

köyhyys (*kur^ew^-hēwss*) *n* poverty

köyhä (*kur^ew^-hæ*) *adj* poor

köysi (*kur^ew^-si*) *n* rope, cord

L

laahata (*laa-hah-tah*) *v* drag

laaja (*laa-^y^ah*) *adj* wide; extensive, broad

laajakaista (*laa-^y^ah kighss-tah*) *n* broadband

laajakantoinen (*laa-^y^ah-kahn-toi-nayn*) *adj* extensive

laajeneminen (*laa-^y^ay-nay-mi-nayn*) *n* expansion

laajennus (*laa-^y^ayn-nooss*) *n* extension

laajentaa (*laa-^y^ayn-taa*) *v* widen, enlarge, expand

laajeta (*laa-^y^ay-tah*) *v* expand

laajuus

laajuus (*laa-ᵞōōss*) *n* extent; size

laakso (*laak-*soa) *n* valley

laastari (*laas-*ta-ri) *n* plaster; laastarilappu strip of plaster

laatia (*laa-*tiah) *v* draw up; *make up

laatikko (*laa-*tik-koa) *n* box;

laatu (*laa-*too) *n* quality

laboratorio (*lah-*boa-rah-toa-ri-oa) *n* laboratory

ladata (*lah-*dah-tah) *v* upload

laguuni (*lah-*gōō-ni) *n* lagoon

lahdelma (*lahh-*dayl-mah) *n* bay, inlet

lahja (*lahh-*ᵞah) *n* present, gift

lahjakas (*lahh-*ᵞah-kahss) *adj* talented, gifted; brilliant

lahjakortti (*lahh-*ᵞah-*koart*-ti) *n* gift card

lahjoa (*lahh-*ᵞoa-ah) *v* bribe; corrupt

lahjoittaa (*lahh-*ᵞoit-taa) *v* donate

lahjoittaja (*lahh-*ᵞoit-tah-ᵞah) *n* donor

lahjoitus (*lahh-*ᵞoi-tooss) *n* donation

lahjominen (*lahh-*ᵞoa-mi-nayn) *n* bribery; corruption

lahti (*lahh-*ti) *n* bay; inlet

laidun (*ligh-*doon) *n* pasture

laiduntaa (*ligh-*doon-taa) *v* graze

laiha (*ligh-*hah) *adj* thin, lean

laihduttaa (*ligh-*doot-taa) *v* slim, diet

laillinen (*lighl-*li-nayn) *adj* legal, lawful, legitimate

laillistaminen (*lighl-*liss-tah-mi-nayn) *n* legalization

laimentaa (*ligh-*mayn-taa) *v* dilute

laiminlyödä (*ligh-*min-*lᵉʷur*dæ) *v* neglect

laiminlyönti (*ligh-*min-*lᵉʷ*urn-ti) *n* neglect

laina (*ligh-*nah) *n* loan; antaa lainaksi *lend; ottaa lainaksi borrow

lainata (*ligh-*nah-tah) *v* borrow; *lend

lainaus (*ligh-*nah-ooss) *n* quotation

lainausmerkit (*ligh-*nah-ooss-*mayr*-kit) *pl* quotation marks

laine (*ligh-*nay) *n* wave

lainelauta (*ligh-*nayl-*lou*-tah) *n* surfboard

lainmukainen (*lighm-*moo-kigh-nayn) *adj* legal; valid

lainvastainen (*lighn-*vahss-tigh-nayn) *adj* unlawful, illegal

laiska (*lighss-*kah) *adj* lazy

laita (*ligh-*tah) *n* border, edge

laitaosa (*ligh-*tah-*oa*-sah) *n* outskirts *pl*

laite (*ligh-*tay) *n* appliance, device

laiton (*ligh-*toan) *adj* illegal

laitos (*ligh-*toass) *n* institution, institute

laitteet (light-tа̄yt) npl
equipment; facilities

laituri (ligh-too-ri) n dock,
jetty

laiva (ligh-vah) n boat, ship;
laivan kansi deck

laivaan (ligh-vaan) adv
aboard

laivanvarustaja (ligh-vahn-
vah-rooss-tah-ʸah) n
shipowner

laivassa (ligh-vahss-sah) adv
aboard

laivasto (ligh-vahss-toa) n
navy, fleet; laivasto- naval

laivata (ligh-vah-tah) v ship

laivaus (ligh-vah-ooss) n
shipping; embarkation

laivaveistämö (ligh-vah-
vayss-tæ-mur) n shipyard

laivaväylä (ligh-vah-væᵉʷ-
læ) n waterway

laivayhtiö (ligh-vah-ewh-ti-
ur) n shipping company,
shipping line

laivue (ligh-voo-ay) n
squadron

laji (lah-ʸi) n species; kind

lajitella (lah-ʸi-tayl-lah) v
assort, sort

lajitelma (lah-ʸi-tayl-mah) n
assortment

lakaista (lah-kighss-tah)
vsweep

lakana (lah-kah-nah) n sheet

lakata (lah-kah-tah) v stop,
discontinue; varnish

laki (lah-ki) n law

lakimääräinen (lah-ki-
mææ-ræᵉᵉ-nayn) adj

statutory, lawful

lakipiste (lah-ki-piss-tay) n
zenith

lakitiede (lah-ki-tʸay-day) n
study of law

lakka (lahk-kah) n varnish;
nail polish

lakki (lahk-ki) n cap

lakko (lahk-koa) n strike

lakkoilla (lahk-koil-lah) vgo
on strike

lakritsi (lahk-rit-si) n
liquorice

laktoosi (lahk-tо̄a-si) n
lactose

laktoosi-intolerantti (lahk-
tо̄a-si-in-toa-lay-rahnt-ti)
adj lactose intolerant

lamakausi (lah-mah-kou-si)
n depression

lammas (lahm-mahss) n
sheep

lammikko (lahm-mik-koa) n
pond; pool

lampaanliha (lahm-paan-li-
hah) n mutton

lampi (lahm-pi) n pond

lamppu (lahmp-poo) n lamp

lampunvarjostin (lahm-
poon-vahr-ʸoass-tin) n
lampshade

langaton (lahng-gah-toan)
adj wireless

lanka (lahng-kah) n thread;
yarn

lankku (lahngk-koo) n plank

lanko (lahng-koa) n brother-
-in-law

lanne (lahn-nay) n hip

lannistaa (lahn-niss-taa) v

discourage

lanta (*lahn*-tah) *n* dung, manure

lantio (*lahn*-ti-oa) *n* pelvis

lapaset (*lah*-pah-sayt) *pl* mittens *pl*

lapio (*lah*-pi-oa) *n* spade, shovel

lapsenkaitsija (*lahp*-sayng-*kight*-si-ᵞah) *n* babysitter

lapsenlapsi (*lahp*-sayng-*lahp*-si) *n* grandchild

lapsi (*lahp*-si) *n* child; kid

lapsihalvaus (*lahp*-si-*hahl*-vah-ooss) *n* polio

lapsipuoli (*lahp*-si-*pwoa*-li) *n* stepchild

lasi (*lah*-si) *n* glass

lasikaappi (*lah*-si-*kaap*-pi) *n* showcase, glass cabinet

lasimaalaus (*lah*-si-*maa*-lah-ooss) *n* stained-glass window

lasinen (*lah*-si-nayn) *adj* glass

lasittaa (*lah*-sit-taa) *v* glaze

laskea (*lahss*-kay-ah) *v* count, reckon; lower, *strike; ~ mukaan include; ~ yhteen add

laskelma (*lahss*-kayl-mah) *n* calculation

laskelmoida (*lahss*-kayl-moi-dah) *v* calculate

laskento (*lahss*-kayn-toa) *n* arithmetic

laskeutua (*lahss*-kay^∞-too-ah) *v* descend; land

laskeutuminen (*lahss*-kay^∞-too-mi-nayn) *n*

descent

laskimo (*lahss*-ki-moa) *n* vein

laskos (*lahss*-koass) *n* crease

laskostaa (*lahss*-koass-taa) *v* fold

lasku (*lahss*-koo) *n* bill; check *nAm* ; invoice

laskukausi (*lahss*-koo-*kou*-si) *n* recession, slump

laskukone (*lahss*-koo-*koa*-nay) *n* calculator

laskusilta (*lahss*-koo-*sil*-tah) *n* gangway

laskuttaa (*lahss*-koot-taa) *v* bill

laskuvesi (*lahss*-koo-*vay*-si) *n* low tide

lasta (*lahss*-tah) *n* splint, spatula

lastata (*lahss*-tah-tah) *v* charge, load

lastenhoitaja (*lahss*-tayn-hoi-tah-ᵞah) *n* nurse

lastenhuone (*lahss*-tayn-*hwoa*-nay) *n* nursery

lastenseimi (*lahss*-tayn-say-mi) *n* nursery

lastentarha (*lahss*-tayn-*tahr*-hah) *n* kindergarten

lastenvaunut (*lahss*-tayn-*vou*-noot) *pl* pram, baby carriage *Am*

lasti (*lahss*-ti) *n* cargo; load

lastiruuma (*lahss*-ti-*rōō*-mah) *n* cargo hold

lastu (*lahss*-too) *n* chip

lataaminen (*lah*-taa-mi-nayn) *n* download

Latinalainen Amerikka

(*lah*-ti-nah-ligh-nayn-*ah*-may-rik-kah) Latin America

latinalaisamerikkalainen (*lah*-ti-nah-lighss-*ah*-may-rik-kah-ligh-nayn) *adj* Latin-American

latkia (*laht*-ki-ah) *v* lap

lato (*lah*-toa) *n* barn

lattia (*laht*-ti-ah) *n* floor

lauantai (*lou*-ahn-tigh) *n* Saturday

laudoitus (*lou*-doi-tooss) *n* panelling

lauha (*lou*-hah) *adj* mild

lauhtua (*louh*-too-ah) *v* thaw

laukaus (*lou*-kah-ooss) *n* shot

laukka (*louk*-kah) *n* gallop

laulaa (*lou*-laa) *v* sing

laulaja (*lou*-lah-Yah) *n* vocalist, singer

laulelma (*lou*-layl-mah) *n* tune, song

laulu (*lou*-loo) *n* song; laulu-vocal

lauma (*lou*-mah) *n* flock; herd

lause (*lou*-say) *n* sentence

lausua (*lou*-soo-ah) *v* express; utter

lausunto (*lou*-soon-toa) *n* statement

lauta (*lou*-tah) *n* board

lautanen (*lou*-tah-nayn) *n* plate; syvä ~ soup plate

lautasliina (*lou*-tahss-leenah) *n* serviette, napkin

lautta (*lout*-tah) *n* raft; ferry-boat

lavantauti (*lah*-vahn-*tou*-ti) *n* typhoid

lavashow (*lah*-vah-*shoa*) *n* floor show

lehdenmyyjä (*layh*-daym-mēw-Yæ) *n* newsagent

lehdistötilaisuus (*layh*-disstur-*ti*-ligh-sōōss) *n* press conference

lehmus (*layh*-mooss) *n* lime tree

lehmä (*layh*-mæ) *n* cow

lehmänvuota (*layh*-mænvwoa-tah) *n* cowhide

lehti (*layh*-ti) *n* leaf

lehtikulta (*layh*-ti-*kool*-tah) *n* gold leaf

lehtisalaatti (*layh*-ti-sah-laat-ti) *n* lettuce

lehtori (*layh*-toa-ri) *n* high school teacher

leijona (*lay*-Yoa-nah) *n* lion

leikata (*lay*-kah-tah) *v* cut; operate; ~ siistiksi trim

leikekirja (*lay*-kayk-*keer*-Yah) *n* scrapbook

leikillinen (*lay*-kil-li-nayn) *adj* playful, humorous

leikkaus (*layk*-kah-ooss) *n* surgery, operation

leikki (*layk*-ki) *n* play

leikkikalu (*layk*-ki-*kah*-loo) *n* toy

leikkikenttä (*layk*-ki-*kaynt*-tæ) *n* playground, recreation ground

leikkiä (*layk*-ki-æ) *v* play

leima (*lay*-mah) *n* stamp

leimata (*lay*-mah-tah) *v* mark

leipoa (*lay*-poa-ah) *v* bake

leipomo (*lay*-poa-moa) *n* bakery

leipuri (*lay*-poo-ri) *n* baker

leipä (*lay*-pæ) *n* bread

leiri (*lay*-ri) *n* camp

leirintäalue (*lay*-rin-tæ-ah-loo-ay) *n* camping site

leirintäalue (*lay*-ri-ew-tew-æ) *v* camp

leivonen (*lay*-voa-nayn) *n* lark

leivonnaiset (*lay*-voan-nigh-sayt) *pl* pastry

leivos (*lay*-voass) *n* cake

lelukauppa (*lay*-loo-koup-pah) *n* toyshop

lemmikki (*laym*-mik-ki) *n* pet; lempi- favourite

lemmikkieläin (*laym*-mik-ki-*ay*-læ⁰⁰n) *n* pet

lempeä (*laym*-pay-æ) *adj* gentle

leninki (*lay*-ning-ki) *n* robe, dress

lento (*layn*-toa) *n* flight

lentoemäntä (*layn*-toa-ay-mæn-tæ) *n* stewardess

lentokapteeni (*layn*-toa-kahp-tāy-ni) *n* captain

lentokenttä (*layn*-toa-kaynt-tæ) *n* airport, airfield

lentokone (*layn*-toa-*koa*-nay) *n* aeroplane; plane; airplane *nAm*

lento-onnettomuus (*layn*-toa-*oan*-nayt-tay-mōōss) *n* plane crash

lentopahoinvointi (*layn*-toa-*pah*-hoin-*voin*-ti) *n* airsickness

lentoposti (*layn*-toa-*poass*-ti) *n* airmail

lentoyhtiö (*layn*-toa-*ewh*-ti-ur) *n* airline

lentäjä (*layn*-tæ-³/æ) *n* pilot

lentää (*layn*-tææ) *vfly*

lepo (*lay*-poa) *n* rest

lepokoti (*lay*-poa-*koa*-ti) *n* rest home

leposohva (*lay*-poa-*soah*-vah) *n* couch

lepotuoli (*lay*-poa-*twoa*-li) *n* arm-chair

leskimies (*layss*-ki-*myass*) *n* widower

leskirouva (*layss*-ki-*roa*-vah) *n* widow

leuka (*lay*⁰⁰-kah) *n* chin

leukapieli (*lay*⁰⁰-kah-*pyay*-li) *n* jaw

leveys (*lay*-vay-ewss) *n* width, breadth

leveysaste (*lay*-vay-ewss-*ahss*-tay) *n* latitude

leveä (*lay*-vay-æ) *adj* wide, broad

levittää (*lay*-vit-tææ) *v*spread; expand

levoton (*lay*-voa-toan) *adj* restless; uneasy

levottomuus (*lay*-voat-toa-mōōss) *n* unrest; disturbance

levy (*lay*-vew) *n* sheet, plate; record; disc

levyasema (*lay*-vew-*ah*-say-mah) *n* disk drive

levysoitin (*lay*-vew-*soi*-tin) *n* record player; gramophone levätä *(lay-væ-tæ)* v rest

Libanon *(li-bah-noan)*
Lebanon

libanonilainen *(li-bah-noa-ni-ligh-nayn)* n Lebanese;
adj Lebanese

Liberia *(li-bay-ri-ah)* Liberia

liberialainen *(li-bay-ri-ah-ligh-nayn)* n Liberian; *adj*
Liberian

lieju *(lyay-ᵞoo)* n mud

liejuinen *(lyay-ᵞooᵉᵉ-nayn)*
adj muddy

liekki *(lyayk-ki)* n flame

liemilusikka *(lyay-mi-loo-sik-kah)* n soup spoon

liesi *(lyay-si)* n stove, cooker

lieve *(lyay-vay)* n hem

lievä *(lyay-væ)* adj slight

liftata *(lif-tah-tah)* v
hitchhike

liha *(li-hah)* n flesh; meat

lihaksikas *(li-hahk-si-kahss)*
adj muscular

lihas *(li-hahss)* n muscle

lihava *(li-hah-vah)* adj fat,
stout

lihavuus *(li-hah-vōōss)* n
fatness

liiallinen *(lee-ahl-li-nayn)* adj
excessive; superfluous

liiallisuus *(lee-ahl-li-sōōss)* n
excess

liian *(lee-ahn)* adv too

liikarasittunut *(lee-kah-rah-sit-too-noot)* adj over-tired

liikavarvas *(lee-kah-vahr-vahss)* n corn

liike *(lee-kay)* n movement,
motion; circulation

liikeasiat *(lee-kay-ah-si-aht)*
pl business; liikeasioissa
on business

liikematka *(lee-kaym-maht-kah)* n business trip

liikemies *(lee-kaym-myayss)*
n businessman

liikemiesmäinen *(lee-kaym-myayss-mæᵉᵉ-nayn)* adj
business-like

liikeneuvottelu *(lee-kayn-nayᵒᵒ-voat-tay-loo)* n deal

liikenne *(lee-kayn-nay)* n
traffic; yksisuuntainen ~
one-way traffic

liikenneraivo *(lee-kayn-nay-righ-voa)* n roadrage

liikenneruuhka *(leekayn-nay-rōōh-kah)* n traffic jam

liikennevalo *(lee-kayn-nayv-vah-loa)* n traffic light

liikenneympyrä *(lee-kayn-nay-ewm-pew-ræ)* n
roundabout

liikesuhteiden solminta
*(lee-kay-sooh-tay-dayn
soal-min-tah)* n networking

liiketoimi *(lee-kayt-toi-mi)* n
transaction; deal

liikevaihto *(lee-kayv-vighh-toa)* n turnover

liikevaihtovero *(lee-kayv-vighh-toa-vay-roa)* n
purchase tax, turnover tax;
sales tax

liikeyritys *(lee-kay-ew-ri-tewss)* n business; concern

liikkeenharjoittaja *(leek-käyn-hahr-ᵞoit-tah-ᵞa)* n
businessman,

businesswoman
liikkua (*leek*-koo-ah) *v* move
liikkuva (*leek*-koo-vah) *adj* movable; mobile
liikuttaa (*lee*-koot-taa) *v* stir; move
liikuttava (*lee*-koot-tah-vah) *adj* touching
liima (*lee*-mah) *n* glue, gum
liimaantua (*lee*-maan-too-ah) *v*stick
liimanauha (*lee*-mah-*nou*-hah) *n* adhesive tape
liimata (*lee*-mah-tah) *v*stick
liinavaatteet (*lee*-nah-*vaat*-tāyt) *pl* linen
lioitella (*lee*-oi-tayl-lah) *v* exaggerate
lioitteleva (*lee*-oit-tay-lay-vah) *adj* exaggerating
liipasin (*lee*-pah-sin) *n* trigger
liisteröidä (*leess*-tay-rur^ee-dæ) *v* paste
liite (*lee*-tay) *n* enclosure; supplement, annex
liitos (*lee*-toass) *n* joint
liitto (*leet*-toa) *n* league, union; liitto- federal
liittolainen (*leet*-toa-lighnayn) *n* associate; ally
liittoutuneet (*leet*-toa-toonāyt) *pl* Allies *pl*
liittovaltio (*leet*-toa-*vahl*-tioa) *n* federation
liittynyt (*leet*-tew-newt) *adj* affiliated
liittyä (*leet*-tew-æ) *v* join
liittää (*leet*-tææ) *v* connect; attach; associate; ~ yhteen

link, join
liitu (*lee*-too) *n* chalk
liivit (*lee*-vit) *pl* waistcoat; vest *nAm* ; naisten ~ girdle
lika (*li*-kah) *n* dirt
likainen (*li*-kigh-nayn) *adj* dirty, foul
likimäärin (*li*-ki-*mææ*-rin) *adv* approximately
likimääräinen (*li*-ki-*mææ*-ræ^ee-nayn) *adj* approximate
likinäköinen (*li*-ki-*næ*-kur^ee-nayn) *adj* short-sighted
likööri (*li*-kūr-ri) *n* liqueur
lilja (*lil*-^yah) *n* lily
limetti (*li*-mayt-ti) *n* lime
limonaati (*li*-moa-naa-ti) *n* lemonade
limonadi (*li*-moa-na-di) *n* soda
limppu (*limp*-poo) *n* loaf
linja (*lin*-^yah) *n* line
linja-auto (*lin*-^yah-ou-toa) *n* bus, coach
linkki (tietokone) (*link*-ki) *n* link (*computer*)
linna (*lin*-nah) *n* castle
linnoitus (*lin*-noi-tooss) *n* stronghold, fortress
linssi (*lins*-si) *n* lens
lintu (*lin*-too) *n* bird
lintukauppias (*lin*-tookoup-pi-ahss) *n* poulterer
liottaa (*li*-oat-taa) *v* soak
lipasto (*li*-pahss-toa) *n* chest of drawers; bureau *nAm*
lippu (*lip*-poo) *n* banner, flag; ticket
lippuautomaatti (*lip*-poo-ou-toa-maat-ti) *n* ticket

machine

lippuluukku (*lip-poo-lōōk-koo*) *n* box office

lippumyymälä (*lip-poo-mēw-mæ-læ*) *n* box office

lisenssi (*li-sayns-si*) *n* licence

lisko (*lis-koa*) *n* lizard

lisä- (*li-sæ*) additional; further

lisäksi (*li-sæk-si*) *adv* moreover, furthermore, besides

lisämaksu (*li-sæ-mahk-soo*) *n* surcharge

lisänimi (*li-sæ-ni-mi*) *n* nickname

lisärakennus (*li-sæ-rah-kayn-nooss*) *n* annex

lisätarvikkeet (*li-sæ-tahr-vik-kāyt*) *pl* accessories *pl*

lisätä (*li-sæ-tæ*) *v* add; increase

lisäys (*li-sæ-ewss*) *n* addition; increase

lisääntyminen (*li-sæænt-tew-mi-nayn*) *n* increase

lisääntyä (*li-sæænt-tew-æ*) *v* increase

litra (*lit-rah*) *n* litre

liueta (*lee°°-ay-tah*) *v* dissolve

liukas (*lee°°-kahss*) *adj* slippery

liukastua (*lee°°-kahss-too-ah*) *v* slip

liukeneva (*lee°°-kay-nay-vah*) *adj* soluble

liukua (*lee°°-koo-ah*) *v* slide, glide

liukuminen (*lee°°-koo-mi-nayn*) *n* slide

liukuobjektiivi (*lee°°-koo-oab-ᵞayk-tee-vi*) *n* zoom lens

liukuovi (*lee°°-koo-oa-vi*) *n* sliding door

liukurata (*lee°°-koo-rah-tah*) *n* slide

liuos (*lee°°-oass*) *n* solution, lotion

liuottaa (*lee°°-oat-taa*) *v* dissolve

liuskakivi (*lee°°ss-kah-ki-vi*) *n* slate

livahtaa (*li-vahh-taa*) *v* slip

logiikka (*loa-geek-kah*) *n* logic

lohduttaa (*loah-doot-taa*) *v* comfort

lohdutus (*loah-doo-tooss*) *n* comfort, consolation

lohdutuspalkinto (*loah-doo-tooss-pahl-kin-toa*) *n* consolation prize

lohi (*loa-hi*) *n* salmon

lohikäärme (*loa-hi-kæær-may*) *n* dragon

lohkaista (*loah-kighss-tah*) *v* chip

lohkare (*loah-kah-ray*) *n* boulder, block

loikata (*loi-kah-tah*) *v* leap

loistaa (*loiss-taa*) *v* shine

loistava (*loiss-tah-vah*) *adj* gorgeous, glorious, brilliant

loiste (*loiss-tay*) *n* glare

loisto (*loiss-toa*) *n* splendour

lokakuu (*loa-kah-kōō*) October

lokero (*loa-*kay-roa) *n*
locker; compartment

lokki (*loak-*ki) *n* gull; seagull

loksahtaa paikoilleen
(*loak-*sah-taa *pigh-*koil-
lāyn) *v* click into place

loma (*loa-*mah) *n* holiday,
vacation; leave; lomalla on
holiday

lomake (*loa-*mah-kay) *n*
form

lomaleiri (*loa-*mah-*lay-*ri) *n*
holiday camp

lomanviettopaikka (*loa-*
mahn-*vyayt-*toa-*pighk-*kah)
n holiday resort

lommo (*loam-*moa) *n* dent

lompakko (*loam-*pahk-koa)
n pocketbook, wallet

lopettaa (*loa-*payt-taa) *v*
end, finish; cease; stop,
discontinue

loppu (*loap-*poo) *n* end,
finish; ending

loppua (*loap-*poo-ah) *v*
finish, stop

loppupää (*loap-*poo-*pææ*) *n*
end

loppusanat (*loap-*poo-*sah-*
naht) *pl* epilogue

loppusointu (*loap-*poo-*soin-*
too) *n* rhyme

loppusumma (*loap-*poo-
*soom-*mah) *n* total

lopputulos (*loap-*poo-*too-*
loass) *n* result;

loppuunmyyty (*loap-*pōōn-
mēw-tew) *adj* sold out

lopullinen (*loa-*pool-li-nayn)
adj eventual, final

lopulta (*loa-*pool-tah) *adv*
finally, at last

loput (*loa-*poot) *pl*
remainder, rest

loputon (*loa-*poo-toan) *adj*
endless

lordi (*lōōr-*di) *n* lord

louhos (*loa-*hoass) *n* quarry,
pit

loukata (*loa-*kah-tah) *v*hurt;
injure; insult

loukkaaminen (*loak-*kaa-
mi-nayn) *n* violation

loukkaantunut (*loak-*kaan-
too-noot) *adj* injured

loukkaava (*loak-*kaa-vah)
adj offensive

loukkaus (*loak-*kah-ooss) *n*
insult, offence

lounas (*loa-*nahss) *n* lunch,
luncheon; southwest

lovi (*loa-*vi) *n* slot

LP-levy (*ayl-*pāy-*lay-*vew) *n*
long-playing record

lude (*loo-*day) *n* bug

luento (*loo-*ayn-toa) *n*
lecture

luentosali (*loo-*ayn-toa-*sah-*
li) *n* auditorium

luettavissa oleva (*loo-*ayt-
tah-viss-sah *oa-*lay-vah)
legible

luettelo (*loo-*ayt-tay-loa) *n*
catalogue; list

luistella (*loo*ᵉᵉ*ss-*tayl-lah) *v*
skate

luistelu (*loo*ᵉᵉ*ss-*tay-loo) *n*
skating

luistin (*loo*ᵉᵉ*ss-*tin) *n* skate

luistinrata (*loo*ᵉᵉ*ss-*tin-*rah-*

tah) *n* skating rink

luisua (*loo*ᵉᵉ-soo-ah) *v* skid

luja (*loo*-ʸah) *adj* steady, firm

lukea (*loo*-kay-ah) *v* read

lukeminen (*loo*-kay-mi-nayn) *n* reading

lukita (*loo*-ki-tah) *v* lock; ~ sisään lock up

lukko (*look*-koa) *n* lock

luksus (*look*-soos) *adj* upscale

luku (*loo*-koo) *n* number; digit

lukuisa (*loo*-kooᵉᵉ-sah) *adj* numerous

lukukausi (*loo*-koo-*kou*-si) *n* term

lukulamppu (*loo*-koo-*lahmp*-poo) *n* reading lamp

lukumäärä (*loo*-koo-*mææ*-ræ) *n* number

lukusali (*loo*-koo-*sah*-li) *n* reading room

lukusana (*loo*-koo-*sah*-nah) *n* numeral

lukutaidoton (*loo*-koo-*tigh*-doa-toan) *n* illiterate

lumi (*loo*-mi) *n* snow

lumimyrsky (*loo*-mi-*mewrs*-kew) *n* blizzard, snowstorm

luminen (*loo*-mi-nayn) *adj* snowy

lumisohjo (*loo*-mi-*soah*-ʸoa) *n* slush

lumivyöry (*loo*-mi-*v*ᵉʷ*ur*-rew) *n* avalanche

lumoava (*loo*-moa-ah-vah) *adj* glamorous

lumota (*loo*-moa-tah) *v*

bewitch

lumous (*loo*-moa-ooss) *n* spell, glamour

lunastaa (*loo*-nahss-taa) *v* cash; redeem

lunnaat (*loon*-naat) *pl* ransom

luo (*lwoa*) to

luoda (*lwoa*-dah) *v* create

luode (*lwoa*-day) *n* north--west

luokitella (*lwoa*-ki-tayl-lah) *v* classify; grade

luokka (*lwoak*-kah) *n* class; form

luokkahuone (*lwoak*-kah-hwoa-nay) *n* classroom

luokkatoveri (*lwoak*-kah-*toa*-vay-ri) *n* classmate

luokse (*lwoak*-say) to

luoksepääsemätön (*lwoak*-sayp-*pææ*-say-mæ-turn) *adj* inaccessible

luola (*lwoa*-lah) *n* grotto, den, cave

luona (*lwoa*-nah) at, at, with

luonne (*lwoan*-nay) *n* character

luonnehtia (*lwoan*-nayh-ti-ah) *v* characterize

luonnollinen (*lwoan*-noal-li-nayn) *adj* natural

luonnollisesti (*lwoan*-noal-li-sayss-ti) *adv* naturally; of course

luonnonkaunis (*lwoan*-noan-*kou*-niss) *adj* scenic

luonnonlahja (*lwoan*-noan-lahh-ʸah) *n* talent, faculty

luonnonsuojelualue

(*lwoan*-noan-*swoa*-ʸay-loo-
ah-loo-ay) *n* game reserve
luonnontiede (*lwoan*-noan-
tyay-day) *n* physics
luonnos (*lwoan-noass*) *n*
sketch, design
luonnoskirja (*lwoan*-noass-
keer-ʸah) *n* sketchbook
luonnossa hajoava (*lwoan*-
noass-sah (hah-ʸo-ah-vah)
adj biodegradable
luonnostella (*lwoan*-noass-
tayl-lah) *v* sketch
luontainen (*lwoan*-tigh-
nayn) *adj* natural
luonteenlaatu (*lwoan*-tayn-
laa-too) *n* nature, character
luonteenomainen (*lwoan*-
tayn-*oa*-migh-nayn) *adj*
characteristic, typical
luontevuus (*lwoan*-tay-
vōōss) *n* ease
luonto (*lwoan*-toa) *n* nature
luontokappale (*lwoan*-toa-
kahp-pah-lay) *n* creature
luopua (*lwoa*-poo-ah) *v* quit,
*give up
luostari (*lwoass*-tah-ri) *n*
cloister, convent,
monastery
luostarikirkko (*lwoass*-tah-
ri-*keerk*-koa) *n* abbey
luotettava (*lwoa*-tayt-tah-
vah) *adj* trustworthy,
reliable
luoti (*lwoa*-ti) *n* bullet
luotsi (*lwoat*-si) *n* pilot
luottaa (*lwoat*-taa) *v* trust,
rely on
luottamuksellinen (*lwoat*-

tah-mook-sayl-li-nayn) *adj*
confidential
luottamus (*lwoat*-tah-
mooss) *n* faith, trust,
confidence
luottavainen (*lwoat*-tah-
vigh-nayn) *adj* confident;
trustful
luotto (*lwoat*-toa) *n* credit
luottokirje (*lwoat*-toa-*keer*-
ʸay) *n* letter of credit
luottokortti (*lwoat*-toa-
koart-ti) *n* credit card;
charge plate *Am*
luova (*lwoa*-vah) *adj* creative
luovuttaa (*lwoa*-voot-taa)
vgive; extradite
lupa (*loo*-pah) *n* permission,
licence; permit
lupaus (*loo*-pah-ooss) *n*
promise; vow
lurjus (*loor*-ʸooss) *n* rascal
lusikallinen (*loo*-si-kahl-li-
nayn) *n* spoonful
lusikka (*loo*-sik-kah) *n*
spoon
luu (*lōō*) *n* bone; poistaa
luut bone
luukku (*lōōk*-koo) *n* hatch;
shutter
luulla (*lōōl*-lah) *v* assume;
*think; imagine
luultava (*lōōl*-tah-vah) *adj*
probable
luumu (*lōō*-moo) *n* plum;
kuivattu ~ prune
luuranko (*lōō*-rahng-koa) *n*
skeleton
luuta (*lōō*-tah) *n* broom
luvata (*loo*-vah-tah) *v*

promise
luvaton (*loo*-vah-toan) *adj*
unauthorized
lyhennys (*lew*-hayn-newss)
n abbreviation
lyhentää (*lew*-hayn-tæœ) *v*
shorten
lyhty (*lewh*-tew) *n* lantern
lyhtypylväs (*lewh*-tew-*pewl*-
væss) *n* lamppost
lyhyt (*lew*-hewt) *adj* short,
brief
lyhytsanainen (*lew*-hewt-
sah-nigh-nayn) *adj* concise
lyijy (*lew*ᵉᵉ-ʸew) *n* lead
lyijykynä (*lew*ᵉᵉ-ʸew-*kew*-
næ) *n* pencil
lykkäys (*lewk*-kæ-ewss) *n*
delay; respite
lykätä (*lew*-kæ-tæ) *v*
postpone, *put off, delay
lystikäs (*lewss*-ti-kæss) *adj*
funny
lysähtää (*lew*-sæh-tæœ) *v*
collapse
lyödä (*l*ᵉʷ*ur*-dæ) *v*strike,
*beat; ~ vetoa *bet
lähde (*læh*-day) *n* source,
spring, fountain
läheinen (*læ*-hay-nayn) *adj*
near, close; intimate
läheisyys (*læ*-hay-sēwss) *n*
vicinity
lähellä (*læ*-hayl-læ) *prep* by,
near; ~ oleva near, nearby
lähes (*læ*-hayss) *adv* almost,
nearly
lähestyvä (*læ*-hayss-tew-væ)
adj oncoming
lähestyä (*læ*-hayss-tewæ) *v*

approach
lähetin (*læ*-hay-tin) *n*
transmitter
lähettiläs (*læ*-hayt-ti-læss) *n*
ambassador
lähettäjä (*læ*-hayt-tæ-ʸæ)
*n*sender
lähettää (*læ*-hayt-tæœ)
*v*send; dispatch;
*broadcast, transmit; ~
edelleen forward; ~
noutamaan *send for; ~
pois dismiss; *send off; ~
(rahaa) remit; ~
sähköpostia *v* e-mail
lähetys (*læ*-hay-tewss) *n*
delivery; shipment;
transmission, broadcast
lähetystö (*læ*-hay-tewss-tur)
n delegation; embassy
lähimmäinen (*læ*-him-mæᵉᵉ-
nayn) *n* neighbour
lähiseutu (*læ*-hi-*say*ᵒᵒ-too) *n*
neighbourhood
lähteä (*læh*-tay-æ) *v*set out,
*leave, depart; pull out
lähtien (*læh*-ti-ayn) as from;
siitä ~ since
lähtö (*læh*-tur) *n* departure;
take-off
lähtöaika (*læh*-tur-*igh*-kah)
n time of departure
lähtökohta (*læh*-tur-*koah*-
tah) *n* starting point
läikyttää (*læ*ᵉᵉ-kewt-tæœ)
*v*spill
läimäys (*læ*ᵉᵉ-mæ-ewss) *n*
smack, slap
läimäyttää (*læ*ᵉᵉ-mæ-ewt-
tæœ) *v* smack, slap

läjä (*læ-ʸæ*) *n* heap

lämmin (*læm-min*) *adj* warm

lämmittää (*læm-mit-tææ*) *v* heat, warm

lämmitys (*læm-mi-tewss*) *n* heating

lämmityslaite (*læm-mi-tewss-ligh-tay*) *n* heater

lämpiö (*læm-pi-ur*) *n* lobby, foyer

lämpö (*læm-pur*) *n* heat, warmth

lämpömittari (*læm-pur-mit-tah-ri*) *n* thermometer

lämpöpatteri (*læm-pur-paht-tay-ri*) *n* radiator

lämpötila (*læm-pur-ti-lah*) *n* temperature

lämpötyyny (*læm-pur-fēw-new*) *n* heating pad

länsi (*læn-si*) *n* west

läntinen (*læn-ti-nayn*) *adj* westerly, western

läpi (*læ-pi*) *prep* through

läpikuultava (*læ-pi-kōōl-tah-vah*) *adj* transparent

läpipääsemätön (*læ-pi-pææ-say-mæ-turn*) *adj* impassable

olla läsnä (*oal-lah læss-næ*) *v* attend, be present

läsnäoleva (*læss-næ-oa-lay-vah*) *adj* present

läsnäolo (*læss-næ-oa-loa*) *n* presence

lätäkkö (*læ-tæk-kur*) *n* puddle

lävistäjä (*læ-viss-tæ-ʸæ*) *n* diagonal

lävistää (*læ-viss-tææ*) *v* pierce

lääke (*lææ-kay*) *n* medicine; remedy

lääkeaineoppi (*læækay-igh-nay-oap-pi*) *n* pharmacology

lääkemääräys (*lææ-kaym-mææ-ræ-ewss*) *n* prescription

lääketiede (*lææ-kayt-tyay-day*) *n* medicine

lääketieteellinen (*lææ-kayt-tyay-tāyl-li-nayn*) *adj* medical

lääkäri (*lææ-kæ-ri*) *n* physician, doctor; **lääkärin-**medical; **naistentautien ~** gynaecologist

lääni (*lææ-ni*) *n* province

lörpöttelijä (*lurr-purt-tay-li-ʸæ*) *n* chatterbox

löyhkätä (*lur^{ew}h-kæ-tæ*) *v*stink

löytää (*lur^{ew}-tææ*) *v*find; discover; ***come across**

löytö (*lur^{ew}-tur*) *n* discovery

löytötavarat (*lur^{ew}-tur-tah-vah-raht*) *pl* lost and found

löytötavaratoimisto (*lur^{ew}-tur-tah-vah-rah-toi-miss-toa*) *n* lost property office

M

maa (*maa*) *n* land, country; soil

maaginen (*maa*-gi-nayn) *adj* magic

maahanhyökkäys (*maa*-hahn-*h*ᵉʷ*urk*-kæ-ewss) *n* invasion

maahanmuuttaja (*maa*-hahn-*mōōt*-tah-ʸah) *n* immigrant

maahanmuutto (*maa*-hahn-*mōōt*-toa) *n* immigration

maahantuoja (*maa*-hahn-*twoa*-ʸah) *n* importer

maailma (*maa*-il-mah) *n* world

maailmankaikkeus (*maa*-il-mahn-kighk-kay-ooss) *n* universe

maailmankuulu (*maa*-il-mahn-*kōō*-loo) *adj* world-famous

maailmanlaajuinen (*maa*-il-mahn-*lighoo*ᵉᵉ-nayn) *adj* world-wide; global; maailmanlaajuinen paikannusjärjestelmä *n* GPS; global positioning system

maailmansota (*maa*-il-mahn-*soa*-tah) *n* world war

maailmanvalta (*maa*-il-mahn-*vahl*-tah) *n* empire; maailmanvallan- imperial

maakunta (maa-*koon*-tah) *n* province

maalainen (*maa*-ligh-nayn) *adj* rural; provincial; maalais- rustic

maalaistalo (*maa*-lighss-*tah*-loa) *n* farmhouse

maalari (*maa*-lah-ri) *n* painter

maalata (*maa*-lah-tah) *v* paint

maalauksellinen (*maa*-lah-ook-sayl-li-nayn) *adj* picturesque

maalaus (*maa*-lah-ooss) *n* painting, picture

maali (*maa*-li) *n* paint; goal, finish

maalilaatikko (*maa*-li-laa-tik-koa) *n* paintbox

maaliskuu (*maa*-liss-*kōō*) March

maalitaulu (*maa*-li-*tou*-loo) *n* mark; target

maalivahti (*maa*-li-*vahh*-ti) *n* goalkeeper

maaliviiva (*maa*-li-*vee*-vah) *n* finish

maallikko (*maal*-lik-koa) *n* layman

maamerkki (*maa*-*mayrk*-ki) *n* landmark

maanalainen (*maan*-ah-ligh-nayn) *adj* underground; *n* subway *n Am*

maanantai (*maa*-nahn-tigh)

n Monday

maanjäristys (*maan-ᵞæ*-risstewss) *n* earthquake

maankamara (*maan-kah-mah-rah*) *n* soil

maankiertäjä (*maang-kyayrtæ-ᵞæ*) *n* tramp

maanmies (*maan-mi*-ayss) *n* countryman

maanosa (*maan-oa*-sah) *n* continent

maanpako (*maam-pah*-koa) *n* exile

maanpakolainen (*maam-pah*-koa-ligh-nayn) *n* exile

maantie (*maan-tyay*) *n* road, highway

maantiede (*maan-tyay*-day) *n* geography

maanviljelijä (*maan-vil-ᵞayli-ᵞæ*) *n* farmer

maanviljelys (*maan-vil-ᵞay*-lewss) *n* agriculture

maapallo (*maa-pahl*-loa) *n* globe

maapallon ilmaston lämpeneminen (*maa-pahl*-loan *il*-mahss-toan *læm*-pay-nay-mi-nayn) *n* global warming

maaperä (*maa-pay-*ræ) *n* earth; ground, soil

maapähkinä (*maa-pæh*-ki-næ) *n* peanut

maaseutu (*maa-say*ᵒᵒ-too) *n* countryside, country

maasilta (*maa-sil*-tah) *n* viaduct

maastamuutto (*maass-tah-mōōt*-toa) *n* emigration

maasto (*maass*-toa) *n* terrain

maasturi (*maass*-too-ri) *n* SUV; sport utility vehicle

maata (*maa*-tah) *v*lie

maatalo (*maa-tah*-loa) *n* country house

maatila (*maa-ti*-lah) *n* farm; estate

maatilkku (*maa-tilk*-koo) *n* plot

maaöljy (*maa-url-*ᵞew) *n* petroleum

magneetti (*mahng-nāyt*-ti) *n* magneto

magneettinen (*mahng-nāyt*-ti-nayn) *adj* magnetic

mahdollinen (*mahh-*doal-li-nayn) *adj* eventual, possible; realizable

mahdollisuus (*mahh-*doal-li-sōōss) *n* possibility; chance

mahdoton (*mahh-*doa-toan) *adj* impossible; ~ hyväksyä unacceptable; ~ korjata irreparable

mahtaa (*mahh-*taa) *v*may; *must

mahtava (*mahh-tah*-vah) *adj* mighty; powerful; magnificent

maihin (*migh-*hin) *adv* ashore

maila (*migh-*lah) *n* bat

maili (*migh-*li) *n* mile

mailimäärä (*migh-*li-*mææ-*ræ) *n* mileage

maine (*migh-*nay) *n* reputation, fame

maininta (*migh*-nin-tah) *n* mention

mainio (*migh*-ni-oa) *adj* excellent; swell

mainita (*migh*-ni-tah) *v* mention

mainonta (*migh*-noan-tah) *n* advertising

mainos (*migh*-noass) *n* commercial, advertisement

mainosvalo (*migh*-noass-vah-loa) *n* neon

maisema (*migh*-say-mah) *n* landscape, scenery

maisemakortti (*migh*-say-mah-*koart*-ti) *n* picture postcard

maissa (*mighss*-sah) *adv* ashore

maissi (*mighss*-si) *n* maize, corn *Am*

maissintähkä (*mighss*-sin-*tæh*-kæ) *n* corn on the cob

maistaa (*mighss*-taa) *v* taste

maistua (*mighss*-too-ah) *v* taste

maito (*migh*-toa) *n* milk

maitomainen (*migh*-toa-migh-nayn) *adj* milky

maittava (*might*-tah-vah) *adj* tasty

maja (*mah*-^yah) *n* cabin

majakka (*mah*-^yahk-kah) *n* lighthouse

majatalo (*mah*-^yah-*tah*-loa) *n* inn; roadside restaurant; **majatalon isäntä** innkeeper

majava (*mah*-^yah-vah) *n* beaver

majoittaa (*mah*-^yoit-taa) *v* put up; accommodate

majoitus (*mah*-^yoi-tooss) *n* accommodation

majuri (*mah*-^yoo-ri) *n* major

makasiini (*mah*-kah-see-ni) *n* warehouse

makea (*mah*-kay-ah) *adj* sweet; ~ **vesi** fresh water

makeinen (*mah*-kay-nayn) *n* sweet; candy *nAm* ; **makeiset** sweets; candy *nAm*

makeiskauppa (*mah*-kayss-koup-pah) *n* sweetshop; candy store *Am*

makeuttaa (*mah*-kay-oot-taa) *v* sweeten

makkara (*mahk*-kah-rah) *n* sausage

makrilli (*mahk*-ril-li) *n* mackerel

maksa (*mahk*-sah) *n* liver

maksaa (*mahk*-saa) *v*pay; *cost; ~ **ennakolta** advance; ~ **loppuun** *pay off; ~ **takaisin** reimburse, *repay, refund

maksettava (*mahk*-sayt-tah-vah) *adj* due

maksu (*mahk*-soo) *n* payment; fee; charge

maksukyvytön (*mahk*-soo-kew-vew-turn) *adj* insolvent

maksulippu (*mahk*-soo-*lip*-poo) *n* coupon

maksunsaaja (*mahk*-soon-saa-^yah) *n* payee

maksuosoitus (*mahk*-soo-oa-soi-tooss) *n* money order

maksutodiste (*mahk-soo-toa*-diss-tay) *n* voucher

maksuton (*mahk-soo-toan*) *adj* free of charge

maku (*mah*-koo) *n* taste, flavour

makuaisti (*mah*-koo-*ighss*-ti) *n* sense of taste

makuuhuone (*mah-kōō-hwoa*-nay) *n* bedroom

makuupussi (*mah-kōō-pooss*-si) *n* sleeping bag

makuusali (*mah-kōō-sah*-li) *n* dormitory

makuusija (*mah-kōō-si-ᵞah*) *n* bunk

makuuvaunu (*mah-kōō-vou*-noo) *n* sleeping car; Pullman

malaria (*mah*-lah-ri-ah) *n* malaria

Malesia (*mah*-lay-si-ah) Malaysia

malesialainen (*mah*-lay-si-ah-ligh-nayn) *n* Malay; *adj* Malaysian

malja (*mahl-ᵞah*) *n* bowl; toast

maljakko (*mahl-ᵞahk*-koa) *n* vase

malli (*mahl*-li) *n* model; pattern

mallinukke (*mahl*-li-*nook*-kay) *n* mannequin

malmi (*mahl*-mi) *n* ore

maltillinen (*mahl*-til-li-nayn) *adj* moderate,

malvanvärinen (*mahl*-vahn-*væ*-ri-nayn) *adj* mauve

mandariini (*mahn*-dah-ree-ni) *n* mandarin, tangerine

maneesi (*mah*-nāy-si) *n* riding school

mannekiini (*mahn*-nay-kee-ni) *n* model

manner (*mahn*-nayr) *n* continent; mainland

mannermaa (*mahn-nayr-maa*) *n* continent

mannermainen (*mahn-nayr-migh*-nayn) *adj* continental

mansikka (*mahn*-sik-kah) *n* strawberry

manteli (*mahn*-tay-li) *n* almond

mantteli (*mahnt*-tay-li) *n* cloak

margariini (*mahr*-gah-ree-ni) *n* margarine

marginaali (*mahr*-gi-naa-li) *n* margin

marja (*mahr-ᵞah*) *n* berry

markkinat (*mahrk*-ki-naht) *pl* fair

marmeladi (*mahr*-may-lah-di) *n* marmalade

marmori (*mahr*-moa-ri) *n* marble

Marokko (*mah*-roak-koa) Morocco

marokkolainen (*mah*-roak-koa-ligh-nayn) *n* Moroccan; *adj* Moroccan

marraskuu (*mahr*-rahss-*kōō*) November

marssi (*mahrs*-si) *n* march

marssia (*mahrs*-siah) *v* march

marsu (*mahr*-soo) *n* guinea

pig
marttyyri (*mahrt-tēw-ri*) *n* martyr
masennus (*mah-saynnooss*) *n* depression
masentaa (*mah-sayn-taa*) *v* depress
masentava (*mah-sayn-tahvah*) *adj* depressing
masentunut (*mah-sayn-toonoot*) *adj* depressed
massa (*mahss-sah*) *n* bulk
massatuotanto (*mahss-sahtwoa-tahn-toa*) *n* mass production
masto (*mahss-toa*) *n* mast
matala (*mah-tah-lah*) *adj* low; shallow
matalapaine (*mah-tah-lah-pigh-nay*) *n* depression
matelija (*mah-tay-li-ᵞah*) *n* reptile
matemaattinen (*mah-taymaat-ti-nayn*) *adj* mathematical
matematiikka (*mah-taymah-teek-kah*) *n* mathematics
matka (*maht-kah*) *n* trip, journey, voyage; stretch; edestakainen ~ round trip *Am*; matkalla jhkn bound for
matka-arkku (*maht-kahahrk-koo*) *n* trunk
matkailija (*maht-kigh-li-ᵞah*) *n* tourist; traveller
matkailu (*maht-kigh-loo*) *n* tourism
matkailukausi (*maht-kigh-*loo-*kou*-si) *n* high season
matkailutoimisto (*mahtkigh-loo-toi*-miss-toa) *n* tourist office
matkakulut (*maht-kah-kooloot*) *pl* travelling expenses
matkalaukku (*maht-kahlouk*-koo) *n* case, bag, suitcase
matkapuhelin (*maht-kahpoo*-hay-lin) *n*cellphone, mobile phone
matkareitti (*maht-kah-rayt*ti) *n* itinerary
matkašekki (*maht-kahshayk*-ki) *n* traveller's cheque
matkasuunnitelma (*mahtkah-sōon*-ni-tayl-mah) *n* itinerary
matkatavarahylly (*mahtkah-tah*-vah-rah-*hewl*-lew) *n* luggage rack
matkatavarasäilö (*mahtkah-tah*-vah-rah-*sæᵉᵉ*-lur) *n* left luggage office; luggage locker; baggage deposit office *Am*
matkatavarat (*maht-kahtah*-vah-raht) *pl* baggage, luggage
matkatoimisto (*maht-kahtoi*-miss-toa) *n* travel agency, travel agent
matkavakuutus (*maht-kahvah*-kōō-tooss) *n* travel insurance
matkia (*maht-ki-ah*) *v* imitate
matkustaa (*maht-kooss-taa*)

v travel; ~ **laivalla** sail; ~
kimppakyydillä *v* carpool

matkustaja (*maht-kooss-
tah-*ᵞah*) *n* passenger

matkustajavaunu (*maht-
kooss-tah-*ᵞah*-vou-*noo) *n*
carriage; passenger car *Am*

matkustamo (*maht-kooss-
tah-moa*) *n* cabin

mato (*mah-*toa) *n* worm

matto (*maht-*toa) *n* carpet,
rug

maukas (*mou-*kahss) *adj*
savoury, tasty; appetizing

maustaa (*mouss-*taa) *v*
flavour

mauste (*mouss-*tay) *n* spice

mausteet (*mouss-*tāyt) *pl*
spices

maustettu (*mouss-*tayt-too)
adj spicy, spiced

mauton (*mou-*toan) *adj*
tasteless

me (*may*) *pron* we

meduusa (*may-dōō-*sah) *n*
jellyfish

mehiläinen (*may-hi-læᵉᵉ-
nayn*) *n* bee

mehiläispesä (*may-hi-
læᵉᵉss-pay-sæ*) *n* beehive

mehu (*may-*hoo) *n* juice;
syrup

mehukas (*may-hoo-*kahss)
adj juicy

meidän (*may-*dæn) *pron* our

meijeri (*may-*ᵞay-ri) *n* dairy

meille (*mayl-*lay) *pron* us

mekaanikko (*may-kaa-nik-
koa*) *n* mechanic

mekaaninen (*may-kaa-ni-

nayn*) *adj* mechanical

Meksiko (*mayk-*si-koa)
Mexico

meksikolainen (*mayk-si-
koa-ligh-nayn*) *n* Mexican;
adj Mexican

mela (*may-*lah) *n* paddle

melkein (*mayl-*kayn) *adv*
nearly, almost

melko (*mayl-*koa) *adv* quite,
rather, fairly, pretty

melkoinen (*mayl-*koi-nayn)
adj considerable;
substantial

mellakka (*mayl-*lahk-kah) *n*
riot; revolt

melodraama (*may-loa-draa-
mah*) *n* melodrama

meloni (*may-loa-ni*) *n* melon

melu (*may-*loo) *n* noise

meluisa (*may-looᵉᵉ-sah*) *adj*
noisy; boisterous

menehtyä (*may-nayh-tew-
æ*) *v* perish

menestyksellinen (*may-
nayss-tewk-sayl-li-nayn*) *adj*
successful

menestys (*may-nayss-tewss*)
n prosperity, success

menetellä (*may-nay-tayl-læ*)
v proceed

menetelmä (*may-nay-tayl-
mæ*) *n* system, method

menettelytapa (*may-nayt-
tay-lew-tah-pah*) *n*
approach; method;
procedure; process

menettää (*may-nayt-tææ*)
v lose

menetys (*may-nay-tewss*) *n*

loss

menneisyys (*mayn-nay-sewss*) *n* past

mennyt (*mayn-newt*) *adj* past

mennä (*mayn-næ*) *vgo*; ~ **kotiin** *go home*; ~ **naimisiin** marry; ~ **nukkumaan** retire; ~ **ohitse** pass by; ~ **pois** *go away*; ~ **rikki** *break down*; ~ **sisään** *go in, enter*; ~ **ulos** *go out, go off*

menot (*may-noat*) *pl* expenditure, expenses *pl*

merenkulku (*may-rayng-kool-koo*) *n* navigation

merenlahti (*may-rayn-lahh-ti*) *n* gulf

merenrannikko (*may-rayn-rahn-nik-koa*) *n* seaside, coast

merenranta (*may-rayn-rahn-tah*) *n* seashore

merentakainen (*may-rayn-tah-kigh-nayn*) *adj* overseas

meri (*may-ri*) *n* sea; **meri-** maritime

meriantura (*may-ri-ahn-too-rah*) *n* sole

merikortti (*may-ri-koart-ti*) *n* chart

merikylpylä (*may-ri-kewl-pew-læ*) *n* seaside resort

merilintu (*may-ri-lin-too*) *n* seabird

merimaisema (*may-ri-migh-say-mah*) *n* sea view

merimatka (*may-ri-maht-kah*) *n* crossing, passage, voyage

merimies (*may-ri-myayss*) *n* sailor, seaman

meripihka (*may-ri-pih-kah*) *n* amber

merirapu (*may-ri-rah-poo*) *n* crab

merirosvo (*may-ri-roass-voa*) *n* pirate

merisairas (*may-ri-sigh-rahss*) *adj* seasick

merisairaus (*may-ri-sigh-rah-ooss*) *n* seasickness

merisiili (*may-ri-see-li*) *n* sea urchin

merivesi (*may-ri-vay-si*) *n* sea water

merkinanto (*mayr-kin-ahn-toa*) *n* signal

merkintä (*mayr-kin-tæ*) *n* entry, item

merkittävä (*mayr-kit-tæ-væ*) *adj* significant, remarkable

merkityksellinen (*mayr-ki-tewk-sayl-li-nayn*) *adj* important

merkityksetön (*mayr-ki-tewk-say-turn*) *adj* insignificant, meaningless

merkitys (*mayr-ki-tewss*) *n* meaning, sense

merkitä (*mayr-ki-tæ*) *v* mark; imply, *mean*; enter; ~ **muistiin** note, record

merkki (*mayrk-ki*) *n* sign; mark; token; brand; tick; **antaa** ~ signal; **olla jkn merkkinä** mark

messinki (*mayss-sing-ki*) *n* brass

messu (*mayss*-soo) *n* Mass

messut (*mayss*-soot) *pl* fair

mestari (*mayss*-tah-ri) *n* champion, master

mestariteos (*mayss*-tah-ri-tay-oass) *n* masterpiece

metalli (*may*-tahl-li) *n* metal

metallilanka (*may*-tahl-li-lahng-kah) *n* wire

metallinen (*may*-tahl-li-nayn) *adj* metal

meteli (*may*-tay-li) *n* noise; racket

metri (*mayt*-ri) *n* metre

metrinen (*mayt*-ri-nayn) *adj* metric

metro (*mayt*-roa) *n* underground

metsikkö (*mayt*-sik-kur) *n* wood; grove

metsä (*mayt*-sæ) *n* forest

metsäaukeama (*mayt*-sæ-ou-kay-ah-mah) *n* clearing

metsäinen (*mayt*-sæ^ee-nayn) *adj* wooded

metsäkana (*mayt*-sæ-kah-nah) *n* grouse

metsämaa (*mayt*-sæ-maa) *n* woodland

metsänvartija (*mayt*-sæn-vahr-ti-^yah) *n* forester

metsästys (*mayt*-sæss-tewss) *n* chase, hunt

metsästysmaja (*mayt*-sæss-tewss-*mah*-^yah) *n* hunting lodge

metsästäjä (*mayt*-sæss-tæ-^yæ) *n* hunter

metsästää (*mayt*-sæss-tææ) *v* hunt

miedontaa (*myay*-doan-taa) *v* dilute

miehekäs (*myay*-hay-kæss) *adj* masculine

miehistö (*myay*-hiss-tur) *n* crew

miehittää (*myay*-hit-tææ) *v* occupy

miehitys (*myay*-hi-tewss) *n* occupation

miekka (*myayk*-kah) *n* sword

miekkailla (*myayk*-kighl-lah) *v* fence

mielenkiinto (*myay*-layng-keen*-toa) *n* interest

mielenkiintoinen (*myay*-layng-keen*-toi-nayn) *adj* interesting

mielenliikutus (*myay*-layn-lee-koo-tooss) *n* excitement, emotion

mielenosoitus (*myay*-layn-oa-soi-tooss) *n* demonstration

mielenvikainen (*myay*-layn-vi*-kigh-nayn) *n* lunatic

mielenvikaisuus (*myay*-layn-vi*-kigh-sōōss) *n* lunacy

mieletön (*myay*-lay-turn) *adj* mad; crazy

mieli (*myay*-li) *n* mind; olla **eri mieltä** disagree; **olla jtk mieltä** consider; **olla samaa mieltä** agree; **osoittaa mieltään** demonstrate

mieliala (*myay*-li-*ah*-lah) *n* spirit, mood, spirits

mieliharrastus (*myay*-li-*hahr*-rahss-tooss) *n* hobby

mielihyvin (*myay-li-hew-*
vin) *adv* gladly

mielihyvä (*myay-li-hew-væ*)
n pleasure

mielijohde (*myay-li-ʸoah-*
day) *n* idea; impulse

mielikuvituksellinen
(*myay-li-koo-*vi-took-sayl-
li-nayn) *adj* fantastic

mielikuvitus (*myay-li-koo-*
vi-tooss) *n* imagination,
fancy, fantasy

mielipide (*myay-li-pi-*day) *n*
view, opinion

mielipidetutkimus (*myay-li-*
*pi-*day-*toot-*ki-mooss) *n* poll

mielisairas (*myay-li-sigh-*
rahss) *adj* insane, lunatic

mielitietty (*myay-li-tyayt-*
tew) *n* sweetheart

mielivaltainen (*myay-li-*
*vahl-*tigh-nayn) *adj*
arbitrary; despotic

miellyttävä (*myayl-*lewt-tæ-
væ) *adj* nice; pleasant,
agreeable

miellyttää (*myayl-*lewt-tææ)
v please

mieltymys (*myayl-*tew-
mewss) *n* preference

mieluisampi (*myay-*loo^ee-
sahm-pi) *adj* preferable

mieluummin (*myay-*lōōm-
min) *adv* sooner, rather

mies (*myayss*) *n* man; fellow

miespalvelija (*myayss-pahl-*
vay-li-ʸah) *n* valet

miespuolinen (*myayss-*
*pwoa-*li-nayn) *adj* male

miestenhuone (*myayss-*

tayn-*hwoa-*nay) *n* men's
room

mietiskellä (*myay-*tiss-kayl-
læ) *v* meditate

mieto (*myay-*toa) *adj* mild;
weak

miettiväinen (*myayt-*ti-væ^ee-
nayn) *adj* thoughtful

miettiä (*myayt-*ti-æ) *v* think
over; consider

migreeni (*mig-*rāy-ni) *n*
migraine

miinus (*mee-*nooss) *adv*
minus

mikrofoni (*mik-*roa-foa-ni) *n*
microphone

miksi (*mik-*si) *adv* why, what
for

mikä (*mi-*kæ) *pron* what;
which; ~ tahansa anything;
whichever

mikäli (*mi-*kæ-li) *conj* if

miljardi (*mil-*yahr-di) *n*
billion

miljonääri (*mil-*ʸoa-nææ-ri)
n millionaire

miljoona (*mil-*ʸōa-nah) *n*
million

milloin (*mil-*loin) *adv* when;
~ hyvänsä whenever

milloinkaan (*mil-*loing-
kaan) *adv* ever

minimi (*mi-*ni-mi) *n*
minimum

ministeri (*mi-*niss-tay-ri) *n*
minister

ministeriö (*mi-*niss-tay-ri-
ur) *n* ministry

miniä (*mi-*ni-æ) *n* daughter-
-in-law

minkki (*mingk*-ki) *n* mink

minttu (*mint*-too) *n* mint

minulle (*mi*-nool-lay) *pron* me

minun (*mi*-noon) *pron* my

minut (*mi*-noot) *pron* me

minuutti (*mi*-nōōt-ti) *n* minute

minä (*mi*-næ) *pron* I

missä (*miss*-sæ) *adv* where; ~ **hyvänsä** wherever; anywhere; ~ **tahansa** wherever; anywhere

mitali (*mi*-tah-li) *n* medal

mitata (*mi*-tah-tah) *v* measure

miten (*mi*-tayn) *adv* how; ~ **tahansa** anyhow

mitta (*mit*-tah) *n* measure

mittakaava (*mit*-tah-*kaa*-vah) *n* scale

mittanauha (*mit*-tah-*nou*-hah) *n* tape measure

mittari (*mit*-tah-ri) *n* meter

mitä (*mi*-tæ) *pron* what; ~ **hyvänsä** whatever; ~ **jhkn tulee** as regards, regarding; **mitä ... sitä** the ... the

mitätön (*mi*-tæ-turn) *adj* insignificant, unimportant

mitäänsanomaton (*mi*-tææn-*sah*-noa-mah-toan) *adj* insignificant; bland

modeemi (*moa*-dāy-mi) *n* modem

mohair (*moa*-haheer) *n* mohair

moite (*moi*-tay) *n* reproach, blame

moitteeton (*moit*-tāy-toan)

adj faultless; correct

moittia (*moit*-ti-ah) *v* blame, reproach

mokkanahka (*moak*-kah-*nahh*-kah) *n* suede

molemmat (*moa*-laym-maht) *pron* both

molemminpuolinen (*moa*-laym-mim-*pwoa*-li-nayn) *adj* mutual

monarkia (*moa*-nahr-ki-ah) *n* monarchy

monenlainen (*moa*-nayn-*ligh*-nayn) *adj* diverse, various

moni (*moa*-ni) *pron* many, multiple

monikko (*moa*-nik-koa) *n* plural

monikulttuurinen (*moa*-ni-*koolt*-tōō-ri-nayn) *adj* multicultural

monimutkainen (*moa*-ni-*moot*-kigh-nayn) *adj* complex, complicated

moninainen (*moa*-ni-*nigh*-nayn) *adj* varied

monipuolinen (*moa*-ni-*pwoa*-li-nayn) *adj* many--sided

monisaliteatteri (*moa*-ni-*sah*-li-*tay*-aht-tay-ri) *n* multiplex

moottori (*mōat*-toa-ri) *n* engine, motor

moottorialus (*mōat*-toa-ri-*ah*-looss) *n* launch

moottoripyörä (*mōat*-toa-ri-p*ew*ur-ræ) *n* motorcycle

moottoritie (*mōat*-toa-ri-

tyay) *n* motorway, highway;
maksullinen ~ turnpike
nAm

moottorivene (*mōat*-toa-ri-
vay-nay) *n* motorboat

mopedi (*moa*-pay-di) *n*
moped; motorbike *nAm*

moraali (*moa*-raa-li) *n*
morals

moraalinen (*moa*-raa-li-
nayn) *adj* moral

morfiini (*moar*-fee-ni) *n*
morphine

morsian (*moar*-si-ahn) *n*
bride

mosaiikki (*moa*-sah-eek-ki)
n mosaic

moskeija (*moass*-kay-ᵞah) *n*
mosque

moskiitto (*moass*-keet-toa)
n mosquito

motelli (*moa*-tayl-li) *n* motel

motivoida (*moa*-ti-voi-dah)
v motivate

muhentaa (*moo*-hayn-taa) *v*
mash

muinainen (*moo*ᵉᵉ-nigh-
nayn) *adj* ancient

muinaiseineet (*moo*ᵉᵉ-
nighss-*ay*-si-nāyt) *pl*
antiquities *pl*

muinaistiede (*moo*ᵉᵉ-
nighss-*tyay*-day) *n*
archaeology

muinoin (*moo*ᵉᵉ-noin) *adv*
formerly

muistaa (*moo*ᵉᵉss-taa) *v*
remember; recall

muistamaton (*moo*ᵉᵉss-tah-
mah-toan) *adj* forgetful

muistella (*moo*ᵉᵉss-tayl-lah)
v recollect, remember

muisti (*moo*ᵉᵉss-ti) *n*
memory

muistiinpano (*moo*ᵉᵉss-
teen-*pah*-noa) *n* note

muistikirja (*moo*ᵉᵉss-ti-keer-
ᵞah) *n* notebook; writing
pad

muistikuva (*moo*ᵉᵉss-ti-koo-
vah) *n* memory

muistilehtiö (*moo*ᵉᵉss-ti-
layh-ti-ur) *n* pad

muistio (*moo*ᵉᵉss-ti-oa) *n*
memo

muisto (*moo*ᵉᵉss-toa) *n*
remembrance

muistoesine (*moo*ᵉᵉss-toa-
ay-si-nay) *n* souvenir

muistojuhla (*moo*ᵉᵉss-toa-
ᵞ*ooh*-lah) *n*
commemoration

muistomerkki (*moo*ᵉᵉss-toa-
mayrk-ki) *n* monument,
memorial

muistuttaa (*moo*ᵉᵉss-toot-
taa) *v* remind; resemble

(jnkn) mukaan (*moo*-kaan)
according to

mukaisesti (*moo*-kigh-
sayss-ti) in accordance with

mukana (*moo*-kah-nah)
postp with

mukanaolo (*moo*-kah-nah-
oa-loa) *n* presence,
attendance

mukava (*moo*-kah-vah) *adj*
convenient, comfortable

mukavuus (*moo*-kah-vōoss)
n comfort; ease

muki (*moo*-ki) n mug

multa (*mool*-tah) n earth

mummo (*moom*-moa) n grandmother

muna (*moo*-nah) n egg

munakas (*moo*-nah-kahss) n omelette

munakoiso (*moo*-nah-*koi*-soa) n eggplant

munankeltuainen (*moo*-nahn-*kayl*-too-igh-nayn) n egg yolk

munkki (*moongk*-ki) n monk

munkkiluostari (*moonk*-ki-*lwoass*-tah-ri) n monastery

munuainen (*moo*-noo-igh-nayn) n kidney

muodikas (*mwoa*-di-kahss) adj fashionable

muodollinen (*mwoa*-doal-li-nayn) adj formal

muodollisuus (*mwoa*-doal-li-*sōōss*) n formality

muodostaa (*mwoa*-doass-taa) v form

muoti (*mwoa*-ti) n fashion

muoto (*mwoa*-toa) n shape, form

muotokuva (*mwoa*-toa-*koo*-vah) n portrait

muovailla (*mwoa*-vighl-lah) v model, shape

muovi (*mwoa*-vi) n plastic

muovinen (*mwoa*-vi-nayn) adj plastic

muratti (*moo*-raht-ti) n ivy

murea (*moo*-ray-ah) adj tender

murha (*moor*-hah) n murder

murhaaja (*moor*-haa-*y*ah) n murderer

murhata (*moor*-hah-tah) v murder

murhe (*moor*-hay) n sorrow, grief

murheellinen (*moor*-hāyl-li-nayn) adj sad

murhenäytelmä (*moor*-hayn-*na*^ew^-tayl-mæ) n tragedy, drama

murista (*moo*-riss-tah) v growl

murskata (*moors*-kah-tah) v smash

murre (*moor*-ray) n dialect

murtaa (*moor*-taa) v break; force

murtautua (jhk) (*moor*-tah-oo-too-ah) v burgle

murto-osa (*moor*-toa-*oa*-sah) n fraction

murtovaras (*moor*-toa-*vah*-rahss) n burglar

murtuma (*moor*-too-mah) n break, fracture

muru (*moo*-roo) n crumb

museo (*moo*-say-oa) n museum

musiikki (*moo*-seek-ki) n music

musiikkikorkeakoulu (*moo*-seek-ki-*koar*-kay-ah-*koa*-loo) n music academy

musiikkinäytelmä (*moo*-seek-ki-*na*^ew^-tayl-mæ) n musical comedy, musical

musikaalinen (*moo*-si-kaa-li-nayn) adj musical

muskottipähkinä (*mooss*-

koat-ti-*pæh*-ki-næ) *n*
nutmeg

musliini (*mooss*-lee-ni) *n*
muslin

musta (*mooss*-tah) *adj* black

mustaherukka (*mooss-tah-hay*-rook-kah) *n*
blackcurrant

mustalainen (*mooss-tah-ligh*-nayn) *n* gipsy

mustarastas (*mooss-tah-rahss*-tahss) *n* blackbird

mustasukkainen (*mooss-tah-sook*-kigh-nayn) *adj*
jealous, envious

mustasukkaisuus (*mooss-tah-sook-kigh-sōōss*) *n*
jealousy

muste (*mooss*-tay) *n* ink

mustekala (*mooss-tayk-kah*-lah) *n* octopus

mustelma (*mooss-tayl*-mah) *n* bruise; saada ~ bruise

mutka (*moot*-kah) *n* bend; curve

mutkitella (*moot*-ki-tayl-lah) *v*wind

mutta (*moot*-tah) *conj* but

mutteri (*moot*-tay-ri) *n* nut

muu (*mōō*) *adj* remaining; muun muassa among other things

muualla (*mōō*-ahl-lah) *adv* elsewhere

muukalainen (*mōō*-kah-ligh-nayn) *n* alien, stranger

muuli (*mōō*-li) *n* mule

muunnos (*mōōn*-noass) *n* variation

muuntaa (*mōōn*-taa) *v*

transform, modify

muuntaja (*mōōn*-tah-ʸah) *n* transformer

muuntotaulukko (*mōōn-toa-tou*-look-koa) *n* conversion chart

muurahainen (*mōō-rah*-high-nayn) *n* ant

muurari (*mōō-rah*-ri) *n* bricklayer

muurata (*mōō-rah*-tah) *v*lay bricks

muuri (*mōō*-ri) *n* wall

muusikko (*mōō*-sik-koa) *n* musician

muutama (*mōō*-tah-mah) *pron* some

muuten (*mōō*-tayn) *adv* by the way

muutoin (*mōō*-toin) *conj* otherwise; *adv* else

muutos (*mōō*-toass) *n* alteration, change

muuttaa (*mōōt*-taa) *v* change, alter; transform; modify; move; ~ maahan immigrate; ~ maasta emigrate

muutto (*mōōt*-toa) *n* move

muuttua (*mōōt*-too-ah) *v* turn into

muuttuva (*mōōt*-too-vah) *adj* variable, changing

mykkä (*mewk*-kæ) *adj* dumb, mute

mylly (*mewl*-lew) *n* mill

mylläri (*mewl-læ*-ri) *n* miller

myrkky (*mewrk*-kew) *n* poison

myrkyllinen (*mewr-kewl*-li-nayn) *adj* toxic, poisonous

myrkyttää (*mewr*-kewt-tææ)
v poison

myrsky (*mewrs*-kew) *n*
storm, gale

myrskyinen (*mewrs*-kew^{ee}-nayn) *adj* stormy

myrskylyhty (*mewrs*-kew-lewh-tew) *n* hurricane lamp

mysteeri (*mewss*-tāy-ri-oa)
n mystery

myydä (*mew*-dæ) *v* *sell; ~
vähittäin retail

myyjä (*mew*-ʸæ) *n* shop
assistant, salesperson

myymälä (*mew*-mæ-læ) *n*
store

myymäläapulainen (*mew*-mæ-læ-*ah*-poo-ligh-nayn) *n*
shop assistant

myynti (*mewn*-ti) *n* sale

myyntikoju (*mewn*-ti-*koa*-ʸoo) *n* stand

myyntipöytä (*mewn*-ti-*pur*^{ew}-tæ) *n* counter

myyntitavarat (*mewn*-ti-*tah*-vah-raht) *pl* wares *pl* ,
merchandise

myytti (*mewt*-ti) *n* myth

myytävänä (*mew*-tæ-væ-næ)
for sale

myöhemmin (*m*^{ew}*ur*-haym-min) *adv* later, afterwards

myöhempi (*m*^{ew}*ur*-haym-pi)
adj later, subsequent

myöhäinen (*m*^{ew}*ur*-hæ^{ee}-nayn) *adj* late

myöhässä (*m*^{ew}*ur*-hæss-sæ)
adj late

myöhästynyt (*m*^{ew}*ur*-hæss-

tew-newt) *adj* overdue

myönnytys (*m*^{ew}*urn*-new-tewss) *n* concession

myönteinen (*m*^{ew}*urn*-tay-nayn) *adj* positive

myöntyä (*m*^{ew}*urn*-tew-æ) *v*
consent; agree

myöntävä (*m*^{ew}*urn*-tæ-væ)
adj affirmative

myöntää (*m*^{ew}*urn*-tææ) *v*
admit, acknowledge;
confess; grant; ~ lupa
license

myös (*m*^{ew}*urss*) *adv* also, too

myötätunto (*m*^{ew}*ur*-tæ-*toon*-toa) *n* sympathy

myötätuntoinen (*m*^{ew}*ur*-tæ-*toon*-toi-nayn) *adj*
sympathetic

myötävirtaan (*m*^{ew}*ur*-tæ-veer-taan) *adv* downstream

mäenharja (*mæ*-ayn hoo^{ee}p-poo) *n* hilltop

mäki (*mæ*-ki) *n* hill; rise

mäkihyppy (*mæ*-ki-*hewp*-pew) *n* ski jump

mäkinen (*mæ*-ki-nayn) *adj*
hilly

männänrengas (*mæn*-næn-*rayng*-ngahss) *n* piston ring

männänvarsi (*mæn*-næn-*vahr*-si) *n* piston rod

mänty (*mæn*-tew) *n* pine

mäntä (*mæn*-tæ) *n* piston

märkä (*mær*-kæ) *adj* moist,
wet; *n* pus

märkähaava (*mær*-kæ-*haa*-vah) *n* sore, ulcer

mäti (*mæ*-ti) *n* roe

mätä (*mæ*-tæ) *adj* rotten

määritellä (*mææ*-ri-tayl-læ)
v define

määritelmä (*mææ*-ri-tayl-
mæ) *n* definition

määrä (*mææ*-ræ) *n* quantity,
amount

määräaika (*mææ*-ræ-*igh*-
kah) *n* term

määräinen (*mææ*-ræ^ee-
nayn) *adj* definite

määränpää (*mææ*-ræn-
pææ) *n* destination

määräraha (*mææ*-ræ-*rah*-
hah) *n* allowance

määrätty (*mææ*-ræt-tew) *adj*
definite

määrätä (*mææ*-ræ-tæ) *v*
order; determine; stipulate;
prescribe

määräys (*mææ*-ræ-ewss) *n*
order, instruction

määräämisvalta (*mææ*-
rææ-miss-*vahl*-tah) *n*
authority

möhkäle (*murh*-kæ-lay) *n*
block

mökki (*murk*-ki) *n* cottage

N

naamio (*naa*-mi-oa) *n* mask

naamioitua (*naa*-mi-oi-too-
ah) *v* disguise

naapuri (*naa*-poo-ri) *n*
neighbour; naapuri-
neighbouring

naapurissa (*naa*-poo-riss-
sah) *adv* next-door

naarmu (*naar*-moo) *n*
scratch

naarmuttaa (*naar*-moot-taa)
v scratch

nahka (*nahh*-kah) *n* leather;
skin

nahkainen (*nahh*-kigh-nayn)
adj leather

naida (*nigh*-dah) *v* marry;
fuck (*vulgar*)

naiivi (*nah*-ee-vi) *adj* naïve

nailon (*nigh*-loan) *n* nylon

naimaton (*nigh*-mah-toan)
adj single

nainen (*nigh*-nayn) *n*
woman; hieno ~ lady

naisellinen (*nigh*-sayl-li-
nayn) *adj* feminine

naispuolinen (*nighss*-pwoa-
li-nayn) *adj* female

naistenhuone (*nighss*-tayn-
hwoa-nay) *n* powder room,
ladies' room

napa (*nah*-pah) *n* navel

napinreikä (*nah*-pin-*ray*-kæ)
n buttonhole

napittaa (*nah*-pit-taa) *v*
button

nappi (*nahp*-pi) *n* button

napsauttaa (*nahp*-sah-oot-
taa) *v* click

narista (*nah*-riss-tah) *v* creak

narri (*nahr*-ri) *n* fool

narttu (*nahrt*-too) *n* bitch

naru (*nah*-roo) *n* line

nasta (*nahss*-tah) *n* drawing

naudanliha 116

pin; thumbtack *nAm*

naudanliha (*nou*-dahn-*li*-hah) *n* beef

nauha (*nou*-hah) *n* ribbon; tape

nauhuri (*nou*-hoo-ri) *n* recorder, tape recorder

naula (*nou*-lah) *n* nail; pound

naulakko (*nou*-lahk-koa) *n* hat rack

nauraa (*nou*-raa) *v* laugh

naurettava (*nou*-rayt-tah-vah) *adj* ridiculous, ludicrous; tehdä naurettavaksi ridicule

nauru (*nou*-roo) *n* laugh, laughter

nautakarja (*nou*-tah-*kahr*-ʸah) *n* cattle *pl*

nautinto (*nou*-tin-toa) *n* pleasure; delight

nautittava (*nou*-tit-tah-vah) *adj* enjoyable

nauttia (*nout*-ti-ah) *v* enjoy

neekeri (*nāy*-kay-ri) *n* Negro

negatiivinen (*nay*-gah-tee-vi-nayn) *n* negative

neiti (*nay*-ti) *n* miss

neitsyt (*nayt*-sewt) *n* virgin

neliö (*nay*-li-ur) *n* square

neliönmuotoinen (*nay*-li-urn-*mwoa*-toi-nayn) *adj* square

neljä (*nayl*-ʸæ) *num* four

neljäkymmentä (*nayl*-ʸæ-kewm-mayn-tæ) *num* forty

neljännes (*nayl*-ʸæn-nayss) *n* quarter

neljännestunti (*nayl*-ʸæn-

nayss-*toon*-ti) *n* quarter of an hour

neljännesvuosi (*nayl*-ʸæn-nayss-*vwoa*-si) *n* quarter

neljännesvuosittainen (*nayl*-ʸæn-nayss-*vwoa*-sit-tigh-nayn) *adj* quarterly

neljäs (*nayl*-ʸæss) *num* fourth

neljästoista (*nayl*-ʸæss-toiss-tah) *num* fourteenth

neljätoista (*nayl*-ʸæ-toiss-tah) *num* fourteen

nenä (*nay*-næ) *n* nose

nenäkäs (*nay*-næ-kæss) *adj* impertinent

nenäliina (*nay*-næ-*lee*-nah) *n* handkerchief

nero (*nay*-roa) *n* genius

neronleimaus (*nay*-roan-lay-mah-ooss) *n* brain wave

neste (*nayss*-tay) *n* liquid, fluid

nestemäinen (*nayss*-tay-mæ^ee-nayn) *adj* liquid, fluid

nettisivu (*nayt*-ti-*si*-voo) *n* website

netto (*nayt*-toa) *adv* net

neula (*nay^oo*-lah) *n* needle

neulepusero (*nay^oo*-layp-poo-say-roa) *n* sweater, jumper

neuloa (*nay^oo*-loa-ah) *v* *knit; *sew

neuroosi (*nay^oo*-rōa-si) *n* neurosis

neutriskuinen (*nay^oo*t-ri-soo-koo^ee-nayn) *adj* neuter

neuvo (*nay^oo*-voa) *n* advice

neuvoa (*nay^oo*-voa-ah) *v*

nipistää

advise; noudattaa ~ listen, obey

neuvonantaja (*nay°°-voan-ahn-tah-ᵞah*) *n* counsellor

neuvosmies (*nay°°-voass-myayss*) *n* councillor

neuvosto (*nay°°-voass-toa*) *n* council

Neuvostoliitto (*nay°°-voass-toa-leet-toa*) Soviet Union

neuvostoliittolainen (*nay°°-voass-toa-leet-toa-ligh-nayn*) *adj* Soviet

neuvotella (*nay°°-voa-tayl-lah*) *v* negotiate; consult

neuvottelu (*nay°°-voat-tay-loo*) *n* negotiation; consultation

nide (*ni-day*) *n* volume

nidos (*ni-doass*) *n* binding

niellä (*nyayl-læ*) *v* swallow

nielurisat (*nyay-loo-ri-saht*) *pl* tonsils *pl* ; nielurisojen tulehdus tonsilitis

niemi (*nyay-*mi) *n* cape

niemimaa (*nyay-mi-maa*) *n* peninsula

Nigeria (*ni-gay-ri-ah*) Nigeria

nigerialainen (*ni-gay-ri-ah-ligh-nayn*) *n* Nigerian; *adj* Nigerian

niin (*neen*) *adv* so; such, *conj* so; ~ kuin as, like; ~ pian kuin as soon as; ~ sanottu so-called; no niin! well!

niinipuu (*nee-ni-pōō*) *n* limetree

niitty (*neet-tew*) *n* meadow

nikkeli (*nik-kay-li*) *n* nickel

nikotiini (*ni-koa-tee-ni*) *n* nicotine

nilkka (*nilk-kah*) *n* ankle

nimellinen (*ni-mayl-li-nayn*) *adj* nominal

nimenomainen (*ni-mayn-oa-migh-nayn*) *adj* explicit, express

nimetä (*ni-may-tæ*) *v* nominate; name

nimetön (*ni-may-turn*) *adj* anonymous

nimeäminen (*ni-may-æ-mi-nayn*) *n* nomination

nimi (*ni-mi*) *n* name; olla nimeltään *be called

nimikirjain (*ni-mi-keer-ᵞighn*) *n* initial; varustaa nimikirjaimilla initial

nimikirjoitus (*ni-mi-keer-ᵞoi-tooss*) *n* signature; autograph

nimilippu (*ni-mi-lip-poo*) *n* label; varustaa nimilipulla label

nimilipuke (*ni-mi-li-poo-kay*) *n* tag

nimisana (*ni-mi-sah-nah*) *n* noun

nimissä (*ni-miss-sæ*) *postp* in the name of, on behalf of

nimittäin (*ni-mit-tæᵉᵉn*) *adv* namely

nimittää (*ni-mit-tææ*) *v* name; appoint; nominate, appoint

nimitys (*ni-mi-tewss*) *n* nomination, appointment; denomination

nipistää (*ni-piss-tææ*) *v*

pinch

niputtaa (*ni*-poot-taa) *v*
bundle

nirso (*neer*-soa) *adj* picky

niska (*niss*-kah) *n* nape of
the neck, neck

nisäkäs (*ni*-sæ-kæss) *n*
mammal

niukasti (*nee^{oo}*-kahss-ti) *adv*
barely

niukka (*nee^{oo}k*-kah) *adj*
scarce

niukkuus (*nee^{oo}k*-kōōss) *n*
scarcity

nivustaive (*ni*-vooss-*tigh*-vay) *n* groin

noidannuoli (*noi*-dahn-*nwoa*-li) *n* lumbago

noin (*noin*) *adv* about,
approximately

noita (*noi*-tah) *n* witch

noituus (*noi*-tōōss) *n* magic

nojatuoli (*noi*-^{y}ah-*twoa*-li) *n*
easy chair, armchair

nojautua (*noa*-^{y}ou-too-ah) *v*lean

nokka (*noak*-kah) *n* beak

nokkaunet (*noak*-kah-oo-nayt) *pl* nap

nokkela (*noak*-kay-lah) *adj*
clever

nokkeluus (*noak*-kay-lōō-s) *n* wit

nolla (*noal*-lah) *n* zero

nopea (*noa*-pay-ah) *adj* fast,
swift, quick, rapid

nopeus (*noa*-pay-ooss) *n*
speed

nopeusmittari (*noa*-pay-ooss-*mit*-tah-ri) *n*

speedometer

nopeusrajoitus (*noa*-pay-ooss-*rah*-^{y}oi-tooss) *n* speed
limit

Norja (*noar*-^{y}ah) Norway

norjalainen (*noar*-^{y}ah-ligh-nayn) *n* Norwegian; *adj*
Norwegian

normaali (*noar*-maa-li) *adj*
normal

normi (*noar*-mi) *n* standard

norsunluu (*noar*-soon-*lōō*)
n ivory

nostaa (*noass*-taa) *v* lift;
hoist; ~ rahaa *draw*

nostokurki (*noass*-toa-*koor*-ki) *n* crane

nostolaite (*noass*-toa-*ligh*-tay) *n* jack

nostosilta (*noass*-toa-*sil*-tah) *n* drawbridge

notaari (*noa*-taa-ri) *n* notary

notkea (*noat*-kay-ah) *adj*
supple

nousta (*noass*-tah) *v* *get
up, *rise; *get on; ascend; ~
ilmaan *take off; ~ laivaan
embark; ~ maihin
disembark, land; ~ pystyyn
*get up

nousu (*noa*-soo) *n* rise,
ascent

nousuvesi (*noa*-soo-*vay*-si)
n high tide

noutaa (*noa*-taa) *v* fetch,
pick up, collect

nuhdella (*nooh*-dayl-lah) *v*
reproach, reprimand

nuija (*noo^{ee}*-^{y}ah) *n* mallet,
club

nukkavieru (*nook-kah-vyay-roo*) *adj* threadbare, scruffy

nukke (*nook-kay*) *n* doll

nukketeatteri (*nook-kay-tay-aht-tay-ri*) *n* puppet--show

nukkua (*nook-koo-ah*) *v* *sleep; ~ pommiin *oversleep

nukutus (*noo-koo-tooss*) *n* anaesthesia, narcosis

nukutusaine (*noo-koo-tooss-igh-nay*) *n* anaesthetic

numero (*noo-may-roa*) *n* number, figure

numerotaulu (*noo-may-roa-tou-loo*) *n* dial

nummi (*noom-mi*) *n* heath

nunna (*noon-nah*) *n* nun

nunnaluostari (*noon-nah-lwoass-tah-ri*) *n* convent

nuo (*nwoa*) *pron* those

nuoli (*nwoa-li*) *n* arrow

nuolla (*nwoal-lah*) *v* lick

nuora (*nwoa-rah*) *n* cord, string

nuorekas (*nwoa-ray-kahss*) *adj* juvenile

nuorempi (*nwoa-raym-pi*) *adj* junior

nuori (*nwoa-ri*) *adj* young

nuoriso (*nwoa-ri-soa*) *n* youth

nuorisomaja (*nwoa-ri-soa-mah-ʸah*) *n* youth hostel

nuorukainen (*nwoa-roo-kigh-nayn*) *n* lad

nuppi (*noop-pi*) *n* knob

nuppineula (*noop-pi-nayˌoo-lah*) *n* pin

nuppu (*noop-poo*) *n* bud

nurin (*noo-rin*) *adv* down

nurinpäin (*noo-rin-pæˊeˌn*) *adv* inside out

nurista (*noo-riss-tah*) *v* grumble

nurmikenttä (*noor-mi-kaynt-tæ*) *n* lawn

nuttu (*noot-too*) *n* jacket

nykyaika (*new-kew-igh-kah*) *n* present

nykyaikainen (*new-kew-igh-kigh-nayn*) *adj* modern; contemporary

nykyinen (*new-kewˊeˌ-nayn*) *adj* current, present

nykyään (*new-kew-ææn*) *adv* now, nowadays

nykäisy (*new-kæˊeˌ-sew*) *n* tug

nylkeä (*newl-kay-æ*) *v* skin

nyrjähdys (*newr-ʸæh-dewss*) *n* sprain

nyrjäyttää (*newr-ʸæ-ewt-tææ*) *v* sprain

nyrkiniasku (*newr-kin-iss-koo*) *n* punch

nyrkkeillä (*newrk-kayl-læ*) *v* box

nyrkkeilyottelu (*newrk-kay-lew-oat-tay-loo*) *n* boxing match

nyrkki (*newrk-ki*) *n* fist

nyt (*newt*) *adv* now

nyökkäys (*nˀeˊʷurk-kæ-ewss*) *n* nod

nyökätä (*nˀeˊʷur-kæ-tæ*) *v* nod

nyöri (*nˀeˊʷur-ri*) *n* string; twine

näennäinen (*næ-ayn-næˊeˌ-*

nayn) *adj* apparent

nähden (*næh*-dayn) *postp* concerning

nähdä (*næh*-dæ) *v* *see; ~ vilahdukselta glimpse

nähtävyys (*næh*-tæ-vēwss) *n* sight

nähtäväksi (*næh*-tæ-væk-si) *adv* on approval

nähtävästi (*næh*-tæ-væss-ti) *adv* apparently

näkemiin! (*næ*-kay-meen) goodbye!

näkemys (*næ*-kay-mewss) *n* view

näkinkenkä (*næ*-king-kayng-kæ) *n* seashell

näky (*næ*-kew) *n* sight

näkymä (*næ*-kew-mæ) *n* outlook, view

näkymätön (*næ*-kew-mæ-turn) *adj* invisible

näkyvyys (*næ*-kew-vēwss) *n* visibility

näkyvä (*næ*-kew-væ) *adj* visible

näköala (*næ*-kur-*ah*-lah) *n* view

näkökohta (*næ*-kur-*koah*-tah) *n* point of view; aspect

näköpiiri (*næ*-kur-*pee*-ri) *n* horizon

nälkä (*næl*-kæ) *n* hunger

nälkäinen (*næl*-kæ^{ee}-nayn) *adj* hungry

nämä (*næ*-mæ) *pron* these

näppylä (*næp*-pew-læ) *n* pimple

näppärä (*næp*-pæ-ræ) *adj*

skilful, deft

närästys (*næ*-ræss-tewss) *n* heartburn

näyte (*næ^{ew}*-tay) *n* sample, specimen

näyteikkuna (*næ^{ew}*-tay-ik-koo-nah) *n* shopwindow

näytekappale (*næ^{ew}*-tayk-*kahp*-pah-lay) *n* specimen

näytellä (*næ^{ew}*-tayl-læ) *v* act, play

näytelmä (*næ^{ew}*-tayl-mæ) *n* play; drama; spectacle; yksinäytöksinen ~ one-act play

näytelmäkirjailija (*næ^{ew}*-tayl-mæ-*keer*-^yigh-li-^yah) *n* playwright; dramatist

näytteillepano (*næ^{ew}t*-tayl-lay-*pah*-noa) *n* exhibition

näyttelijä (*næ^{ew}t*-tay-li-^yæ) *n* comedian, actor

näyttelijätär (*næ^{ew}t*-tay-li-^yæ-tær) *n* actress

näyttely (*næ^{ew}t*-tay-lew) *n* exposition, show, exhibition; display; ~ huone showroom

näyttämö (*næ^{ew}t*-tæ-mur) *n* stage

näyttämötaide (*næ^{ew}t*-tæ-mur-*tigh*-day) *n* drama

näyttää (*næ^{ee}t*-tæw) *v* *show; display; look; ~ jltk seem, look; appear; ~ toteen demonstrate

näytös (*næ^{ew}*-turss) *n* act

nöyrä (*nur^{ew}*-ræ) *adj* humble

O

objektiivinen (*oab-ᵞayk-tee-vi-nayn*) *adj* objective

obligaatio (*oab-li-gaa-ti-oa*) *n* bond

odotettavissa (*oa-doa-tayt-tah-viss-sah*) *due*

odottaa (*oa-doat-taa*) *v* wait; expect

odottamaton (*oa-doat-tah-mah-toan*) *adj* unexpected

odotus (*oa-doa-tooss*) *n* waiting; expectation

odotushuone (*oa-doa-tooss-hwoa-nay*) *n* waiting room

odotuslista (*oa-doa-tooss-liss-tah*) *n* waiting list

ohdake (*oah-dah-kay*) *n* thistle

oheistaa (*oa-hayss-taa*) *v* enclose

ohi (*oa-hi*) *adv* over, *postp* past

ohikulkija (*oa-hi-kool-ki-ᵞah*) *n* passer-by

ohikulkutie (*oa-hi-kool-koo-tyay*) *n* by-pass

ohimo (*oa-hi-moa*) *n* temple

ohittaa (*oa-hit-taa*) *v* pass by; *overtake; **ohitus kielletty** no overtaking; no passing *Am*

ohjaaja (*oah-ᵞaa-ᵞah*) *n* director; instructor

ohjata (*oah-ᵞah-tah*) *v* direct; steer; navigate

ohjaus (*oah-ᵞah-ooss*) *n* direction; steering

ohjauspyörä (*oah-ᵞah-ooss-pᵉʷur-ræ*) *n* steering wheel

ohjaustanko (*oah-ᵞah-ooss-tahng-koa*) *n* handlebar, steering column

ohje (*oah-ᵞay*) *n* direction, instruction

ohjelma (*oah-ᵞayl-mah*) *n* programme

ohjelmisto (*oah-ᵞayl-miss-toa*) *n* repertoire, programme

ohjesääntö (*oah-ᵞayss-sæen-tur*) *n* regulation

ohjus (*oah-ᵞooss*) *n* missile, rocket

ohra (*oah-rah*) *n* barley

ohut (*oa-hoot*) *adj* thin; sheer

oikaista (*oi-kighss-tah*) *v* correct

oikaisu (*oi-kigh-soo*) *n* correction

oikea (*oi-kay-ah*) *adj* appropriate, right, correct, just; **olla oikeassa** *be right

oikealla (*oi-kay-ahl-lah*) *adj* on the right

oikeamielinen (*oi-kay-ah-myay-li-nayn*) *adj* righteous

oikeanpuoleinen (*oi-kay-ahn-pwoa-lay-nayn*) *adj* right-hand, right; right oikeaoppinen (*oi-kay-ah-oap*-pi-nayn) *adj* orthodox

oikein (*oi-*kayn) *adv* correctly

oikeinkirjoitus (*oi-*kayn-*keer*-ᵞoi-tooss) *n* spelling

oikeudenkäynti (*oi-*kay-oo-dayng-*kæᵉʷ*n-ti) *n* lawsuit

oikeudenmukainen (*oi-*kay-oo-daym-*moo*-kigh-nayn) *adj* just, fair, right

oikeudenmukaisuus (*oi-*kay-oo-daym-*moo*-kigh-sōōss) *n* justice

oikeudenpäätös (*oi-*kay-oo-daym-*pææ*-turss) *n* verdict

oikeus (*oi-*kay-ooss) *n* right; justice; court

oikeusjuttu (*oi-*kay-ooss-ᵞoot-too) *n* lawsuit; case

oikeutettu (*oi-*kay-oo-*tayt*-too) *adj* authorised, justified

oikeutetusti (*oi-*kay-oo-*tay*-tooss-ti) *adv* rightly

oikeuttaa (*oi-*kay-oot-taa) *v* justify

oikku (*oik-*koo) *n* whim

oikosulku (*oi-*koa-*sool*-koo) *n* short circuit

oire (*oi-*ray) *n* symptom

oivallus (*oi-*vahl-looss) *n* insight

oivaltaa (*oi-*vahl-taa) *v* realize

oja (*oa-*ᵞah) *n* ditch

ojentaa (*oa-*ᵞayn-taa) *v* pass; hand

ojittaa (*oa-*ᵞit-taa) *v* drain

oksa (*oak-*sah) *n* branch

oksentaa (*oak-*sayn-taa) *v* vomit

olemassaolo (*oa-*lay-mahss-sah-*oa*-loa) *n* existence

olennainen (*oa-*layn-nigh-nayn) *adj* essential

olento (*oa-*layn-toa) *n* being; creature

oleskella (*oa-*layss-kayl-lah) *v* stay

oleskelu (*oa-*layss-kay-loo) *n* stay

oleskelulupa (*oa-*layss-kay-loo-*loo*-pah) *n* residence permit

olettaa (*oa-*layt-taa) *v* suppose, assume

oliivi (*oa-*lee-vi) *n* olive

oliiviöljy (*oa-*lee-vi-*url*-ᵞew) *n* olive oil

olkaimet (*oal-*kigh-mayt) *pl* braces *pl*

olki (*oal-*ki) *n* straw

olkikatto (*oal-*ki-*kaht*-toa) *n* thatched roof

olla (*oal-*lah) *v* *be; ~ jklla *have; ~ jkn veroinen equal; ~ jkn arvoinen *be worth; ~ jktn mieltä *think; ~ jtkn vailla lack; ~ läsnä attend; ~ mieltynyt fancy; ~ olemassa exist; ~ varaa afford; ~ yllä *wear

ollenkaan (*oal-*layng-kaan) *adv* at all

olohuone (*oa-*loa-*hwoa*-nay) *n* living room

olosuhde (*oa-*loa-*sooh*-day) *n* condition

olut (*oa-*loot) *n* beer, ale

olutpanimo (*oa-loot-pah-ni-moa*) *n* brewery

oluttupa (*oa-loot-too-pah*) *n* tavern; public house, pub

oma (*oa-mah*) *adj* own

omahyväinen (*oa-mah-hew-væ^{ee}-nayn*) *adj* presumptuous; smug

omaisuus (*oa-migh-sōōss*) *n* property; fortune; possessions, belongings *pl*

omaksua (*oa-mahk-soo-ah*) *v* adopt

omalaatuinen (*oa-mah-laa-too^{ee}-nayn*) *adj* peculiar, original, quaint

omalaatuisuus (*oa-mah-laa-tin-e-sōōss*) *n* peculiarity

omatunto (*oa-mah-toon-toa*) *n* conscience

omena (*oa-may-nah*) *n* apple

ominainen (*oa-mi-nigh-nayn*) *adj* characteristic; specific

ominaispiirre (*oa-mi-nighss-peer-ray*) *n* characteristic

ominaisuus (*oa-mi-nigh-sōōss*) *n* property, quality

omintakeinen (*oa-min-tah-kay-nayn*) *adj* original

omistaa (*oa-miss-taa*) *v* possess, own

omistaja (*oa-miss-tah-^yah*) *n* proprietor, owner

omistus (*oa-miss-tooss*) *n* possession

omituinen (*oa-mi-too^{ee}-nayn*) *adj* curious, strange, odd, peculiar

ommel (*oam-mayl*) *n* stitch

ommella (*oam-mayl-lah*) *v* *sew; ~ haava *sew up

ompelija (*oam-pay-li-^yah*) *n* dressmaker

ompelukone (*oam-pay-loo-koa-nay*) *n* sewing machine

ongelma (*oang-ngayl-mah*) *n* problem

ongenkoukku (*oang-ngayn-koak-koo*) *n* fishing hook

ongensiima (*oang-ngayn-see-mah*) *n* fishing line

onkalo (*oan-kah-loa*) *n* cave

onkia (*oang-ki-ah*) *v* angle

onkivapa (*oang-ki-vah-pah*) *n* fishing rod

onnea (yritykseen) (*oan-nay-ah [ew-ri-tewk-sāyn]*) good luck!

onnekas (*oan-nay-kahss*) *adj* lucky, fortunate

onneksi (*oan-nayk-si*) *adv* fortunately

onnellinen (*oan-nayl-li-nayn*) *adj* happy

onnentoivotus (*oan-nayn-toi-voa-tooss*) *n* congratulation

onneton (*oan-nay-toan*) *adj* unhappy, miserable

onnettomuus (*oan-nayt-toa-mōōss*) *n* disaster, accident; calamity

onni (*oan-ni*) *n* fortune, happiness; prosperity

onnistua (*oan-niss-too-ah*) *v* succeed, manage

onnitella (*oan-ni-tayl-lah*) *v* congratulate, compliment

onnittelu (*oan*-nit-tay-loo) *n*
congratulation

ontelo (*oan*-tay-loa) *n* cavity

ontto (*oant*-toa) *adj* hollow

ontua (*oan*-too-ah) *v* limp

ontuva (*oan*-too-vah) *adj*
lame, limping

onyksi (*oa*-newk-si) *n* onyx

ooppera (*ōāp*-pay-rah) *n*
opera

oopperatalo (*ōāp*-pay-rah-
tah-loa) *n* opera house

opaali (*oa*-paa-li) *n* opal

opas (*oa*-pahss) *n* guide

opaskirja (*oa*-pahss-*keer*-
Yah) *n* guidebook

opaskoira (*oa*-pahss-*koi*-
rah) *n* guide dog

opastaa (*oa*-pahss-taa) *v*
guide

opaste (*oa*-pahss-tay) *n*
signal

opettaa (*oa*-payt-taa) *v*
*teach; instruct

opettaja (*oa*-payt-tah-*Yah*) *n*
teacher, schoolteacher,
master, schoolmaster

opettavainen (*oa*-payt-tah-
vigh-nayn) *adj* instructive

opetus (*oa*-pay-tooss) *n*
education, instruction;
teaching; moral

opinnot (*oa*-pin-noat) *pl*
study

opiskelija (*oa*-piss-kay-li-
Yah) *n* student

opiskella (*oa*-piss-kayl-lah) *v*
study

oppia (*oap*-pi-ah) *v* *learn; ~
ulkoa memorize

oppiarvo (*oap*-pi-*ahr*-voa) *n*
degree

oppikirja (*oap*-pi-*keer*-*Yah*) *n*
textbook

oppikoulu (*oap*-pi-*koa*-loo)
n secondary school

oppilas (*oap*-pi-lahss) *n*
pupil

oppimaton (*oap*-pi-mah-
toan) *adj* uneducated

oppinut (*oap*-pi-noot) *n*
scholar; *adj* learned

oppitunti (*oap*-pi-*toon*-ti) *n*
lesson

optikko (*oap*-tik-koa) *n*
optician

optimismi (*oap*-ti-miss-mi)
n optimism

optimisti (*oap*-ti-miss-ti) *n*
optimist

optimistinen (*oap*-ti-miss-ti-
nayn) *adj* optimistic

oranssinvärinen (*oa*-rahns-
sin-*væ*-ri-nayn) *adj* orange

orava (*oa*-rah-vah) *n* squirrel

organisoida (*oar*-gah-ni-soi-
dah) *v* organize

orja (*oar*-Yah) *n* slave

orkesteri (*oar*-kayss-tay-ri) *n*
orchestra

orkesterinjohtaja (*oar*-
kayss-tay-rin-*Yoah*-tah-*Yah*)
n conductor

orpo (*oar*-poa) *n* orphan

orvokki (*oar*-voak-ki) *n*
violet

osa (*oa*-sah) *n* part; lot

osaaottavainen (*oa*-saa-oat-
tah-vigh-nayn) *adj*
sympathetic

osakas (*oa*-sah-kahss) *n* partner

osake (*oa*-sah-kay) *n* share

osakkeet (*oa*-sahk-kāyt) *pl* stocks and shares

osaksi (*oa*-sahk-si) *adv* partly

osallinen (*oa*-sahl-li-nayn) *adj* concerned

osallistua (*oa*-sahl-liss-too-ah) *v* participate

osamaksuerä (*oa*-sah-mahk-soo-ay-ræ) *n* instalment

osanottaja (*oa*-sahn-*oat*-tah-ᵞah) *n* participant

osanotto (*oa*-sahn-*oat*-toa) *n* participation; condolences

osasto (*oa*-sahss-toa) *n* division, department; section

osittain (*oa*-sit-tighn) *adv* partly

osittainen (*oa*-sit-tigh-nayn) *adj* partial

osoite (*oa*-soi-tay) *n* address

osoittaa (*oa*-soit-taa) *v* *show; point out; indicate; demonstrate

osoittautua (*oa*-soit-tah-oo-too-ah) *v* prove

osoitus (*oa*-soi-tooss) *n* indication; token

ostaa (*oass*-taa) *v* *buy, purchase

ostaja (*oass*-tah-ᵞah) *n* buyer, purchaser

osteri (*oass*-tay-ri) *n* oyster

osto (*oass*-toa) *n* purchase

ostohinta (*oass*-toa-*hin*-tah) *n* purchase price

ostoskeskus (*oass*-toass-*kayss*-kooss) *n* shopping centre

ostoslaukku (*oass*-toass-*louk*-koo) *n* shopping bag

osua (*oa*-soo-ah) *v* *hit

osuus (*oa*-sōōss) *n* share, part

osuustoiminnallinen (*oa*-sōōss-*toi*-min-nahl-li-nayn) *adj* co-operative

osuustoiminta (*oa*-sōōss-*toi*-min-tah) *n* co-operative

otaksua (*oa*-tahk-soo-ah) *v* assume

otaksuttava (*oa*-tahk-soot-tah-vah) *adj* presumable

ote (*oa*-tay) *n* grasp; grip; tiukka ~ clutch

otsa (*oat*-sah) *n* forehead

otsikko (*oat*-sik-koa) *n* headline, heading

otsoni (*oat*-soa-ni) *n* ozone

ottaa (*oat*-taa) *v* *take; ~ haltuunsa *take up; ~ huolekseen *take charge of; ~ kiinni *catch; ~ palvelukseen employ; ~ pois *take out; ~ puheeksi *bring up; ~ tehtäväkseen *take over; ~ yhteys contact

ottelu (*oat*-tay-loo) *n* match

outo (*oa*-toa) *adj* strange, unfamiliar; odd

ovela (*oa*-vay-lah) *adj* cunning, sly

ovenvartija (*oa*-vayn-*vahr*-

ti-ʸah) n doorkeeper, porter

ovi (oa-vi) n door

ovikello (oa-vi-kayl-loa) n
doorbell

ovimatto (oa-vi-maht-toa) n
mat

ovimikko (oa-vi-mik-koa) n
doorman

P

paahtaa (paah-taa) v roast

paahtoleipä (paah-toa-lay-
pæ) n toast

paavi (paa-vi) n pope

paeta (pah-ay-tah) v escape,
*flee

paha (pah-hah) adj bad;
naughty; n mischief; evil

pahaenteinen (pah-hah-
ayn-tay-nayn) adj
threatening, ominous

pahamaineinen (pah-hah-
migh-nay-nayn) adj
notorious

pahanhajuinen (pah-hahn-
hah-ʸoo-ee-nayn) adj smelly

pahanlaatuinen (pah-hahn-
laa-tooᵉᵉ-nayn) adj
malignant

pahansuopa (pah-hahn-
swoa-pah) adj spiteful;
malicious

pahansuopuus (pah-hahn-
swoa-pōōss) n spite

pahastuttaa (pah-hahss-
toot-taa) v offend

paheellinen (pah-hāyl-li-
nayn) adj vicious

paheksua (pah-hayk-soo-ah)
v disapprove

pahemmin (pah-haym-min)
adv worse

pahempi (pah-haym-pi) adj
worse

pahimmin (pah-him-min)
adv worst

pahin (pah-hin) adj worst

pahoillaan (pah-hoil-laan)
adv sorry

pahoinvointi (pah-hoin-
voin-ti) n sickness, nausea

pahoinvoipa (pah-hoin-voi-
pah) adj sick

pahoitella (pah-hoi-tayl-lah)
v regret

pahoittelu (pah-hoit-tay-
loo) n regret

paholainen (pah-hoa-ligh-
nayn) n devil

pahus! (pah-hooss) damn!

pahuus (pah-hōōss) n evil

pahvi (pahh-vi) n cardboard

pahvilaatikko (pahh-vi-laa-
tik-koa) n carton

pahvinen (pahh-vi-nayn) adj
cardboard

paikallinen (pigh-kahl-li-
nayn) adj local; paikallis-
local

paikallisjuna (pigh-kahl-
liss-ʸoo-nah) n local train;
stopping train

paikallispuhelu (pigh-kahl-
liss-poo-hay-loo) n local

call

paikannäyttäjä (*pigh-kahn-næ^emt-tæ-'næ*) *n* usher; usherette

paikantaa (*pigh-kahn-taa*) *v* locate

paikata (*pigh-kah-tah*) *v* patch

paikka (*pighk-kah*) *n* place; spot

paikkakunta (*pighk-kah-koon-tah*) *n* locality

paimen (*pigh-mayn*) *n* shepherd

painaa (*pigh-naa*) *v* press; print

paine (*pigh-nay*) *n* pressure

painekeitin (*pigh-nay-kay-tin*) *n* pressure cooker

paino (*pigh-noa*) *n* weight

painonappi (*pigh-noa-nahp-pi*) *n* push button

painos (*pigh-noass*) *n* edition; issue

painostus (*pigh-noass-tooss*) *n* pressure

painottaa (*pigh-noat-taa*) *v* stress

painotuote (*pigh-noa-twoa-tay*) *n* printed matter

painovoima (*pigh-noa-voi-mah*) *n* gravity

paise (*pigh-say*) *n* boil

paiskata (*pighss-kah-tah*) *v* *throw

paistaa (*pighss-taa*) *v* fry; *shine, roast; fry

paistinkastike (*pighss-tin-kahss-ti-kay*) *n* gravy

paistinpannu (*pighss-tin-pahn-noo*) *n* frying pan

paisua (*pigh-soo-ah*) *v* *swell

paita (*pigh-tah*) *n* shirt

paitsi (*pight-si*) *prep* except, but

pakana (*pah-kah-nah*) *n* heathen, pagan

pakanallinen (*pah-kah-nahl-li-nayn*) *adj* heathen, pagan

pakara (*pah-kah-rah*) *n* buttock

pakasteet (*pah-kahss-tāyt*) *pl* frozen food

pakastin (*pah-kahss-tin*) *n* deep-freeze

pakata (*pah-kah-tah*) *v* pack up, pack

paketti (*pah-kayt-ti*) *n* parcel, package

pakettiauto (*pah-kayt-ti-ou-toa*) *n* van; pick-up van

Pakistan (*pah-kiss-tahn*) Pakistan

pakistanilainen (*pah-kiss-tah-ni-ligh-nayn*) *n* Pakistani; *adj* Pakistani

pakkasneste (*pahk-kahss-nayss-tay*) *n* antifreeze

pakkaus (*pahk-kah-ooss*) *n* packing

pakko (*pahk-koa*) *n* need; olla ~ *be obliged to

pakkomielle (*pahk-koa-myayl-lay*) *n* obsession

pako (*pah-koa*) *n* escape

pakokaasu (*pah-koa-kaa-soo*) *n* exhaust, exhaust gases pakokauhu (*pah-koa-kou-hoo*) *n* panic

pakolainen (*pah-koa-ligh-nayn*) *n* refugee

pakollinen (*pah-koal-li-nayn*) *adj* obligatory, compulsory

pakoputki (*pah-koa-poot-ki*) *n* exhaust

pakottaa (*pah-koat-taa*) *v* compel, force

paksu (*pahk-soo*) *adj* fat, thick; bulky

paksuus (*pahk-sōōss*) *n* thickness

pala (*pah-lah*) *n* piece; scrap; lump

palaa (*pah-laa*) *v* burn; ~ pohjaan *burn

palanen (*pah-lah-nayn*) *n* bit, fragment, lump; morsel

palapeli (*pah-lah-pay-li*) *n* jigsaw puzzle, puzzle

palata (*pah-lah-tah*) *v* return, *go back, *get back

palatsi (*pah-laht-si*) *n* palace

palauttaa (*pah-lah-oot-taa*) *v* send back, *bring back

paljas (*pahl-*ᵞ*ahss*) *adj* bare

paljastaa (*pah-lah-*ᵞ*ahss-taa*) *v* reveal; uncover

paljastus (*pahl-*ᵞ*ahss-tooss*) *n* revelation

paljon (*pahl-*ᵞ*oan*) *adv* a lot; much

paljous (*pahl-*ᵞ*oa-ooss*) *n* mass; amount; volume

palkankorotus (*pahl-kahn-koa-roa-tooss*) *n* rise; raise *nAm*

palkata (*pahl-kah-tah*) *v* recruit, engage, hire

palkinto (*pahl-kin-toa*) *n* prize, award

palkita (*pahl-ki-tah*) *v* reward; award

palkka (*pahlk-kah*) *n* wages *pl* , salary, pay

palkkio (*pahlk-ki-oa*) *n* reward; fee

pallas (*pahl-lahss*) *n* halibut

pallero (*pahl-lay-roa*) *n* toddler, tot

pallo (*pahl-loa*) *n* ball

palmu (*pahl-moo*) *n* palm

palomuuri (*pah-loa-mōō-ri*) *n* firewall

palohaava (*pah-loa-haa-vah*) *n* burn

palohälytys (*pah-loa-hæ-lew-tewss*) *n* fire alarm

palokunta (*pah-loa-koon-tah*) *n* fire brigade

palomies (*pah-loa-myayss*) *n* firefighter

paloportaat (*pah-loa-poar-taat*) *pl* fire escape

paloöljy (*pah-loa-url-*ᵞ*ew*) *n* paraffin; kerosene

palsta (*pahls-tah*) *n* column

paluu (*pah-lōō*) *n* return

paluulento (*pah-lōō-layn-toa*) *n* return flight

paluumatka (*pah-lōō-maht-kah*) *n* return journey

paluutie (*pah-lōō-tyay*) *n* way back

palvelija (*pahl-vay-li-*ᵞ*ah*) *n* servant, domestic; boy

palvella (*pahl-vayl-lah*) *v*

attend on, wait on

palvelu (*pahl*-vay-loo) *n* service

palvelumaksu (*pahl*-vay-loo-*mahk*-soo) *n* service charge

palvelus (*pahl*-vay-looss) *n* favour, service

palvelut (*pahl*-vay-loot) *npl* services; facilities

palvoa (*pahl*-voa-ah) *v* worship

paneeli (*pah*-nāy-li) *n* panel

panettelu (*pah*-nayt-tay-loo) *n* slander

pankki (*pahngk*-ki) *n* bank

pankkiautomaatti (*pahngk*-ki-*ou*-toa-*maat*-ti) *n* ATM; automatic teller machine

pankkikortti (*pahngk*-ki-*koart*-ti) *n* debit card

pankkitili (*pahngk*-ki-*ti*-li) *n* bank account

panna (*pahn*-nah) *v*put, *lay; ~ alulle launch; ~ merkille notice; ~ olutta brew; ~ pahakseen resent; ~ paikoilleen *put away

pannu (*pahn*-noo) *n* pan

pantata (*pahn*-tah-tah) *v* pawn

pantti (*pahnt*-ti) *n* pawn; deposit

panttilainaaja (*pahnt*-ti-*ligh*-naa-^yah) *n* pawnbroker

panttivanki (*pahnt*-ti-*vahng*-ki) *n* hostage

paperi (*pah*-pay-ri) *n* paper

paperiarkki (*pah*-pay-ri-*ahrk*-ki) *n* sheet

paperikauppa (*pah*-pay-ri-*koup*-pah) *n* stationer's

paperikori (*pah*-pay-ri-*koa*-ri) *n* wastepaper basket

paperilautasliina (*pah*-pay-ri-*lou*-tahss-*lee*-nah) *n* paper napkin

paperinen (*pah*-pay-ri-nayn) *adj* paper

paperinenäliina (*pah*-pay-ri-*nay*-næ-*lee*-nah) *n* tissue, paper handkerchief

paperipussi (*pah*-pay-ri-*pooss*-si) *n* paper bag

paperitavarat (*pah*-pay-ri-*tah*-vah-raht) *pl* stationery

paperiveitsi (*pah*-pay-ri-*vayt*-si) *n* paper knife

papiljotit (*pah*-pil-^yoa-tit) *pl* hair rollers

papiljotti (*pah*-pil-^yoat-ti) *n* curler, roller

pappi (*pahp*-pi) *n* minister, clergyman, priest

pappila (*pahp*-pi-lah) *n* parsonage, vicarage

papu (*pah*-poo) *n* bean

papukaija (*pah*-poo-kigh-^yah) *n* parrot

paraati (*pah*-raa-ti) *n* parade

parannus (*pah*-rahn-nooss) *n* improvement

parannuskeino (*pah*-rahn-nooss-*kay*-noa) *n* remedy

parannuskuuri (*pah*-rahn-nooss-*kōō*-ri) *n* cure

parantaa (*pah*-rahn-taa) *v* improve; cure, heal

parantola (*pah*-rahn-toa-lah) *n* sanatorium

parantumaton (*pah*-rahn-
too-mah-toan) *adj*
incurable

parantuminen (*pah*-rahn-
too-mi-nayn) *n* recovery;
cure

paras (*pah*-rahss) *adj* best

paratiisi (*pah*-rah-tee-si) *n*
paradise

parempi (*pah*-raym-pi) *adj*
superior, better; preferable

pari (*pah*-ri) *n* couple, pair

parila (*pah*-ri-lah) *n* grill

parillinen (*pah*-ril-li-nayn)
adj even

pariloida (*pah*-ri-loi-dah) *v*
grill

parissa (*pah*-riss-sah) *postp*
among

paristo (*pah*-riss-toa) *n*
battery

pariton (*pah*-ri-toan) *adj* odd

parlamentaarinen (*pahr*-
lah-mayn-taa-ri-nayn) *adj*
parliamentary

parlamentti (*pahr*-lah-
maynt-ti) *n* parliament

parranajokone (*pahr*-rahn-
ah-ʸoa-*koa*-nay) *n* safety
razor, razor

parranajosaippua (*pahr*-
rahn-*ah*-ʸoa-*sighp*-poo-ah)
n shaving soap

parsa (*pahr*-sah) *n* asparagus

parsia (*pahr*-si-ah) *v* darn

parsinlanka (*pahr*-sin-
lahng-kah) *n* darning wool

partasuti (*pahr*-tah-*soo*-ti) *n*
shaving brush

partaterä (*pahr*-tah-*tay*-ræ)

n razor blade

partavaahdoke (*pahr*-tah-
vaah-doa-kay) *n* shaving
cream

partavesi (*pahr*-tah-*vay*-si) *n*
aftershave lotion

partio (*pahr*-ti-oa) *n* patrol

partioida (*pahr*-ti-oi-dah) *v*
patrol

partiolainen (*pahr*-ti-oa-
ligh-nayn) *n* scout

partiopoika (*pahr*-ti-oa-*poi*-
kah) *n* boy scout

partiotyttö (*pahr*-ti-oa-*tewt*-
tur) *n* girl guide

parturi (*pahr*-too-ri) *n*
barber

parveke (*pahr*-vay-kay) *n*
balcony

parvi (*pahr*-vi) *n* gallery;
upper circle (*theatre*)

pasifisti (*pah*-si-fiss-ti) *n*
pacifist

pasifistinen (*pah*-si-fiss-ti-
nayn) *adj* pacifist

paska (*pahss*-kah) *n* crap
(*vulgar*)

passi (*pahss*-si) *n* passport

passiivinen (*pahss*-see-vi-
nayn) *adj* passive

passikuva (*pahss*-si-*koo*-
vah) *n* passport photograph

passitarkastus (*pahss*-si-
tahr-kahss-tooss) *n* passport
control

pasteija (*pahss*-tay-ʸa)
n pasty

pastori (*pahss*-toa-ri) *n*
clergyman; parson

pata (*pah*-tah) *n* pot

patentti (*pah*-taynt-ti) *n* patent

patja (*paht-*ᵞah) *n* mattress

pato (*pah*-toa) *n* dam; dike

patruuna (*paht*-rōō-nah) *n* cartridge

patukka (*pah*-took-kah) *n* club

pauhu (*pou*-hoo) *n* roar

paviljonki (*pah*-vil-ᵞoang-kah) *n* pavilion

pehmennysaine (*payh*-mayn-newss-*igh*-nay) *n* water softener

pehmeä (*payh*-may-æ) *adj* soft

pehmittää (*payh*-mit-tææ) *v* soften

pehmustaa (*payh*-mooss-taa) *v* upholster

peili (*pay*-li) *n* mirror, looking-glass

peilikuva (*pay*-li-*koo*-vah) *n* reflection

peippo (*payp*-poa) *n* finch

peittää (*payt*-tææ) *v* cover

pekoni (*pay*-koa-ni) *n* bacon

pelaaja (*pay*-laa-ᵞah) *n* player

pelastaa (*pay*-lahss-taa) *v* save, rescue

pelastaja (*pay*-lahss-tah-ᵞah) *n* rescuer; saviour

pelastaminen (*pay*-lahss-tah-mi-nayn) *n* rescue

pelastus (*pay*-lahss-tooss) *n* rescue, delivery; salvation

pelastusliivit (*pay*-lahss-tooss-*lee*-vit) *npl* life jacket

pelastusrengas (*pay*-lahss-

tooss-*rayng*-ngahss) *n* life-buoy

peli (*pay*-li) *n* game

pelikaani (*pay*-li-kaa-ni) *n* pelican

pelikortti (*pay*-li-*koart*-ti) *n* playing card

pelikuula (*pay*-li-*kōō*-lah) *n* marble

pelimarkka (*pay*-li-*mahrk*-kah) *n* chip

pelkkä (*paylk*-kæ) *adj* sheer

pelko (*payl*-koa) *n* fear, dread; scare, fright

pelkuri (*payl*-koo-ri) *n* coward

pelkästään (*payl*-kæss-tæn) *adv* merely

pellava (*payl*-lah-vah) *n* linen

peloissaan (*pay*-loiss-saan) *adv* afraid

pelottava (*pay*-loat-tah-vah) *adj* terrifying, awful

peltirasia (*payl*-ti-*rah*-si-ah) *n* can, tin

pelto (*payl*-toa) *n* field

peltopyy (*payl*-toa-*pēw*) *n* partridge

pelästynyt (*pay*-læss-tew-newt) *adj* frightened

pelästys (*pay*-læss-tewss) *n* fright

pelästyttää (*pay*-læss-tewt-tææ) *v* scare, frighten; alarm

pelästyä (*pay*-læss-tew-æ) *v* be frightened

pelätä (*pay*-læ-tæ) *v* be afraid; fear, dread

pengerrys (*payng*-ngayr-rewss) *n* embankment

penisilliini (*pay*-ni-sil-lee-ni) *n* penicillin

penkki (*payngk*-ki) *n* bench

pensaikko (*payn*-sighk-koa) *n* scrub, bush

pensas (*payn*-sahss) *n* bush, shrub

pensasaita (*payn*-sahss-*igh*-tah) *n* hedge

per (*payr*) *prep* per

perhe (*payr*-hay) *n* family

perhonen (*payr*-hoa-nayn) *n* butterfly

perhosuinti (*payr*-hoass-*oo*^{er}n-ti) *n* butterfly stroke

periaate (*pay*-ri-*aatay*) *n* principle

perilletulo (*pay*-ril-layt-*too*-loa) *n* arrival

perillinen (*pay*-ril-li-nayn) *n* heir; heiress

perinne (*pay*-rin-nay) *n* tradition

perinnöllinen (*pay*-rin-nurl-li-nayn) *adj* hereditary

perinpohjainen (*pay*-rim-poah-^yigh-nayn) *adj* thorough

perinteinen (*pay*-rin-tay-nayn) *adj* traditional

perintö (*pay*-rin-tur) *n* inheritance

periä (*pay*-ri-æ) *v* inherit

perjantai (*payr*-^yahn-tigh) *n* Friday

permanentti (*payr*-mah-naynt-ti) *n* permanent wave

permantopaikka (*payr*-

mahn-toa-*pighk*-kah) *n* stalls seat; orchestra seat *Am*

Persia (*payr*-si-ah) Persia

persialainen (*payr*-si-ah-ligh-nayn) *adj* Persian; *n* Persian

persikka (*payr*-sik-kah) *n* peach

persilja (*payr*-sil-^yah) *n* parsley

persoonallisuus (*payr*-sōā-nahl-li-sōōss) *n* personality

persoonaton (*payr*-sōā-nah-toan) *adj* impersonal

perspektiivi (*payrs*-payk-tee-vi) *n* perspective

peruna (*pay*-roo-nah) *n* potato; ranskalaiset perunat chips

perunamuusi (*pay*-roo-nah-*mōō*-si) *n* mashed potatoes

perus- (*pay*-rooss) basic

perusaine (*pay*-rooss-igh-nay) *n* element

perusajatus (*pay*-rooss-ah-^yah-tooss) *n* principle, basic idea

perusolemus (*pay*-rooss-*oa*-lay-mooss) *n* essence

perusta (*pay*-rooss-tah) *n* base, basis

perustaa (*pay*-rooss-taa) *v* found, institute; establish; base; perustavaa laatua oleva fundamental

peruste (*pay*-rooss-tay) *n* cause; argument; basis

perusteellinen (*pay*-rooss-tāyl-li-nayn) *adj* thorough

peruukki (*pay-rōōk-ki*) *n* wig

peruuttaa (*pay-rōōt-taa*) *v* recall, cancel; reverse

peruuttamaton (*pay-rōōt-tah-mah-ton*) *adj* irrevocable

peruutus (*pay-rōō-tooss*) *n* cancellation

peruutusvaihde (*pay-rōō-tooss-vighh-*day) *n* reverse

peräkkäisyys (*pay-ræk-kæ^{ee}-sēwss*) *n* sequence, succession

perämies (*pay-ræ-myayss*) *n* steersman; co-pilot

peräpuikko (*pay-ræ-poo^{ee}k-koa*) *n* suppository

peräpukamat (*pay-ræ-poo-kah-maht*) *pl* piles *pl* , haemorrhoids *pl*

peräsin (*pay-ræ-sin*) *n* helm, rudder

perästäpäin (*pay-ræss-tæ-pæ^{ee}n*) *adv* afterwards

peräsuoli (*pay-ræ-swoa-*li) *n* rectum

perävaunu (*pay-ræ-vou-*noo) *n* trailer

pessimismi (*payss-si-miss-*mi) *n* pessimism

pessimisti (*payss-si-miss-ti*) *n* pessimist

pessimistinen (*payss-si-miss-ti-nayn*) *adj* pessimistic

pestä (*payss-*tæ) *v* wash; ~ astiat wash up; ~ kemiallisesti dry-clean

pesu (*pay-*soo) *n* washing

pesuaine (*pay-soo-igh-*nay) *n* detergent

pesuallas (*pay-soo-ahl-*lahss) *n* sink, washbasin

pesuhuone (*pay-soo-hwoa-*nay) *n* lavatory

pesujauhe (*pay-soo-^{y}ou-*hay) *n* washing powder

pesukone (*pay-soo-koa-*nay) *n* washing machine

pesula (*pay-soo-lah*) *n* laundry, cleaner's

pesunkestävä (*pay-soong-kayss-*tæ-væ) *adj* washable

pesupulveri (*pay-soo-pool-*vay-ri) *n* soap powder, washing powder

pesusieni (*pay-soo-syay-*ni) *n* sponge

pesä (*pay-sæ*) *n* nest

pesäpallo (*pay-sæ-pahl-*loa) *n* baseball

petkuttaa (*payt-*koot-taa) *v* swindle, cheat

petoeläin (*pay-toa-ay-læ^{ee}n*) *n* beast of prey

petos (*pay-*toass) *n* fraud; deceit

petturi (*payt-*too-ri) *n* traitor

pettymys (*payt-*tew-mewss) *n* disappointment

pettää (*payt-*tææ) *v* betray; deceive; *let down; ~ toiveet disappoint

peukalo (*pay^{oo}-*kah-loa) *n* thumb

peukalokyytiläinen (*pay^{oo}-*kah-loa-*kēw*-ti-læ^{ee}-nayn) *n* hitchhiker

pian (*pi-*ahn) *adv* soon, shortly

pianisti (*pi*-ah-niss-ti) *n*
pianist

piano (*pi*-ah-noa) *n* piano

pidellä (*pi*-dayl-læ) *v*hold,
*keep

pidennys (*pi*-dayn-newss) *n*
extension

pidentää (*pi*-dayn-tææ) *v*
lengthen; extend

pidättää jstk (*pi*-dæt-tew-æ)
abstain from; refrain from

pidättää (*pi*-dæt-tææ) *v*
arrest; restrain

pidätys (*pi*-dæ-tewss) *n*
arrest

pielus (*pyay*-looss) *n* pillow

pienentää (*pyay*-nayn-tææ)
v reduce, lessen

pieni (*pyay*-ni) *adj* little,
small; petty, minor

pienin (*pyay*-nin) *adj* least,
smallest

pienoiskuva (*pyay*-noiss-
koo-vah) *n* miniature

piha (*pi*-hah) *n* yard

pihdit (*pih*-dit) *pl* pliers *pl* ,
tongs *pl*

pihka (*pih*-kah) *n* resin

pihvi (*pih*-vi) *n* steak

piikivi (*pee*-ki-vi) *n* flint

piikki (*peek*-ki) *n* thorn

piikkilanka (*peek*-ki-*lahng*-
kah) *n* barbed wire

piikkisika (*peek*-ki-*si*-kah) *n*
porcupine

piilolasit (*pee*-loa-*lah*-sit) *pl*
contact lenses

piilottaa (*pee*-loat-taa) *v*hide

piippu (*peep*-poo) *n* pipe

piipputupakka (*peep*-poo-

too-pahk-kah) *n* pipe
tobacco

piipunpuhdistaja (*pee*-
poon-*pooh*-diss-tah-*ʸ*ah) *n*
pipe cleaner

piiri (*pee*-ri) *n* circle; sphere;
district

piiritys (*pee*-ri-tewss) *n* siege

piirre (*peer*-ray) *n* feature,
trait

piirros (*peer*-roass) *n*
picture, drawing

piirtää (*peer*-tææ) *v*draw,
sketch

piirustus (*peerooss*-tooss) *n*
sketch, drawing

piispa (*peess*-pah) *n* bishop

pikabaari (*pi*-kah-*baa*-ri) *n*
snack bar

pikainen (*pi*-kigh-nayn) *adj*
rapid; prompt; pika-
express; quick

pikajuna (*pi*-kah-*ʸoo*-nah) *n*
express train; through train

pikakirjoitus (*pi*-kah-*keer*-
*ʸ*oi-tooss) *n* shorthand

pikakurssi (*pi*-kah-*koors*-si)
n intensive course

pikakuva (*pi*-kah-*koo*-vah) *n*
snapshot

pikaposti (*pi*-kah-*poass*-ti) *n*
special delivery

pikaside (*pi*-kah-*si*-day) *n*
adhesive plaster, bandaid®

pikavalinta (*pi*-kah-*vah*-lin-
tah) *n* speed dial(ing)

pikaviesti (*pi*-kah-*vyayss*-ti)
n instant message

pikemminkin (*pi*-kaym-
ming-kin) *adv* rather

pikkelssi (*pik*-kayls-si) *n* pickles *pl*

pikkukatu (*pik*-koo-*kah*-too) *n* lane

pikkukivi (*pik*-koo-*ki*-vi) *n* pebble

pikkukylä (*pik*-koo-*kew*-læ) *n* hamlet

pikkulapsi (*pik*-koo-*lahp*-si) *n* infant

pikkupaketti (*pik*-koo-*pah*-kayt-ti) *n* packet

pikkuraha (*pik*-koo-*rah*-hah) *n* change, coins *pl*

pikkuruinen (*pik*-koo-*roo^ee*-nayn) *adj* minute, tiny

pikkusormi (*pik*-koo-*soar*-mi) *n* little finger

pikkutakki (*pik*-koo-*tahk*-ki) *n* jacket

pila (*pi*-lah) *n* joke

pilaantuva (*pi*-laan-too-vah) *adj* perishable

pilari (*pi*-lah-ri) *n* column, pillar

pilkahdus (*pil*-kahh-dooss) *n* glimpse

pilkata (*pil*-kah-tah) *v* mock

pilkka (*pilk*-kah) *n* mockery, scorn

pilkku (*pilk*-koo) *n* comma

pilleri (*pil*-lay-ri) *n* pill

pilvenpiirtäjä (*pil*-vayn-*peer*-tæ-*³læ*) *n* skyscraper

pilvi (*pil*-vi) *n* cloud

pilvinen (*pil*-vi-nayn) *adj* overcast, cloudy

pimennys (*pi*-mayn-newss) *n* eclipse

pimeys (*pi*-may-ewss) *n* darkness

pimeä (*pi*-may-æ) *adj* obscure, dark

pinaatti (*pi*-naat-ti) *n* spinach

pingottaa (*ping*-ngoat-tah) *v* tighten

pingviini (*ping*-vee-ni) *n* penguin

pinna (*pin*-nah) *n* spoke

pinnallinen (*pin*-nahl-li-nayn) *adj* superficial

pinnata (*pin*-nah-tah) *v* play truant

pino (*pi*-noa) *n* pile, stack

pinota (*pi*-noa-tah) *v* pile

pinsetit (*pin*-say-tit) *n* tweezers *pl*

pinta (*pin*-tah) *n* surface

pinta-ala (*pin*-tah-*ah*-lah) *n* area

pintapuolinen (*pin*-tah-*pwoa*-li-nayn) *adj* superficial

piparjuuri (*pi*-pahr-*³oo*-ri) *n* horseradish

piparminttu (*pi*-pahr-*mint*-too) *n* peppermint

pippuri (*pip*-poo-ri) *n* pepper

piristysaine (*pi*-riss-tewss-*ighnay*) *n* stimulant

piristyslääke (*pi*-riss-tewss-*læ-kay*) *n* tonic

piristää (*pi*-riss-tææ) *v* stimulate

pirtelö (*peer*-tay-lur) *n* milkshake

pisara (*pi*-sah-rah) *n* drop

piste (*piss*-tay) *n* period, full

stop; **saada pisteitä** score
pistemäärä (*piss-taym-mææ-ræ*) *n* score
pistooli (*piss-tōa-li*) *n* pistol
pistorasia (*piss-toa-rah-si-ah*) *n* socket
pistos (*piss-toass*) *n* sting; stitch
pistää (*piss-tææ*) *v*sting; prick
pitkin (*pit-kin*) *prep* along
pitkittäin (*pit-kit-tæᵉᵉn*) *adv* lengthways
pitkulainen (*pit-koo-ligh-nayn*) *adj* oblong
pitkä (*pit-kæ*) *adj* long
pitkäaikainen (*pit-kæ-igh-kigh-nayn*) *adj* long, chronic
pitsi (*pit-si*) *n* lace
pituus (*pi-tōōss*) *n* length
pituusaste (*pi-tōōss-ahss-tay*) *n* longitude
pitäisi (*pi-tæi-si*) *v* ought
pitää (*pi-tææ*) *v*hold; *shall, need to; ei ~ dislike; ~ jnak regard as, consider; ~ jstk like; *be fond of; ~ parempana prefer; ~ yllä *wear
planeetta (*plah-nāyt-tah*) *n* planet
planetaario (*plah-nay-taa-ri-oa*) *n* planetarium
platina (*plah-ti-nah*) *n* platinum
pohdinta (*poah-din-tah*) *n* contemplation
pohja (*poah-ᵞah*) *n* bottom
pohjakerros (*poah-ᵞah-*

kayr-roass) *n* ground floor
pohjavirta (*poah-ᵞah-veer-tah*) *n* undercurrent
pohje (*poah-ᵞay*) *n* (pl pohkeet) calf
pohjoinen (*poah-ᵞoi-nayn*) *adj* northerly, north; *n* north; **pohjois-** northern
pohjoisnapa (*poah-ᵞoiss-nah-pah*) *n* North Pole
poiju (*poi-ᵞoo*) *n* buoy
poika (*poi-kah*) *n* boy; son
poikakaveri (*poi-kah-kah-vay-ri*) *n* boyfriend
poikamies (*poi-kah-myayss*) *n* bachelor
poiketa (*poi-kay-tah*) *v* vary; call at, drop in
poikkeuksellinen (*poik-kay-ook-sayl-li-nayn*) *adj* exceptional
poikkeus (*poik-kay-ooss*) *n* exception
poikki (*poik-ki*) *postp* across
poikue (*poi-koo-ay*) *n* litter
poimia (*poi-mi-ah*) *v* pick up, pick
poiminto (*poi-min-toa*) *n* excerpt
poimu (*poi-moo*) *n* crease
pois (*poiss*) *adv* off
poissa (*poiss-sah*) *adv* out of, gone, away
poissaoleva (*poiss-sah-oa-lay-vah*) *adj* absent
poissaolo (*poiss-sah-oa-loa*) *n* absence
poistaa (*poiss-taa*) *v*take away, remove; abolish, eliminate

poisto (*poiss*-toa) *n* removal

poistua (*poiss*-too-ah)
vleave, depart; *get off

pojanpoika (*poa-ᵞahm-poi-kah*) *n* grandson

pojantytär (*poa-ᵞahn-tewt-tær*) *n* granddaughter

pokaali (*poa*-kaa-li) *n* cup

poliisi (*poa*-lee-si) *n*
policeman, police *pl*

poliisiasema (*poa*-lee-si-ah-say-mah) *n* police station

poliitikko (*poa*-lee-tik-koa) *n* politician

poliittinen (*poa*-leet-ti-nayn) *adj* political

politiikka (*poa*-li-teek-kah) *n* policy, politics

poljin (*poal-ᵞin*) *n* pedal

polku (*poal*-koo) *n* path; trail

polkupyörä (*poal*-koo-pᵉʷur-ræ) *n* bicycle

polttaa (*poalt*-taa) vburn; ~
ruumis cremate

polttoaine (*poalt*-toa-*igh*-nay) *n* fuel

polttohautaus (*poalt*-toa-*hou*-tah-ooss) *n* cremation

polttomerkki (*poalt*-toa-*mayrk*-ki) *n* brand

polttopiste (*poalt*-toa-*piss*-tay) *n* focus

polttoöljy (*poalt*-toa-url-ᵞew) *n* fuel oil

polvi (*poal*-vi) *n* knee

polvilumpio (*poal*-vi-*loom*-pi-oa) *n* kneecap

polvistua (*poal*-viss-too-ah) vkneel

pommi (*poam*-mi) *n* bomb

pommittaa (*poam*-mit-taa) *v* bomb

pomo (*poa*-moa) *n* boss

poni (*poa*-ni) *n* pony

ponnistus (*poan*-niss-tooss) *n* effort, struggle

popmusiikki (*poap-moo*-seek-ki) *n* pop music

pora (*poa*-rah) *n* drill

porata (*poa*-rah-tah) *v* bore, drill

poreilu (*poa*-ray-loo) *n* fizz

porkkana (*poark*-kah-nah) *n* carrot

pormestari (*poar-mayss*-tah-ri) *n* mayor

poro (*poa*-roa) *n* reindeer

porras (*poar*-rahss) *n* step

porsas (*poar*-sahss) *n* pig

portaat (*poar*-taat) *pl* stairs *pl*, staircase

portinvartija (*poar*-tin-*vahr*-ti-ᵞah) *n* concierge

portti (*poart*-ti) *n* gate

portto (*poart*-toa) *n* prostitute

porttola (*poart*-toa-lah) *n* brothel

Portugali (*poar*-too-gah-li) Portugal

portugalilainen (*poar*-too-gah-li-ligh-nayn) *n* Portuguese; *adj* Portuguese

porukka (*poa*-rook-kah) *n* gang

porvarillinen (*poar*-vah-ril-li-nayn) *adj* middle-class

positiivi (*poa*-si-tee-vi) *n* positive

poski (*poass*-ki) *n* cheek

poskihammas (*poass*-ki-*hahm*-mahss) *n* molar

poskiparta (*poass*-ki-*pahr*-tah) *n* sideburns *pl*

poskipuna (*poass*-ki-*poo*-nah) *n* rouge

poskipää (*poass*-ki-*pææ*) *n* cheekbone

posliini (*poass*-lee-ni) *n* porcelain, china

possu (*poass*-soo) *n* piglet

poste restante (*poass*-tay *rayss*-tahn-tay) poste restante

posti (*poass*-ti) *n* mail, post

postikortti (*poass*-ti-*koart*-ti) *n* postcard

postilaatikko (*poass*-ti-*laa*-tik-koa) *n* pillarbox; mailbox *nAm*

postilaitos (*poass*-ti-*ligh*-toass) *n* post office, postal service

postimaksu (*poass*-ti-*mahk*-soo) *n* postage

postimaksuton (*poass*-ti-*mahk*-soo-toan) *adj* postage paid, post-paid

postimerkki (*poass*-ti-*mayrk*-ki) *n* stamp, postage stamp; **varustaa postimerkillä** stamp

postimerkkiautomaatti (*poass*-ti-*mayrk*-ki-*ou*-toa-maat-ti) *n* stamp machine

postinkantaja (*poass*-ting-*kahn*-tah-ᵞah) *n* postman

postinumero (*poass*-ti-*noo*-may-roa) *n* post code, zip

code *Am*

postiosoitus (*poass*-ti-*oa*-soi-tooss) *n* postal order; mail order *Am*

postitoimisto (*poass*-ti-*toi*-miss-toa) *n* post office

postittaa (*poass*-tit-taa) *v* mail, post

potilas (*poa*-ti-lahss) *n* patient

potkaista (*poat*-kighss-tah) *v* kick

potkia (*poat*-ki-ah) *v* kick

potku (*poat*-koo) *n* kick

potkulauta (*poat*-koo-*lou*-tah) *n* scooter

potkuri (*poat*-koo-ri) *n* propeller

povi (*poa*-vi) *n* bosom

prepositio (*pray*-poa-si-ti-oa) *n* preposition

presidentti (*pray*-si-daynt-ti) *n* president

prinsessa (*prin*-sayss-sah) *n* princess

prinssi (*prins*-si) *n* prince

profeetta (*proa*-fäyt-tah) *n* prophet

professori (*proa*-fayss-soa-ri) *n* professor

pronomini (*proa*-noa-mi-ni) *n* pronoun

pronssi (*proans*-si) *n* bronze

pronssinen (*proans*-si-nayn) *adj* bronze

propaganda (*proa*-pah-gahn-dah) *n* propaganda

prosentti (*proa*-saynt-ti) *n* percent

prosenttimäärä (*proa*-

saynt-ti-*mææ-ræ*) *n*
percentage

protestanttinen (*proa-*tayss-tahnt-ti-nayn) *adj*
Protestant

psykiatri (*psew-*ki-aht-ri) *n*
psychiatrist

psykoanalyytikko (*psew-*koa-*ah-*nah-lēw-tik-koa) *n*
psychoanalyst

psykologi (*psew-*koa-loa-gi) *n* psychologist

psykologia (*psew-*koa-loa-gi-ah) *n* psychology

psykologinen (*psew-*koa-loa-gi-nayn) *adj*
psychological

pudota (*poo-*doa-tah) *v*fall

pudottaa (*poo-*doat-taa) *v*
drop

puhallettava (*poo-*hahl-layt-tah-vah) *adj* inflatable

puhaltaa (*poo-*hahl-taa) *v*
blow; ~ täyteen inflate

puhdas (*pooh-*dahss) *adj*
pure, clean

puhdistaa (*pooh-*diss-taa) *v*
clean

puhdistamo (*pooh-*diss-tah-moa) *n* refinery

puhdistus (*pooh-*diss-tooss) *n* cleaning

puhdistusaine (*pooh-*diss-tooss-igh-nay) *n* cleaning fluid

puhe (*poo-*hay) *n* speech

puheenjohtaja (*poo-*hāyn-ᵞoah-tah-ᵞah) *n* president, chairman

puhekyky (*poo-*hay-kew-kew) *n* speech

puhelias (*poo-*hay-li-ahss) *adj* talkative

puhelin (*poo-*hay-lin) *n*
phone, telephone

puhelinkeskus (*poo-*hay-lin-*kayss-*kooss) *n*
telephone exchange, switchboard

puhelinkoppi (*poo-*hay-lin-*koap-*pi) *n* telephone booth

puhelinkortti (*poo-*hay-lin-*koart-*ti) *n* phone card

puhelinluettelo (*poo-*hay-lin-*loo-*ayt-tay-loa) *n*
telephone directory;
telephone book *Am*

puhelinneiti (*poo-*hay-lin-*nay-*ti) *n* telephonist

puhelinsoitto (*poo-*hay-lin-*soit-*toa) *n* phone call

puhelu (*poo-*hay-loo) *n*
telephone call

puhelunvälittäjä (*poo-*hay-loon-*væ-*lit-tæ-ᵞæ) *n*
operator, telephone operator

puheposti (*poo-*hay-*poass-*ti) *n* voice mail

puhetapa (*poo-*hay-*tah-*pah) *n* manner of speaking

puhjennut (*pooh-*ᵞayn-noot) *adj* punctured

puhjeta (*pooh-*ᵞay-tah) *v*burst

puhkeaminen (*pooh-*kay-ah-mi-nayn) *n* puncture

puhua (*poo-*hoo-ah) *v*speak, talk; ~ puolesta plead

puhujakoroke (*poo-*hooʸah-*koa*-roa-kay) *n* platform

puhutella (*poo*-hoo-tayl-lah) *v* address

puijata (*poo*ᵉᵉ-ʸah-tah) *v* fool

puinen (*poo*ᵉᵉ-nayn) *adj* wooden

puisto (*poo*ᵉᵉss-toa) *n* park; yleinen ~ public garden

puistotie (*poo*ᵉᵉss-toa-*tyay*) *n* avenue

puitteet (*poo*ᵉᵉt-tāyt) *pl* circumstances

pujottaa (*poo*-ʸoat-taa) *v* thread

pukea (*poo*-kay-ah) *v*become; ~ ylleen *put on

pukeutua (*poo*-kayᵒᵒ-too-ah) *v* dress up

pukeutumishuone (*poo*-kayᵒᵒ-too-miss-*hwoa*-nay) *n* dressing room

pukeutumiskoppi (*poo*-kayᵒᵒ-too-miss-*koap*-pi) *n* cabin

puku (*poo*-koo) *n* suit

pula (*poo*-lah) *n* shortage

pulisongit (*poo*-li-soang-ngit) *pl* whiskers *pl*

pullea (*pool*-lay-ah) *adj* plump

pullo (*pool*-loa) *n* bottle; flask

pullonvaaja (*pool*-loan-*ah*-vaa-ʸah) *n* bottle opener

pullonkaula (*pool*-loang-*kou*-lah) *n* bottleneck

pulma (*pool*-mah) *n* problem

pulmakysymys (*pool*-mah-*kew*-sew-mewss) *n* issue

pulmallinen (*pool*-mahl-li-nayn) *adj* complicated

pulpetti (*pool*-payt-ti) *n* desk

pultti (*poolt*-ti) *n* bolt

pumpata (*poom*-pah-tah) *v* pump

pumppu (*poomp*-poo) *n* pump

punainen (*poo*-nigh-nayn) *adj* red

punajuuri (*poo*-nah-ʸ*oo*-ri) *n* beetroot

punakampela (*poo*-nah-*kahm*-pay-lah) *n* plaice

punarinta (*poo*-nah-*rin*-tah) *n* robin

punastua (*poo*-nahss-too-ah) *v* blush

punnita (*poon*-ni-tah) *v* weigh

Puola (*pwoa*-lah) Poland

puola (*pwoa*-lah) *n* spool

puolalainen (*pwoa*-lah-ligh-nayn) *n* Pole; *adj* Polish

puoleensavetävä (*pwoa*-lāyn-sah-*vay*-tæ-væ) *adj* attractive

puoleksi (*pwoa*-layk-si) *adv* half

puolesta (*pwoa*-layss-tah) *postp* on behalf of

puoli (*pwoa*-li) *n* side; puoli-half, semi-

puoliaika (*pwoa*-li-*igh*-kah) *n* half time

puolikas (*pwoa*-li-kahss) *n* half

puolipiste (*pwoa*-li-*piss*-tay) *n* semicolon

puoliso (*pwoa*-li-soa) *n* spouse

puolisukka (*pwoa*-li-*sook*-kah) *n* sock

puolitiessä (*pwoa*-li-*tyayss*-sæ) *adv* halfway

puolittaa (*pwoa*-lit-taa) *v* halve

puoliympyrä (*pwoa*-li-*ewm*-pew-ræ) *n* semicircle

puoltaa (*pwoal*-taa) *v* recommend

puolue (*pwoa*-loo-ay) *n* party

puolueellinen (*pwoa*-loo-*āyl*-li-nayn) *adj* partial

puolueeton (*pwoa*-loo-*āy*-toan) *adj* impartial; neutral

puolustaa (*pwoa*-looss-taa) *v* defend

puolustus (*pwoa*-looss-tooss) *n* defence

puolustuspuhe (*pwoa*-looss-tooss-*poo*-hay) *n* plea

puomi (*pwoa*-mi) *n* barrier

puoskari (*pwoass*-kah-ri) *n* quack

puoti (*pwoa*-ti) *n* shop

purema (*poo*-ray-mah) *n* bite

pureskella (*poo*-rayss-*kayl*-lah) *v* chew

pureva (*poo*-ray-vah) *adj* cynical

puristaa (*poo*-riss-taa) *v* squeeze

purje (*poor*-ᵞay) *n* sail

purjehduskelpoinen (*poor*-ᵞayh-dooss-*kayl*-poi-nayn) *adj* navigable

purjehduskilpailu (*poor*-ᵞayh-dooss-*kil*-pigh-loo) *n* regatta

purjehdusseura (*poor*-ᵞayh-dooss-*say*ᵒᵒ-rah) *n* yacht club

purjehtia (*poor*-ᵞayh-ti-ah) *v* sail

purjehtiminen (*poor*-ᵞayh-ti-mi-nayn) *n* yachting

purjekangas (*poor*-ᵞay-*kahng*-ngahss) *n* canvas

purjelentokone (*poor*-ᵞayl-layn-toa-*koa*-nay) *n* glider

purjevene (*poor*-ᵞayv-vay-nay) *n* sailing boat

purkaa (*poor*-kaa) *v* discharge; demolish; unpack; ~ **lasti** unload

purkaantua (*poor*-kaan-too-ah) *v* fray

purkaminen (*poor*-kah-mi-nayn) *n* demolition

purkinavaaja (*poor*-kin-ah-vaa-ᵞah) *n* can opener, tin opener

purnata (*poor*-nah-tah) *v* grumble

puro (*poo*-roa) *n* brook; stream

purolohi (*poo*-roa-*loa*-hi) *n* trout

purppuranpunainen (*poorp*-poo-rahm-*poo*-nigh-nayn) *adj* purple

purra (*poor*-rah) *v*bite

purukumi (*poo*-roo-*koo*-mi) *n* chewing gum

pusero (*poo*-say-roa) *n* blouse

pusertaa (*poo*-sayr-taa) *v* squeeze

pussi (*pooss*-si) *n* bag, pouch

putiikki (*poo*-teek-ki) *n* boutique

putki (*poot*-ki) *n* pipe, tube

putkilo (*poot*-ki-loa) *n* tube

putkimies (*poot*-ki-*myayss*) *n* plumber

putoaminen (*poo*-toa-ah-mi-nayn) *n* fall

puu (poo) *n* tree; wood

puuhiili (*poo*-*hee*-li) *n* charcoal

puukenkä (*poo*-*kayng*-kæ) *n* wooden shoe

puuleikkaus (*poo*-*layk*-kah-ooss) *n* wood carving

puunrunko (*poo*n-*roong*-koa) *n* trunk

puuseppä (*poo*-*sayp*-pæ) *n* carpenter

puutarha (*poo*-*tahr*-hah) *n* garden

puutarhanhoito (*poo*-*tahr*-hahn-*hoi*-toa) *n* gardening

puutarhuri (*poo*-*tahr*-hoo-ri) *n* gardener

puute (*poo*-tay) *n* lack, want

puuteri (*poo*-tay-ri) *n* face-powder

puuterirasia (*poo*-tay-ri-*rah*-si-ah) *n* powder compact

puutteellinen (*poo*t-*tāyl*-li-nayn) *adj* faulty, defective

puuttua (*poo*t-too-ah) *v* lack; ~ **asiaan** interfere

puuttuva (*poo*t-too-vah) *adj* missing

puuvilla (*poo*-*vil*-lah) *n* cotton

puuvillainen (*poo*-*vil*-ligh-nayn) *adj* cotton

puuvillasametti (*poo*-*vil*-lah-*sah*-mayt-ti) *n* velveteen

pyhiinvaellusmatka (*pew*-heen-*vah*-ayl-looss-*maht*-kah) *n* pilgrimage

pyhiinvaeltaja (*pew*-heen-*vah*-ayl-tah-ʸah) *n* pilgrim

pyhimys (*pew*-hi-mewss) *n* saint

pyhittää (*pew*-hit-tæœ) *v* dedicate

pyhä (*pew*-hæ) *adj* sacred, holy

pyhäinhäväistys (*pew*-hæ^{ee}n-*hæ*-væ^{ee}ss-tewss) *n* sacrilege

pyhäinjäännös (*pew*-hæ^{ee}n-ʸæœn-nurss) *n* relic

pyhäinjäännöslipas (*pew*-hæ^{ee}n-ʸæœn-nurss-*li*-pahss) *n* shrine

pyhäkkö (*pew*-hæk-kur) *n* sanctuary, temple

pyhäpäivä (*pew*-hæ-*pæ*^{ee}-væ) *n* (religious) holiday

pykälä (*pew*-kæ-læ) *n* paragraph

pylväs (*pewl*-væss) *n* column, pillar

pyrkiä (*pewr*-ki-æ) *v* aspire; tend; ~ **jhk** aim at

pysty (*pewss*-tew) *adj*

upright; erect

pystyssä (*pewss-tewss-sæ*) *adv* upright

pystysuora (*pewss-tew-swoa-*rah) *adj* vertical

pystyttää (*pewss-tewt-tææ*) *v* erect

pystyvä (*pewss-tew-væ*) *adj* able, capable

pysyvä (*pew-sew-væ*) *adj* permanent, fixed

pysyä poissa *keep away from; ~ tasalla* *keep up with

pysäyttää (*pew-sæht-tææ*) *v* stop

pysähtyä (*pew-sæh-tew-æ*) *v* pull up, halt

pysäkki (*pew-sæk-ki*) *n* bus stop

pysäköidä (*pew-sæ-kur^ee-dæ*) *v* park

pysäköimisalue (*pew-sæ-kur^ee-miss-ah-loo-ay*) *n* car park, parking zone; parking lot *Am*

pysäköinti (*pew-sæ-kur^ee-n-ti*) *n* parking; *~ kielletty* no parking

pysäköintimaksu (*pew-sæ-kur^ee-n-ti-mahk-*soo) *n* parking fee

pysäköintimittari (*pew-sæ-kur^ee-n-ti-mit-*tah-ri) *n* parking meter

pyyhekumi (*pew-hayk-koo-*mi) *n* eraser, rubber

pyyheliina (*pew-hayl-lee-*nah) *n* towel

pyyhkiä (*pewh-ki-æ*) *v* wipe

pyykki (*pewk-ki*) *n* laundry, washing

pyylevä (*pew-lay-væ*) *adj* corpulent

pyyntö (*pewn-tur*) *n* request; wish

pyytää (*pew-tææ*) *v* ask, beg; request; *~ anteeksi* apologise

pyökki (*p^ew urk-ki*) *n* beech

pyöreä (*p^ew ur-ray-æ*) *adj* round

pyöristetty (*p^ew ur-riss-tayt-tew*) *adj* rounded

pyörittää (*p^ew ur-rit-tææ*) *v*spin

pyörremyrsky (*p^ew urr-raym-mewrs-kew*) *n* hurricane

pyörtyä (*p^ew urr-tew-æ*) *v* faint

pyörä (*p^ew ur-ræ*) *n* wheel; bike

pyöräilijä (*p^ew ur-ræ^ee-li-^y æ*) *n* cyclist

pyöräillä (*p^ew ur-ræ^eel-læ*) *v* bike

pyöröovi (*p^ew ur-rur-oa-*vi) *n* revolving door

pyöveli (*p^ew ur-vay-li*) *n* executioner

pähkinä (*pæh-ki-næ*) *n* nut; hazelnut

pähkinänkuori (*pæh-ki-næng-kwoa-*ri) *n* nutshell

pähkinänsärkijä (*pæh-ki-næn-sær-ki-^y æ*) *n* nutcrackers *pl*

päihtynyt (*pæ^ee h-tew-newt*) *adj* intoxicated, drunk

päinvastainen (*pææ^{ee}n-vahss-tigh-nayn*) *adj* opposite, contrary

päinvastoin (*pææ^{ee}n-vahss-toin*) *adv* on the other way round, on the contrary

päivetys (*pææ^{ee}-vay-tewss*) *n* suntan, sunburn

päivittäin (*pææ^{ee}-vit-tæ^{ee}n*) *adv* per day

päivittäinen (*pææ^{ee}-vit-tæ^{ee}-nayn*) *adj* daily

päivä (*pææ^{ee}-væ*) *n* day

päiväjärjestys (*pææ^{ee}-væ-^yær-^yayss-tewss*) *n* agenda

päiväkirja (*pææ^{ee}-væ-keer-^yah*) *n* diary

päivälehti (*pææ^{ee}-væ-layh-ti*) *n* daily

päivällinen (*pææ^{ee}-væl-li-nayn*) *n* dinner

päivällä (*pææ^{ee}-væl-læ*) *adv* by day

päivämatka (*pææ^{ee}-væ-maht-kah*) *n* day trip

päivämäärä (*pææ^{ee}-væ-mææ-ræ*) *n* date

päivänkoitto (*pææ^{ee}-væng-koit-toa*) *n* daybreak

päiväntasaaja (*pææ^{ee}-væn-tah-sighah*) *n* equator

päivänvalo (*pææ^{ee}-væn-vah-loa*) *n* daylight

päivpeite (*pææ^{ee}-væ-pay-tay*) *n* bedspread

päivää (*pææ^{ee}-vææ*) hello

pätemätön (*pæ-tay-mæturn*) *adj* void, invalid

pätevyys (*pæ-tay-vewss*) *n* qualification

pätevä (*pæ-tay-væ*) *adj* qualified; **olla ~** qualify

pää (*pææ*) *n* head; **pää-**chief, main

pääasiallinen (*pææ-ah-siahl-li-nayn*) *adj* principal, capital, main; cardinal

pääasiallisesti (*pææ-ah-siahl-li-sayss-ti*) *adv* mainly

päähine (*pææ-hi-nay*) *n* cap

päähänpisto (*pææ-hænpiss-toa*) *n* whim; fancy

pääkaapeli (*pææ-kaa-payli*) *n* mains *pl*

pääkansi (*pææ-kahn-si*) *n* main deck

pääkatu (*pææ-kah-too*) *n* main street

pääkaupunki (*pææ-koupoong-ki*) *n* capital

päällikkö (*pææl-lik-kur*) *n* boss, chief; commander; chieftain

päällinen (*pææl-li-nayn*) *n* cover

päällys (*pææl-lewss*) *n* coating

päällystakki (*pææl-lewsstahk-ki*) *n* coat, overcoat

päällystää (*pææl-lewss-tææ*) *v* pave; cover

päällä (*pææl-læ*) *postp* on top of, upon, over

päämaja (*pææ-mah-^yah*) *n* headquarters *pl*

pääministeri (*pææ-mi-nisstay-ri*) *n* Prime Minister

päämäärä (*pææ-mææ-ræ*) *n* goal

päänsärky (*pææn-sær-kew*)

n headache

pääoma (*pææ-oa*-mah) *n* capital

pääosa (*pææ-oa*-sah) *n* bulk

päärata (*pææ-rah*-tah) *n* main line

päärme (*pæær*-may) *n* hem

päärynä (*pææ-rew*-næ) *n* pear

pääsiäinen (*pææ*-si-æ^{ee}-nayn) Easter

pääskynen (*pææss*-kew-nayn) *n* swallow

päästä (*pææss*-tæ) *vget*; ~ eläkkeelle retire; ~ jäljille trace; ~ pakoon escape

päästää (*pææss*-tææ) *v* let *go, release; deliver; ~ sisään admit

pääsy (*pææ*-sew) *n* access, approach, admittance, entrance; ~ kielletty no entry, no admittance

pääsymaksu (*pææ*-sew-mahk-soo) *n* entrance fee

pääteasema (*pææ*-tay-ah-say-mah) *n* terminal

päätie (*pææ*-tyay) *n* main road

päättyminen (*pææt*-tew-mi-nayn) *n* expiry; termination

päättyä (*pææt*-tew-æ) *v* end, expire

päättäväinen (*pææt*-tæ-væ^{ee}-nayn) *adj* resolute, determined

päättää (*pææt*-tææ) *v* decide; determine

päätykolmio (*pææ*-tew-koal-mi-oa) *n* gable

päätös (*pææ*-turss) *n* decision

pöllö (*purl*-lur) *n* owl

pöly (*pur*-lew) *n* dust

pölyinen (*pur*-lew^{ee}-nayn) *adj* dusty

pölynimuri (*pur*-lew-ni-moo-ri) *n* vacuum cleaner

pörinä (*pur*-ri-næ) *n* buzz

pörssi (*purrs*-si) *n* exchange; musta ~ black market

pöty (*pur*-tew) *n* rubbish

pöyristyttävä (*pur*^{ew}-riss-tewt-tæ-væ) *adj* horrible

pöytä (*pur*^{ew}-tæ) *n* table; seisova ~ buffet

pöytäkirja (*pur*^{ew}-tæ-keer-^yah) *n* record; minutes

pöytälaatikko (*pur*^{ew}-tæ-laa-tik-koa) *n* drawer

pöytäliina (*pur*^{ew}-tæ-lee-nah) *n* tablecloth

pöytätennis (*pur*^{ew}-tæ-tayn-niss) *n* ping-pong, table tennis

R

raahata (*raa-hah-tah*) v haul

raaja (*righah*) n limb

raajarikkoinen (*raa-ʸah-rik-koi-nayn*) adj crippled

raaka (*raa-kah*) adj raw

raaka-aine (*raa-kah-igh-nay*) n raw material

raakamainen (*raa-kah-migh-nayn*) adj brutal

raamattu (*raa-maht-too*) n bible

raapia (*raapi-ah*) v scratch, scrape; grate

raataa (*raa-taa*) v labour

radikaali (*rah-di-kaa-li*) adj radical

radio (*rah-di-oa*) n radio; wireless

rae (*rah-ay*) n (pl rakeet) hail

raha (*rah-hah*) n money; käteinen ~ cash; raha-monetary; vaihtaa rahaksi cash

rahake (*rah-hah-kay*) n token

rahalähetys (*rah-hah-læ-hay-tewss*) n remittance

rahansijoitus (*rah-hahn-si-ʸoi-tooss*) n investment

rahanvaihto (*rah-hahn-vighh-toa*) n exchange office, money exchange

rahastaja (*rah-hahss-tah-ʸah*) n ticket collector, conductor

rahasto (*rah-hahss-toa*) n fund

rahastonhoitaja (*rah-hahss-toan-hoi-tah-ʸah*) n treasurer

rahaton (*rah-hah-toan*) adj broke

rahavarat (*rah-hah-vah-raht*) pl finances pl

rahayksikkö (*rah-hah-ewk-sik-kur*) n monetary unit

rahoittaa (*rah-hoit-taa*) v finance

rahti (*rahh-ti*) n freight

rahvaanomainen (*rahh-vaan-oa-migh-nayn*) adj vulgar; common

raidallinen (*righ-dahl-li-nayn*) adj striped

raide (*righ-day*) n track

raikas (*righ-kahss*) adj fresh

raiskata (*righss-kah-tah*) v rape

raita (*righ-tah*) n stripe

raitiovaunu (*righ-ti-oa-vou-noo*) n tram; streetcar nAm

raitis (*righ-tiss*) adj sober

raivo (*righ-voa*) n rage

raivoisa (*righ-voi-sah*) adj furious

raivostunut (*righ-voass-too-noot*) adj mad

raivota (*righ-voa-tah*) v rage

raja (*rah-ʸah*) n limit, boundary, frontier, bound, border

rajaton (*rah-ʸah-toan*) adj

unlimited

rajoitettu (*rah-ᵞoi-tayt-too*) *adj* limited

rajoittaa (*rah-ᵞoit-taa*) *v* limit

rajoittamaton (*rah-ᵞoit-tah-mah-toan*) *adj* unlimited

rajoitus (*rah-ᵞoi-tooss*) *n* restriction; qualification

raju (*rah-ᵞoo*) *adj* fierce, violent

rajuilma (*rah-ᵞoo-il-mah*) *n* tempest

rakas (*rah-kahss*) *adj* dear; *n* darling

rakastaa (*rah-kahss-taa*) *v* love

rakastaja (*rah-kahss-tah-ᵞah*) *n* lover

rakastajatar (*rah-kahss-tah-ᵞah-tahr*) *n* mistress

rakastava (*rah-kahss-tah-vah*) *adj* affectionate

rakastettu (*rah-kahss-tayt-too*) *adj* beloved

rakastunut (*rah-kahss-too-noot*) *adj* in love

rakenne (*rah-kayn-nay*) *n* structure, construction, fabric

rakennus (*rah-kayn-nooss*) *n* house, construction, building

rakennuskompleksi (*rah-kayn-nooss-koamp-layk-si*) *n* group of buildings

rakennuspuut (*rah-kayn-nooss-pōōt*) *pl* timber

rakennustaide (rah-kayn-nooss-*tigh*-day) *n*

architecture

rakennustelineet (*rah-kayn-nooss-tay*-li-nāyt) *pl* scaffolding

rakentaa (*rah-kayn-taa*) *v*build, construct

rakentaminen (*rah-kayn-tah-mi-nayn*) *n* construction

rakkaus (*rahk-kah-ooss*) *n* love

rakkausjuttu (*rahk-kah-ooss-ᵞoot-too*) *n* affair, love story

rakko (*rahk-koa*) *n* bladder

rakkula (*rahk-koo-lah*) *n* blister

rampa (*rahm-pah*) *adj* lame

ramppi (*rahmp-*pi) *n* ramp

rangaista (*rahng-ngighss-*tah) *v* punish

rangaistus (*rahng-ngighss-tooss*) *n* punishment; penalty

rangaistuspotku (*rahng-ngighss-tooss-poat-*koo) *n* penalty kick

ranne (*rahn-*nay) *n* wrist

rannekello (*rahn-nayk-kayl-*loa) *n* wristwatch

rannerengas (*rahn-nayr-rayng-*ngahss) *n* bracelet; bangle

rannikko (*rahn-nik-koa*) *n* coast

Ranska (*rahns-kah*) France

ranskalainen (*rahns-kah-ligh-nayn*) *n* Frenchman; *adj* French

ranskalaiset (*rahns-kah-ligh-sayt*) *npl* the French;

French fries

ranta (*rahn-tah*) *n* shore

rantakallio (*rahn-tah-kahl-li-oa*) *n* cliff

rantakotilo (*rahn-tah-koa-ti-loa*) *n* winkle

rantatörmä (*rahn-tah-turr-mæ*) *n* cliff

raparperi (*rah-pahr-pay-ri*) *n* rhubarb

rapea (*rah-pay-ah*) *adj* crisp

rap(musiikki) (*rep-[moo-seek-ki]*) *n* rap (*music*)

rappaus (*rahp-pah-ooss*) *n* plastering

rappeutunut (*rahp-pay-oo-too-noot*) *adj* dilapidated

rasite (*rah-si-tay*) *n* burden

rasittaa (*rah-sit-taa*) *v* strain

rasitus (*rah-si-tooss*) *n* strain; stress

raskas (*rahss-kahss*) *adj* heavy; **raskaana oleva** pregnant, *adj* pregnant

rastas (*rahss-tahss*) *n* thrush

rastia (*rahss-ti-ah*) *v* tick off

rasva (*rahss-vah*) *n* fat; grease

rasvaimu (*rahss-vah-i-moo*) *n* liposuction

rasvainen (*rahss-vigh-nayn*) *adj* fat, greasy, fatty

rasvata (*rahss-vah-tah*) *v* grease

rasvaton (*rahss-vah-toan*) *adj* fat free

rata (*rah-tah*) *n* track, railroad

ratkaista (*raht-kighss-tah*) *v* solve; decide

ratkaisu (*raht-kigh-soo*) *n* solution

ratsastaa (*raht-sahss-taa*) *v* ride

ratsastaja (*raht-sahss-tah- yah*) *n* rider

ratsastus (*raht-sahss-tooss*) *n* riding

ratsastuskilpailu (*raht-sahss-tooss-kil-pigh-loo*) *n* horserace

ratsastuskoulu (*raht-sahss-tooss-koa-loo*) *n* riding school

rattaat (*raht-taat*) *pl* cart; carriage

rauha (*rou-hah*) *n* peace

rauhallinen (*rou-hahl-li-nayn*) *adj* calm, peaceful; quiet

rauhanaate (*rou-hahn-aa-tay*) *n* pacifism

rauhanen (*rou-hah-nayn*) *n* gland

rauhantuomari (*rou-hahn-twoa-mah-ri*) *n* magistrate

rauhaton (*rou-hah-toan*) *adj* restless

rauhoittava (*rou-hoit-tah-vah*) *adj* restful; ~ **lääke** tranquillizer; sedative

rauhoittua (*rou-hoit-too-ah*) *v* calm down

raukkamainen (*rouk-kah-migh-nayn*) *adj* cowardly

raunio (*rou-ni-oa*) *n* ruins

rauta (*rou-tah*) *n* iron

rautainen (*rou-tigh-nayn*) *adj* iron

rautakauppa (*rou-tah-koup-*

pah) *n* hardware store

rautalanka (*rou-tah-lahng-kah*) *n* wire

rautaromu (*rou-tah-roa-moo*) *n* scrapiron

rautatavarat (*rou-tah-tah-vah-raht*) *pl* hardware

rautatie (*rou-tah-tyay*) *n* railway; railroad *nAm*

rautatieasema (*rou-tah-tyay-ah-say-mah*) *n* railway station

ravinto (*rah-vin-toa*) *n* food

ravintoaineet (*rah-vin-toa-igh-nāyt*) *pl* foodstuffs *pl*

ravintola (*rah-vin-toa-lah*) *n* restaurant

ravintolavaunu (*rah-vin-toa-lah-vou-noo*) *n* dining car

ravistaa (*rah-viss-taa*) *v*shake

ravistus (*rah-viss-tooss*) *n* wrench

ravitseva (*rah-vit-say-vah*) *adj* nutritious, nourishing

reagoida (*ray-ah-goi-dah*) *v* react

rehellinen (*ray-hayl-li-nayn*) *adj* honest, straight; fair

rehellisyys (*ray-hayl-li-sēwss*) *n* honesty

rehtori (*rayh-toa-ri*) *n* headmaster, principal

reikä (*ray-kæ*) *n* hole

reipas (*ray-pahss*) *adj* brisk

reipastuttaa (*ray-pahss-toot-taa*) *v* cheer up

reisi (*ray-si*) *n* thigh

reitti (*rayt-ti*) *n* route

reki (*ray-ki*) *n* sleigh, sledge

rekisterikilpi (*ray-kiss-tay-ri-kil-pi*) *n* registration plate; licence plate *Am*

rekisterinumero (*ray-kiss-tay-ri-noo-may-roa*) *n* registration number; licence number *Am*

rengas (*rayng-ngahss*) *n* tyre, tire

rengaspaine (*rayng-ngahss-pigh-nay*) *n* tyre pressure

rengasrikko (*rayng-ngahss-rik-koa*) *n* puncture, blowout, flat tyre

rentoutua (*rayn-toa-too-ah*) *v* relax

rentoutuminen (*rayn-toa-oo-too-mi-nayn*) *n* relaxation

repeämä (*ray-pay-æ-mæ*) *n* tear

repiä (*ray-pi-æ*) *v*tear; rip

reppu (*rayp-poo*) *n* backpack

reputtaa (*ray-poot-taa*) *v* fail

retiisi (*ray-tee-si*) *n* radish

retkeilijä (*rayt-kay-li-ʸæ*) *n* camper

retkeillä (*rayt-kayl-læ*) *v* hike

retkeilymaja (*rayt-kay-lew-mah-ʸah*) *n* youth hostel

retki (*rayt-ki*) *n* excursion

reumatismi (*rayᵒᵒ-mah-tiss-mi*) *n* rheumatism

reuna (*rayᵒᵒ-nah*) *n* edge, verge, side, rim; brim; kadun ~ curb

reunus (*rayᵒᵒ-nooss*) *n* margin; border

revolveri (*ray*-voal-vay-ri) *n*
revolver, gun

revyy (*ray*-vew) *n* revue

revyyteatteri (*ray*-vew-*tay*-aht-tay-ri) *n* music hall

riemujuhla (ryay-moo-*y*ooh-lah) *n* jubilee

riemukas (ryay-moo-kahss) *adj* joyful

riemuvoitto (ryay-moo-*voit*-toa) *n* triumph

rientää (ryayn-tææ) *v* hurry

riepu (ryay-poo) *n* cloth, rag

rihma (rih-mah) *n* thread

riidellä (ree-dayl-læ) *v* quarrel

riikinkukko (ree-king-*kook*-koa) *n* peacock

riippua (reep-poo-ah) *v**hang; ~ jostakin depend on

riippulukko (reep-poo-*look*-koa) *n* padlock

riippumaton (reep-poo-mah-toan) *adj* independent

riippumatto (reep-poo-maht-toa) *n* hammock

riippumattomuus (ree-p-poo-maht-toa-mooss) *n* independence

riippusilta (reep-poo-*sil*-tah) *n* suspension bridge

riippuvainen (reep-poo-vigh-nayn) *n* dependant; olla ~ jstk depend on

riipus (ree-pooss) *n* pendant

riisi (ree-si) *n* rice

riista (reess-tah) *n* game

riistää (reess-tææ) *v* exploit; ~ jltk deprive of

riisuutua (ree-soo-too-ah) *v* undress

riita (ree-tah) *n* quarrel, row; dispute

riittämätön (reet-tæ-mæ-turn) *adj* insufficient, inadequate

riittävä (reet-tæ-væ) *adj* sufficient, enough, adequate

riittää (reet-tææ) *v* suffice; *do

riivattu (reevaht-too) *adj* possessed

riivinrauta (ree-vin-*rou*-tah) *n* grater

rikas (ri-kahss) *adj* rich

rikastin (ri-kahss-tin) *n* choke

rikkalaatikko (rik-kah-*laa*-tik-koa) *n* dustbin; trash can *Am*

rikkaruoho (rik-kah-*rwoa*-hoa) *n* weed

rikkaus (rik-kah-ooss) *n* riches *pl*

rikki (*rik*-ki) *adv* broken

rikkinäinen (rik-ki-næ*ee*-nayn) *adj* broken

rikkoa (*rik*-koa-ah) *v*break; ~ jtkn vastaan offend

rikkomus (rik-koa-mooss) *n* offence

rikoksentekijä (*ri*-koak-sayn-*tay*-ki-*y*æ) *n* criminal

rikollinen (ri-koal-li-nayn) *n* criminal; *adj* criminal

rikollisuus (ri-koal-li-sōōss) *n* crime

rikos (*ri*-koass) *n* crime;

rikos- criminal

rikoslaki (*ri*-koass-*lah*-ki) *n* criminal law

rikostoveri (*ri*-koass-toa-vay-ri) *n* accomplice

rinnakkainen (*rin*-nahk-kigh-nayn) *adj* parallel

rinnastaa (*rin*-nahss-taa) *v* coordinate

rinnastus (*rin*-nahss-tooss) *n* coordination

rinne (*rin*-nay) *n* hillside, slope

rinta (*rin*-tah) *n* breast, chest, bosom

rintakehä (*rin*-tah-kay-hæ) *n* chest

rintakuva (*rin*-tah-*koo*-vah) *n* bust

rintaliivit (*rin*-tah-*lee*-vit) *pl* bra

rintaneula (*rin*-tah-*nay*^{oo}-lah) *n* brooch

rintauinti (*rin*-tah-*oo*^{ee}n-ti) *n* breaststroke

ripeä (*ri*-pay-æ) *adj* prompt

ripittäytyä (*ri*-pit-tæ^{ew}-tew-æ) *v* confess

rippi (*rip*-pi) *n* confession

ripuli (*ri*-poo-li) *n* diarrhoea

ripustaa (*ri*-pooss-taa) *v* hang

ripustin (*ri*-pooss-tin) *n* hanger

riski (*riss*-ki) *n* chance

risteily (*riss*-tay-lew) *n* cruise

risteys (*riss*-tay-ewss) *n* intersection, crossing; junction, crossroads

risti (*riss*-ti) *n* cross

ristiinnaulita (*riss*-teen-*nou*-li-tah) *v* crucify

ristiinnaulitseminen (*riss*-teen-*nou*-lit-say-mi-nayn) *n* crucifixion

ristimänimi (*riss*-ti-mæ-*ni*-mi) *n* Christian name

ristiretki (*riss*-ti-*rayt*-ki) *n* crusade

ristiriita (*riss*-ti-*ree*-tah) *n* conflict

ristiriitainen (*riss*-ti-*ree*-tigh-nayn) *adj* contradictory

ritari (*ri*-tah-ri) *n* knight

riutta (ree^{oo}t-tah) *n* reef

rivi (*ri*-vi) *n* rank, row; line

rivistö (*ri*-viss-tur) *n* column

rohdoskauppa (*roah*-doass-*koup*-pah) *n* chemist's; drugstore *nAm*

rohjeta (*roah*-^{y}ay-tah) *v* dare

rohkaista (*roah*-kighss-tah) *v* encourage

rohkea (*roah*-kay-ah) *adj* brave, courageous; bold

rohkeus (*roah*-kay-ooss) *n* courage

roju (*roa*-^{y}oo) *n* trash

rokottaa (*roa*-koat-taa) *v* vaccinate; inoculate

rokotus (*roa*-koa-tooss) *n* vaccination; inoculation

romaani (*roa*-maa-ni) *n* novel

romaanikirjailija (*roa*-maa-ni-*keer*-^{y}igh-li-^{y}ah) *n* novelist

romahtaa (*roa*-mahh-taa) *v* collapse

Romania (*roa*-mah-ni-ah)
Rumania

romanialainen (*roa*-mah-ni-ah-ligh-*nayn*) *n* Rumanian; *adj* Rumanian

romanssi (*roa*-mahns-si) *n* romance

romanttinen (*roa*-mahnt-ti-nayn) *adj* romantic

romu (*roa*-moo) *n* junk

roomalaiskatolinen (*rōa*-mah-lighss-*kah*-toa-li-nayn) *adj* Roman Catholic

roska (*roass*-kah) *n* rubbish

roskasanko (*roass*-kah-*sahng*-koa) *n* rubbish bin

rosvo (*roass*-voa) *n* bandit, robber

rotko (*roat*-koa) *n* gorge

rotta (*roat*-tah) *n* rat

rottinki (*roat*-ting-ki) *n* rattan

rotu (*roa*-too) *n* breed, race; rotu- racial

routa (*roa*-tah) *n* frost

rouva (*roa*-vah) *n* madam

rubiini (*roo*-bee-ni) *n* ruby

ruiske (*roo*ᵉᵉss-kay) *n* injection, shot

ruisku (*roo*ᵉᵉss-koo) *n* syringe, spout

ruiskuttaa (*roo*ᵉᵉss-koot-taa) *v* inject

rukoilla (*roo*-koil-lah) *v* pray

rukous (*roo*-koa-ooss) *n* prayer

rukousnauha (*roo*-koa-ooss-nou-hah) *n* rosary

rulettipeli (*roo*-layt-ti-*pay*-li) *n* roulette

rulla (*rool*-lah) *n* roll

rullaluistella (*rool*-lah-*loo*ᵉᵉss-tayl-lah) *v* Rollerblade®

rullaluistelu (*rool*-lah-*loo*ᵉᵉss-tay-loo) *n* roller-skating

rullaportaat (*rool*-lah-*poar*-taat) *pl* escalator

rullatuoli (*rool*-lah-*twoa*-li) *n* wheelchair

ruma (*roo*-mah) *adj* ugly

rumpu (*room*-poo) *n* drum

runo (*roo*-noa) *n* poem

runoilija (*roo*-noi-li-ʸah) *n* poet

runous (*roo*-noa-ooss) *n* poetry

runsas (*roon*-sahss) *adj* abundant, plentiful

runsaus (*roon*-sah-ooss) *n* abundance, plenty

ruoansulatus (*rwoa*-ahn-soo-lah-tooss) *n* digestion

ruoansulatushäiriö (*rwoa*-ahn-*soo*-lah-tooss-*hæ*ᵉᵉ-ri-ur) *n* indigestion

ruoho (*rwoa*-hoa) *n* grass

ruohokenttä (*rwoa*-hoa-*kaynt*-tæ) *n* lawn

ruoholaukka (*rwoa*-hoa-*louk*-kah) *n* chives *pl*

ruoka (*rwoa*-kah) *n* food; fare; laittaa ruokaa cook

ruoka-annos (*rwoa*-kah-*ahn*-noass) *n* helping

ruokahalu (*rwoa*-kah-*hah*-loo) *n* appetite

ruokailuvälineet (*rwoa*-kigh-loo-*væ*-li-*nāyt*) *pl*

cutlery
ruokakauppa (*rwoa-kah-koup-pah*) *n* grocer's; grocery *nAm*
ruokalaji (*rwoa-kah-lah-Yi*) *n* course, dish
ruokalista (*rwoa-kah-liss-tah*) *n* menu; kiinteä ~ set menu
ruokalusikka (*rwoa-kah-loo-sik-kah*) *n* tablespoon
ruokamyrkytys (*rwoa-kah-mewr-kew-tewss*) *n* food poisoning
ruokasali (*rwoa-kah-sah-li*) *n* dining room
ruokatarvikkeet (*ay-lin-tahr-vik-kāyt*) *pl* provisions *pl* , food-stuffs *pl*
ruokavalio (*rwoa-kah-vah-li-oa*) *n* diet
ruokaöljy (*rwoa-kah-url-Yew*) *n* salad-oil
ruokkia (*rwoak-ki-ah*) *v*feed
ruoko (*rwoa-koa*) *n* cane
ruokoton (*rwoa-koa-toan*) *adj* obscene
ruorimies (*rwoa-ri-myayss*) *n* helmsman
ruoska (*rwoass-kah*) *n* whip
ruoskia (*rwoass-ki-ah*) *v* flog; whip
ruoste (*rwoass-tay*) *n* rust
ruosteinen (*rwoass-tay-nayn*) *adj* rusty
ruoto (*rwoa-toa*) *n* fishbone, bone
ruotsalainen (*rwoat-sah-ligh-nayn*) *n* Swede; *adj* Swedish

Ruotsi (*rwoat-si*) Sweden
rupatella (*roo-pah-tayl-lah*) *v* chat
rupattelu (*roo-paht-tay-loo*) *n* chat
rupisammakko (*roo-pi-sahm-mahk-koa*) *n* toad
rusetti (*roo-sayt-ti*) *n* bow tie
rusina (*roo-si-nah*) *n* raisin
ruskea (*rooss-kay-ah*) *adj* brown
ruskeaverikkö (*rooss-kay-ah-vay-rik-kur*) *n* brunette
ruskettunut (*rooss-kayt-too-noot*) *adj* tanned
rusto (*rooss-toa*) *n* cartilage
rutiini (*roo-tee-ni*) *n* routine
ruudullinen (*rōō-dool-li-nayn*) *adj* checkered, plaid
ruuhka (*rōōh-kah*) *n* jam
ruuhka-aika (*rōōh-kah-igh-kah*) *n* rush hour, peak hour
ruukku (*rōōk-koo*) *n* jar
ruumiinavaus (*rōō-meen-ah-vah-ooss*) *n* autopsy
ruumis (*rōō-miss*) *n* corpse
ruusu (*rōō-soo*) *n* rose
ruusukaali (*rōō-soo-kaa-li*) *n* sprouts *pl*
ruuti (*rōō-ti*) *n* gunpowder
ruutu (*rōō-too*) *n* pane; check
ruuvata (*rōō-vah-tah*) *v* screw
ruuvi (*rōō-vi*) *n* screw
ruuvipuristin (*rōō-vi-poo-riss-tin*) *n* clamp
ruuvitaltta (*rōō-vi-tahlt-tah*)

n screwdriver

ryhmä (*rewh*-mæ) *n* group; bunch

ryhtyä jhk (*rewh*-tew-æ) **undertake; ryhtyä uudelleen resume

rynnätä (*rewn*-næ-tæ) *v* rush

rypistää (*rew*-piss-tææ) *v* crease

ryppy (*rewp*-pew) *n* wrinkle

rystynen (*rewss*-tew-nayn) *n* knuckle

rytmi (*rewt*-mi) *n* rhythm

ryypätä (*rew*-pæ-tæ) *v* booze (*colloquial*)

ryömiä (*r^ew^ur*-mi-æ) *v*creep, crawl

ryöstää (*r^ew^urss*-tææ) *v* rob

ryöstö (*r^ew^urss*-tur) *n* robbery; aseellinen ~ hold-up

räiskyttää (*ræ^ee^ss*-kewt-tææ) *v* splash

räjähdys (*ræ*-^y^æh-dewss) *n* explosion, blast

räjähdysaine (*ræ*-^y^æh-dewss-*igh*-nay) *n* explosive

räjähtävä (*ræ*-^y^æh-tæ-væ) *adj* explosive

räjähtää (*ræ*-^y^æh-tææ) *v* explode

räme (*ræ*-may) *n* marsh

ränsistynyt (*ræn*-siss-tew-newt) *adj* ramshackle

räsähdys (*ræ*-sæh-dewss) *n* crack

räsähtää (*ræ*-sæh-tææ) *v* crack

räyhäävä (*ræ^ew^*-hææ-væ) *adj* rowdy

rääkäisy (*ræœ*-kæ^ee^-sew) *n* shriek

räätäli (*ræœ*-tæ-li) *n* tailor

räätälintekemä (*ræœ*-tæ-lin-*tay*-kay-mæ) *adj* tailor--made

röntgenkuva (*runt*-gayn-*koo*-vah) *n* X-ray; ottaa ~ X-ray

röyhkeys (*rur^ew^h*-kay-ewss) *n* insolence; nerve

röyhkeä (*rur^ew^h*-kay-æ) *adj* insolent, bold

S

saada (*saa*-dah) *v*get; **may; **be allowed to; ~ aikaan achieve; ~ alkunsa **arise; ~ luopumaan dissuade from; ~ oppiarvo graduate; ~ osakseen receive; ~ takaisin recover; ~ tekemään jtn cause to; ~ vakuuttuneeksi convince

saakka (*saak*-kah) *postp* until, till

saapas (*saapahss*) *n* boot

saapua (*saa*-poo-ah) *v* arrive

saapuminen (*saa*-poo-mi-nayn) *n* arrival

saapumisaika (*saa*-poo-miss-*igh*-kah) *n* time of arrival

salaatti

saari (*saa*-ri) *n* island

saarna (*saar*-nah) *n* sermon

saarnata (*saar*-nah-tah) *v* preach

saarnatuoli (*saar*-nah-*twoa*-li) *n* pulpit

saartaa (*saar*-taa) *v* encircle; surround

saastainen (*saass*-tigh-nayn) *adj* filthy

saaste (*saass*-tay) *n* pollution

saastuttaa (*saass*-toot-taa) *v* pollute

saastuttaminen (*saass*-toot-tah-mi-nayn) *n* pollution

saatavat (*saa*-tah-vaht) *pl* dues *pl*

saattaa (*saar*-taa) *v* conduct, accompany, escort; *take; ~ hämilleen embarrass; ~ päätökseen accomplish; ~ ymmälle confuse

saattaisi (*saat*-tigh-si) *v* (p saattaa) *might

saattue (*saat*-too-ay) *n* escort

saavuttaa (*saa*-voot-taa) *v* attain, achieve; reach; obtain

saavutus (*saa*-voo-tooss) *n* achievement

sade (*sah*-day) *n* rain

sadekuuro (*sah*-dayk-*kōō*-roa) *n* shower

sademetsä (*sah*-daym-*mayt*-sæ) *n* rainforest

sadetakki (*sah*-dayt-*tahk*-ki) *n* raincoat, mackintosh

safiiri (*sah*-fee-ri) *n* sapphire

saha (*sah*-hah) *n* saw

sahajauho (*sah*-hah-*ʸou*-hoa) *n* sawdust

sahalaitos (*sah*-hah-*ligh*-toass) *n* sawmill

saippua (*sighp*-poo-ah) *n* soap

sairaala (*sigh*-raa-lah) *n* hospital

sairaanhoitaja (*sigh*-raan-*hoi*-tah-ʸah) *n* nurse

sairas (*sigh*-rahss) *adj* ill, unhealthy

sairasauto (*sigh*-rahss-*ou*-toa) *n* ambulance

sairaus (*sigh*-rah-ooss) *n* sickness, illness

saita (*sigh*-tah) *adj* stingy

sakea (*sah*-kay-ah) *adj* thick

sakki (*sahk*-ki) *n* gang

šakki! (*shahk*-ki) check!

šakkilauta (shahk-ki-*lou*-tah) *n* checkerboard *nAm*

šakkipeli (*shahk*-ki-*pay*-li) *n* chess

sakko (*sahk*-koa) *n* penalty, fine

sakkolappu (*sahk*-koa-*lahp*-poo) *n* ticket

Saksa (*sahk*-sah) Germany

saksalainen (sahk-sah-*ligh*-nayn) *n* German; *adj* German

saksanpähkinä (*sahk*-sahn-*pæh*-ki-næ) *n* walnut

sakset (*sahk*-sayt) *pl* scissors *pl*

sala-ampuja (*sah*-lah-*ahm*-poo-ʸah) *n* sniper

salaatti (*sah*-laat-ti) *n* salad

salahanke (*sah-lah-hahng-kay*) *n* plot

salainen (*sah-ligh-nayn*) *adj* secret

salaisuus (*sah-ligh-sōōs*) *n* secret

salakieli (*sah-lah-kyay-li*) *n* code

salakuljettaa (*sah-lah-kool-Yayt-taa*) *v* smuggle

salaliitto (*sah-lah-leet-toa*) *n* conspiracy

salama (*sah-lah-mah*) *n* lightning

salamavalolamppu (*sah-lah-mah-vah-loa-lahmp-poo*) *n* flash bulb

salaperäinen (*sah-lah-pay-ræᵉᵉ-nayn*) *adj* mysterious

salapoliisiromaani (*sah-lah-poa-lee-si-roa-maa-ni*) *n* detective story

saldo (*sahl-doa*) *n* balance

sali (*sah-li*) *n* drawing room

salkku (*sahlk-koo*) *n* briefcase

sallia (*sahl-li-ah*) *v* permit, allow; *let; olla sallittua *be allowed

sallimus (*sahl-li-mooss*) *n* destiny, fate

salonki (*sah-loang-ki*) *n* salon, lounge

salpa (*sahl-pah*) *n* bolt

salva (*sahl-vah*) *n* salve

sama (*sah-mah*) *adj* same

samalla (*sah-mahl-lah*) *adv* at the same time; ~ kun whilst; ~ tavalla alike

samanaikainen (*sah-mahn-igh-kigh-nayn*) *adj* simultaneous, contemporary

samanaikaisesti (*sah-mahn-igh-kigh-sayss-ti*) *adv* simultaneously

samanarvoinen (*sah-mahn-ahr-voi-nayn*) *adj* equivalent

samankaltainen (*sah-mahn-kahl-tigh-nayn*) *adj* alike

samanlainen (*sah-mahn-ligh-nayn*) *adj* similar; even

samanlaisuus (*sah-mahn-ligh-sōōs*) *n* similarity

samanmielinen (*sah-mahn-myay-li-nayn*) *adj* like-minded

sametinpehmeä (*sah-may-tin-payh-may-æ*) *adj* velvety

sametti (*sah-mayt-ti*) *n* velvet

sammakko (*sahm-mahk-koa*) *n* frog

sammal (*sahm-mahl*) *n* moss

sammutin (*sahm-moo-tin*) *n* fire extinguisher

sammuttaa (*sahm-moot-taa*) *v* extinguish, *put out; switch off

samoin (*sah-moin*) *adv* as well, likewise

samppanja (*sahmp-pahn-Yah*) *n* champagne

sana (*sah-nah*) *n* word

sanakirja (*sah-nah-keer-Yah*) *n* dictionary

sanaleikki (*sah-nah-layk-ki*) *n* pun

sananlasku (*sah-nahn-lahss-*koo) *n* proverb

sanansaattaja (*sah-nahn-saat-*tah-ʸah) *n* messenger

sanasto (*sah-*nahss-toa) *n* vocabulary

sanaton (*sah-*nah-toan) *adj* speechless

sanavarasto (*sah-nah-vah-*rahss-toa) *n* vocabulary

sandaali (*sahn-*daa-li) *n* sandal

sanella (*sah-*nayl-lah) *v* dictate

sanelu (*sah-*nay-loo) *n* dictation

sanelukone (*sah-*nay-loo-koa-*nay) *n* dictaphone

sangat (*sahng-*ngaht) *pl* frame

sankari (*sahng-*kah-ri) *n* hero

sanko (*sahng-*koa) *n* pail, bucket

sanoa (*sah-*noa-ah) *v**say; ~ terveisiä say hello to

sanoma (*sah-*noa-mah) *n* message

sanomalehdistö (*sah-*noa-mah-*layh-*diss-tur) *n* press

sanomalehti (*sah-*noa-mah-*layh-*ti) *n* paper, newspaper

sanomalehtiala (*sah-*noa-mah-*layh-*ti-*ah-*lah) *n* journalism

sanomalehtikoju (*sah-*noa-mah-*layh-*ti-*koa-*ʸoo) *n* newsstand

sanomalehtimies (*sah-*noa-mah-*layh-*ti-*myass) *n* journalist

sanonta (*sah-*noan-tah) *n* phrase

saostaa (*sah-*oass-taa) *v* thicken

sappi (*sahp-*pi) *n* gall, bile

sappikivi (*sahp-*pi-*ki-*vi) *n* gallstone

sappirakko (*sahp-*pi-*rahk-*koa) *n* gall bladder

sarana (*sah-*rah-nah) *n* hinge

sarastus (*sah-*rahss-tooss) *n* dawn

sardiini (*sahr-*dee-ni) *n* sardine

sarja (*sahr-*ʸah) *n* series; set

sarjakuva (*sahr-*ʸah-*koo-*vah) *n* comics *pl*

sarvi (*sahr-*vi) *n* horn

sarvikuono (*sahr-*vi-*kwoa-*noa) *n* rhinoceros

sata (*sah-*tah) *num* hundred

sataa (*sah-*taa) *v* rain; ~ lunta snow

satakieli (*sah-*tah-*kyay-*li) *n* nightingale

satama (*sah-*tah-mah) *n* port, harbour

satamalaituri (*sah-*tah-mah-*ligh-*too-ri) *n* quay, pier, wharf

satamatyöläinen (*sah-*tah-mah-*tʸw*ur-læ*ee*-nayn) *n* docker

sateenkaari (*sah-*tāyng-*kaa-*ri) *n* rainbow

sateenpitävä (*sah-*tāym-*pi-*tæ-væ) *adj* rainproof

sateensuoja (*sah-*tāyn-*swoa-*ʸah) *n* umbrella

sateinen (*sah*-tay-nayn) *adj* rainy

satelliitti (*sah*-tayl-leet-ti) *n* satellite

satelliittiantenni (*sah*-tayl-leet-ti-*ahn*-tayn-ni) *n* satellite dish

satelliittiradio (*sah*-tayl-leet-ti-*rah*-di-oa) *n* satellite radio

satiini (*sah*-teeni) *n* satin

sato (*sah*-toa) *n* crop, harvest

sattua (*saht*-too-ah) *v* occur, happen; ~ samaan aikaan coincide

sattuma (*saht*-too-mah) *n* luck; chance

sattumalta (*saht*-too-mahl-tah) *adv* by chance

satu (*sah*-too) *n* fairytale

satula (*sah*-too-lah) *n* saddle

satunnainen (*sah*-toon-nigh-nayn) *adj* accidental, incidental

satuttaa (*sah*-toot-taa) *v* hit

Saudi-Arabia (*sou*-di-ah-rah-bi-ah) Saudi Arabia

saudiarabialainen (*sou*-di-ah-rah-bi-ah-ligh-nayn) *adj* Saudi Arabian

sauma (*sou*-mah) *n* seam

saumaton (*sou*-mah-toan) *adj* seamless

sauna (*sou*-nah) *n* sauna; turkkilainen ~ Turkish bath

savi (*sah*-vi) *n* clay

saviastiat (*sah*-vi-*ahss*-ti-aht) *pl* pottery, crockery

savitavara (*sah*-vi-*tah*-vah-

rah) *n* pottery, crockery

savu (*sah*-voo) *n* smoke

savuke (*sah*-voo-kay) *n* cigarette

savukekotelo (*sah*-voo-kayk-*koa*-tay-loa) *n* cigarette case

savuketupakka (*sah*-voo-kay-*too*-pahk-kah) *n* cigarette tobacco

savukkeensytytin (*sah*-vook-*kāyn*-*sew*-tew-tin) *n* cigarette lighter

savupiippu (*sah*-voo-*peep*-poo) *n* chimney

savuton (*sah*-voo-toan) *adj* smoke-free

se (*say*) *pron* it

seepra (*sāyp*-rah) *n* zebra

seesteinen (*sāyss*-tay-nayn) *adj* serene

seikkailu (*sayk*-kigh-loo) *n* adventure

seikkaperäinen (*sayk*-kah-*pay*-ræ^ee-nayn) *adj* detailed

seimi (*say*-mi) *n* manger

seinä (*say*-næ) *n* wall

seinäpaperi (*say*-næ-*pah*-pay-ri) *n* wallpaper

seinävaate (*say*-næ-*vaa*-tay) *n* hanging

seis! (*sayss*) stop!

seisoa (*say*-soa-ah) *v* stand

seisontavalo (*say*-soan-tah-*vah*-loa) *n* parking light

seitsemän (*sayt*-say-mæn) *num* seven

seitsemänkymmentä (*sayt*-say-mæn-*kewm*-mayn-tæ) *num* seventy

seitsemäntoista (*sayt*-say-mæn-*toiss*-tah) *num* seventeen

seitsemäs (*sayt*-say-mæss) *num* seventh

seitsemästoista (*sayt*-say-mæss-*toiss*-tah) *num* seventeenth

seiväs (*say*-væss) *n* pole

sekaantua (*say*-kaan-too-ah) *v* interfere with; involve

sekaantunut (*say*-kaan-too-noot) *adj* involved

sekalainen (*say*-kah-*ligh*-nayn) *adj* miscellaneous

sekamelska (*say*-kah-*mayls*-kah) *n* muddle

sekasorto (*say*-kah-*soar*-toa) *n* chaos

sekasortoinen (*say*-kah-*soar*-toi-nayn) *adj* chaotic

sekasotku (*say*-kah-*soat*-koo) *n* mess

sekatavarakauppias (*say*-kah-*tah*-vah-rah-*koup*-pi-ahss) *n* grocer

sekava (*say*-kah-vah) *adj* confused

šekki (*shayk*-ki) *n* cheque; check *nAm*

šekkivihko (*shayk*-ki-*vih*-koa) *n* chequebook; checkbook *nAm*

sekoitettu (*say*-koi-tayt-too) *adj* mixed

sekoittaa (*say*-koit-taa) *v* mix; muddle; ~ **kortit** shuffle

sekunti (*say*-koon-ti) *n* second

sekä ... että (*say*-kæ ayt-tæ) both ... and

selittämätön (*say*-lit-tæ-mæ-turn) *adj* inexplicable

selittää (*say*-lit-tææ) *v* explain

selitys (*say*-li-tewss) *n* explanation

selkä (*sayl*-kæ) *n* back

selkäranka (*sayl*-kæ-*rahng*-kah) *n* spine; backbone

selkäreppu (*sayl*-kæ-*rayp*-poo) *n* rucksack; knapsack

selkäsauna (*sayl*-kæ-*sou*-nah) *n* spanking

selkäsärky (*sayl*-kæ-*sær*-kew) *n* backache

sellainen (*sayl*-ligh-nayn) *adj* such

selleri (*sayl*-lay-ri) *n* celery

selli (*sayl*-li) *n* cell

selonteko (*say*-loan-*tay*-koa) *n* report, account

selostus (*say*-loass-tooss) *n* report

selventää (*sayl*-vayn-tææ) *v* clarify

selvittää (*sayl*-vit-tææ) *v* clarify;

selvitys (*sayl*-vi-tewss) *n* explanation

selvä (*sayl*-væ) *adj* clear, distinct, plain, evident

sementti (*say*-maynt-ti) *n* cement

sen (sayn) *pron* its

senaatti (*say*-naat-ti) *n* senate

senaattori (*say*-naat-toa-ri) *n* senator

sen jälkeen (sayn *ʸæl*-kāyn) thereafter; **sen jälkeen kun** since, after

sensaatio (*sayn*-saa-ti-oa) *n* sensation

sensuuri (*sayn*-sōō-ri) *n* censorship

senttimetri (*saynt*-ti-*mayt*-ri) *n* centimetre

seos (*say*-oass) *n* mixture

seppä (*sayp*-pæ) *n* smith, blacksmith

septinen (*sayp*-ti-nayn) *adj* septic

serkku (*sayrk*-koo) *n* cousin

seteli (*say*-tay-li) *n* banknote

setä (*say*-tæ) *n* uncle

seula (*say*ᵒᵒ-lah) *n* sieve

seuloa (*say*ᵒᵒ-loa-ah) *v* sift, sieve

seura (*say*ᵒᵒ-rah) *n* society, association

seuraava (*say*ᵒᵒ-raa-vah) *adj* next, following

seurakunta (*say*ᵒᵒ-rah-*koon*-tah) *n* congregation; parish

seuralainen (*say*ᵒᵒ-rah-ligh-nayn) *n* companion

seurata (*say*ᵒᵒ-rah-tah) *v* follow; succeed

seuraus (*soo*-rah-ooss) *n* consequence, result; **olla seurauksena** result

seurue (*say*ᵒᵒ-roo-ay) *n* party

seurustella (*say*ᵒᵒ-rooss-tayl-lah) *v* mix with, associate with

seurustelu (*say*ᵒᵒ-rooss-tay-loo) *n* intercourse

seutu (*say*ᵒᵒ-too) *n* region

shortsit (*shoart*-sit) *pl* shorts *pl*

siamilainen (*si*-ah-mi-ligh-nayn) *n* Siamese; *adj* Siamese

sianliha (*si*-ahn-*li*-hah) *n* pork

siannahka (*si*-ahn-*nahh*-kah) *n* pigskin

side (*si*-day) *n* bandage

siedettävä (*syay*-dayt-tæ-væ) *adj* tolerable

siellä (*syayl*-læ) *adv* there

sielu (*syay*-loo) *n* soul; spirit

siemaus (*syay*-mah-ooss) *n* sip

siemen (*syay*-mayn) *n* pip; seed

siemenkota (*syay*-mayng-*koa*-tah) *n* core

sieni (*syay*-ni) *n* mushroom, toadstool

sierain (*syay*-righn) *n* nostril

sietämätön (*syay*-tæ-mæ-turn) *adj* unbearable; intolerable

sietää (*syay*-tææ) *v* bear, endure

sievä (*syay*-væ) *adj* pretty

sihteeri (*sih*-tāy-ri) *n* secretary

siili (*see*-li) *n* hedgehog

siipi (*see*-pi) *n* wing

siipikarja (*see*-pi-*kahr*-ʸah) *n* fowl, poultry

siirappi (*see*-rahp-pi) *n* syrup

siirrettävä (*seer*-rayt-tæ-væ)

adj transferable, mobile

siirto (*seer*-toa) *n* transport; move

siirtokunta (*seer*-toa-*koon*-tah) *n* colony

siirtolainen (*seer*-toa-ligh-nayn) *n* emigrant

siirtyminen (*seer*-tew-mi-nayn) *n* transition

siirtää (*seer*-tææ) *v* transfer; move

siis (*seess*) *adv* consequently

siisti (*seess*-ti) *adj* clean, tidy

siistiä (*seess*-ti-æ) *v* clean; groom

siivilä (*see*-vi-læ) *n* strainer

siivilöidä (*see*-vi-lur^ee-dæ) *v* strain

siivota (*see*-voa-tah) *v* clean; tidy up

siivoton (*see*-voa-toan) *adj* filthy, foul

siivottomuus (*see*-voat-toa-mōōss) *n* mess

siivous (*seevoa*-ooss) *n* cleaning

sija (*si*-^yah) *n* position, place

sijainen (*si*-^yigh-nayn) *n* substitute, deputy

sijainti (*si*-^yighn-ti) *n* situation, location, site

sijaitseva (*si*-^yight-say-vah) *adj* situated

sijasta (*si*-^yahss-tah) *postp* instead of

sijoittaa (*si*-^yoit-taa) *v*lay, *put; place

sijoittaja (*si*-^yoit-tah-^yah) *n* investor

sijoitus (*si*-^yoi-tooss) *n* investment

sikari (*si*-kah-ri) *n* cigar

sikotauti (*si*-koa-*tou*-ti) *n* mumps

siksi (*sik*-si) *adv* therefore

sileä (*si*-lay-æ) *adj* smooth, even; level

silittää (*si*-lit-tææ) *v* iron

silitysrauta (*si*-li-tewss-*rou*-tah) *n* iron

silkka (*silk*-kah) *adj* sheer

silkki (*silk*-ki) *n* silk

silli (*sil*-li) *n* herring

silloin (*sil*-loin) *adv* then; ~ **kun** when; ~ **tällöin** occasionally, now and then

sillä (*sil*-læ) *conj* for; ~ **aikaa kun** while; ~ **välin** in the meantime, meanwhile

silmiinpistävä (*sil*-mææm-*piss*-tæ-væ) *adj* striking

silminnäkijä (*sil*-min-*næ*-ki-^yæ) *n* eyewitness

silmukka (*sil*-mook-kah) *n* loop, link

silmä (*sil*-mæ) *n* eye

silmäillä (*sil*-mæ^eel-læ) *v* glance

silmälasit (*sil*-mæ-*lah*-sit) *pl* spectacles, glasses

silmäluomi (*sil*-mæ-*lwoa*-mi) *n* eyelid

silmälääkäri (*sil*-mæ-*læææ*-kæ-ri) *n* oculist

silmämeikki (*sil*-mæ-*ay*-hoass-tooss) *n* eye make-up

silmänräpäys (*sil*-mæn-*ræ*-pæ-ewss) *n* second

silmäripsi (*sil*-mæ-*rip*-si) *n* eyelash

silmäripsiväri (*sil-mæ-rip-si-væ*-ri) *n* mascara

silmäys (*sil-mæ*-ewss) *n* look, glance

silokampela (*si*-loa-*kahm*-pay-lah) *n* brill

silta (*sil*-tah) *n* bridge

silti (*sil*-ti) *adv* however

simpukka (*sim*-pook-kah) *n* mussel

sinappi (*si*-nahp-pi) *n* mustard

sinetti (*si*-nayt-ti) *n* seal

sinfonia (*sin*-foa-ni-ah) *n* symphony

singahduttaa (*sing*-gahh-doot-taa) *v* launch

sininen (*si*-ni-nayn) *adj* blue

sinipunainen (*si*-ni-*poo*-nigh-nayn) *adj* violet

sinkilä (*sin*-ki-læ) *n* clamp, staple

sinkki (*singk*-ki) *n* zinc

sinne (*sin*-nay) *adv* there

sinulle (*si*-nool-lay) *pron* you

sinun (*si*-noon) *pron* your

sinä (*si*-næ) *pron* you

sipuli (*si*-poo-li) *n* onion; bulb

sireeni (*si*-rāy-ni) *n* siren

sirkka (*seerk*-kah) *n* cricket

sirkus (*seer*-kooss) *n* circus

sirotella (*si*-roa-tayl-lah) *v* scatter

sirpale (*seer*-pah-lay) *n* splinter

sisar (*si*-sahr) *n* sister

sisarenpoika (*si*-sah-raym-*poi*-kah) *n* nephew

sisarentytär (*si*-sah-rayn-

tew-tær) *n* niece

sisu (*si*-soo) *n* guts

sisukas (*si*-soo-kahss) *adj* persistent

sisus (*si*-sooss) *n* core

sisusta (*si*-sooss-tah) *n* interior

sisustaa (*si*-sooss-taa) *v* furnish

sisä- (*si*-sæ) indoor

sisäinen (*si*-sæ^ee^-nayn) *adj* inner, internal; sisä- inside

sisäkatto (*si*-sæ-*kaht*-toa) *n* ceiling

sisäkkö (*si*-sæk-kur) *n* housemaid

sisällys (*si*-sæl-lewss) *n* contents *pl*

sisällysluettelo (*si*-sæl-lewss-*loo*-ayt-tay-loa) *n* table of contents

sisällytetty (*si*-sæl-lew-tayt-tew) *adj* included

sisällyttää (*si*-sæl-lewt-tæ) *v* include

sisällä (*si*-sæl-læ) *postp* inside; *adv* within, indoors

sisälmykset (*si*-sæl-mewk-sayt) *pl* bowels *pl* , entrails

sisältä (*si*-sæl-tæ) *adv* inside

sisältää (*si*-sæl-tæ) *v* contain, comprise, include

sisäoppilaitos (*si*-sæ-*oap*-pi-*ligh*-toass) *n* boarding school

sisäpuolella (*si*-sæ-*pwoa*-layl-lah) *postp* within

sisäpuoli (*si*-sæ-*pwoa*-li) *n* inside

sisärengas (*si*-sæ-*rayng*-

ngahss) *n* inner tube

sisässä (*si*-sæss-sæ) *adv* inside

sisään (*si*-sææn) *adv* in; *postp* inside, into

sisäänkäynti (*si*-sææng-*kæ*ᵉʷ*n*-ti) *n* entry, way in

sisäänkäytävä (*si*-sææng-*kæ*ᵉʷ-tæ-væ) *n* entrance, entry

sisäänpäin (*si*-sææm-*pæ*ᵉᵉ*n*) *adv* inwards

sisäänpääsy (*si*-sææn-*pææ*-sew) *n* admission, entry

sisääntulo (*si*-sææn-*too*-loa) *n* entrance

siteerata (*si*-tāȳ-rah-tah) *v* quote

siten (*si*-tayn) *adv* so

sitkeä (*sit*-kay-æ) *adj* tough

sitoa (*si*-toa-ah) *v*bind, tie; ~ **haava** dress; ~ **yhteen** bundle

sitoumus (*si*-toa-oo-mooss) *n* engagement

sitoutua (*si*-toa-oo-too-ah) *v* engage

sitruuna (*sit*-rōō-nah) *n* lemon

sitten (*sit*-tayn) *adv* then; *postp* ago

sittenkin (*sit*-tayng-kin) *adv* still

sitäpaitsi (*si*-tæ-*pight*-si) *adv* besides, also

siunata (*see*ᵒᵒ-nah-tah) *v* bless

siunaus (*see*ᵒᵒ-nah-ooss) *n* blessing

siveellinen (*si*-vāȳl-li-nayn)

adj ethical, moral

sivellin (*si*-vayl-lin) *n* paintbrush, brush

siveysoppi (*si*-vay-*ewss*-*oap*-pi) *n* morality

siveä (*si*-vay-æ) *adj* chaste

siviili- (*si*-vee-li) civilian

siviilioikeus (*si*-vee-li-*oi*-kay-ooss) *n* civil law, civilian

sivistymätön (*si*-viss-tew-mæ-turn) *adj* vulgar

sivistynyt (*si*-viss-tew-newt) *adj* cultured, civilized

sivistys (*si*-viss-tewss) *n* civilization; culture

sivu (*si*-voo) *n* page; side; **sivu-** additional

sivujoki (*si*-voo-ʸ*oa*-ki) *n* tributary

sivukatu (*si*-voo-*kah*-too) *n* side street

sivulaiva (*si*-voo-*ligh*-vah) *n* aisle

sivulle (*si*-vool-lay) *adv* sideways

sivumennen sanoen (*si*-voo-mayn-nayn *sah*-noa-ayn) by the way

sivumerkitys (*si*-voo-*mayr*-ki-tewss) *n* connotation

sivuun (*si*-vōōn) *adv* aside

sivuuttaa (*si*-vōōt-taa) *v* pass

sivuvalo (*si*-voo-*vah*-loa) *n* sidelight

skandinaavi (*skahn*-di-naa-vi) *n* Scandinavian

skandinaavinen (*skahn*-di-naa-vi-nayn) *adj*

Scandinavian

Skandinavia (*skahn-di-nah-vi-ah*) Scandinavia

skannata (*skahn-nah-tah*) *v* scan

skannaus (*skahn-nah-oos*) *n* scan

skanneri (*skahn-nayr-ri*) *n* scanner

skootteri (*skōat-tay-ri*) *n* scooter

Skotlanti (*skoat-lahn-ti*) Scotland

skotlantilainen (*skoat-lahn-ti-ligh-nayn*) *adj* Scottish

slangi (*slahng-ngi*) *n* slang

slummi (*sloom-mi*) *n* slum

smaragdi (*smah-rahg-di*) *n* emerald

smokki (*smoak-ki*) *n* dinner jacket; tuxedo *nAm*

sohva (*soah-vah*) *n* sofa

soihtu (*soih-too*) *n* torch

soikea (*soi-kay-ah*) *adj* oval

sointi (*soin-ti*) *n* tone

sointu (*soin-too*) *n* sound

sointuva (*soin-too-vah*) *adj* tuneful

soitin (*soi-tin*) *n* musical instrument

soittaa (*soit-taa*) *v*ring; play; ~ puhelimella phone, call, ring up; call up *Am*

soittajan numeron näyttö (*soit-tah-*yahn *noo-may-roan næ*ewt*-tur*) *n* caller ID

soittokello (*soit-toa-kayl-loa*) *n* bell

sokaista (*soa-kighss-tah*) *v* blind

sokea (*soa-kay-ah*) *adj* blind

sokeri (*soa-kay-ri*) *n* sugar

sokerileipomo (*soa-kay-ri-lay-poa-moa*) *n* pastry shop

sokerileipuri (*soa-kay-ri-lay-poo-ri*) *n* confectioner

sokeripala (*soa-kay-ri-pah-lah*) *n* lump of sugar

sokeritauti (*soa-kay-ri-tou-ti*) *n* diabetes

sokeritautinen (*soa-kay-ri-tou-ti-nayn*) *n* diabetic

sokkelo (*soak-kay-loa*) *n* maze, labyrinth

sola (*soa-lah*) *n* mountain pass

solakka (*soa-lahk-kah*) *adj* slim

solisluu (*soa-liss-lōo*) *n* collarbone

solki (*soal-ki*) *n* buckle

solmia (*soal-mi-ah*) *v* tie

solmio (*soal-mi-oa*) *n* necktie, tie

solmu (*soal-moo*) *n* knot

solmuke (*soal-moo-kay*) *n* bow tie

soma (*soa-mah*) *adj* cute

sommitella (*soam-mi-tayl-lah*) *v* compile

sommittelu (*soam-mit-tay-loo*) *n* composition

sonta (*soan-tah*) *n* muck

soodavesi (*sōa-dah-vay-si*) *n*soda water

sooloesitys (*sōa-loa-ay-si-tewss*) *n* recital

sopeuttaa (*soa-pay-oot-taa*) *v* adapt; integrate

sopia (*soa-pi-ah*) *v* fit; agree

~ jklle suit; **~ yhteen** match
sopimaton (*soa*-pi-mah-toan) *adj* improper, unsuitable, unfit; misplaced, inconvenient
sopimus (*soa*-pi-mooss) *n* agreement; treaty, settlement; contract
sopiva (*soa*-pi-vah) *adj* proper, suitable, appropriate, convenient
sopusointu (*soa*-poo-soin-too) *n* harmony
sora (*soa*-rah) *n* grit, gravel
sorkkarauta (*soark*-kah-rou-tah) *n* crowbar
sormenjälki (*soar*-mayn-ʸæl-ki) *n* fingerprint
sormi (*soar*-mi) *n* finger
sormus (*soar*-mooss) *n* ring
sormustin (*soar*-mooss-tin) *n* thimble
sortaa (*soar*-taa) *v* oppress
soseuttaa (*soa*-say-oot-taa) *v* mash
sosialismi (*soa*-si-ah-liss-mi) *n* socialism
sosialisti (*soa*-si-ah-liss-ti) *n* socialist
sosialistinen (*soa*-siah-liss-ti-nayn) *adj* socialist
sota (*soa*-tah) *n* war; **sotaa edeltävä** pre-war
sotalaiva (*soa*-tah-ligh-vah) *n* man-of-war
sotamies (*soa*-tah-*myayss*) *n* knave
sotavanki (*soa*-tah-vahng-ki) *n* prisoner of war
sotavoimat (*soa*-tah-voi-

maht) *pl* military force; armed forces
sotilas (*soa*-ti-lahss) *n* soldier
sotkea (*soat*-kay-ah) *v* mess up
sotku (*soat*-koo) *n* muddle
soutaa (*soa*-taa) *v* row
soutuvene (*soa*-too-*vay*-nay) *n* rowing boat
sovelias (*soa*-vay-li-ahss) *adj* proper, fit
soveltaa (*soa*-vayl-taa) *v* adjust, apply
soveltaminen (*soa*-vayl-tah-mi-nayn) *n* application
sovinto (*soa*-vin-toa) *n* reconciliation; settlement
sovittaa (*soa*-vit-taa) *v* adapt, suit; try on
sovittelija (*soa*-vit-tay-li-ʸa) *n* arbitrator, mediator, referee
sovitteluratkaisu (*soa*-vit-tay-loo-*raht*-kigh-soo) *n* compromise
sovittu! (*soa*-vit-too) okay!
sovitushuone (*soa*-vi-tooss-*hwoa*-nay) *n* fitting room
spitaalitauti (*spi*-taa-li-*tou*-ti) *n* leprosy
spriikeitin (*spree*-kay-tin) *n* spirit stove
stadion (stah-di-oan) *n* stadium
stereo (*stay*-ray-oa) *n* stereo
steriili (*stay*-ree-li) *adj* sterile
steriloida (*stay*-ri-loi-dah) *v* sterilize
strutsi (*stroot*-si) *n* ostrich

stuertti (*stoo*-ayrt-ti) n
steward

swahili (*soo*-ah-hi-li) n
Swahili

substantiivi (*soob*-stahn-
tee-vi) n noun

suhde (*soohday*) n relation,
proportion; connection;
affair

suhteellinen (*sooh*-tāy-l-li-
nayn) adj relative,
comparative

suhteen (*sooh*-tāyn) postp
concerning

suihke (*sooe*eh-kay) n spray

suihku (*sooe*eh-koo) n
shower; jet, squirt

suihkukaivo (*sooe*eh-koo-
kigh-voa) n fountain

suihkukone (*sooe*eh-koo-
koa-nay) n jet

suihkuttaa (*sooe*eh-koot-taa)
v spray

suihkuturbiini (*sooe*eh-koo-
toor-bee-ni) n turbojet

suippo (*sooe*ep-poa) adj
pointed

suisto (*sooe*ess-toa) n
estuary

suitsuke (*sooe*et-soo-kay) n
incense

sujuva (*soo*-^yoo-vah) adj
fluent

sukellusvene (*soo*-kayl-
loos-*vay*-nay) n submarine

sukeltaa (*soo*-kayl-taa) v
dive

sukka (*sook*-kah) n stocking

sukkahousut (*sook*-kah-
hoa-soot) pl panty hose,

tights pl

sukkanauhavyö (*sook*-kah-
nou-hah-v^{ew}er) pl garter
belt Am

sukkela (*sook*-kay-lah) adj
witty

suklaa (*sook*-laa) n
chocolate

suklaajuoma (*sook*-laa-
^ywoa-mah) n chocolate

suksi (*sook*-si) n ski

suksisauvat (*sook*-si-*sou*-
vaht) pl ski sticks; ski poles
Am

suku (*soo*-koo) n family;
gender

sukulainen (*soo*-koo-ligh-
nayn) n relative, relation

sukunimi (*soo*-koo-ni-mi) n
family name, surname

sukupolvi (*soo*-koo-*poal*-vi)
n generation

sukupuoli (*soo*-koo-pwoa-li)
n sex; sukupuoli- genital;
sexual

sukupuolielämä (*soo*-koo-
pwoa-li-ay-læ-mæ) n sex
life

sukupuolisuus (*soo*-koo-
pwoa-li-sōōss) n sexuality

sukupuolitauti (*soo*-koo-
pwoa-li-*tou*-ti) n venereal
disease

sulaa (*soo*-laa) v melt; thaw

sulake (*soo*-lah-kay) n fuse

sulattaa (*soo*-laht-taa) v
digest

sulatusuuni (*soo*-lah-tooss-
ōō-ni) n furnace

sulhanen (*sool*-hah-nayn) n

fiancé, bridegroom
suljettu (*sool-*ʸayt-too) *adj*
shut, closed
sulkea (*sool-kay-ah*) *v* shut,
close; fasten, turn off; ~
pois exclude; ~ **syliin** hug
sulku (*sool-koo*) *n* lock
sulkuportti (*sool-koo-poart-*
ti) *n* sluice-gate
sulo (*soo-loa*) *n* grace
suloinen (*soo-loi-nayn*) *adj*
lovely, graceful
summa (*soom-mah*) *n* sum,
amount
sumu (*soo-moo*) *n* fog, mist
sumuinen (*soo-moo*ee-*nayn*)
adj foggy
sumutin (*soo-moo-tin*) *n*
atomizer
sumuvalo (*soo-moo-vah-*
loa) *n* foglamp
sunnuntai (*soon-noon-tigh*)
n Sunday
suo (*swoa*) *n* bog, swamp
suoda (*swoa-dah*) *v* allow,
permit; grant
suodatin (*swoa-dah-tin*) *n*
filter
suoja (*swoa-*ʸah) *n* shelter,
cover
suojakaide (*swoa-*ʸah-*kigh-*
day) *n* crash barrier
suojalasit (*swoa-*ʸah-*lah-*sit)
pl goggles *pl*
suojapuku (*swoa-*ʸah-*poo-*
koo) *n* overalls *pl*
suojasää (*swoa-*ʸah-*sææ*) *n*
thaw
suojata (*swoa-*ʸah-tah) *v*
shelter

suojatie (*swoa-*ʸah-*tyay*) *n*
pedestrian crossing;
crosswalk *nAm*
suojella (*swoa-*ʸayl-lah) *v*
protect
suojelus (*swoa-*ʸay-looss) *n*
protection
suojus (*swoa-*ʸooss) *n*
screen; jacket; case
suola (*swoa-lah*) *n* salt
suola-astia (*swoa-lah-ahss-*
ti-ah) *n* salt cellar, salt
shaker *Am*
suolainen (*swoa-ligh-nayn*)
adj salty
suoli (*swoa-li*) *n* gut,
intestine
suolisto (*swoa-liss-toa*) *n*
intestines, bowels *pl*
suomalainen (*swoa-mah-*
ligh-nayn) *n* Finn; *adj*
Finnish
Suomi (*swoa-mi*) Finland
suomus (*swoa-mooss*) *n*
scale
suonenveto (*swoa-nayn-*
vay-toa) *n* cramp
suonikohju (*swoa-ni-koah-*
ʸoo) *n* varicose vein
suora (*swoa-rah*) *adj*
straight; direct; right;
suoraa päätä straight away
suoraan (*swoa-raan*) *adv*
straight; ~ **eteenpäin**
straight ahead; straight on
suorakaide (*swoa-rah-kigh-*
day) *n* oblong
suorakulmainen (*swoa-rah-*
kool-migh-nayn) *adj*
rectangular

suorakulmio (*swoa-rah-kool*-mi-oa) *n* rectangle

suorittaa (*swoa*-rit-taa) *v* perform, execute; ~ **loppuun** complete

suosia (*swoa*-si-ah) *v* favour

suosikki (*swoa*-sik-ki) *n* favourite; **suosikki-** pet

suosio (*swoa*-si-oa) *n* popularity; **osoittaa suosiota** clap

suosionosoitus (*swoa*-si-oan-*oa*-soi-tooss) *n* applause

suositella (*swoa*-si-tayl-lah) *v* recommend

suosittelija (*swoa*-sit-tay-li-ᵞah) *n* referee

suosittu (*swoa*-sit-too) *adj* popular

suositus (*swoa*-si-tooss) *n* recommendation

suosituskirje (*swoa*-si-tooss-*keer*-ᵞay) *n* letter of recommendation

suostua (*swoass*-too-ah) *v* consent, agree

suostumus (*swoass*-too-mooss) *n* consent

suostutella (*swoass*-too-tayl-lah) *v* persuade

suotuisa (*swoa*-tooᵒᵉ-sah) *adj* favourable

superlatiivi (*soo*-payr-lah-tee-vi) *n* superlative

superoksidi (*soo*-payr-*oak*-si-di) *n* peroxide

supistaa (*soo*-piss-taa) *v* cut down, shorten

suppea (*soop*-pay-ah) *adj* abridged

suppilo (*soop*-pi-loa) *n* funnel

surffata (*netissä*) (*soorf*-fah-tah) *v* surf (the Net)

surkea (*soor*-kay-ah) *adj* miserable

surkeus (*soor*-kay-ooss) *n* misery

surkutella (*soor*-koo-tayl-lah) *v* complain, feel sorry

surmata (*soor*-mah-tah) *v* kill

surra (*soor*-rah) *v* grieve

suru (*soo*-roo) *n* sorrow, grief

suruaika (*soo*-roo-*igh*-kah) *n* mourning

surullinen (*soo*-rool-li-nayn) *adj* sad

surumielisyys (*soo*-roo-*myay*-li-sewss) *n* melancholy

susi (*soo*-si) *n* wolf

suu (*sōō*) *n* mouth

suudella (*sōō*-dayl-lah) *v* kiss

suudelma (*sōō*-dayl-mah) *n* kiss

suukappale (*sōō*-*kahp*-pah-lay) *n* nozzle

suukko (*sōōk*-koa) *n* kiss

suullinen (*sōōl*-li-nayn) *adj* oral, verbal

suunnata (*sōōn*-nah-tah) *v* direct

suunnaton (*sōōn*-nah-toan) *adj* enormous, huge; immense

suunnilleen (*sōōn*-nil-lāyn)

adv about

suunnistaa (*sōōn*-niss-tah) *v* orientate

suunnitella (*sōōn*-ni-tayl-lah) *v* plan

suunnitelma (*sōōn*-ni-taylmah) *n* plan; project

suunta (*sōōn*-tah) *n* direction, way; course

suuntanumero (*sōōn*-tah-noo-may-roa) *n* area code

suuntavilkku (*sōōn*-tah-vilk-koo) *n* blinkers, turn signal; directional signal *Am*

suupala (*sōō-pah*-lah) *n* bite

suurempi (*sōō*-raym-pi) *adj* bigger

suurenmoinen (*sōō*-raymmoi-nayn) *adj* grand, splendid, magnificent, superb

suurennus (*sōō*-rayn-nooss) *n* enlargement

suurennuslasi (*sōō*-rayn-nooss-*lah*-si) *n* magnifying glass

suurentaa (*sōō*-rayn-taa) *v* enlarge

suuri (*sōō*-ri) *adj* big, large, great; major

suurin (*sōō*-rin) *adj* biggest

suurlähettiläs (*sōōr-læ*-hayt-ti-læss) *n* ambassador

suurlähetystö (*sōōr-læ*-hay-tewss-tur) *n* embassy

suurpiirteinen (*sōōr*-peer-tay-nayn) *adj* liberal

suuruus (*sōō*-rōōss) *n* size

suutari (*sōō*-tah-ri) *n* shoemaker

suuttumus (*sōōt*-too-mooss) *n* anger; indignation

suuttunut (*sōōt*-too-noot) *adj* angry

suuvesi (*sōō*-vay-si) *n* mouthwash

Sveitsi (*svayt*-si) Switzerland

sveitsiläinen (*svayt*-si-læ^ee-nayn) *n* Swiss; *adj* Swiss

sydämellinen (*sew*-dæmmayl-li-nayn) *adj* cordial, hearty

sydämentykytys (*sew*-dæm-mayn-*tew*-kew-tewss) *n* palpitation

sydämetön (*sew*-dæm-may-turn) *adj* heartless

sydän (*sew*-dæn) *n* heart

sydänkohtaus (*sew*-dæng-*koah*-tah-ooss) *n* heart attack

sydänkäpy (*sew*-dæn-*kæ*-pew) *n* sweetheart

syksy (*sewk*-sew) *n* autumn; fall *nAm*

syleillä (*sew*-lyayl-læ) *v* hug, embrace; cuddle

syleily (*sew*-lay-lew) *n* hug, embrace

syli (*sew*-li) *n*lap

sylimikro (*sew*-li-*mik*-roa) *n* laptop

sylinteri (*sew*-lin-tay-ri) *n* cylinder

sylinterinkansi (*sew*-lin-tay-ring-*kahn*-si) *n* cylinder head

sylkeä (*sewl*-kay-æ) *v*spit

sylki (*sewl*-ki) *n* spit

synagoga (*sew*-nah-gōa-

gah) *n* synagogue
synkkyys *(sewngk-kēwss) n* gloom
synkkä *(sewnk-kæ) adj* obscure, sombre, gloomy; dark
synnyinmaa *(sewn-new-immaa) n* native country
synnynnäinen *(sewn-newnnæ^(ee)-nayn) adj* born
synnytys *(sewn-new-tewss) n* childbirth, delivery
synnytyspoltot *(sewn-newtewss-poal-*toat) *pl* labour
synonyymi *(sew-noa-nēwmi) n* synonym
synteettinen *(sewn-tāyt-tinayn) adj* synthetic
synti *(sewn-ti) n* sin
syntipukki *(sewn-ti-pook-ki) n* scapegoat
synty *(sewn-tew) n* birth; rise
syntymä *(sew-tew-mæ) n* birth
syntymäpaikka *(sewn-tewmæ-pighk-kah) n* place of birth
syntymäpäivä *(sewn-tewmæ-pæ^(ee)-væ) n* birthday
syntyperä *(sewn-tew-payræ) n* origin
syntyperäinen *(sewn-tewpay-ræ^(ee)-nayn) adj* native
syrjäinen *(sewr-^(y)æ^(ee)-nayn) adj* remote; out of the way
syrjään *(sewr-^(y)æn) adv* aside
sysätä *(sew-sæ-tæ) v* push
sysäys *(sew-sæ-ewss) n*
push; impulse
syttyminen *(sewt-tew-minayn) n* outbreak
sytytin *(sew-tew-tin) n* lighter
sytyttää *(sew-tewt-tææ) v* light; turn on
sytytys *(sew-tew-tewss) n* ignition
sytytyslaite *(sew-tew-tewssligh-*tay) *n* ignition coil
sytytyslanka *(sew-tewtewss-lahng-*kah) *n* fuse
sytytystulppa *(sew-tewtewss-toolp-*pah) *n* spark plug
syvyys *(sew-vēwss) n* depth
syvä *(sew-væ) adj* deep
syvämielinen *(sew-væmyay-*li-nayn) *adj* profound
syy *(sēw) n* cause, reason; blame
syyhy *(sēw-hew) n* itch
syyhytä *(sēw-hew-tæ) v* itch
syyllinen *(sēwl-li-nayn) adj* guilty
syyllisyys *(sēwl-li-sēwss) n* guilt
Syyria *(sēw-ri-ah)* Syria
syyrialainen *(sēw-ri-ah-lighnayn) n* Syrian; *adj* Syrian
syyskuu *(sēwss-kōō)* September
syytetty *(sēw-tayt-tew) n* accused
syyttää *(sēwt-tææ) v* accuse; charge
syytös *(sēw-turss) n* charge
syödä *(s^(ew)ur-dæ) veat; ~ illallista* have supper

syöksyä (s^{ew}urk-sew-æ) v
dash; ~ maahan crash

syöpä (s^{ew}ur-pæ) n cancer

syötti (s^{ew}urt-ti) n bait

syötävä (s^{ew}ur-tæ-væ) adj
edible; syötäväksi
kelpaamaton inedible

säde (sæ-day) n ray, beam;
radius

säe (sæ-ay) n verse

säestää (sæ-ayss-tææ) v
accompany

sähke (sæh-kay) n telegram

sähkö (sæh-kur) n electricity

sähköasentaja (sæh-kur-ah-
sayn-tah-^yah) n electrician

sähköinen (sæh-kur^{ee}-nayn)
adj electric

sähköparranajokone (sæh-
kur-pahr-rahn-ah-^yoa-koa-
nay) n electric razor, shaver

sähköposti (sæh-kur- poass-
ti) n e-mail

sähkösanoma (sæh-kur-
sah-noa-mah) n telegram,
cable

sähköttää (sæh-kurt-tææ) v
telegraph, cable

säie (sæ^{ee}-ay) n fibre

säihke (sæ^{ee}h-kay) n glare

säiliö (sæ^{ee}-li-ur) n
container, reservoir; tank

säiliöalus (sæ^{ee}-li-ur-ah-
looss) n tanker

säilykepurkki (sæ^{ee}-lew-kay-
poork-ki) n tin

säilykeruoka (sæ^{ee}-lew-
kayr-rwoa-kah) n tinned
food

säilyttäminen (sæ^{ee}-lewt-tæ-

mi-nayn) n preservation

säilyttää (sæ^{ee}-lewt-tææ) v
*keep, preserve

säilytyspaikka (sæ^{ee}-lew-
tewss-pighk-kah) n
depository

säilöä (sæ^{ee}-lur-æ) v
preserve

säkki (sæk-ki) n sack

sälekaihdin (sæ-layk-kighh-
din) n blind

sälelaatikko (sæ-layl-laa-tik-
koa) n crate

sämpylä (sæm-pew-læ) n
bun, roll

särkeä (sær-kay-æ) v crack;
ache

särki (sær-ki) n roach

särky (sær-kew) n ache

särkylääke (sær-kew- lææ-
kay) n painkiller

särkymätön (sær-kew-mæ-
turn) adj unbreakable

särkyä (sær-kew-æ) v crack;
helposti särkyvä fragile

sättiä (sæt-ti-æ) v scold

sävel (sæ-vayl) n melody,
note

sävellys (sæ-vayl-lewss) n
composition

sävelmä (sæ-vayl-mæ) n
tune

säveltäjä (sæ-vayl-tæ-^yæ) n
composer

sävy (sæ-vew) n nuance

säyseä (sæ^{ew}-say-æ) adj
gentle, docile

sää (sææ) n weather

säädyllinen (sæædewl-li-
nayn) adj decent; proper

säädyllisyys (*sæ̈æ-*dewl-li-sewss) *n* decency
säädytön (*sæ̈æ-*dew-turn) *adj* indecent
sääli (*sæ̈æ-*li) *n* pity
säälä (*sæ̈æ-*li-æ) *v* pity
säännöllinen (*sæ̈æn-*nurl-li-nayn) *adj* regular
säännönmukainen (*sæ̈æn-*nurm-*moo-*kigh-nayn) *adj* regular
säännös (*sæ̈æn-*nurss) *n* regulation
säännöstellä (*sæ̈æn-*nurss-tayl-læ) *v* ration
sääntö (*sæ̈æn-*tur) *n* rule
sääri (*sæ̈æ-*ri) *n* leg
sääski (*sæ̈æss-*ki) *n*

mosquito
säästäväinen (*sæ̈æss-*tæ-væ^ee-nayn) *adj* economical, frugal
säästää (*sæ̈æss-*tæ̈æ) *v* save; economize
säästöpankki (*sæ̈æss-*tur-pahngk-ki) *n* savings bank
säästöporsas (*sæ̈æss-*tur-poar-sahss) *n* piggy bank
säästöt (*sæ̈æss-*turt) *pl* savings *pl*
säätiedotus (*sæ̈æ-*tyay-doa-tooss) *n* weather forecast
säätiö (*sæ̈æ-*ti-ur) *n* foundation
säätää (*sæ̈æ-*tæ̈æ) *v* regulate
säätö (*sæ̈æ-*tur) *n* regulation

T

taajuus (*taa-*^yōōss) *n* frequency
taaksepäin (*taak-*sayp-pæ^ee*n*) *adv* backwards
taantuminen (*taan-*too-mi-nayn) *n* recession
taapertaja (*taa-*payr-tah-^yah) *n* toddler
taas (*taass*) *adv* again
taata (*taa-*tah) *v* guarantee
taateli (*taa-*tay-li) *n* date
tabletti (*tahb-*layt-ti) *n* tablet
tabu (*tah-*boo) *n* taboo
tahallaan (*tah-*hahl-laan) *adv* on purpose
tahallinen (*tah-*hahl-li-nayn) *adj* intentional
tahaton (*tah-*hah-toan) *adj*

unintentional
tahdonvoima (*tahh-*doan-voi-mah) *n* willpower
tahmea (*tahh-*may-ah) *adj* sticky
tahna (*tahh-*nah) *n* paste
taho (*tah-*hoa) *n* direction
tahra (*tahh-*rah) *n* spot, stain; blot
tahrainen (*tahh-*righ-nayn) *adj* spotted
tahranpoistoaine (*tahh-*rahn-*poiss-*toa-igh-nay) *n* stain remover
tahrata (*tahh-*rah-tah) *v* stain
tahraton (*tahh-*rah-toan) *adj* stainless, spotless
tahti (*tahh-*ti) *n* pace

tahto (*tahh*-toa) *n* will

tahtoa (*tahh*-toa-ah) *v* *will

tai (*tigh*) *conj* or

taide (*tigh*-day) *n* art; fine arts

taidegalleria (*tigh*-dayg-*gahl*-lay-ri-ah) *n* gallery, art gallery

taidehistoria (*tigh*-dayh-*hiss*-toa-ri-ah) *n* art history

taidekokoelma (*tigh*-dayk-*koa*-koa-ayl-mah) *n* art collection

taidekorkeakoulu (*tigh*-dayk-*koar*-kay-ah-*koa*-loo) *n* art school

taidenäyttely (*tigh*-dayn-*næ*^{ee}*t*-tay-lew) *n* art exhibition

taideteollisuus (*tigh*-dayt-*tay*-oal-li-sōōss) *n* industrial art, arts and crafts

taideteos (*tigh*-dayt-*tay*-oass) *n* work of art

taika (*tigh*-kah) *n* magic

taikausko (*tigh*-kah-*ooss*-koa) *n* superstition

taikina (*tigh*-ki-nah) *n* dough, batter

taikuri (*tigh*-koo-ri) *n* magician

taimisto (*tigh*-miss-toa) *n* nursery

taipuisa (*tigh*-poo^{ee}-sah) *adj* flexible, supple

taipumus (*tigh*-poo-mooss) *n* tendency, inclination

taipuvainen (*tigh*-poo-vigh-nayn) *adj* inclined; **olla ~** *be inclined to

taistella (*tighss*-tayl-lah) *v* *fight, battle; **~ jtkn vastaan** combat

taistelu (*tighss*-tay-loo) *n* fight, battle; combat; contest

taitava (*tigh*-tah-vah) *adj* skilled, smart, skilful

taite (*tigh*-tay) *n* fold

taiteellinen (*tigh*-tāyl-li-nayn) *adj* artistic

taiteilija (*tigh*-tay-li-^yah) *n* artist

taito (*tigh*-toa) *n* art; ability, skill

taittaa (*tigh*-taa) *v* fold; fracture

taivaanranta (*tigh*-vaan-*rahn*-tah) *n* horizon

taivas (*tigh*-vahss) *n* heaven, sky

taivuttaa (*tigh*-voot-taa) *v* *bend; bow

tajuta (*tah*-^yoo-tah) *v* realize; *take

tajuton (*tah*-^yoo-toan) *adj* unconscious

tajuttomuus (*tah*-^yoot-toa-mōōss) *n* coma

takaisin (*tah*-kigh-sin) *adv* back

takaisinmaksu (*tah*-kigh-sin-*mahk*-soo) *n* refund, repayment

takamus (*tah*-kah-mooss) *n* bottom

takana (*tah*-kah-nah) *postp* behind

takaosa (*tah*-kah-*oa*-sah) *n* rear

takaus (*tah-kah-ooss*) *n* bail

takavalo (*tah-kah-vah-loa*) *n* taillight, rear light

takavarikoida (*tah-kah-vah-ri-koi-dah*) *v* confiscate

takertua (*tah-kayr-too-ah*) *v* cling to

takia (*tah-ki-ah*) *postp* because of

takka (*tahk-kah*) *n* fireplace

takki (*tahk-ki*) *n* coat

taksamittari (*tahk-sah-mit-tah-ri*) *n* taximeter

taksi (*tahk-si*) *n* cab, taxi

taksiasema (*tahk-si-ah-say-mah*) *n* taxi rank; taxi stand *Am*

taksinkuljettaja (*tahk-sin-kool-ʸayt-tah-ʸah*) *n* taxi driver

taktiikka (*tahk-teek-kah*) *n* tactics *pl*

takuu (*tah-kōō*) *n* guarantee; security

talja (*tahl-ʸah*) *n* hide

talkki (*tahlk-ki*) *n* talc powder

tallata (*tahl-lah-tah*) *v* stamp

tallelokero (*tahl-layl-loa-kay-roa*) *n* safe

tallettaa (*tahl-layt-taa*) *v* deposit; ~ **pankkiin** deposit in a bank

talletus (*tahl-lay-tooss*) *n* deposit

talli (*tahl-li*) *n* stable

talo (*tah-loa*) *n* house

talonmies (*tah-loam-myayss*) *n* janitor

talonomistaja (*tah-loan-oa-*miss-tah-ʸah*) *n* homeowner

talonpoika (*tah-loam-poi-kah*) *n* peasant

talonpoikaisvaimo (*tah-loam-poi-kighss-vigh-moa*) *n* farmer's wife

taloudellinen (*tah-loa-oo-dayl-li-nayn*) *adj* economical

taloudenhoitaja (*tah-loa-oo-dayn-hoi-tah-ʸah*) *n* housekeeper

taloudenhoito (*tah-loa-oo-dayn-hoi-toa*) *n* housekeeping

talous (*tah-loa-ooss*) *n* economy; household

talousarvio (*tah-loa-ooss-ahr-vi-oa*) *n* budget

taloustieteellinen (*tah-loa-ooss-tʸay-tāyl-li-nayn*) *adj* economic

taloustieteilijä (*tah-loa-ooss-tʸay-tay-li-ʸæ*) *n* economist

taltta (*tahlt-tah*) *n* chisel

talutushihna (*tah-loo-tooss-hih-nah*) *n* lead

talutusnuora (*tah-loo-tooss-nwoa-rah*) *n* leash

talvi (*tahl-vi*) *n* winter

talviurheilu (*tahl-vi-oor-hay-loo*) *n* winter sports

tamma (*tahm-mah*) *n* mare

tammenterho (*tahm-mayn-tayr-hoa*) *n* acorn

tammi (*tahm-mi*) *n* oak

tammikuu (*tahm-mi-kōō*) January

tammipeli (*tahm-mi-pay-li*)

tarkoittaa

n draughts; checkers *plAm*

tamponi (*tahm*-poa-ni) *n* tampon

tanko (*tahng*-koa) *n* bar

Tanska (*tahns*-kah) Denmark

tanskalainen (*tahns*-kah-ligh-nayn) *n* Dane; *adj* Danish

tanssi (*tahns*-si) *n* dance

tanssia (*tahns*-si-ah) *v* dance

tanssiaiset (*tahns*-si-igh-sayt) *pl* ball

tanssisali (*tahns*-si-*sah*-li) *n* ballroom

tapa (*tah*-pah) *n* manner, fashion; custom, way; **oli tapana** used to, would

tapaaminen (*tah*-paa-mi-nayn) *n* meeting; appointment

tapahtua (*tah*-pahh-too-ah) *v* happen, occur; *take place

tapahtuma (*tah*-pahh-too-mah) *n* incident, happening, occurrence, event

tapaturma (*tah*-pah-*toor*-mah) *n* accident

tapaus (*tah*-pah-ooss) *n* case, instance; **joka tapauksessa** in any case, still; **siinä tapauksessa** in that case

tapella (*tah*-payl-lah) *v* *fight; struggle

tappaa (*tahp*-paa) *v* kill

tappelu (*tahp*-pay-loo) *n* fight

tappio (*tahp*-pi-oa) *n* defeat

taputtaa (*tah*-poot-taa) *v* clap

tariffi (*tah*-rif-fi) *n* rate, tariff

tarina (*tah*-ri-nah) *n* tale; story

tarjoilija (*tahr*-ᵞoi-li-ᵞah) *n* waiter

tarjoilijatar (*tahr*-ᵞoi-li-ᵞah-tahr) *n* waitress

tarjoilla (*tahr*-ᵞoil-lah) *v* serve

tarjonta (*tahr*-ᵞoan-tah) *n* supply

tarjota (*tahr*-ᵞoa-tah) *v* offer

tarjotin (*tahr*-ᵞoa-tin) *n* tray

tarjous (*tahr*-ᵞoa-ooss) *n* offer

tarkastaa (*tahr*-kahss-taa) *v* inspect; search, check

tarkastaja (*tahr*-kahss-tah-ᵞah) *n* inspector

tarkastus (*tahr*-kahss-tooss) *n* inspection; revision, checkup

tarkata (*tahr*-kah-tah) *v* observe, pay attention to

tarkistaa (*tahr*-kiss-taa) *v* check; revise

tarkka (*tahrk*-kah) *adj* precise, accurate

tarkkaavainen (*tahrk*-kaa-vigh-nayn) *adj* attentive

tarkkaavaisuus (*tahrk*-kaa-vigh-sōoss) *n* attention; notice

tarkkanäköisyys (*tahrk*-kah-næ-kur^(ee)-sewss) *n* perceptiveness

tarkoittaa (*tahr*-koit-taa) *v*

*mean; aim at

tarkoituksenmukainen
(*tahr*-koi-took-sayn-*moo*-kigh-nayn) *adj* appropriate

tarkoitus (*tahr*-koi-tooss) *n* purpose

tarmokas (*tahr*-moa-kahss) *adj* energetic

tarpeellinen (*tahr*-pāyl-li-nayn) *adj* useful, necessary

tarpeeton (*tahr*-pāy-toan) *adj* unnecessary

tarra (*tahr*-rah) *n* sticker

tarrautua (*tahr*-rou-tooah) *v* *hold on

tarttua (*tahrt*-too-ah) *v* grasp, *take, grip, seize

tarttuva (*tahrt*-too-vah) *adj* contagious, infectious

tartunta (*tahr*-toon-tah) *n* infection

tartuttaa (*tahr*-toot-taa) *v* infect

tarve (*tahr*-vay) *n* need, want; **olla tarpeen** need

tarvita (*tahr*-vi-tah) *v* need

tasa-arvoisuus (*tah-sah-ahr*-voi-sōōss) *n* equality

tasainen (*tah*-sigh-nayn) *adj* level, even; flat, plane

tasanko (*tah*-sahng-koa) *n* plain

tasapaino (*tah-sah-pigh-noa*) *n* balance

tasavalta (*tah-sah-vahl*-tah) *n* republic

tasavaltalainen (*tah-sah-vahl*-tah-ligh-nayn) *adj* republican

tasavirta (*tah*-sah-*veer*-tah)

n direct current

tase (*tah*-say) *n* balance

tasku (*tahss*-koo) *n* pocket

taskukirja (*tahss-koo-keer*-¹ah) *n* paperback

taskulamppu (*tahss-koo-lahmp*-poo) *n* torch, flashlight

taskuveitsi (*tahss-koo-vayt*-si) *n* penknife, pocketknife

taso (*tah*-soa) *n* level

tasoittaa (*tah*-soit-taa) *v* equalize; level

tasoitus (*tah*-soi-tooss) *n* trim; handicap

tasoristeys (*tah-soa-riss*-tay-ewss) *n* crossing

tasoylikäytävä (*tah-soa-ew*-li-*kæ*ᵉʷ-tæ-væ) *n* level crossing

tauko (*tou*-koa) *n* break, pause; **pitää ~** have a break

taulu (*tou*-loo) *n* board; picture; **luokan ~** whiteboard

taulukko (*tou*-look-koa) *n* chart, table

tausta (*touss*-tah) *n* background

tauti (*tou*-ti) *n* disease

tavallinen (*tah*-vahl-li-nayn) *adj* common, ordinary, plain; usual, regular, simple; frequent

tavallisesti (*tah*-vahl-li-sayss-ti) *adv* as a rule, usually

tavanmukainen (*tah-vahm-moo*-kigh-nayn) *adj* usual

tavanomainen (*tah-vahn*-

teippi

oa-migh-nayn) *adj*
customary; habitual

tavara (*tah*-vah-rah) *n* thing

tavara-auto (*tah*-vah-rah-
ou-toa) *n* delivery van

tavarajuna (*tah*-vah-rah-
^Yoo-nah) *n* goods train;
freight train *nAm*

tavaramerkki (*tah*-vah-rah-
mayrk-ki) *n* trademark

tavarat (*tah*-vah-raht) *pl*
goods *pl*

tavaratalo (*tah*-vah-rah-*tah*-
loa) *n* department store;

tavaratila (*tah*-vah-rah-*ti*-
lah) *n* boot; trunk *nAm*

tavaravaunu (*tah*-vah-rah-
vou-noo) *n* luggage van

tavata (*tah*-vah-tah) *v* *meet;
*spell

tavaton (*tah*-vah-toan) *adj*
unusual, extraordinary

tavoite (*tah*-voi-tay) *n* aim,
objective

tavoiteltava (*tah*-voi-tayl-
tah-vah) *adj* desirable

tavoittaa (*tah*-voit-taa) *v*
reach, *catch

tavu (*tah*-voo) *n* syllable

Te (*tay*) *pron* you (*polite
form*)

te (*tay*) *pron* you *pl*

teatteri (*tay*-aht-tay-ri) *n*
theatre

tee (*tāy*) *n* tea

teeastiasto (*tāy*-*ahss*-ti-
ahss-toa) *n* tea service

teehuone (*tāy*-*hwoa*-nay) *n*
tea-shop

teekannu (*tāy*-*kahn*-noo) *n*

teapot

teekuppi (*tāy*-*koop*-pi) *n*
teacup

teelusikallinen (*tāy*-*loo*-si-
kahl-li-nayn) *n* teaspoonful

teelusikka (*tāy*-*loo*-sik-kah)
n teaspoon

teennäinen (*tāyn*-næ^{ee}-
nayn) *adj* artificial

teeskennellä (*tāyss*-kayn-
nayl-læ) *v* pretend

teeskentelevä (*tāyss*-kayn-
tay-lay-væ) *adj* false

teeskentelijä (*tāyss*-kayn-
tay-li-^Yæ) *n* pretender

teevati (*tāy*-*vah*-ti) *n* saucer

tehdas (*tayh*-dahss) *n* works
pl , plant, factory, mill

tehdä (*tayh*-dæ) *v* *do;
*make; commit; ~ **liikaa**
overdo; ~ **mahdolliseksi**
enable; ~ **mieli** *feel like,
fancy; ~ **vaihtokauppa**
swap; ~ **yhteistyötä**
collaborate

teho (*tay*-hoa) *n* capacity

tehokas (*tay*-hoa-kahss) *adj*
efficient, effective

tehota (*tay*-hoa-tah) *v* take
effect

tehoton (*tay*-hoa-toan) *adj*
inefficient

tehtävä (*tayh*-tæ-væ) *n*
assignment, errand, task

teidän (*tay*-dæn) *pron* your

teidät (*tay*-dæt) *pron* you

teille (*tayl*-lay) *pron* you

teini-ikäinen (*tay*-ni-*i*-kæ^{ee}-
nayn) *n* teenager

teippi (*tayp*-pi) *n* adhesive

tape

tekeytyä jksk (*tay*-kay-ew-tew-æ) pretend

tekijä (*tay*-ki-^yæ) *n* author; factor

tekniikka (*tayk*-neek-kah) *n* technique

teknikko (*tayk*-nik-koa) *n* technician

tekninen (*tayk*-ni-nayn) *adj* technical

tekninen tuki (*tayk*-ni-nayn *too*-ki) *n* technical support

teknologia (*tayk*-noa-loa-gi-ah) *n* technology

teko (*tay*-koa) *n* action, deed, act

tekohampaat (*tay*-koa-*hahm*-paat) *pl* denture, false teeth

tekopyhyys (*tay*-koa-*pew*-hewss) *n* hypocrisy

tekopyhä (*tay*-koa-*pew*-hæ) *adj* hypocritical

tekosyy (*tay*-koa-*sew*) *n* excuse

tekstata (*tayks*-tah-tah) *v* text

teksti (*tayks*-ti) *n* text

tekstiili (*tayks*-tee-li) *n* textile

telakka (*tay*-lahk-kah) *n* dock

telakoida (*tay*-lah-koi-dah) *v* dock

teleobjektiivi (*tay*-lay-oab-^yayk-tee-vi) *n* telephoto lens

telepatia (*tay*-lay-pah-ti-ah) *n* telepathy

televisio (*tay*-lay-vi-si-oa) *n* television

televisiovastaanotin (*tay*-lay-vi-si-oa-*vahss*-taan-*oa*-tin) *n* television set

teljetä (*tayl*-^yay-tæ) *v* *shut in

telkkari (*taylk*-kah-ri) *n* telly (*colloquial*)

teloitus (*tay*-loi-tooss) *n* execution

teltta (*taylt*-tah) *n* tent

telttailu (*taylt*-tigh-loo) *n* camping

telttasänky (*taylt*-tah-sæng-kew) *n* camp bed; cot *nÁm*

temppeli (*taymp*-pay-li) *n* temple

temppu (*taymp*-poo) *n* trick

tenhoava (*tayn*-hoa-ah-vah) *adj* charming

tennis (*tayn*-niss) *n* tennis

tenniskengät (*tayn*-niss-*kayng*-ngæt) *pl* tennis shoes

tenniskenttä (*tayn*-niss-*kaynt*-tæ) *n* tennis court

tentti (*taynt*-ti) *n* exam (*colloquial*)

teollisuus (*tay*-oal-li-sŏŏss) *n* industry

teollisuusalue (*tay*-oal-li-sŏŏss-*ah*-loo-ay) *n* industrial area

teoreettinen (*tay*-oa-rāyt-ti-nayn) *adj* theoretical

teoria (*tay*-oa-ri-ah) *n* theory

terassi (*tay*-rahss-si) *n* terrace

termospullo (*tayr*-moass-*pool*-loa) *n* vacuum flask,

thermos flask
termostaatti (*tayr*-moass-taat-ti) *n* thermostat
teroitin (*tay*-roi-tin) *n* pencil sharpener
teroittaa (*tay*-roit-taa) *v* sharpen
terrorismi (*tayr*-roa-riss-mi) *n* terrorism
terroristi (*tayr*-roa-riss-ti) *n* terrorist
terva (*tayr*-vah) *n* tar
terve (*tayr*-vay) *adj* healthy, well; terve! hello!
terveellinen (*tayr*-vāyl-li-nayn) *adj* wholesome
tervehdys (*tayr*-vayh-dewss) *n* greeting
tervehtiä (*tayr*-vayh-ti-æ) *v* greet
tervetullut (*tayr*-vayt-*tool*-loot) *adj* welcome
tervetuloa (*tayr*-vayt-*too*-loa) *n* welcome
terveydenhoidollinen (*tayr*-vay^{ew}-dayn-*hoi*-doal-li-nayn) *adj* sanitary
terveys (*tayr*-vay-ewss) *n* health
terveyskeskus (*tayr*-vay-ewss-*kayss*-kooss) *n* health centre
terveyskylpylä (*tayr*-vay-ewss-*kewl*-pew-læ) *n* spa
terveysside (*tayr*-vay-ewss-si-day) *n* sanitary towel
terä (*tay*-ræ) *n* blade; edge
terälehti (*tay*-ræ-*layh*-ti) *n* petal
teräs (*tay*-ræss) *n* steel;

ruostumaton ~ stainless steel
terävä (*tay*-ræ-væ) *adj* sharp
testamentti (*tayss*-tah-maynt-ti) *n* will
testamenttilahjoitus (*tayss*-tah-maynt-ti-*lahh*-^yoi-tooss) *n* legacy
teurastaja (*tay*^{oo}-rahss-tah-^yah) *n* butcher
Thaimaa (*tigh*-maa) Thailand
thaimaalainen (*tigh*-*maa*-ligh-nayn) *n* Thai; *adj* Thai
tie (*tyay*) *n* road, way
tiede (*tyay*-day) *n* science
tiedekunta (*tyay*-dayk-*koon*-tah) *n* faculty
tiedemies (*tyay*-*daym*-*myayss*) *n* scientist
tiedonanto (*tyay*-doan-*ahn*-toa) *n* announcement, notice; virallinen ~ communiqué
tiedonantotoimisto (*tyay*-doan-*ahn*-toa-*toi*-miss-toa) *n* information bureau, inquiry office
tiedonhaluinen (*tyay*-doan-*hah*-loo^{ee}-nayn) *adj* enquiring
tiedote (*tyay*-doa-tay) *n* bulletin
tiedottaa (*tyay*-doat-taa) *v* inform; notify, report
tiedotus (*tyay*-doa-tooss) *n* communication, information
tiedotusvälineet (*tyay*-doa-tooss-*væ*-li-nāyt) *npl*/media

tiedustella (*tyay-dooss-tayl-lah*) v enquire, inquire

tiedustelu (*tyay-dooss-tay-loo*) n query, inquiry, enquiry

tiekartta (*tyay-kahrt-tah*) n road map

tiemaksu (*tyay-mahk-soo*) n toll

tienristeys (*tyayn-riss-tay-ewss*) n junction

tienvieri (*tyayn-vyay-ri*) n roadside, wayside

tienviitta (*tyayn-veet-tah*) n signpost, milepost

tieteellinen (*tyay-tāyl-li-nayn*) adj scientific

tietenkin (*tyay-tayng-kin*) adv of course, naturally

tieto (*tyay-toa*) n knowledge; information

tietoinen (*tyay-toi-nayn*) adj aware; conscious

tietoisuus (*tyay-toi-sōōss*) n consciousness

tietokilpailu (*tyay-toa-kil-pigh-loo*) n quiz

tietokoneohjelma (*tyay-toa-koa-nay-oah-ᵞayl-mah*) n software

tietoliikenne (*tyay-toa-lee-kayn-nay*) n telecommunications

tietosanakirja (*tyay-toa-sah-nah-keer-ᵞah*) n encyclopaedia

tietty (*tyayt-tew*) adj certain

tietyö (*tyay-tᵉʷur*) n pl roadworks

tietämätön (*tyay-tæ-mæ-*
turn*) adj ignorant, unaware

tietää (*tyay-tææ*) v *know

tieverkko (*tyay-vayrk-koa*) n road network

tiheä (*ti-hay-æ*) adj dense

tihkusade (*tih-koo-sah-day*) n drizzle

tiikeri (*tee-kay-ri*) n tiger

tiili (*tee-li*) n brick; tile

tiistai (*teess-tigh*) n Tuesday

tiivis (*tee-viss*) adj tight

tiivistelmä (*tee-viss-tayl-mæ*) n résumé, summary

tiivistää (*tee-viss-tææ*) v tighten

tikaputt (*ti-kah-pōōt*) pl ladder

tikki (*tik-ki*) n stitch

tila (*ti-lah*) n space, room; condition, state

tilaaja (*ti-laa-ᵞah*) n subscriber

tilaavievä (*ti-laa-vyay-væ*) adj bulky

tilaisuus (*ti-ligh-sōōss*) n chance, occasion, opportunity

tilanne (*ti-lahn-nay*) n situation, position

tilapäinen (*ti-lah-pæᵉᵉ-nayn*) adj temporary

tilasto (*ti-lahss-toa*) n statistics pl

tilata (*ti-lah-tah*) v order; book; **tilauksesta valmistettu** made to order

tilaus (*ti-lah-ooss*) n order; booking; subscription

tilauslento (*ti-lah-ooss-layn-toa*) n charter flight

tilauslomake (*ti-lah-ooss-loa*-mah-kay) *n* order form

tilava (*ti-lah-vah*) *adj* spacious, large, roomy

tilavuus (*ti-lah-vōōss*) *n* volume

tili (*ti-li*) *n* account; pay; **tehdä ~** account for

tilinylitys (*ti-lin-ew-li-*tewss) *n* overdraft

timantti (*ti-*mahnt-ti) *n* diamond

timjami (*tim-ʸah-mi*) *n* thyme

tina (*ti-*nah) *n* pewter, tin

tinapaperi (*ti-nah-pah-*pay-ri) *n* tinfoil

tiski (*tiss-*ki) *n* counter

tiukasti (*teeᵒᵒ-*kahss-ti) *adv* tight

tiukka (*teeᵒᵒk-*kah) *adj* tight

toalettilaukku (*toaah-*layt-ti-*louk-*koo) *n* toilet case

toalettipaperi (*toaah-*layt-ti-*pah-*pay-ri) *n* toilet paper

toalettitarvikkeet (*toaah-*layt-ti-*tahr-*vik-kāyt) *pl* toiletry

todella (*toa-*dayl-lah) *adv* really; indeed

todellinen (*toa-*dayl-li-nayn) *adj* actual, very, true, substantial, real

todellisuudessa (*toa-*dayl-li-sōō-dayss-sah) *adv* in reality

todellisuus (*toa-*dayl-li-sōōss) *n* reality

todennäköinen (*toa-*dayn-næ-kurᵉᵉ-nayn) *adj*

probable, likely

todennäköisesti (*toa-*dayn-næ-kurᵉᵉ-sayss-ti) *adv* probably

todentaa (*toa-*dayn-taa) *v* verify

todeta (*toa-*day-tah) *v* verify

todistaa (*toa-*diss-taa) *v* prove; testify; *show

todistaja (*toa-*diss-tah-ʸah) *n* witness

todiste (*toa-*diss-tay) *n* evidence

todistus (*toa-*diss-tooss) *n* certificate; proof; **kirjallinen ~** certificate; **lääkärin ~** health certificate

toffeekaramelli (*toaf-*fāy-kah-rah-mayl-li) *n* toffee

tohtori (*toah-*toa-ri) *n* doctor

tohveli (*toah-*vay-li) *n* slipper

toimeenpaneva (*toi-*māym-*pah-*nay-vah) *adj* executive

toimeenpanovalta (*toi-*māym-*pah-*noa-a-*vahl-*tah) *n* executive authority

toimeentulo (*toi-*māyn-*too-*loa) *n* livelihood

toimenpide (*toi-*maym-*pi-*day) *n* measure

toimeton (*toi-*may-toan) *adj* idle

toimi (*toi-*mi) *n* occupation, employment; job, business

toimia (*toi-*mi-ah) *v* operate, work; act

toimikunta (*toi-*mi-*koon-*tah) *n* commission

toimilupa (*toi-*mi-*loo-*pah) *n*

licence
toiminimi (*toi-mi-ni-mi*) *n*
firm, company
toiminta (*toi-min-tah*) *n*
action, activity; working,
operation; function
toimintaohje (*toi-min-tah-oah-ᵞay*) *n* directive
toimisto (*toi-miss-toa*) *n*
office, agency
toimistoaika (*toi-miss-toa-igh-kah*) *n* office hours
toimittaa (*toi-mit-taa*) *v*
deliver
toimittaja (*toi-mit-tah-ᵞah*) *n*
editor
toimitus (*toi-mi-tooss*) *n*
delivery
toinen¹ (*toi-nayn*) *num*
second
toinen² (*toi-nayn*) *adj* other;
~ **toistaan** each other
tointua (*toin-too-ah*) *v*
recover
toipua (*toi-poo-ah*) *v* recover
toipuminen (*toi-poo-mi-nayn*) *n* recovery
toisarvoinen (*toiss-ahr-voi-nayn*) *adj* secondary,
subordinate
toisella puolella (*toi-sayl-lah pwoa-layl-lah*) across
toisin (*toi-sin*) *adv* otherwise
toisinaan (*toi-si-naan*) *adv*
sometimes
toissapäivänä (*toiss-sah-paeᵉᵉ-væ-næ*) *adv* the day
before yesterday
toistaa (*toiss-taa*) *v* repeat
toistaiseksi (*toiss-tigh-sayk-*

si) *adv* so far
toistaminen (*toiss-tah-mi-nayn*) *n* repetition
toistuminen (*toiss-too-mi-nayn*) *n* frequency
toistuva (*toiss-too-vah*) *adj*
frequent
toiveikas (*toi-vay-kahss*) *adj*
hopeful
toiveunelma (*toi-vay-oo-nayl-mah*) *n* illusion
toivo (*toi-voa*) *n* hope
toivoa (*toi-voa-ah*) *v* hope;
desire, wish, want
toivomus (*toi-voa-mooss*) *n*
desire, wish
toivoton (*toi-voa-toan*) *adj*
hopeless
toivottomuus (*toi-voat-toa-mooss*) *n* despair
tolppa (*toalp-pah*) *n* post
tomaatti (*toa-maat-ti*) *n*
tomato
tonni (*toan-ni*) *n* ton
tonnikala (*toan-ni-kah-lah*) *n* tuna
tontti (*toant-ti*) *n* plot of land
tori (*toa-ri*) *n* marketplace;
market
torjua (*toar-ᵞoo-ah*) *v* turn
down; reject
torni (*toar-ni*) *n* tower
tornikello (*toar-ni-kayl-loa*)
n bell
torstai (*toars-tigh*) *n*
Thursday
torua (*toa-roo-ah*) *v* scold
torvi (*toar-vi*) *n* horn;
trumpet
torvisoittokunta (*toar-vi-*

soit-toa-*koon*-tah) n brass
band

tosi (*toa*-si) adj true

tosiasia (*toa*-si-*ah*-si-ah) n
fact

tosiasiallinen (*toa*-si-ah-si-
ahl-li-nayn) adj factual

tosiasiallisesti (*toa*-si-ah-si-
ahl-li-sayss-ti) adv in fact

tosiseikka (*toa*-si-*sayk*-kah)
n bottom line

totalitaarinen (*toa*-tah-li-
taa-ri-nayn) adj totalitarian

totella (*toa*-tayl-lah) v obey

toteuttaa (*toa*-tay-oot-taa) v
realize; implement; carry
out

tottelevainen (*toat*-tay-lay-
vigh-nayn) adj obedient

tottelevaisuus (*toat*-tay-lay-
vigh-sōōs) n obedience

tottumaton (*toat*-too-mah-
toan) adj unaccustomed

tottumus (*toat*-too-mooss) n
custom, habit

tottunut (*toat*-too-noot) adj
accustomed

totunnainen (*toa*-toon-nigh-
nayn) adj conventional

totuttaa (*toa*-toot-taa) v
familiarize

totuudenmukainen (*toa*-
tōō-daym-*moo*-kigh-nayn)
adj truthful

totuus (*toa*-tōōss) n truth

touhu (*toa*-hoo) n bustle;
fuss

toukokuu (*toa*-koa-*kōō*)
May

traaginen (*traa*-gi-nayn) adj

tragic

traktori (*trahk*-toa-ri) n
tractor

trendikäs (*trayn*-di-kæs) adj
trendy (*colloquial*)

trooppinen (*trōap*-pi-nayn)
adj tropical

tropiikki (*troa*-peek-ki) n
tropics pl

tšekki (*chayk*-ki) n Czech

Tšekkoslovakia (*chayk*-koa-
sloa-vah-ki-ah)
Czechoslovakia

tšekkoslovakialainen
(*chayk*-koa-sloa-vah-ki-ah-
ligh-nayn) adj Czech

tuberkuloosi (*too*-bayr-koo-
lōa-si) n tuberculosis

tuhat (*too*-haht) num
thousand

tuhka (*tooh*-kah) n ash

tuhkakuppi (*tooh*-kah-
koop-pi) n ashtray

tuhkarokko (*tooh*-kah-*roak*-
koa) n measles

tuhlaavainen (*tooh*-laa-
vigh-nayn) adj extravagant

tuhlata (*tooh*-lah-tah) v
waste

tuhlaus (*tooh*-lah-ooss) n
waste, extravagance

tuhma (*tooh*-mah) adj
naughty

tuho (*too*-hoa) n
destruction; disaster

tuhoisa (*too*-hoi-sah) adj
disastrous

tuhota (*too*-hoa-tah) v
destroy, ruin, wreck

tuijottaa (*too^ee*-*y*oat-taa) v

stare, gaze

tukahduttaa (*too-kahh-doot-taa*) *v* suppress

tukanleikkuu (*too-kahn-layk-koo*) *n* haircut

tukanpesuaine (*too-kahn-pay-soo-igh-nay*) *n* shampoo

tukea (*too-kay-ah*) *v* support; *hold up

tukehtua (*too-kayh-too-ah*) *v* choke

tukeva (*too-kay-vah*) *adj* corpulent, stout

tuki (*too-ki*) *n* support

tukikohta (*too-ki-koah-tah*) *n* base

tukisukka (*too-ki-sook-kah*) *n* support hose

tukka (*took-kah*) *n* hair

tukki (*took-ki*) *n* log

tukkia (*took-ki-ah*) *v* block

tukkukauppa (*too-koo-koup-pah*) *n* wholesale

tukkukauppias (*too-koo-koup-pi-ahss*) *n* wholesale dealer

tulehdus (*too-layh-dooss*) *n* inflammation; **kurkunpään ~ laryngitis

tulehtua (*too-layh-too-ah*) *v* infect; *become septic

tulenarka (*too-layn-ahr-kah*) *adj* inflammable

tulenkestävä (*too-layn-kayss-tæ-væ*) *adj* fireproof

tuleva (*too-lay-vah*) *adj* future

tulevaisuudennäkymä (*too-lay-vigh-soo-dayn-næ-*

kew-mæ) *n* prospect

tulevaisuus (*too-lay-vigh-sooss*) *n* future

tuli (*too-li*) *n* fire

tulipalo (*too-li-pah-loa*) *n* fire

tulisija (*too-li-si-ʸah*) *n* hearth

tulitauko (*too-li-tou-koa*) *n* ceasefire

tulitikku (*too-li-tik-koo*) *n* match

tulitikkulaatikko (*too-li-tik-koo-laa-tik-koa*) *n* matchbox

tulivuori (*too-li-vwoa-ri*) *n* volcano

tulkinta (*tool-kin-tah*) *n* interpretation

tulkita (*tool-ki-tah*) *v* interpret

tulkki (*toolk-ki*) *n* interpreter

tulkkisanakirja (*toolk-ki-sah-nah-keer-ʸah*) *n* phrase book

tulla (*tool-lah*) *v* *come; ~ **jksk** *go, *become, *grow, *get; ~ **toimeen** *make do with; ~ **väliin** intervene

tulli (*tool-li*) *n* Customs duty, Customs *pl* ; **ilmoittaa**

tullattavaksi declare

tulli-ilmoitus (*tool-li-il-moi-tooss*) *n* Customs declaration

tullimaksu (*tool-li-mahk-soo*) *n* Customs duty

tulliton (*tool-li-toan*) *adj* duty-free

tullivirkailija (*tool-li-veer-*

kigh-li-ᵞah) n Customs officer

tulo (*too*-loa) n coming

tulos (*too*-loass) n issue, outcome, result

tulot (*too*-loat) pl earnings pl , revenue, income

tulovero (*too*-loa-*vay*-roa) n income tax

tulppa (*toolp*-pah) n plug, stopper

tulppaani (*toolp*-paa-ni) n tulip

tulva (*tool*-vah) n flood

tungettelija (*toong*-ngayt-tay-li-ᵞah) n trespasser

tungos (*toong*-ngoass) n crowd

tunika (*too*-ni-kah) n tunic

Tunisia (*too*-ni-si-ah) Tunisia

tunisialainen (*too*-ni-si-ah-ligh-nayn) n Tunisian; adj Tunisian

tunkea (*toong*-kay-ah) v push

tunkeutua (*toong*-kayᵒᵒ-tooah) v trespass; ~ **läpi** penetrate

tunne (*toon*-nay) n feeling, sensation, emotion

tunneli (*toon*-nay-li) n tunnel

tunnelma (*toon*-nayl-mah) n atmosphere

tunnettu (*toon*-nayt-too) adj well-known

tunnistaa (*toon*-niss-taa) v identify; recognize

tunnistaminen (*toon*-niss-tah-mi-nayn) n

identification

tunnus (*toon*-nooss) n sign, motto

tunnuskuva (*toon*-nooss-koo-vah) n symbol

tunnuslause (*toon*-nooss-lou-say) n motto

tunnusluku (*toon*-nooss-loo-koo) n PIN; personal identification number

tunnusmerkki (*toon*-nooss-mayrk-ki) n characteristic; emblem

tunnussana (*toon*-nooss-sah-nah) n password

tunnustaa (*toon*-nooss-taa) v acknowledge, admit, confess; ~ **syylliseksi** plead guilty

tunnustella (*toon*-nooss-tayl-lah) vfeel

tunnustus (*toon*-nooss-tooss) n confession; recognition

tuntea (*toon*-tay-ah) vfeel; *know

tunteellinen (*toon*-tāyl-li-nayn) adj sentimental

tunteeton (*toon*-tāy-toan) adj insensitive

tunteileva (*toon*-tay-lay-vah) adj tearjerker, misty-eyed

tuntematon (*toon*-tay-mah-toan) adj unknown, n stranger

tunti (*toon*-ti) n hour; lesson

tuntija (*toon*-ti-ᵞah) n connoisseur

tunto (*toon*-toa) n touch

tuntomerkit (*toon*-toa-*mayr*-

kit) *pl* description

tuntua (*toon*-too-ah) *v* seem;
~ **oudolta** *strike

tuo (twoa) *pron* (nuo) that

tuoda (*twoa*-dah) *v*bring; ~
maahan import

tuokio (*twoa*-ki-oa) *n*
moment

tuoksu (*twoak*-soo) *n* scent

tuoli (*twoa*-li) *n* chair

tuolla (*twoal*-lah) *adv* over
there; ~ **puolen** beyond

tuomari (*twoa*-mah-ri) *n*
judge

tuomaristo (*twoa*-mah-riss-
toa) *n* jury

tuomio (*twoa*-mi-oa) *n*
judgment, sentence

tuomioistuin (*twoa*-mi-oa-
iss-too^{een}) *n* court, law
court

tuomiokirkko (*twoa*-mi-oa-
keerk-koa) *n* cathedral

tuomita (*twoa*-mi-tah) *v*
judge; sentence

tuomitseminen (*twoa*-mit-
say-mi-nayn) *n* conviction

tuomittu (*twoa*-mit-too) *n*
convict

tuonti (*twoan*-ti) *n* import

tuontitavarat (*twoan*-ti-*tah*-
vah-raht) *pl* imported
goods *pl*

tuontitulli (*twoan*-ti-*tool*-li)
n duty, import duty

tuoppi (*twoap*-pi) *n* pint

tuore (*twoa*-ray) *adj* fresh

tuotanto (*twoa*-tahn-toa) *n*
output, production

tuotapikaa (*twoa*-tah-*pi*-

kaa) *adv* soon

tuote (*twoa*-tay) *n* product,
produce

tuottaa (*twoat*-taa) *v*
produce; generate

tuottaja (*twoat*-tah-^{y}ah) *n*
producer

tuottoisa (*twoat*-toi-sah) *adj*
profitable

tupakka (*too*-pahk-kah) *n*
tobacco

tupakkakauppa (*too*-pahk-
kah-*koup*-pah) *n* cigar
shop, tobacconist's

tupakkakauppias (*too*-
pahk-kah-*koup*-pi-ahss) *n*
tobacconist

tupakkakukkaro (*too*-pahk-
kah-*kook*-kah-roa) *n*
tobacco pouch

tupakkaosasto (*too*-pahk-
kah-*oa*-sahss-toa) *n*
smoking compartment,
smoker

tupakoida (*too*-pah-koi-dah)
v smoke; **tupakointi
kielletty** no smoking

tupakoimaton (*too*-pah-koi-
mah-toan) *n*, *adj* non-
-smoker

tupakoitsija (*too*-pah-koit-
si-^{y}ah) *n* smoker

turbiini (*toor*-bee-ni) *n*
turbine

turha (*toor*-hah) *adj*
unnecessary

turhaan (*toor*-haan) *adv* in
vain

turhamainen (*toor*-hah-
migh-nayn) *adj* vain

turistiluokka (*too*-riss-ti-
lwoak-kah) *n* tourist class
turkis (*toor*-kiss) *n* fur
Turkki (*toork*-ki) Turkey
turkki (*toork*-ki) *n* fur coat
turkkilainen (*toork*-ki-ligh-
nayn) *adj* Turkish
turkkuri (*toork*-koo-ri) *n*
furrier
turmella (*toor*-mayl-lah)
*v*spoil
turmeltunut (*toor*-mayl-too-
noot) *adj* corrupt
turmio (*toor*-mi-oa) *n* ruin
turnaus (*toor*-nah-ooss) *n*
tournament
turska (*toors*-kah) *n* cod
turta (*toor*-tah) *adj* numb
turvakoti (*toor*-vah-*koa*-ti) *n*
shelter
turvallinen (*toor*-vahl-li-
nayn) *adj* safe
turvallisuus (*toor*-vahl-li-
sōōss) *n* security, safety
turvapaikka (*toor*-vah-
pighk-kah) *n* asylum
turvaton (*toor*-vah-toan) *adj*
unprotected
turvatyyny (*toor*-vah- *tēw*-
new) *n*airbag
turvavyö (*toor*-vah-*vᵉʷur*) *n*
seat belt, safety belt
turvotus (*toor*-voa-tooss) *n*
swelling
tusina (*too*-si-nah) *n* dozen
tuska (*tooss*-kah) *n* pain,
anguish
tuskallinen (*tooss*-kahl-li-
nayn) *adj* painful
tuskaton (*tooss*-kah-toan)

adj painless
tuskin (*tooss*-kin) *adv*
hardly, scarcely
tutkia (*toot*-ki-ah) *v*
examine; explore;
investigate
tutkielma (*toot*-ki-ayl-mah)
n thesis, essay
tutkimus (*toot*-ki-mooss) *n*
inquiry, enquiry,
investigation; research
tutkimusretki (*toot*-ki-
mooss-*rayt*-ki) *n* expedition
tutkinto (*toot*-kin-toa) *n*
examination
tuttava (*toot*-tah-vah) *n*
acquaintance
tuttavallinen (*toot*-tah-vahl-
li-nayn) *adj* familiar
tuttavuus (*toot*-tah-*vōōss*) *n*
acquaintance
tuttu (*toot*-too) *adj* familiar
tuulahdus (*tōō*-lahh-dooss)
n breath of air
tuulenhenkäys (*tōō*-layn-
hayng-kæ-ewss) *n* breeze
tuulenpuuska (*tōō*-layn-
pōōss-kah) *n* gust
tuuletin (*tōō*-lay-tin) *n* fan
tuuletinhihna (*tōō*-lay-tin-
hih-nah) *n* fan belt
tuulettaa (*tōō*-layt-taa) *v*
ventilate; air
tuuletus (*tōō*-lay-tooss) *n*
ventilation
tuuli (*tōō*-li) *n* wind; mood
tuulilasi (*tōō*-li-*lah*-si) *n*
windscreen; windshield
nAm
tuulilasinpyyhkijä (*tōō*-li-

lah-sim-*pewh*-ki-*ʸæ*) n
windscreen wiper;
windshield wiper *Am*

tuulimylly (*tōō*-li-*mewl*-lew)
n windmill

tuulinen (*tōō*-li-nayn) adj
gusty, windy

tuulla (*tōōl*-lah) vblow

tuuma (*tōō*-mah) n inch
(2,54 cm)

TV (*tāy*-vāy) n TV
(*colloquial*)

tweedkangas (*tvāyd-kahng*-
ngahss) n tweed

tyhjentäminen (*tewh*-ʸayn-
tæ-mi-nayn) n clearance,
evacuation

tyhjentää (*tewh*-ʸayn-tæ) v
empty; vacate

tyhjiö (*tewh*-ʸi-ur) n vacuum

tyhjä (*tewh*-ʸæ) adj empty;
blank; **tehdä tyhjäksi**
*upset

tyhmä (*tewh*-mæ) adj dumb,
stupid

tykki (*tewk*-ki) n gun

tylppä (*tewlp*-pæ) adj blunt

tylsä (*tewl*-sæ) adj dull, blunt

tylsämielinen (*tewl-sæ-*
myay-li-nayn) adj idiotic

tynnyri (*tewn*-new-ri) n cask,
barrel

tynnyriolut (*tewn*-new-ri-*oa*-
loot) n draught beer

typerä (*tew*-pay-tæ) adj silly,
dumb, foolish

typpi (*tewp*-pi) n nitrogen

tyranni (*tew*-rahn-ni) n
tyrant

tyrä (*tew*-ræ) n hernia;

slipped disc

tyttärenpoika (*tewt*-tæ-
raym-*poi*-kah) n grandson

tyttärentytär (*tewt*-tæ-rayn-
tew-tær) n granddaughter

tyttö (*tewt*-tur) n girl

tyttönimi (*tewt*-tur-*ni*-mi) n
maiden name

tyttöystävä (*tewt*-tur-*ewss*-
tæ-væ) n girlfriend

tytär (*tew*-tær) n daughter

tyven (*tew*-vayn) adj calm

tyydyttävä (*tew*-dewt-tæ-væ)
adj satisfactory

tyydyttää (*tew*-dewt-tææ) v
satisfy

tyydytys (*tew*-dew-tewss) n
satisfaction

tyyli (*tew*-li) n style

tyylikkyys (*tew*-lik-*kewss*) n
elegance

tyylikäs (*tew*-li-kæss) adj
posh

tyyni (*tew*-ni) adj calm;
serene

Tyynimeri (*tew*-ni-*may*-ri)
Pacific Ocean

tyynnyttää (*tewn*-newt-tææ)
v reassure, calm down

tyyny (*tew*-new) n pillow;
cushion, pad

tyynyliina (*tew*-new-*leenah*)
n pillowcase

tyypillinen (*tew*-pil-li-nayn)
adj typical

tyyppi (*tewp*-pi) n type

tyyris (*tew*-riss) adj
expensive

tyyrpuuri (*tewr*-pōō-ri) n
starboard

tyytymätön (*tēw*-tew-mæ-turn) *adj* discontented, dissatisfied

tyytyväinen (*tēw*-tew-væ^{ee}-nayn) *adj* pleased, content, satisfied

tyytyväisyys (*tēw*-tew-væ^{ee}-sewss) *n* satisfaction

työ (t^{ew}ur) *n* work; labour; employment

työhuone (t^{ew}ur-hwoa-nay) *n* study

työkalu (t^{ew}ur-kah-loo) *n* tool, utensil

työkalulaatikko (t^{ew}ur-kah-loo-*laatik*-koa) *n* tool kit

työlupa (t^{ew}ur-loo-pah) *n* work permit; labor permit *Am*

työläinen (t^{ew}ur-læ^{ee}-nayn) *n* worker, labourer

työmies (t^{ew}ur-myayss) *n* workman

työnantaja (t^{ew}urn-ahn-tah-^yah) *n* employer

työnarkomaani (t^{ew}ur-*nahr*-koa-maa-ni) *n* workaholic

työnjohtaja (t^{ew}urn-^yoah-tah-^yah) *n* foreman

työntekijä (t^{ew}urn-tay-ki-^yæ) *n* employee

työntää (t^{ew}urn-tææ) *v* push

työntökärryt (t^{ew}urn-tur-*kær*-rewt) *pl* wheelbarrow

työnvälitystoimisto (t^{ew}urn-væ-li-tewss-*toi*-miss-toa) *n* employment agency

työpaikka (t^{ew}ur-*pighk*-kah) *n* job; post

työpaja (t^{ew}ur-pah-^yah) *n* workshop

työpäivä (t^{ew}ur-pæ^{ee}-væ) *n* working day

työryhmä (t^{ew}ur-rewh-mæ) *n* team

työskennellä (t^{ew}urss-kayn-nayl-læ) *v* work

työtoveri (t^{ew}ur-toa-vay-ri) *n* co-worker; associate

työttömyys (t^{ew}urt-tur-mēwss) *n* unemployment

työtäsäästävä (t^{ew}ur-tæ-sææss-tæ-væ) *adj* labour-saving

työtön (t^{ew}ur-turn) *adj* unemployed

työvuoro (t^{ew}ur-voo-oa-roa) *n* shift

työväline (t^{ew}ur-væ-li-nay) *n* implement; instrument

tähdätä (tæh-dæ-tæ) *v* aim at

tähti (tæh-ti) *n* star

tähtitiede (tæh-ti-tyay-day) *n* astronomy

tähtitorni (tæh-ti-*toar*-ni) *n* observatory

tähän asti (tæ-hæn *ahss*-ti) so far

täi (tæ^{ee}) *n* louse

täkki (tæk-ki) *n* quilt

tämä (tæ-mæ) *pron* (pl nämä) this

tänään (tæ-næænn) *adv* today

täplä (tæp-læ) *n* speck

täpötäysi (tæ-pur-tæ^{ew}-si) *adj* crowded, full up; chock-full

tärkeys (tær-kay-ewss) *n* importance

tärkeä (*tær*-kay-æ) *adj* big, important; capital; **olla tärkeää** matter

tärkätä (*tær*-kæ-tæ) *v* starch

tärpätti (*tær*-pæt-ti) *n* turpentine

tärykalvo (*tæ*-rew-*kahl*-voa) *n* eardrum

täsmälleen (*tæss*-mæl-*lāyn*) *adv* exactly

täsmällinen (*tæss*-mæl-li-nayn) *adj* precise, punctual

täsmällisyys (*tæss*-mæl-li-sēwss) *n* punctuality

täten (*tæ*-tayn) *adv* thus

täti (*tæ*-ti) *n* aunt

täydellinen (*tæ*ᵉʷ-*dayl*-li-nayn) *adj* perfect; complete

täydellisesti (*tæ*ᵉʷ-*dayl*-li-sayss-ti) *adv* completely

täydellisyys (*tæ*-*dayl*-li-sēwss) *n* perfection

täysi (*tæ*ᵉʷ-si) *adj* whole

täysiaikainen (*tæ*ᵉʷ-si-*igh*-kigh-nayn) *adj* mature

täysihoito (*tæ*ᵉʷ-si-*hoi*-toa) *n* board and lodging

täysihoitola (*tæ*ᵉʷ-si-*hoi*-toa-lah) *n* pension, guesthouse, boardinghouse

täysihoitolainen (*tæ*ᵉʷ-si-*hoi*-toa-ligh-nayn) *n* boarder

täysi-ikäinen (*tæ*ᵉʷ-si-*i*-

*kæ*ᵉᵉ-nayn) *adj* of age, adult

täysikasvuinen (*tæ*ᵉʷ-si-*kahss*-voo*ᵉᵉ*-nayn) *adj* grown-up

täysin (*tæ*ᵉʷ-sin) *adv* completely, entirely, quite

täysinäinen (*tæ*ᵉʷ-si-næ*ᵉᵉ*-nayn) *adj* full

täyskäännös (*tæ*ᵉʷss-kææn-nurss) *n* about-face; reversal

täyte (*tæ*ᵉʷ-tay) *n* stuffing, filling

täytekynä (*tæ*ᵉʷ-*tayk*-*kew*-næ) *n* fountain pen

täytetty (*tæ*ᵉʷ-tayt-tew) *adj* stuffed

täyttää (*tæ*ᵉʷ*t*-tææ) *v* fill up, fill in; fill out *Am*

täytyä (*tæ*ᵉʷ-tew-æ) *v* ought to, *must, *have to

täällä (*tææl*-læ) *adv* here

tölkki (*turlk*-ki) *n* can

törky (*turr*-kew) *n* rubbish

törmätä (*turr*-m-æ-tæ) *v* bump; collide, clash; ~ **yhteen** crash

törmäys (*turr*-mæ-ewss) *n* bump

töyhtöhyyppä (*tur*ᵉʷ*h*-tur-*hēwp*-pæ) *n* pewit

töyräs (*tur*ᵉʷ-ræss) *n* bank

töytäys (*tur*ᵉʷ-tæ-ewss) *n* push

U

uhata (*oo*-hah-tah) *v* threaten

uhka (*ooh*-kah) *n* threat; risk

uhkaava (*ooh*-kaa-vah) *adj* threatening

uhkaus (*ooh*-kah-ooss) *n* threat

uhmata (*ooh*-mah-tah) *v* face

uhrata (*ooh*-rah-tah) *v* sacrifice

uhraus (*ooh*-rah-ooss) *n* sacrifice

uhri (*ooh*-ri) *n* victim, casualty

uida (*oo*ᵉᵉ-dah) *v* swim

uima-allas (*oo*ᵉᵉ-mah-*ahl*-lahss) *n* swimming pool

uima-altaan hoitaja (*oo*ᵉᵉ-mah-*al*-taan *hoi*-ta-ᵞah) *n* pool attendant

uimahousut (*oo*ᵉᵉ-mah-*hoa*-soot) *pl* swimmingtrunks *pl*

uimalakki (*oo*ᵉᵉ-mah-*lahk*-ki) *n* bathing cap

uimapuku (*oo*ᵉᵉ-mah-*poo*-koo) *n* swimsuit, swimming suit *nAm* ; bathing suit

uimaranta (*oo*ᵉᵉ-mah-*rahn*-tah) *n* beach; **nudisti**-nudist beach

uimari (*oo*ᵉᵉ-mah-ri) *n* swimmer

uimuri (*oo*ᵉᵉ-moo-ri) *n* float

uinti (*oo*ᵉᵉ-n-ti) *n* swimming

ujo (*oo*-ᵞoa) *adj* timid, shy

ujostuttaa (*oo*-ᵞoass-toot-taa) *v* embarrass

ujous (*oo*-ᵞoa-ooss) *n* timidity

ukkonen (*ook*-koa-nayn) *n* thunder; **ukkosluonteinen** thundery

ukonilma (*oo*-koan-*il*-mah) *n* thunderstorm

ulkoa (*ool*-koa-ah) *adv* by heart

ulkoinen (*ool*-koi-nayn) *adj* outward, exterior

ulkoistaa (*ool*-kois-taa) *v* outsource

ulkokultainen (*ool*-koa-*kool*-tigh-nayn) *adj* hypocritical

ulkomaalainen (*ool*-koa-*maa*-ligh-nayn) *n* foreigner; *adj* foreign

ulkomaanvaluuttaa (*ool*-koa-*maan*-vah-lōōt-tah) *n* foreign currency

ulkomailla (*ool*-koa-*mighl*-lah) abroad

ulkomaille (*ool*-koa-*mighl*-lay) abroad

ulkomainen (*ool*-koa-*migh*-nayn) *adj* foreign

ulkomuoto (*ool*-koa-mwoa-toa) *n* outward appearance

ulkona (*ool*-koa-nah) *adv* outdoors, outside, out

ulkonäkö (*ool*-koa-*næ*-kur) *n* appearance

ulkopuolella (*ool*-koa-*pwoa-*layl-lah) *postp* outside

ulkopuoli (*ool*-koa-*pwoa*-li) *n* exterior, outside

ulkopuolinen (*ool*-koa-*pwoa*-li-nayn) *adj* external

ullakko (*ool*-lahk-koa) *n* attic

ulos (*oo*-loass) *adv* out; ~ **jstk** out of

uloskäynti (*oo*-loass-*kæ^{ew}n*-ti) exit, *n* way out

ulospäin (*oo*-loass-*pæ^{ee}n*) *adv* outwards

ulospääsy (*oo*-loass-*pææ*-sew) *n* exit

ulostusaine (*oo*-loass-tooss-*igh*-nay) *n* laxative

ultravioletti (*oolt*-rah-*vioa*-layt-ti) *adj* ultraviolet

ummehtunut (*oom*-mayh-too-noot) *adj* stuffy

ummetus (*oom*-may-tooss) *n* constipation

umpeenkasvanut (*oom*-päyn-*kahss*-vah-noot) *adj* overgrown

umpikuja (*oom*-pi-*koo*-^{y}ah) *n* cul-desac

umpilisäke (*oom*-pi-*li*-sæ-kay) *n* appendix; **umpilisäkkeen tulehdus** appendicitis

umpinainen (*oom*-pi-*nigh*-nayn) *adj* closed

uneksia (*oo*nayk-si-ah) *v*dream

unessa (*oo*-nayss-sah) *adv* asleep

uneton (*oo*-nay-toan) *adj* sleepless

unettomuus (*oo*-nayt-toa-mooss) *n* insomnia

uni (*oo*-ni) *n* sleep; dream; **nähdä unta** *dream

unikko (*oo*-nik-koa) *n* poppy

uninen (*oo*-ni-nayn) *adj* sleepy

unipilleri (*oo*-ni-*pil*-lay-ri) *n* sleeping pill

Unkari (*oong*-kah-ri) Hungary

unkarilainen (*oong*-kah-ri-ligh-nayn) *n* Hungarian; *adj* Hungarian

unohtaa (*oo*-noah-taa) *v*forget; unlearn

unssi (*oons*-si) *n* ounce

untuva (*oon*-too-vah) *n* down

untuvapeite (*oon*-too-vah-pay-tay) *n* eiderdown

upea (*oo*-pay-ah) *adj* magnificent

upouusi (*oo*-poa-$\overline{oo}$-si) *adj* brand-new

uppiniskainen (*oop*-pi-*niss*-kigh-nayn) *adj* obstinate, head-strong

uppokuumennin (*oop*-poa-koo-mayn-nin) *n* immersion heater

upseeri (*oop*-sāy-ri) *n* officer

urakoitsija (*oo*-rah-koit-si-^{y}ah) *n* contractor

urheilija (*oor*-hay-li-^{y}ah) *n* athlete, sportsman

urheilu (*oor*-hay-loo) *n* sport

urheiluasusteet (*oor*-hay-

loo-*ah*-sooss-tāyt) *pl*
sportswear
urheiluauto (*oor*-hay-loo-
ou-toa) *n* sports car
urheiluhousut (*oor*-hay-loo-
hoa-soot) *n* trunks *pl*
urheilutakki (*oor*-hay-loo-
tahk-ki) *n* sports jacket
urheus (*oor*-hay-ooss) *n*
courage
urhoollinen (*oor*-hōal-li-
nayn) *adj* brave, courageous
urotyö (*oo*-roa-t^ewur) *n* feat
Uruguay (*oo*-roo-gooigh)
Uruguay
uruguaylainen (*oo*-roo-goo-
igh-ligh-nayn) *n*
Uruguayan; *adj* Uruguayan
urut (*oo*-root) *pl* organ
useampi (*oo*-say-ahm-pi)
adj more
useat (*oo*-say-aht) *adj*
several
useimmat (*oo*-saym-maht)
adj most
usein (*oo*-sayn) *adv*
frequently, often
uskalias (*ooss*-kah-li-ahss)
adj daring, bold
uskallettu (*ooss*-kahl-layt-
too) *adj* risky
uskaltaa (*ooss*-kahl-taa) *v*
venture, dare
usko (*ooss*-koa) *n* belief,
faith
uskoa (*ooss*-koa-ah) *v*
believe; **uskoa** (jllk)
commit
uskollinen (*ooss*-koal-li-
nayn) *adj* true, faithful;

loyal
uskomaton (*ooss*-koa-mah-
toan) *adj* incredible,
inconceivable
uskonnollinen (*ooss*-koan-
noal-li-nayn) *adj* religious
uskonpuhdistus (*ooss*-
koan-*pooh*-diss-tooss) *n*
reformation
uskonto (*ooss*-koan-toa) *n*
religion
uskoton (*ooss*-koa-toan) *adj*
unfaithful
uskottava (*ooss*-koat-tah-
vah) *adj* credible
usva (*ooss*-vah) *n* mist
usvainen (*ooss*-vigh-nayn)
adj hazy, misty
uteliaisuus (*oo*-tay-li-igh-
sõõss) *n* curiosity
utelias (*oo*-tay-li-ahss) *adj*
inquisitive, curious
utu (*oo*-too) *n* haze
utuinen (*oo*-too^ee-nayn) *adj*
hazy
uudestaan (*ōō*-dayss-taan)
once more
uudisraivaaja (*ōō*-diss-*righ*-
vaa-^yah) *n* pioneer
uudistaa (*ōō*-diss-taa) *v*
renew
uuni (*ōō*-ni) *n* oven, stove
uupunut (*ōō*-poo-noot) *adj*
tired, weary
uurre (*ōōr*-ray) *n* groove
uusi (*ōō*-si) *adj* new
Uusi Seelanti (*ōō*-si say-
lahn-ti) New Zealand
uusiutuva (*ōō*-si-oo-too-
vah) *adj* renewable

uutiset (*ōō*-ti-sayt) *pl* news

uutisfilmi (*ōō*-tiss-*fil*-mi) *n* newsreel

uutislähetys (*ōō*-tiss-*læ*-hay-tewss) *n* news broadcast

uutistoimittaja (*ōō*-tiss-*toi*-

mit-tah-*y*ah) *n* reporter

uuttera (*ōōt*-tay-rah) *adj* diligent

uutteruus (*ōōt*-tay-*r*ōōss) *n* diligence

uuvuttaa (*ōō*-voot-taa) *v* exhaust

V

vaahdota (*vaah*-doa-tah) *v* foam

vaahtera (*vaah*-tay-rah) *n* maple

vaahto (*vaah*-toa) *n* lather, foam

vaahtokumi (*vaah*-toa-*koo*-mi) *n* foam rubber

vaaka (*vaa*-kah) *n* scales *pl* , weighing machine

vaakasuora (*vaa*-kah-*swoa*-rah) *adj* horizontal

vaalea (*vaa*-lay-ah) *adj* pale, fair, light

vaaleanpunainen (*vaa*-lay-ahn-*poo*-nigh-nayn) *adj* pink

vaaleatukkainen (*vaa*-lay-ah-*took*-kigh-nayn) *adj* fair

vaaleaverikkö (*vaa*-lay-ah-*vay*-rik-kur) *n* blonde

vaalipiiri (*vaa*-li-*pee*-ri) *n* constituency

vaalit (*vaa*-lit) *pl* election

vaan (vaan) *conj* but

vaania (*vaa*-niah) *v* prowl

vaara (*vaa*-rah) *n* peril, danger; risk, hazard

vaarallinen (*vaa*-rahl-li-

nayn) *adj* perilous, dangerous; risky

vaaranalainen (*vaa*-rahn-*ah*-ligh-nayn) *adj* endangered

vaarantaa (*vaa*-rahn-taa) *v* risk

vaaraton (*vaa*-rah-toan) *adj* harmless

vaari (*vaa*-ri) *n* grandfather

vaatekaappi (*vaa*-tayk-*kaap*-pi) *n* wardrobe; closet *nAm*

vaatenaulakko (*vaa*-tay-*nou*-lahk-koa) *n* peg

vaateripustin (*vaa*-tayr-*ri*-pooss-tin) *n* coat hanger

vaatesäilö (*vaa*-tayss-*sæ*ᵉᵉ-lur) *n* cloakroom; checkroom *nAm*

vaatevarasto (*vaa*-tayv-*vah*-rahss-toa) *n* wardrobe

vaatia (*vaa*-ti-ah) *v* require, claim, charge, demand; **vaatimalla ~** insist

vaatimaton (*vaa*-ti-mah-toan) *adj* modest, simple

vaatimattomasti (*vaa*-ti-maht-toa-mahss-ti) *adv*

simply
vaatimattomuus (*vaa-ti-maht-toa-mōōss*) *n* modesty
vaatimus (*vaa-ti-mooss*) *n* requirement, demand, claim
vaatteet (*vaat-tāyt*) *pl*clothes *pl*; **vaihtaa vaatteita** change
vadelma (*vah-dayl-mah*) *n* raspberry
vaeltaa (*vah-ayl-taa*) *v* tramp, wander; walk
vaha (*vah-hah*) *n* wax
vahakabinetti (*vah-hah-kah-bi-nayt-ti*) *n* waxworks *pl*
vahingoittaa (*vah-hing-ngoit-taa*) *v* harm
vahingoittumaton (*vah-hing-ngoit-too-mah-toan*) *adj* unhurt
vahingollinen (*vah-hing-ngoal-li-nayn*) *adj* hurtful, harmful
vahingonkorvaus (*vah-hing-ngoang-koar-vah-ooss*) *n* indemnity, compensation
vahinko (*vah-hing-koa*) *n* harm, damage; **mikä vahinko!** what a pity!
vahva (*vahh-vah*) *adj* strong
vahvistaa (*vahh-viss-taa*) *v* acknowledge, confirm; establish
vahvistus (*vahh-viss-tooss*) *n* confirmation
vahvuus (*vahh-vōōss*) *n* strength

vaientaa (*vigh-ayn-taa*) *v* silence
vaieta (*vigh-ay-tah*) *v*keep quiet, *be silent
vaihde (*vighh-day*) *n* gear
vaihdelaatikko (*vighh-dayl-laa-tik-koa*) *n* gearbox
vaihdella (*vighh-dayl-lah*) *v* vary
vaihdepöytä (*vighh-day-pur^ew-tæ*) *n* switchboard
vaihdetanko (*vighh-dayt-tahng-koa*) *n* gear lever
vaihdos (*vighh-doass*) *n* change
vaihe (*vigh-hay*) *n* phase, stage
vaihtaa (*vighh-taa*) *v* change; switch, exchange; ~ **kulkuneuvoa** change
vaihteeksi (*vighh-tāyk-si*) for a change
vaihtelu (*vighh-tay-loo*) *n* variation
vaihto (*vighh-toa*) *n* exchange
vaihtoehto (*vighh-toa-ayh-toa*) *n* alternative
vaihtokurssi (*vighh-toa-koors-si*) *n* rate of exchange, exchange rate
vaihtoraha (*vighh-toa-rah-hah*) *n* change
vaihtovirta (*vighh-toa-veer-tah*) *n* alternating current
vaikea (*vigh-kay-ah*) *adj* hard, difficult
vaikeroida (*vigh-kay-roi-dah*) *v* moan
vaikeus (*vigh-kay-ooss*) *n*

difficulty
vaikka (*vighk*-kah) *conj* though, although
vaikkakin (*vighk*-kah-kin) *conj* though
vaikutelma (*vigh*-koo-tayl-mah) *n* impression
vaikutin (*vigh*-koo-tin) *n* motive
vaikuttaa (*vigh*-koot-taa) *v* affect, influence
vaikuttava (*vigh*-koot-tah-vah) *adj* imposing, impressive
vaikutus (*vigh*-koo-tooss) *n* effect; influence; **tehdä ~** impress; **tehdä valtava ~** overwhelm
vaikutusvalta (*vigh*-koo-tooss-*vahl*-tah) *n* influence, authority
vaikutusvaltainen (*vigh*-koo-tooss-*vahl*-tigh-nayn) *adj* influential
vailla (*vighl*-lah) *prep* without
vaillinainen (*vighl*-li-nigh-nayn) *adj* incomplete
vaimo (*vigh*-moa) *n* wife
vain (*vighn*) *adv* only
vaisto (*vighss*-toa) *n* instinct
vaitelias (*vigh*-tay-li-ahss) *adj* quiet, silent
vaiva (*vigh*-vah) *n* trouble; inconvenience, nuisance
vaivalloinen (*vigh*-vahl-loi-nayn) *adj* troublesome
vaivannäkö (*vigh*-vahn-*næ*-kur) *n* pains
vaivata (*vigh*-vah-tah) *v* trouble; annoy
vaivautua (*vigh*-vou-too-ah) *v* bother
vaja (*vah*-ʸah) *n* shed
vajaus (*vah*-ʸah-ooss) *n* deficit
vajavuus (*vah*-ʸah-vōōss) *n* fault
vajota (*vah*-ʸoa-tah) *v* sink
vakaa (*vah*-kaa) *adj* stable, even
vakanssi (*vah*-kahns-si) *n* vacancy
vakaumus (*vah*-kah-oo-mooss) *n* belief
vakava (*vah*-kah-vah) *adj* serious, grave; bad
vakavuus (*vah*-kah-vōōss) *n* gravity, seriousness
vakio (*vah*-ki-oa) *n* standard; **vakio-** standard
vakiomitta (*vah*-ki-oa-*mit*-tah) *n* standard measure
vakituinen (*vah*-ki-too^{ee}-nayn) *adj* permanent
vakoilija (*vah*-koi-li-ʸah) *n* spy
vakosametti (*vah*-koa-*sah*-mayt-ti) *n* corduroy
vakuus (*vah*-kōōss) *n* guarantee
vakuuttaa (*vah*-kōōt-taa) *v* insure, assure; persuade
vakuutus (*vah*-kōō-tooss) *n* insurance
vakuutuskirja (*vah*-kōō-tooss-*keer*-ʸah) *n* policy, insurance policy; **auton vakuutuskortti** green card
vakuutusmaksu (*vah*-kōō-

tooss-*mahk*-soo) n
premium

vala (*vah*-lah) n oath, vow;
väärä ~ perjury

valaista (*vah*-lighss-tah) v
illuminate; elucidate

valaistus (*vah*-lighss-tooss)
n lighting; illumination

valas (*vah*-lahss) n whale

valehdella (*vah*-layh-dayl-
lah) v lie

valehtelija (*vah*-layh-tay-li-
ʸah) n liar

valepuku (*vah*-layp-*poo*-
koo) n disguise

valhe (*vahl*-hay) n lie

valheellinen (*vah*-*hāyl*-li-
nayn) adj untrue, false

valikoida (*vah*-li-koi-dah) v
pick; select

valikoima (*vah*-li-koi-mah) n
choice, assortment,
selection; variety

valikoitu (*vah*-li-koi-too) adj
select

valinnainen (*vah*-lin-nigh-
nayn) adj optional

valinta (*vah*-lin-tah) n pick,
choice

valintamyymälä (*vah*-lin-
tah-*mēw*-mæ-læ) n
supermarket

valiokunta (*vah*-li-oa-*koon*-
tah) n committee

valita (*vah*-li-tah) v select,
*choose; elect; ~
puhelinnumero v dial

valitettava (*vah*-li-tayt-tah-
vah) adj unfortunate

valitettavasti (*vah*-li-tayt-

tah-vahss-ti) adv
unfortunately

valittaa (*vah*-lit-taa) v
complain

valitus (*vah*-li-tooss) n
complaint

valituskirja (*vah*-li-tooss-
keer-ʸah) n complaints
book

valkaista (*vahl*-kighss-tah) v
bleach

valkoinen (*vahl*-koi-nayn)
adj white

valkokangas (*vahl*-koa-
kahng-ngahss) n screen

valkosipuli (*vahl*-koa-si-
poo-li) n garlic

valkoturska (*vahl*-koa-*toors*-
kah) n whiting

valkuaisaine (*vahl*-koo-
ighss-*igh*-nay) n protein

vallankumouksellinen
(*vahl*-lahn-*koo*-moa-ook-
sayl-li-nayn) adj
revolutionary

vallankumous (*vahl*-lahng-
koo-moa-ooss) n revolution

vallata (*vahl*-lah-tah) v
captivate, overpower; ~
kokonaan overwhelm

vallaton (*vahl*-lah-toan) adj
mischievous

valli (*vahl*-li) n dike, mound

vallihauta (*vahl*-li-*hou*-tah)
n moat

vallita (*vahl*-li-tah) v rule

valloittaa (*vahl*-loit-taa) v
conquer; invade

valloittaja (*vahl*-loit-tah-ʸah)
n conqueror

valloitus (*vahl*-loi-tooss) *n* conquest

valmennus (*vahl*-mayn-nooss) *n* training

valmentaa (*vahl*-mayn-taa) *v* train

valmentaja (*vahl*-mayn-tah-ᵞah) *n* coach

valmis (*vahl*-miss) *adj* finished, ready; prepared; **valmis-** ready-made; ~ **yhteistyöhön** co-operative

valmistaa (*vahl*-miss-taa) *v* prepare; manufacture; ~ **huolellisesti** elaborate; ~ **ruokaa** *v* cook

valmistaja (*vahl*-miss-tah-ᵞah) *n* manufacturer

valmistaminen (*vahl*-miss-tah-mi-nayn) *n* preparation

valmistava (*vahl*-miss-tah-vah) *adj* preliminary

valmistella (*vahl*-miss-tayl-lah) *v* prepare, arrange

valmistusohje (*vahl*-miss-tooss-*oah*-ᵞay) *n* recipe

valo (*vah*-loa) *n* light

valoisa (*vah*-loi-sah) *adj* bright; luminous

valokopio (*vah*-loa-*koa*-pi-oa) *n* photocopy

valokuva (*vah*-loa-*koo*-vah) *n* photograph, photo; snapshot

valokuvaaja (*vah*-loa-*koo*-vaa-ᵞah) *n* photographer

valokuvata (*vah*-loa-*koo*-vah-tah) *v* photograph

valokuvaus (*vah*-loa-*koo*-vah-ooss) *n* photography

valokuvausliike (*vah*-loa-*koo*-vah-ooss-*lee*-kay) *n* camera shop

valonheitin (*vah*-loan-*hay*-tin) *n* searchlight, floodlight

valottua (*vah*-loat-too-ah) *v* expose

valotus (*vah*-loa-tooss) *n* exposure

valotusmittari (*vah*-loa-tooss-*mit*-tah-ri) *n* exposure meter

valpas (*vahl*-pahss) *adj* vigilant

valssi (*vahls*-si) *n* waltz

valta (*vahl*-tah) *n* power; authority

valtaistuin (*vahl*-tah-iss-too-ᵉᵉn) *n* throne

valtakunta (*vahl*-tah-*koon*-tah) *n* state, kingdom

valtameri (*vahl*-tah-*may*-ri) *n* ocean

valtatie (*vahl*-tahtyay) *n* highway

valtaus (*vahl*-tah-ooss) *n* capture

valtava (*vahl*-tah-vah) *adj* vast, immense, tremendous, huge

valtias (*vahl*-ti-ahss) *n* ruler

valtimo (*vahl*-ti-moa) *n* artery; pulse

valtio (*vahl*-ti-oa) *n* state

valtiollinen (*vahl*-ti-oal-li-nayn) *adj* national

valtiomies (*vahl*-ti-oa-myayss) *n* statesman

valtionpäämies (*vahl*-ti-oan-pææ-mi-ayss) *n* head of state

valtionvirkamies (*vahl*-ti-oan veer-kah-*mayss*) *n* civil servant

valtiopäivämies (*vahl*-ti-oa-pæ^{ee}-væ-*myass*) *n* Member of Parliament

valtiosääntö (*vahl*-ti-oa-*sææn*-tur) *n* constitution

valtiovarainministeriö (*vahl*-ti-oa-*vah*-righn-*mi*-niss-tay-ri-ur) *n* Treasury

valtuus (*vahl*-tooss) *n* authority; mandate

valtuuskunta (*vahl*-tooss-*koon*-tah) *n* delegation

valtuutettu (*vahl*-too-tayt-too) *n* delegate

valtuutus (*vahl*-too-tooss) *n* authorization

valurauta (*vah*-loo-*rou*-tah) *n* cast iron

valuutta (*vah*-loot-tah) *n* currency

valvoa (*vahl*-voa-ah) *v* watch; look after; supervise; control

valvoja (*vahl*-voa-^yah) *n* supervisor; attendant

valvonta (*vahl*-voan-tah) *n* control, supervision

vamma (*vahm*-mah) *n* injury

vammainen (*vahm*-migh-nayn) *adj* disabled, invalid

vanginvartija (*vahng*-ngin-*vahr*-ti-^yah) *n* prison guard, warden

vangita (*vahng*-ngi-tah) *v* imprison, capture

vangitseminen (*vahng*-ngit-say-mi-nayn) *n* capture

vanha (*vahn*-hah) *adj* aged, old; ancient

vanhahko (*vahn*-hahh-koa) *adj* elderly

vanhanaikainen (*vahn*-hahn-*igh*-kigh-nayn) *adj* old-fashioned, ancient; quaint

vanhemmat (*vahn*-haym-maht) *pl* parents *pl*

vanhempi (*vahn*-haym-pi) *adj* elder

vanhentunut (*vahn*-hayn-too-noot) *adj* ancient; out of date, expired

vanhin (*vahn*-hin) *adj* eldest

vanhoillinen (*vahn*-hoil-li-nayn) *adj* conservative

vanhuudenheikko (*vahn*-hōō-dayn-*hayk*-koa) *adj* senile

vanhuus (*vahn*-hōōss) *n* age, old age

vanilja (*vah*-nil-^yah) *n* vanilla

vankeus (*vahng*-kay-ooss) *n* imprisonment; custody

vanki (*vahng*-ki) *n* prisoner

vankila (*vahng*-ki-lah) *n* jail, prison

vankka (*vahngk*-kah) *adj* robust, firm

vanne (*vahn*-nay) *n* hoop

vannoa (*vahn*-noa-ah) *v* swear, vow

vanu (*vah*-noo) *n* cotton wool

vapa (*vah*-pah) *n* rod

vapaa (*vah*-paa) *adj* free; unoccupied, vacant; vapautettu jstk exempt

vapaa-aika (*vah*-paa-*igh*-kah) *n* leisure

vapaaehtoinen (*vah*-paa-*ayh*-toi-nayn) *n* volunteer; *adj* voluntary

vapaalippu (*vah*-paa-*lip*-poo) *n* free ticket

vapaamielinen (*vah*-paa-*myay*-li-nayn) *adj* liberal

vapaus (*vah*-pah-*ooss*) *n* freedom, liberty

vapauttaa (*vah*-pah-oot-taa) *v* exempt; discharge of, relieve

vapauttaminen (*vah*-pah-oot-tah-mi-nayn) *n* emancipation; syytteestä ~ acquittal

vapautua (*vah*-pah-oo-too-ah) *v* rid

vapautus (*vah*-pah-oo-tooss) *n* liberation; exemption

vapista (*vah*-piss-tah) *v* shiver, tremble

varakas (*vah*-rah-kahss) *adj* wealthy, well-to-do

varallisuus (*vah*-rahl-li-sōōss) *n* wealth

varaosa (*vah*-rah-*oa*-sah) *n* spare part

varapresidentti (*vah*-rah-*pray*-si-daynt-ti) *n* vice president

varapyörä (*vah*-rah-*p^{eu}ur*-ræ) *n* spare wheel

vararengas (*vah*-rah-*rayng*-ngahss) *n* spare tyre

vararikkoinen (*vah*-rah-*rik*-koi-nayn) *adj* bankrupt

varas (*vah*-rahss) *n* thief

varastaa (*vah*-rahss-taa) *v* steal

varasto (*vah*-rahss-toa) *n* store, supply, stock; depot, warehouse, store house

varastoida (*vah*-rahss-*toi*-dah) *v* stock, store

varastointi (*vah*-rahss-toin-ti) *n* storage

varasäiliö (*vah*-rah-*sæ^{ee}*-li-ur) *n* refill

varata (*vah*-rah-tah) *v* reserve, book; engage

varattu (*vah*-raht-too) *adj* reserved, occupied, engaged

varauloskäytävä (*vah*-rah-*oo*-loass-*kæ^{ew}*-tæ-væ) *n* emergency exit

varaus (*vah*-rah-*ooss*) *n* booking, reservation

varhainen (*vahr*-high-nayn) *adj* early

varhaisempi (*vahr*-high-*saym*-pi) *adj* earlier

varietee-esitys (*vah*-ri-ay-*tāy*-ay-si-tewss) *n* variety show

varieteeteatteri (*vah*-ri-ay-*tāy*-*tay*-aht-tay-ri) *n* variety theatre

varis (*vah*-riss) *n* crow

varjo (*vahr*-^{y}oa) *n* shadow, shade

varjoisa (*vahr*-^{y}oi-sah) *adj* shady

varkaus (*vahr*-kah-ooss) *n* theft, robbery

varma (*vahr*-mah) *adj* certain, sure

varmasti (*vahr*-mahss-ti) *adv* surely; aivan ~ definitely

varmistua (*vahr*-miss-too-ah) *v* make sure; ~ **jstk** ascertain

varoa (*vah*-roa-ah) *v* beware, mind; olla varuillaan watch out, look out, beware

varoittaa (*vah*-roi-taa) *v* warn

varoitus (*vah*-roi-tooss) *n* warning

varovainen (*vah*-roa-vigh-nayn) *adj* careful, cautious; wary

varovaisuus (*vah*-roa-vigh-sōōss) *n* caution; precaution

varpu (*vahr*-poo) *n* twig

varpunen (*vahr*-poo-nayn) *n* sparrow

varras (*vahr*-rahss) *n* spit

varrella (*vahr*-rayl-lah) *postp* on, over

varsi (*vahr*-si) *n* handle; stem

varsinainen (*vahr*-si-nigh-nayn) *adj* actual

varsinkin (*vahr*-sing-kin) *adv* especially

vartalo (*vahr*-tah-loa) *n* figure, body

varten (*vahr*-tayn) *postp* for

vartija (*vahr*-ti-ᵞah) *n* guard

vartio (*vahr*-ti-oa) *n* guard;

olla vartiossa patrol, keep guard

vartioida (*vahr*-ti-oi-dah) *v* guard; watch

varustaa (*vah*-rooss-taa) *v* equip; furnish; ~ **jllk** furnish with

varusteet (*vah*-rooss-tāyt) *pl* outfit, kit, equipment

varvas (*vahr*-vahss) *n* toe

vasara (*vah*-sah-rah) *n* hammer

vasemmanpuolinen (*vah*-saym-mahm-*pwoa*-li-nayn) *adj* left-hand

vasen (*vah*-sayn) *adj* left-hand, left

vasenkätinen (*vah*-sayng-kæ-ti-nayn) *adj* left-handed

vasikanliha (*vah*-si-kahn-li-hah) *n* veal

vasikannahka (*vah*-si-kahn-nahh-kah) *n* calfskin

vasikka (*vah*-sik-kah) *n* calf

vasta-alkaja (*vahss*-tah-*ahl*-kah-ᵞah) *n* beginner

vastaan (*vahss*-taan) *postp* against; versus; olla jtk ~ mind; ~ tuleva oncoming

vastaanottaa (*vahss*-taan-*oat*-taa) *v* receive

vastaanottaja (*vahss*-taan-*oat*-tah-ᵞah) *n* addressee

vastaanotto (*vahss*-taan-*oat*-toa) *n* reception, receipt

vastaanottoaika (*vahss*-taan-*oat*-toa-*igh*-kah) *n* consultation hours

vastaanottoapulainen

(*vahss-taan-oat-toa-ah-poo-ligh-nayn*) *n* receptionist

vastaanottohuone (*vahss-taan-oat-toa-hwoa-nay*) *n* surgery, reception office

vastaava (*vahss-taa-vah*) *adj* equivalent

vastahakoinen (*vahss-tah-hah-koi-nayn*) *adj* unwilling, averse

vastakohta (*vahss-tah-koah-tah*) *n* opposite, contrast

vastalause (*vahss-tah-lou-say*) *n* protest, objection; esittää ~ protest

vastapäinen (*vahss-tah-pæ^ee^-nayn*) *adj* opposite

vastapäätä (*vahss-tah-pææ-tæ*) *postp* opposite

vastata (*vahss-tah-tah*) *v* answer, reply; correspond

vastaus (*vahss-tah-ooss*) *n* reply, answer; vastaukseksi *adv* in reply

vastavaikutus (*vahss-tah-vigh-koo-tooss*) *n* reaction

vastavirtaan (*vahss-tah-veer-taan*) *adv* upstream

vastaväite (*vahss-tah-væ^ee^-tay*) *n* objection

vastenmielinen (*vahss-taym-myay-li-nayn*) *adj* unpleasant, repulsive, disgusting, repellent

vastenmielisyys (*vahss-taym-myay-li-sewss*) *n* aversion, dislike, antipathy; tuntea vastenmielisyyttä dislike

vastoinkäyminen (*vahss-toin-kæ^ew^-mi-nayn*) *n* adversity

vastustaa (*vahss-tooss-taa*) *v* object, oppose

vastustaja (*vahss-tooss-tah-^y^ah*) *n* opponent

vastustus (*vahss-tooss-tooss*) *n* resistance

vastuu (*vahss-tōō*) *n* responsibility; vastuussa jstk in charge of

vastuullinen (*vahss-tōōl-li-nayn*) *adj* responsible; liable

vastuuvelvollisuus (*vahss-tōō-vayl-voal-li-sōōss*) *n* liability

vati (*vah-ti*) *n* dish, basin

vatkain (*vaht-kighn*) *n* mixer

vatkata (*vaht-kah-tah*) *v* whip; mix

vatsa (*vaht-sah*) *n* belly, stomach

vatsahaava (*vaht-sah-haa-vah*) *n* gastric ulcer

vatsakipu (*vaht-sah-ki-poo*) *n* stomach ache

vauhti (*vouh-ti*) *n* rate, speed; hiljentää vauhtia slow down

vaunu (*vou-noo*) *n* coach, car

vaununosasto (*vou-noon-oa-sahss-toa*) *n* compartment

vaunut (*vou-noot*) *pl* carriage, coach

vauraus (*vou-rah-ooss*) *n* prosperity

vaurio (*vou*-ri-oa) *n* damage

vaurioittaa (*vou*-ri-oit-taa) *v* damage

vauva (*vou*-vah) *n* baby; **vauvan kantokassi** carrycot

vauvanvaippa (*vou*-vahn-*vighp*-pah) *n* diaper *nAm*

vedenalainen (*vay*-dayn-*ah*-ligh-nayn) *adj* underwater

vedenpitävä (*vay*-daym-*pi*-tæ-væ) *adj* waterproof

vedonlyönti (*vay*-doan-*l^ew urn*-ti) *n* bet; **vedonlyönnin välittäjä** book-maker

vedos (*vay*-doass) *n* print

vehkeillä (*vayh*-kayl-læ) *v* conspire

vehkeily (*vayh*-kay-lew) *n* intrigue

vehnä (*vayh*-næ) *n* wheat

vehnäjauho (*vayh*-næ-*y ou*-hoa) *n* flour

veistos (*vayss*-toass) *n* sculpture; carving

veistää (*vayss*-tææ) *v* carve

veitsi (*vayt*-si) *n* knife

vekotin (*vay*-koa-tin) *n* gadget

vekseli (*vayk*-say-li) *n* draft

veli (*vay*-li) *n* brother

veljenpoika (*vayl*-*y* aym-*poi*-kah) *n* nephew

veljentytär (*vayl*-*y* ayn-*tew*-tær) *n* niece

veljeys (*vayl*-*y* ay-ewss) *n* fraternity

velka (*vayl*-kah) *n* debt; **olla velkaa** owe

velkoja (*vayl*-koa-*y* ah) *n* creditor

veltto (*vaylt*-toa) *adj* flabby, sodden

velvoittaa (*vayl*-voit-taa) *v* oblige

velvollisuus (*vayl*-voal-li-sōōss) *n* duty

vene (*vay*-nay) *n* boat

Venezuela (*vay*-nayt-soo-āy-lah) Venezuela

venezuelalainen (*vay*-nayt-soo-āy-lah-ligh-nayn) *n* Venezuelan; *adj* Venezuelan

venttiili (*vaynt*-teeli) *n* valve

venyttää (*vaynewt*-tææ) *v* stretch

Venäjä (*vay*-næ-*y* æ) Russia

venäläinen (*vay*-næ-læ^ee-nayn) *n* Russian; *adj* Russian

verbi (*vayr*-bi) *n* verb

verenkierto (*vay*-rayng-*kyayr*-toa) *n* blood circulation

verenmyrkytys (*vay*-raym-*mewr*-kew-tewss) *n* blood poisoning

verenpaine (*vay*-raym-*pigh*-nay) *n* blood pressure

verenvuoto (*vay*-rayn-*vwoa*-toa) *n* haemorrhage; ~ **nenästä** nosebleed

verho (*vayr*-hoa) *n* curtain

verhoilla (*vay*-hoil-lah) *v* upholster

veri (*vay*-ri) *n* blood

verisuoni (*vay*-ri-*swoa*-ni) *n* blood vessel

verkko (*vayrk*-koa) *n* net

verkkokalvo (*vayrk*-koa-*kahl*-voa) *n* retina

verkkoryhmä (*vayrk*-koa-rewh-mæ) *n* network

verkkotyöskentely (*vayrk*-koa-*t^ew urss*-kayn-ta-lew) *n* networking

verkonsilmä (*vayr*-koan-*sil*-mæ) *n* mesh

vernissa (*vayr*-niss-sah) *n* varnish

vero (*vay*-roa) *n* tax

veroton (*vay*-roa-toan) *adj* tax-free

verottaa (*vay*-roat-taa) *v* tax

verotus (*vay*-roa-tooss) *n* taxation

verrata (*vayr*-rah-tah) *v* compare

verraton (*vayr*-rah-toan) *adj* priceless, exquisite, terrific; superlative

vertailukohta (*vayr*-tah-i-loo-koah-tah) *n* point of comparison

vertaus (*vayr*-tah-ooss) *n* comparison

veruke (*vay*-roo-kay) *n* pretence

veräjä (*vay*-ræ-ʸæ) *n* gate

vesi (*vay*-si) *n* water; juokseva ~ running water

vesikauhu (*vay*-si-*kou*-hoo) *n* rabies

vesillelasku (*vay*-sil-layl-lahss-koo) *n* launching

vesimeloni (*vay*-si-*may*-loa-ni) *n* watermelon

vesipannu (*vay*-si-*pahn*-noo) *n* kettle

vesipumppu (*vay*-si-*poomp*-poo) *n* water pump

vesiputous (*vay*-si-*poo*-toa-ooss) *n* waterfall

vesirokko (*vay*-si-*roak*-koa) *n* chickenpox

vesisuksi (*vay*-si-*sook*-si) *n* water ski

vesivaaka (*vay*-si-*vaa*-kah) *n* level

vesiväri (*vay*-si-*væ*-ri) *n* watercolo(u)r

vesivärimaalaus (*vay*-si-*væ*-ri-*maa*-lah-ooss) *n* watercolo(u)r

veto (*vay*-toa) *n* draught

vetoketju (*vay*-toa-*kayt*-ʸoo) *n* zip, zipper

vetoomus (*vay*-tōā-mooss) *n* appeal

vetovoima (*vay*-toa-*voi*-mah) *n* attraction

veturi (*vay*-too-ri) *n* locomotive, engine

vety (*vay*-tew) *n* hydrogen

vetäytyä (*vay*-tæ^ew-tew-æ) *v* withdraw; ~ jonnekin retire

vetää (*vay*-tææ) *v* pull, *draw; *wind; ~ puoleensa attract; ~ ulos extract

viallinen (*vi*-ahl-li-nayn) *adj* defective

viaton (*vi*-ah-toan) *adj* innocent

viattomuus (*vi*-aht-toa-mōōss) *n* innocence

video (*vi*-day-oa) *n* video

videokasetti (*vi*-day-oa-*kah*-

vihollinen

sayt-ti) *n* video cassette
videonauhuri (*vi*-day-oa-
nou-hoo-ri) *n* video
recorder
videopeli (*vi*-day-oa-*pay*-li)
n video game
videotallennus (*vi*-day-
oa-*tahl*-layn-nooss) *n* video
recording
viedä (*vi*-ay-dæ) *v* take away;
~ **kirjoihin** book; ~ **maasta**
export
viehkeä (*vyayh*-kay-æ) *adj*
graceful
viehättävä (*vyay*-hæt-tæ-væ)
adj charming, lovely
viehätys (*vyay*-hæ-tewss) *n*
charm, attraction
vielä (*vyay*-læ) *adv* yet, still
viemäri (*vyay*-mæ-ri) *n*
drain, sewer
vienti (*vyayn*-ti) *n* export,
exportation
vientitavarat (*vyayn*-ti-tah-
vah-raht) *pl* exports *pl*
vieraanvarainen (*vyay*-
raan-*vah*-righ-nayn) *adj*
hospitable
vieraanvaraisuus (*vyay*-
raan-*vah*-righ-sõõss) *n*
hospitality
vierailija (*vyay*-righ-li-³ah) *n*
visitor
vierailla (*vyay*-righl-lah) *v*
call on, visit
vierailu (*vyay*-righ-loo) *n*
visit, call
vierailuaika (*vyay*-righ-loo-
igh-kah) *n* visiting hours
vieras (*vyay*-rahss) *n* guest;

adj foreign
vierashuone (*vyay*-rahss-
hwoa-nay) *n* spare room,
guest room
vieressä (*vyay*-rayss-sæ)
postp beside, next to
viesti (*vyayss*-ti) *n* message
viestintä (*vyayss*-tin-tæ) *n*
communication
vietellä (*vyay*-tayl-læ) *v*
seduce
viettävä (*vyayt*-tæ-væ) *adj*
sloping
viettää¹ (*vyayt*-tææ) *v*spend;
~ **riemuvoittoa** triumph
viettää² (*vyayt*-tææ) *v* slope
viha (*vi*-hah) *n* hate, hatred
vihainen (*vi*-high-nayn) *adj*
cross, angry
vihamielinen (*vi*-hah-*myay*-
li-nayn) *adj* hostile
vihannekset (*vi*-hahn-nayk-
sayt) *pl* greens *pl*
vihanneskauppias (*vi*-
hahn-nayss-*koup*-pi-ahss) *n*
greengrocer; vegetable
merchant
vihata (*vi*-hah-tah) *v* hate
vihdoin (*vih*-doin) *adv* at
last
vihellyspilli (*vi*-hayl-lewss-
pil-li) *n* whistle
viheltää (*vi*-hayl-tææ) *v*
whistle
vihjata (*vih*-³ah-tah) *v* imply
vihje (*vih*-³ay) *n* hint
vihkisormus (*vih*-ki-*soar*-
mooss) *n* wedding ring
vihollinen (*vi*-hoal-li-nayn)
n enemy

vihreä (*vih-*ray-æ) *adj* green

viidakko (*vee-*dahk-koa) *n* jungle

viides (*vee-*dayss) *num* fifth

viidestoista (*vee-*dayss-*toiss-*tah) *num* fifteenth

viihde (*veeh-*day) *n* entertainment

viihdyttävä (*veeh-*dewt-tæ-væ) *adj* entertaining

viihdyttää (*veeh-*dewt-tææ) *v* entertain

viikko (*veek-*koa) *n* week; **kaksi viikkoa** fortnight

viikonloppu (*vee-*koan-*loap-*poo) *n* weekend

viikottainen (*vee-*koat-tigh-nayn) *adj* weekly

viikset (*veek-*sayt) *pl* moustache

viikuna (*vee-*koo-nah) *n* fig

viila (*vee-*lah) *n* file

vileä (*vee-*lay-æ) *adj* cool

viilto (*veel-*toa) *n* cut

viime (*vee-*may) *adj* past, last; ~ **aikoina** lately

viimeinen (*vee-*may-nayn) *adj* ultimate, last

viimeistellä (*vee-*mayss-tayl-læ) *v* finish

viina (*vee-*nah) *n* liquor

viini (*vee-*ni) *n* wine

viinikauppias (*vee-*ni-*koup-*pi-ahss) *n* wine merchant

viinikellari (*vee-*ni-*kayl-*lah-ri) *n* wine cellar

viiniköynnös (*vee-*ni-*kur*^{ew}*n-*nurss) *n* vine

viinilista (*vee-*ni-*liss-*tah) *n* wine list

viininkorjuu (*vee-*nin-*koar-*$^{\gamma}$oo) *n* vintage

viinirypäleet (*vee-*ni-*rew-*pæ-layt) *pl* grapes *pl*

viinitarha (*vee-*ni-*tahr-*hah) *n* vineyard

viipale (*vee-*pah-lay) *n* slice

viipymättä (*vee-*pew-mæt-tæ) *adv* immediately

viiriäinen (*vee-*ri-æ^{ee}-nayn) *n* quail

viisas (*vee-*sahss) *adj* wise

viisaus (*vee-*sah-ooss) *n* wisdom

viisi (*vee-*si) *num* five

viisikymmentä (*vee-*si-*kewm-*mayn-tæ) *num* fifty

viisitoista (*vee-*si-*toiss-*tah) *num* fifteen

viisto (*veess-*toa) *adj* slanting

viisumi (*vee-*soo-mi) *n* visa

viitata (*vee-*tah-tah) *v* beckon; ~ **jhk** refer to

viitaten (*vee-*tah-tayn) *adv* with reference to

viite (*vee-*tay) *n* reference

viitta (*veet-*tah) *n* robe

viittaus (*veet-*tah-ooss) *n* allusion

viiva (*vee-*vah) *n* line

viivoitin (*vee-*voi-tin) *n* ruler

viivyttää (*vee-*vewt-tææ) *v* delay

viivytys (*vee-*vew-tewss) *n* delay

vika (*vi-*kah) *n* fault; deficiency

vilahdus (*vi-*lahh-dooss) *n* glimpse

vilja (*vil-*Yah) *n* corn

viljapelto (*vil-*Yah-*payl*-toa) *n* cornfield

viljelemätön (*vil-*Yay-*lay-mæ*-turn) *adj* uncultivated

viljellä (*vil-*Yayl-læ) *v* cultivate; raise

viljelys (*vil-*Yay-lewss) *n* plantation

vilkas (*vil*-kahss) *adj* active

vilkasliikenteinen (*vil-kahss-lee*-kayn-tay-nayn) *adj* busy

vilkkuvalo (*vilk*-koo-*vah*-loa) *n* indicator

villa (*vil*-lah) *n* wool

villainen (*vil*-ligh-nayn) *adj* woollen

villapaita (*vil*-lah-*pigh*-tah) *n* jersey

villatakki (*vil*-lah-*tahk*-ki) *n* cardigan

villi (*vil*-li) *adj* savage; wild; fierce

villitys (*vil*-lew-tewss) *n* craze

vilpillinen (*vil*-pil-li-nayn) *adj* false

vilpittömästi (*vil*-pit-tur-mæss-ti) *adv* sincerely

vilpitön (*vil*-pi-turn) *adj* sincere, honest

vilustua (*vi*-looss-too-ah) *v*catch a cold

vilustuminen (*vi*-looss-too-mi-nayn) *n* cold

vimma (*vim*-mah) *n* fury

vino (*vi*-noa) *adj* slanting

vinottainen (*vi*-noat-tigh-nayn) *adj* diagonal

vintiö (*vin*-ti-ur) *n* rascal

vinttikoira (*vint*-ti-*koi*-rah) *n* greyhound

VIP (*vip*) *n* VIP

vipu (*vi*-poo) *n* lever

vipuvarsi (*vi*-poo-vahr-si) *n* lever pin

virallinen (*vi*-rahl-li-nayn) *adj* official

viranomaiset (*vi*-rahn-*oa*-migh-sayt) *pl* authorities *pl*

virasto (*vi*-rahss-toa) *n* office

virhe (*veer*-hay) *n* mistake, fault, error

virheellinen (*veer*-hāyl-li-nayn) *adj* incorrect, faulty

virheetön (*veer*-hāy-turn) *adj* faultless

virittää (*vi*-rit-tææ) *v* tune in

virka (*veer*-kah) *n* office

virkapuku (*veer*-kah-*poo*-koo) *n* uniform

virkata (*veer*-kah-tah) *v* crochet

virkaura (*veer*-kah-*oo*-rah) *n* career

virkavaltaisuus (*veer*-kah-*vahl*-tigh-sõõss) *n* bureaucracy

virkaveli (*veer*-kah-*vay*-li) *n* colleague

virkistys (*veer*-kiss-tewss) *n* recreation

virkistyskeskus (*veer*-kiss-tewss-*kayss*-kooss) *n* recreation centre

virkistää (*veer*-kiss-tææ) *v* refresh

virnistys (*veer*-niss-tewss) *n*

grin

virnistää (*veer*-niss-tææ) *v* grin

virranjakaja (*veer*-rahn-ᵞ*ah*-kah-ᵞah) *n* distributor

virrata (*veer*-rah-tah) *v* flow, stream

virsi (*veer*-si) *n* hymn

virta (*veer*-tah) *n* stream; current

virtsa (*veert*-sah) *n* urine

virus (*vee*-roos) *n* virus

virvoke (*veer*-voa-kay) *n* refreshment

vitamiini (*vi*-tah-mee-ni) *n* vitamin

vitsaus (*vit*-sah-ooss) *n* plague

vitsi (*vit*-si) *n* joke

viuhka (*vee*ᵒᵒ*h*-kah) *n* fan

viulu (*vee*ᵒᵒ-loo) *n* violin

vivahdus (*vi*-vahh-dooss) *n* shade

vohveli (*voah*-vay-li) *n* wafer, waffle

voi (*voi*) *n* butter

voida (*voi*-dah) *v*can, *be able to

voide (*voi*-day) *n* cream; ointment

voidella (*voi*-dayl-lah) *v* lubricate

voihkia (*voih*-ki-ah) *n* groan

voikukka (*voi*-*kook*-kah) *n* dandelion

voileipä (*voi*-lay-pæ) *n* sandwich

voima (*voi*-mah) *n* strength, energy, force, power

voimakas (*voi*-mah-kahss)

adj strong; powerful

voimakkuus (*voi*-mahk-kōōss) *n* power

voimalaitos (*voi*-mah-*ligh*-toass) *n* power plant

voimaton (*voi*-mah-toan) *adj* powerless; faint

voimistelija (*voi*-miss-tay-li-ᵞah) *n* gymnast

voimistelu (*voi*-miss-tay-loo) *n* gymnastics *pl*

voimistelusali (*voi*-miss-tay-loo-*sah*-li) *n* gymnasium

voimistelutossut (*voi*-miss-tay-loo-*toass*-soot) *pl* gym shoes

voitelu (*voi*-tay-loo) *n* lubrication

voitelujärjestelmä (*voi*-tay-loo-ᵞær-ᵞayss-tayl-mæ) *n* lubrication system

voiteluöljy (*voi*-tay-loo-*url*-ᵞew) *n* lubrication oil

voitollinen (*voi*-toal-li-nayn) *adj* winning

voittaa (*voit*-taa) *v* gain, *win; defeat, *beat; *overcome

voittaja (*voit*-tah-ᵞah) *n* winner

voittamaton (*voit*-tah-mah-toan) *adj* unsurpassed

voitto (*voit*-toa) *n* victory; profit

voittoisa (*voit*-toi-sah) *adj* triumphant

voittosumma (*voit*-toa-*soom*-mah) *n* winnings *pl*

vokaali (*voa*-kaa-li) *n* vowel

voltti (*voalt*-ti) *n* volt

vuodattaa (*vwoa*-daht-taa) *v*shed

vuode (*vwoa*-day) *n* bed

vuodenaika (*vwoa*-dayn-*igh*-kah) *n* season

vuodevaatteet (*vwoa*-dayv-*vaat*-täyt) *pl* bedding

vuohennahka (*vwoa*-hayn-*nahh*-kah) *n* buckskin

vuohi (*vwoa*-hi) *n* goat

vuohipukki (*vwoa*-hi-*pook*-ki) *n* goat

vuokra (*vwoak*-rah) *n* rent; antaa vuokralle lease

vuokra-autoilija (*vwoak*-rah-*ou*-toi-li-*y*ah) *n* taxi driver

vuokraemäntä (*vwoak*-rah-*ay*-mæn-tæ) *n* landlady

vuokraisäntä (*vwoak*-rah-*i*-sæn-tæ) *n* landlord

vuokralainen (*vwoak*-rah-ligh-nayn) *n* lodger, tenant

vuokrasopimus (*vwoak*-rah-*soa*-pi-mooss) *n* rental agreement

vuokrata (*vwoak*-rah-tah) *v*let, hire, rent, lease

vuokratalo (*vwoak*-rah-*tah*-loa) *n* apartment house *Am*

vuokrattavana (*vwoak*-rahtt-tah-vah-nah) for hire

vuoksi (*vwoak*-si) *postp* owing to, because of, for; *n* flood

vuolla (*lay*-kah-tah) *v* carve

vuorenharjanne (*vwoa*-rayn-*hahr*-*y*ahn-nay) *n* ridge

vuori (*vwoa*-ri) *n* mount,

mountain; lining

vuorijono (*vwoa*-ri-*y*oa-noa) *n* mountain range

vuorinen (*vwoa*-ri-nayn) *adj* mountainous

vuoristokiipeily (*vwoa*-riss-toa-*kee*-pay-lew) *n* mountaineering

vuoro (*vwoa*-roa) *n* turn

vuorokausi (*vwoa*-roa-*kou*-si) *n* twenty-four hours

vuorolaiva (*vwoa*-roa-*ligh*-vah) *n* liner

vuorottainen (*vwoa*-roat-tigh-nayn) *adj* alternate

vuorovesi (*vwoa*-roa-*vay*-si) *n* tide

vuosi (*vwoa*-si) *n* year; uusi ~ New Year

vuosikirja (*vwoa*-si-*keer*-*y*ah) *n* annual

vuosipäivä (*vwoa*-si-*pæ*ee-væ) *n* anniversary

vuosisata (*vwoa*-si-*sah*-tah) *n* century

vuosittain (*vwoa*-sit-tighn) *adv* per annum

vuotaa (*vwoa*-taa) *v* leak; ~ verta *v*bleed

vuotava (*vwoa*-tah-vah) *adj* leaky

vuoto (*vwoa*-toa) *n* leak

vuotuinen (*vwoa*-tigh-nayn) *adj* yearly, annual

vyö (*v*ewur) *n* belt

vyöhyke (*v*ewur-hew-kay) *n* zone

vyötärö (*v*ewur-tæ-rur) *n* waist

väestö (*væ*-ayss-tur) *n*

population
vähemmistö (*væ*-haym-miss-tur) *n* minority
vähemmän (*væ*-haym-mæn) *adv* less
vähennys (*væ*-hayn-newss) *n* decrease; discount
vähentää (*væ*-hayn-tææ) *v* reduce, lessen, decrease; subtract, deduct
vähetä (*væ*-hay-tææ) *v* decrease
vähin (*væ*-hin) *adj* least
vähintään (*væ*-hin-tææn) *adv* at least
vähitellen (*væ*-hi-tayl-layn) *adv* gradually
vähittäiskauppa (*væ*-hit-tæ⁻ᵉᵉss-*koup*-pah) *n* retail trade
vähittäiskauppias (*væ*-hit-tæ⁻ᵉᵉss-*koup*-pi-ahss) *n* retailer
vähittäismaksukauppa (*væ*-hit-tæ⁻ᵉᵉss-mahk-soo-*koup*-pah) *n*hire purchase, installment plan *nAm*
vähäinen (*væ*-hæ⁻ᵉᵉ-nayn) *adj* minor, small; slight
vähäisin (*væ*-hæ⁻ᵉᵉ-sin) *adj* least
vähän (*væ*-hæn) *adv* some; ~ lisää some more
vähäpätöinen (*væ*-hæ-*pæ*-tur⁻ᵉᵉ-nayn) *adj* petty; minor
vähätellä (*væ*-hæ-tayl-læ) *v* understate
vähättely (*væ*-hæt-tay-lew) *n* understatement
väijytys (*væ*⁻ᵉᵉ-⁻ʸew-tewss) *n*

ambush
väistämätön (*væ*⁻ᵉᵉss-tæ-mæ-turn) *adj* unavoidable, inevitable
väite (*væ*⁻ᵉᵉ-tay) *n* statement
väitellä (*væ*⁻ᵉᵉ-tayl-læ) *v* argue
väittely (*væ*⁻ᵉᵉt-tay-lew) *n* argument; discussion
väittää (*væ*⁻ᵉᵉt-tææ) *v* insist, claim; ~ **vastaan** object to
väkevä (*væ*-kay-væ) *adj* powerful
väkijuomat (*væ*-ki-⁻ʸwoa-maht) *pl* spirits
väkipyörä (*væ*-ki-*p*ᵉᵉur-ræ) *n* pulley
väkirikas (*væ*-ki-*ri*-kahss) *adj* populous
väkisin (*væ*-ki-sin) *adv* by force
väkivalta (*væ*-ki-*vahl*-tah) *n* violence; force; **tehdä väkivaltaa** assault
väkivaltainen (*væ*-ki-*vahl*-tigh-nayn) *adj* violent
väli (*væ*-li) *n* space; interval
väliaika (*væ*-li-*igh*-kah) *n* interval, intermission; interim
väliaikainen (*væ*-li-*igh*-kigh-nayn) *adj* temporary; provisional
väliintulo (*væ*-leen-*too*-loa) *n* interference
välikohtaus (*væ*-li-*koah*-tah-ooss) *n* episode, interlude
välimatka (*væ*-li-*maht*-kah) *n* space

Välimeri (væ-li-*may*-ri) n Mediterranean

väline (væ-li-nay) n tool

välinpitämätön (væ-lim-pi-tæ-mæ-turn) adj indifferent

välipala (væ-li-*pah*-lah) n snack

väliseinä (væ-li-*say*-næ) n partition

välissä (væ-liss-sæ) postp between

välittäjä (væ-lit-tæ-ᵞæ) n intermediary, mediator; broker

välittää (væ-lit-tææ) v mediate; **olla välittämättä** ignore; **~ jstk** care for

välittömästi (væ-lit-tur-mæss-ti) adv instantly, immediately

välitunti (væ-li-*toon*-ti) n break

välitysliike (væ-li-tewss-*lee*-kay) n agency

välitön (væ-li-turn) adj direct, immediate

väljähtynyt (væl-ᵞæh-tew-newt) adj stale

välttämättömyydet (vælt-tæ-mæt-tur-*mew*-dayt) npl basics

välttämättömyys (vælt-tæ-mæt-tur-*mewss*) n necessity

välttämätön (vælt-tæ-mæ-turn) adj necessary; essential

välttää (vælt-tææ) v avoid; escape

välähdys (væ-læh-dewss) n flash

väri (væ-ri) n colour

värifilmi (væ-ri-*fil*-mi) n colour film

värikäs (væ-ri-kæss) adj colourful

värillinen (væ-ril-li-nayn) adj coloured

värinpitävä (væ-rim-*pi*-tæ-væ) adj fast-dyed

värisokea (væ-ri-*soa*-kay-ah) adj colour-blind

väristys (væ-riss-tewss) n chill; shiver, shudder

väristä (væ-riss-tæ) v tremble, shiver

värjätä (vær-ᵞæ-tæ) v dye

värjäys (vær-ᵞæ-ewss) n dye

värähdellä (væ-ræh-dayl-læ) v vibrate

värähtely (væ-ræh-tay-lew) n vibration

väsynyt (væ-sew-newt) adj tired

väsyttävä (væ-sewt-tæ-væ) adj weary, tiring

väsyttää (væ-sewt-tææ) v tire

vävy (væ-vew) n son-in-law

väylä (væ^w-læ) n passage

vääntynyt (vææn-tew-newt) adj crooked

vääntää (vææn-tææ) v wrench, twist

vääntö (vææn-tur) n twist

väärennös (vææ-rayn-nurss) n counterfeit, fake

väärentää (vææ-rayn-tææ) v forge, counterfeit

väärinkäsitys (vææ-ring-kæ-si-tewss) n

misunderstanding; mistake
väärinkäyttö (*væ-ring-kæ*ᵉʷ*t-tur*) *n* abuse, misuse
vääryys (*væ-rēwss*) *n* injustice, wrong; **tehdä**

vääryyttä wrong
väärä (*væ-ræ*) *adj* incorrect, wrong, false; **olla väärässä** *be wrong

W

watti (*vaht-*ti) *n* watt

WC (*vāy-sāy*) *n* rest room, facilities

Y

ydin (*ew-*din) *n* heart, essence, nucleus; marrow; **ydin-** nuclear, atomic
ydinvoima (*ew-*din-*voi-*mah) *n* nuclear energy
yhdeksän (*ewh-*dayk-sæn) *num* nine
yhdeksänkymmentä (*ewh-*dayk-sæng-*kewm-*mayn-tæ) *num* ninety
yhdeksäntoista (*ewh-*dayk-sæn-*toiss-*tah) *num* nineteen
yhdeksäs (*ewh-*dayk-sæss) *num* ninth
yhdeksästoista (*ewh-*dayk-sæss-*toiss-*tah) *num* nineteenth
yhdenmukainen (*ewh-*daym-*moo-*kigh-nayn) *adj* uniform
yhdenmukaistaa (*ewh-*daym-moo-kighss-taa) *v* standardize
yhdennäköisyys (*ewh-*

dayn-*næ-*kurᵉᵉ-*sēwss*) *n* resemblance
yhdensuuntainen (*ewh-*dayn-*sōōn-*tigh-nayn) *adj* parallel
yhdessä (*ewh-*dayss-sæ) *adv* together
yhdestoista (*ewh-*dayss-*toiss-*tah) *num* eleventh
yhdistelmä (*ewh-*diss-*tayl-*mæ) *n* combination
yhdistetty (*ewh-*diss-*tayt-*tew) *adj* joint
yhdistynyt (*ewh-*diss-*tew-*newt) *adj* united
yhdistys (*ewh-*diss-tewss) *n* society, association; union
yhdistyä (*ewh-*diss-tew-æ) *v* merge
yhdistää (*ewh-*diss-tææ) *v* unite; join; connect; combine; **~ jälleen** reunite
yhdyskunta (*ewh-*dewss-*koon-*tah) *n* community
yhdysside (*ewh-*dewss-si-

day) *n* band, link

Yhdysvallat (*ewh-dewss-vahl-laht*) the United States

yhdysviiva (*ewh-dewss-vee-vah*) *n* hyphen

yhteenlasku (*ewh-tāyn-lahss-koo*) *n* addition

yhteensattuma (*ewh-tāyn-saht-too-mah*) *n* concurrence

yhteentörmäys (*ewh-tāyn-turr-mæ-ewss*) *n* collision, crash

yhteenveto (*ewh-tāyn-vay-toa*) *n* summary

yhteinen (*ewh-tay-nayn*) *adj* common, joint; yhteis-collective

yhteiskunnallinen (*ewh-tayss-koon-nahl-li-nayn*) *adj* social

yhteiskunta (*ewh-tayss-koon-tah*) *n* society

yhteistoiminnallinen (*ewh-tayss-toi-min-nahl-li-nayn*) *adj* co-operative

yhteistoiminta (*ewh-tayss-toi-min-tah*) *n* cooperation

yhteistyö (*ewh-tayss-tᵉʷur*) *n* cooperation

yhteisymmärrys (*ewh-tayss-ewm-mær-rewss*) *n* consensus

yhteisö (*ewh-tay-sur*) *n* community

yhtenäisyys (*ewh-tay-næ-sēwss*) *n* coherence

yhteys (*ewh-tay-ewss*) *n* connection; touch, contact

yhtiö (*ewh-ti-ur*) *n* company

yhtye (*ewh-tew-ay*) *n* band

yhtymä (*ewh-tew-mæ*) *n* concern; merger

yhtyä (*ewh-tew-æ*) *v* join

yhtä (*ewh-tæ*) *adv* equally; ~ paljon as much; as

yhtäläinen (*ewh-tæ-læ-nayn*) *adj* equal

yhä (*ew-hæ*) *adv* ever; ~ uudelleen again and again

ykseys (*ewk-say-ewss*) *n* unity

yksi (*ewk-si*) *num* one

yksikkö (*ewk-sik-kur*) *n* singular; unit

yksilö (*ewk-si-lur*) *n* individual

yksilöllinen (*ewk-si-lurl-li-nayn*) *adj* individual

yksimielinen (*ewk-si-myay-li-nayn*) *adj* unanimous

yksin (*ewk-sin*) *adv* alone

yksinkertainen (*ewk-sing-kayr-tigh-nayn*) *adj* simple, plain

yksinkertaisesti (*ewk-sing-kayr-tigh-sayss-ti*) *adv* simply

yksinoikeus (*ewk-sin-oi-kay-ooss*) *n* monopoly

yksinomaan (*ewk-sin-oa-maan*) *adv* exclusively, solely

yksinomainen (*ewk-sin-oa-migh-nayn*) *adj* exclusive

yksinpuhelu (*ewk-sin-poo-hay-loo*) *n* monologue

yksinäinen (*ewk-si-næ-nayn*) *adj* lonely

yksipuolinen (*ewk-si-pwoa-*

li-nayn) *adj* one-sided

yksitoikkoinen (*ewk-si-toik-koi-nayn*) *adj* monotonous

yksitoista (*ewk-si-toiss-tah*) *num* eleven

yksityinen (*ewk-si-tew^{ee}-nayn*) *adj* private; individual

yksityiselämä (*ewk-si-tew^{ee}ss-ay-læ-mæ*) *n* privacy

yksityiskohta (*ewk-si-tew^{ee}ss-koah-tah*) *n* detail

yksityiskohtainen (*ewk-si-tew^{ee}ss-koah-tigh-nayn*) *adj* detailed

yksityisopettaja (*ewk-si-tew^{ee}ss-oa-payt-tah-^yah*) *n* tutor

yleensä (*ew-lāyn-sæ*) *adv* as a rule, in general

yleinen (*ew-lay-nayn*) *adj* public, general; total, universal

yleiskatsaus (*ew-layss-kaht-sah-ooss*) *n* survey

yleislääkäri (*ew-layss-læææ-kæ-ri*) *n* general practitioner

yleismaailmallinen (*ew-layss-maa-il-mahl-li-nayn*) *adj* universal

yleisurheilu (*ew-layss-oor-hay-loo*) *n* athletics *pl*

yleisö (*ew-lay-sur*) *n* audience, public

yllellinen (*ew-layl-li-nayn*) *adj* luxurious

ylellisyys (*ew-layl-li-sēwss*) *n* luxury

ylempi (*ew-laym-pi*) *adj* upper, superior

ylenkatse (*ew-layng-kaht-say*) *n* scorn, contempt

ylennys (*ew-layn-newss*) *n* promotion

ylenpalttinen (*ew-layn-pahlt-ti-nayn*) *adj* profuse

ylentää (*ew-layn-tæ*) *v* promote

yli (*ew-li*) *prep/postp* over, above; beyond; ~ **yön** overnight

yliherkkyys (*ew-li-hayrk-kēwss*) *n* allergy

yliherruus (*ew-li-hayr-rōōss*) *n* supremacy, dominance

ylijäämä (*ew-li-^yææ-mæ*) *n* remainder, surplus

ylimielinen (*ew-li-myay-li-nayn*) *adj* arrogant

ylimääräinen (*ew-li-mææ-ræ^{ee}-nayn*) *adj* extra, spare

ylin (*ew-lin*) *adj* top; chief

ylinopeus (*ew-li-noa-pay-ooss*) *n* speeding

yliopisto (*ew-li-oa-piss-toa*) *n* university

ylioppilas (*ewli-oap-pi-lahss*) *n* student

ylipaino (*ew-li-pigh-noa*) *n* overweight

ylirasittua (*ew-li-rah-sit-too-ah*) *v* overwork

ylirasittunut (*ew-li-rah-sit-too-noot*) *adj* overworked

ylistys (*ew-liss-tewss*) *n* praise, glory

ylistää (*ew-liss-tææ*) *v* praise

ylittää (*ew-lit-tææ*) *v* cross;

exceed, *outdo; ~ sallittu
ajonopeus *speed; ~ tili
overdraw

ylityspaikka (ewli-tewss-pighk-kah) n crossing

ylivoimainen (ew-li-voi-migh-nayn) adj insurmountable

ylivoimaisesti (ew-li-voi-migh-sayss-ti) by far

ylläpito (ewl-læ-pi-toa) n maintenance

ylläpitää (ewl-læ-pi-tææ) v maintain; *keep up

yllättää (ewl-læt-tææ) v surprise; *catch

yllätys (ewl-læ-tewss) n surprise

ylpeys (ewl-pay-ewss) n pride

ylpeä (ewl-pay-æ) adj proud

yltäkylläisyys (ewl-tæ-kewl-læ^(ee)-sewss) n abundance

ylä- (ew-læ) upper

yläkerta (ew-læ-kayr-tah) n upstairs

yläkertaan (ew-læ-kayr-taan) adv upstairs

ylänkö (ew-læn-kur) n uplands pl

yläosa (ew-læ-oa-sah) n top

yläpuolella (ew-læ-pwoa-layl-lah) postp over; adv above, overhead

yläpuoli (ew-læ-pwoa-li) n top side

ylätasanko (ew-læ-tah-sahng-koa) n plateau

ylös (ew-lurss) adv up

ylösalaisin (ew-lurss-ah-ligh-sin) adv upside down

ylöspäin (ew-lurss-pæ^(ee)n) adv upwards; up

ymmärrys (ewm-mær-rewss) n understanding; reason

ymmärtää (ewm-mær-tææ) vunderstand; *take

ympyrä (ewm-pew-ræ) n circle

ympäri (ewm-pæ-ri) prep / postp around; adv about, around

ympärillä (ewm-pæ-ril-læ) postp round; about, around; adv round

ympäristö (ewm-pæ-riss-tur) n environment, surroundings pl

ympäröidä (ewm-pæ-rur^(ee)-dæ) v circle, surround; encircle

ympäröivä (ewm-pæ-rur^(ee)-væ) adj surrounding

ynnä (ewn-næ) conj plus

yrittää (ew-rit-tææ) v try, attempt

yritys (ew-ri-tewss) n attempt, try; enterprise; undertaking

yrtti (ewrt-ti) n herb

yskiä (ewss-ki-æ) v cough

yskä (ewss-kæ) n cough

ystävyys (ewss-tæ-vewss) n friendship

ystävä (ewss-tæ-væ) n friend

ystävällinen (ewss-tæ-væl-li-nayn) adj friendly; kind

ystävätär (ewss-tæ-væ-tær) n friend

yö (^(ew)ur) n night; tänä yönä

tonight

yöjuna (*ew*ur-*y*oo-nah) *n* night train

yökerho (*ew*ur-kayr-hoa) *n* nightclub

yölento (*ew*ur-layn-toa) *n* night flight

yöllä (*ew*url-læ) *adv* by night

yöpaita (*ew*ur-pigh-tah) *n* nightdress

yöpuku (*ew*ur-poo-koo) *n* pyjamas *pl*

yötaksa (*ew*ur-tahk-sah) *n* night rate

yövoide (*ew*ur-voi-day) *n* night cream

Ä

äidinkieli (*æee*-ding-*kyay*-li) *n* native language, mother tongue

äiti (*æee*-ti) *n* mother

äitipuoli (*æee*-ti-pwoa-li) *n* stepmother

äkillinen (*æ*-kil-li-nayn) *adj* sudden; acute

äkkijyrkkä (*æk*-ki-*y*ewrk-kæ) *adj* steep

äkkipikainen (*æk*-ki-*pi*-kigh-nayn) *adj* quick-tempered

äkkiä (*æk*-ki-æ) *adv* suddenly

äkäinen (*æ*-kæ*ee*-nayn) *adj* cross

ällistyttää (*æl*-liss-tewt-tææ) *v* amaze

äly (*æ*-lew) *n* intellect, brain; wits *pl*

älykkyys (*æ*-lewk-kewss) *n* intelligence

älykäs (*æ*-lew-kæss) *adj* clever, intelligent; smart, bright

älyllinen (*æ*-lewl-li-nayn) *adj* intellectual

änkyttää (*æng*-kewt-tææ) *v* stutter

äpärä (*æ*-pæ-ræ) *n* bastard

äristä (*æ*-riss-tæ) *v* growl

ärsyttävä (*ær*-sewt-tæ-væ) *adj* annoying

ärsyttää (*ær*-sewt-tææ) *v* irritate, annoy

ärtyisä (*ær*-tew*ee*-sæ) *adj* irritable

äskeinen (*æss*-kay-nayn) *adj* recent

äskettäin (*æss*-kayt-tæ*ee*n) *adv* recently

äyriäinen (*æ*ew*ri*-æ*ee*-nayn) *n* shellfish

ääneen (*ææ*-nä*y*n) *adv* aloud

äänekäs (*ææ*-nay-kæss) *adj* loud

äänensävy (*ææ*-nayn-*sæ*-vew) *n* tone

äänenvaimennin (*æ*-nayn-*vigh*-mayn-nin) *n* silencer; muffler *nAm*

äänestys (*ææ*-nayss-tewss) *n* vote

äänestäjä (*ææ*-nayss-tæ- *y*æ) *n* voter

äänestää (*ææ*-nayss-tææ) *v* vote

äänetön (*ææ*-nay-turn) *adj* silent

ääni (*ææ*-ni) *n* voice; sound; vote; antaa äänimerkki hoot; honk *vAm*, toot *vAm*

ääneristetty (*ææ*-ni-ay-riss-tayt-tew) *adj* soundproof

äänilevy (*ææ*-ni-*lay*-vew) *n* record, disc

äänioikeus (*ææ*-ni-*oi*-kay-ooss) *n* suffrage

äänitorvi (*ææ*-ni-*toar*-vi) *n* horn

äänitys (*ææ*-ni-tewss) *n* recording

ääntäminen (*ææn*-tæ-mi-nayn) *n* pronunciation

ääntää (*ææn*-tææ) *v* pronounce

ääretön (*ææ*-ray-turn) *adj* infinite; immense

äärimmäinen (*ææ*-rim-mæ*ee*-nayn) *adj* utmost, extreme

äärimmäisyys (*ææ*-rim-mæ*ee*-sewss) *n* extreme

ääriviiva (*ææ*-ri-*vee*-vah) *n* outline, contour

Ö

öinen (*ur*ee-nayn) *adj* nightly

öljy (*url*-yew) *n* oil

öljyinen (*url*-yewee-nayn) *adj* oily

öljylähde (*url*-yew-*læh*-day) *n* oil well

öljymaalaus (*url*-yew-*maa*-lah-ooss) *n* oil painting

öljynjalostamo (*url*-yew-yah-loass-tah-moa) *n* oil refinery

öljynsuodatin (*url*-yew-swoa-dah-tin) *n* oil filter

English–Finnish
Englanti–Suomi

A

abbey ['æbi] n luostarikirkko
abbreviation [ə,briːviˈeiʃən] n lyhennys
ability [əˈbiləti] n kyky
able ['eibəl] adj kykenevä; pystyvä; *be ~ to kyetä
aboard [əˈbɔːd] adv kulkuneuvossa
abolish [əˈbɔliʃ] v lakkauttaa
abortion [əˈbɔːʃən] n raskauden keskeytys
about [əˈbaut] prep -sta; koskien jtk; ympärillä ; noin
above [əˈbʌv] prep yllä; adv yläpuolella
abroad [əˈbrɔːd] adv ulkomaille, ulkomailla
abscess ['æbses] n paise
absence ['æbsəns] n poissaolo
absent ['æbsənt] adj poissaoleva
absolutely ['æbsəluːtli] adv ehdottomasti
abstain from [əb'stein] pidättyä jstk
abstract ['æbstrækt] adj käsitteellinen
absurd [əb'səːd] adj

mieletön
abundance [əˈbʌndəns] n runsaus
abundant [əˈbʌndənt] adj runsas
abuse [əˈbjuːs] n väärinkäyttö
abyss [əˈbis] n kuilu
academy [əˈkædəmi] n akatemia
accelerate [əkˈseləreit] v kiihdyttää
accelerator [əkˈseləreitə] n kaasupoljin
accent ['æksənt] n korostus
accept [əkˈsept] v hyväksyä
access ['ækses] n pääsy
accessible [əkˈsesəbəl] adj helppopääsyinen
accessories [əkˈsesəriz] pl asusteet pl
accident ['æksidənt] n tapaturma
accidental [,æksiˈdentəl] adj satunnainen
accommodate [əˈkɔmədeit] v majoittaa
accommodation [ə,kɔməˈdeiʃən] n majoitus
accompany [əˈkʌmpəni] v säestää

accomplish [əˈkʌmpliʃ] v
toteuttaa

in accordance with [in
əˈkɔːdəns wið]
sopusoinnussa jnk kanssa

according to [əˈkɔːdiŋ tuː]
jnk mukaan

account [əˈkaunt] n tili;
selonteko; ~ for tehdä tiliä;
on ~ of johdosta

accountable [əˈkauntəbəl]
adj selitettävissä oleva

accurate [ˈækjurət] adj
tarkka

accuse [əˈkjuːz] v syyttää;
accused syytetty

accustom [əˈkʌstəm] v
totuttaa

accustomed tottunut

ache [eik] v särkeä; n särky

achieve [əˈtʃiːv] v saavuttaa;
saada aikaan

achievement [əˈtʃiːvmənt] n
saavutus

acid [ˈæsid] n happo

acknowledge [əkˈnɔlidʒ] v
myöntää; tunnustaa

acne [ˈækni] n finni

acorn [ˈeikɔːn] n
tammenterho

acquaintance [əˈkweintəns]
n tuttavuus, tuttava

acquire [əˈkwaiə] v hankkia

acquisition [ˌækwiˈziʃən] n
hankinta

acquittal [əˈkwitəl] n
vapauttava tuomio

across [əˈkrɔs] adv ristissä;
prep poikki

act [ækt] n teko; näytös;

numero; v toimia;
käyttäytyä; näytellä

action [ˈækʃən] n teko,
toiminta

active [ˈæktiv] adj
aktiivinen; vilkas

activewear [ˈæktivˌweə] n
vapaa-ajan asu

activity [ækˈtivəti] n
toiminta

actor [ˈæktə] n näyttelijä

actress [ˈæktris] n
näyttelijätär

actual [ˈæktʃuəl] adj
varsinainen, todellinen

actually [ˈæktʃuəli] adv
oikeastaan

acute [əˈkjuːt] adj vakava

adapt [əˈdæpt] v sopeuttaa

add [æd] v laskea yhteen;
lisätä

adding-machine
[ˈædiŋməˌʃiːn] n laskukone

addition [əˈdiʃən] n
yhteenlasku; lisäys

additional [əˈdiʃənəl] adj
täydentävä

address [əˈdres] n osoite; v
osoittaa; puhutella

addressee [ˌædreˈsiː] n
vastaanottaja

adequate [ˈædikwət] adj
riittävä

adjective [ˈædʒiktiv] n
adjektiivi

adjourn [əˈdʒɔːn] v lykätä

adjust [əˈdʒʌst] v sopeutua

administer [ədˈministə] v
hallita

administration

[əd,mini'streiʃən] n hallinto
administrative
[əd'ministrətiv] adj
hallinnollinen; ~ law
hallinto-oikeus
admiration [,ædmə'reiʃən] n
ihailu
admire [əd'maiə] v ihailla
admission [əd'miʃən] n
sisäänpääsy
admit [əd'mit] v myöntää;
päästää
admittance [əd'mitəns] n
pääsy; no ~ pääsy kielletty
adopt [ə'dɔpt] v adoptoida;
omaksua
adorable [ə'dɔːrəbəl] adj
hurmaava
adult [æd'ʌlt] n aikuinen
advance [əd'vɑːns] n
eteneminen; ennakko; v
edistyä; maksaa ennakolta;
in ~ etukäteen
advanced [əd'vɑːnst] adj
edistynyt
advantage [əd'vɑːntidʒ] n
etu
advantageous
[,ædvən'teidʒəs] adj
hyödyllinen
adventure [əd'ventʃə] n
seikkailu
adverb [ˈædvəːb] n adverbi
advertisement
[əd'vəːtismənt] n ilmoitus;
mainos
advertising [ˈædvətaiziŋ] n
mainonta
advice [əd'vais] n neuvo
advise [əd'vaiz] v neuvoa

advocate [ˈædvəkət] n
puolestapuhuja
aerial [ˈɛəriəl] n antenni
aeroplane [ˈɛərəplein] n
lentokone
affair [ə'fɛə] n asia
affect [ə'fekt] v vaikuttaa
affected [ə'fektid] adj
teennäinen
affection [ə'fekʃən] n
kiintymys; sairaus
affectionate [ə'fekʃənit] adj
hellä, rakastava
affiliated [ə'filieitid] adj
liitetty
affirm [ə'fəːm] v vakuuttaa
affirmative [ə'fəːmətiv] adj
myöntävä
afford [ə'fɔːd] v olla varaa
afraid [ə'freid] adj pelokas;
*be ~ pelätä
Africa [ˈæfrikə] Afrikka
African [ˈæfrikən] adj
afrikkalainen
after [ˈɑːftə] prep kuluttua,
jälkeen; conj sen jälkeen
kun
afternoon [,ɑːftə'nuːn] n
iltapäivä; this ~ tänään
iltapäivällä
afterwards [ˈɑːftəwədz] adv
myöhemmin, jälkeenpäin
again [ə'gen] adv taas,
jälleen; ~ and again yhä
uudestaan
against [ə'genst] prep
vastaan
age [eidʒ] n ikä; vanhuus; of
~ täysi-ikäinen; under ~
alaikäinen

aged ['eidʒid] *adj* iäkäs, vanha

agency ['eidʒənsi] *n* välitystoimisto

agenda [ə'dʒendə] *n* esityslista

agent ['eidʒənt] *n* edustaja

aggressive [ə'gresiv] *adj* hyökkäävä

ago [ə'gou] *adv* sitten

agree [ə'gri:] *v* olla samaa mieltä; suostua; sopia

agreeable [ə'gri:əbəl] *adj* miellyttävä

agreement [ə'gri:mənt] *n* sopimus

agriculture ['ægrikʌltʃə] *n* maatalous

ahead [ə'hed] *adv* edessäpäin; edellä ~ **of** edellä *go* ~ jatkaa; **straight** ~ suoraan eteenpäin

aid [eid] *n* apu; *v* auttaa, avustaa

aim [eim] *n* tavoite; ~ **at** tähdätä, tarkoittaa, pyrkiä jhk

air [ɛə] *n* ilma; *v* tuoda julki

air conditioning ['ɛəkən,diʃəniŋ] *n* ilmastointi; **air-conditioned** *adj* ilmastoitu

airbag ['ɛəbæg] *n* turvatyyny

aircraft ['ɛəkrɑːft] *n* (pl ~) lentokone

airfield ['ɛəfiːld] *n* lentokenttä

air-filter ['ɛə,filtə] *n* ilmanpuhdistin

airline ['ɛəlain] *n* lentoyhtiö

airmail ['ɛəmeil] *n* lentoposti

airplane ['ɛəplein] *nAm* lentokone

airport ['ɛəpɔːt] *n* lentokenttä

airsickness ['ɛə,siknəs] *n* lentopahoinvointi

airtight ['ɛətait] *adj* ilmatiivis

airy ['ɛəri] *adj* ilmava

aisle [ail] *n* käytävä

alarm [ə'lɑːm] *n* pelko; *v* pelästyttää

alarm-clock [ə'lɑːmklɔk] *n* herätyskello

album ['ælbəm] *n* albumi

alcohol ['ælkəhɔl] *n* alkoholi

alcoholic [,ælkə'hɔlik] *adj* alkoholipitoinen

ale [eil] *n* ale (oluttyyppi)

algebra ['ældʒibrə] *n* algebra

Algeria [æl'dʒiəriə] Algeria

Algerian [æl'dʒiəriən] *adj* algerialainen

alien ['eiliən] *n* ulkomaalainen; *adj* ulkomainen

alike [ə'laik] *adj* samanlainen; *adv* samalla tavalla

alive [ə'laiv] *adj* elossa

all [ɔːl] *pron* kaikki; ~ **in** kaiken kaikkiaan; ~ **right** hyvä on; **at** ~ ollenkaan

allergy ['ælədʒi] *n* yliherkkyys

alley ['æli] *n* kuja

alliance [ə'laiəns] *n* liitto

Allies ['ælaiz] *pl* liittoutuneet

anaemia

allow [ə'lau] v sallia, antaa (lupa); *be allowed olla sallittua; *be allowed to saada

allowance [ə'lauəns] n määräraha

all-round [ˌɔːl'raund] adj monipuolinen

almond ['ɑːmənd] n manteli

almost ['ɔːlmoust] adv melkein

alone [ə'loun] adv yksin

along [ə'lɔŋ] prep pitkin

aloud [ə'laud] adv ääneen

alphabet ['ælfəbet] n aakkoset pl

already [ɔːl'redi] adv jo

also ['ɔːlsou] adv myös

alteration [ˌɔːltə'reiʃən] n muutos

altar ['ɔːltə] n alttari

alter ['ɔːltə] v muuttaa

alternate [ɔːl'təːnət] adj joka toinen

alternative [ɔːl'təːnətiv] n vaihtoehto

although [ɔːl'ðou] conj vaikka

altitude ['æltitjuːd] n korkeus

alto ['æltou] n (pl ~s) altto

altogether [ˌɔːltə'geðə] adv kokonaan; kaiken kaikkiaan

always ['ɔːlweiz] adv aina

am [æm] v (pr be)

amaze [ə'meiz] v hämmästyttää, ällistyttää

amazement [ə'meizmənt] n hämmästys

amazing [ə'meiziŋ] adj ihmeellinen

ambassador [æm'bæsədə] n suurlähettiläs

amber ['æmbə] n meripihka; keltainen väri

ambiguous [æm'bigjuəs] adj monitulkintainen

ambition [æm'biʃən] n kunnianhimo

ambitious [æm'biʃəs] adj kunnianhimoinen

ambulance ['æmbjuləns] n ambulanssi, sairasauto

ambush ['æmbuʃ] n väijytys

America [ə'merikə] n Amerikka

American [ə'merikən] adj amerikkalainen

amethyst ['æmiθist] n ametisti

amid [ə'mid] prep joukossa, keskellä

ammonia [ə'mouniə] n ammoniakki

amnesty ['æmnisti] n yleinen armahdus

among [ə'mʌŋ] prep keskellä; ~ other things muun muassa

amount [ə'maunt] n määrä; summa; ~ to nousta jhk määrään

amuse [ə'mjuːz] v hauskuttaa, huvittaa

amusement [ə'mjuːzmənt] n huvitus, huvi

amusing [ə'mjuːziŋ] adj huvittava

anaemia [ə'niːmiə] n anemia

anaesthesia [ˌænɪsˈθiːzɪə] n
nukutus

anaesthetic [ˌænɪsˈθetɪk] n
nukute

analyse [ˈænəlaɪz] v eritellä,
analysoida

analysis [əˈnæləsɪs] n (pl
-ses) erittely

analyst [ˈænəlɪst] n
analyytikko;
psykoanalyytikko

anarchy [ˈænəkɪ] n anarkia

anatomy [əˈnætəmɪ] n
anatomia

ancestor [ˈænsestə] n esi-isä

anchor [ˈæŋkə] n ankkuri

ancient [ˈeɪnʃənt] adj
muinainen

and [ænd, ənd] conj ja

angel [ˈeɪndʒəl] n enkeli

anger [ˈæŋgə] n suuttumus,
kiukku

angle [ˈæŋgəl] v onkia; n
kulma

angry [ˈæŋgrɪ] adj suuttunut,
vihainen

animal [ˈænɪməl] n eläin

ankle [ˈæŋkəl] n nilkka

annex¹ [ˈæneks] n
lisärakennus; liite

annex² [əˈneks] v ottaa
haltuun; liittää

anniversary [ˌænɪˈvɜːsərɪ] n
vuosipäivä

announce [əˈnauns] v
julkistaa, julistaa

announcement
[əˈnaunsmənt] n ilmoitus,
tiedote

annoy [əˈnɔɪ] v suututtaa,
ärsyttää

annoyance [əˈnɔɪəns] n
mielipaha

annoying [əˈnɔɪɪŋ] adj
suututtava

annual [ˈænjuəl] adj
vuotuinen; n vuosikirja

per annum [pər ˈænəm]
vuodessa

anonymous [əˈnɒnɪməs] adj
nimetön

another [əˈnʌðə] adj toinen

answer [ˈɑːnsə] v vastata; n
vastaus

ant [ænt] n muurahainen

antibiotic [ˌæntɪbaɪˈɒtɪk] n
antibiootti

anticipate [ænˈtɪsɪpeɪt] v
ennakoida; aavistaa

antifreeze [ˈæntɪfriːz] n
pakkasneste

antipathy [ænˈtɪpəθɪ] n
vastenmielisyys

antique [ænˈtiːk] adj
antiikkinen; n
antiikkiesine; ~ dealer
antiikkikauppias

antiquity [ænˈtɪkwətɪ] n
muinaisuus; antiquities pl
muinaisesineet pl

antiseptic [ˌæntɪˈseptɪk] n
antiseptinen aine

anxiety [æŋˈzaɪətɪ] n huoli

anxious [ˈæŋkʃəs] adj
huolestunut

any [ˈenɪ] adj kukaan,
mikäkin

anybody [ˈenɪbɒdɪ] pron
kukaan; joku

anyhow [ˈenɪhau] adv

millään tavoin
anyone ['eniwʌn] *pron*
kukaan; joku
anything ['eniθiŋ] *pron*
mitään
anyway ['eniwei] *adv*
millään tavoin
anywhere ['eniweə] *adv*
missään
apart [ə'pɑːt] *adv* syrjässä ~
from lukuun ottamatta
apartment [ə'pɑːtmənt]
nAm huoneisto; ~ house
Am vuokratalo; kerrostalo
aperitif [ə'perətiv] *n*
aperitiivi
apologize [ə'pɔlədʒaiz] *v*
pyytää anteeksi
apology [ə'pɔlədʒi] *n*
anteeksipyyntö
apparatus [ˌæpə'reitəs] *n*
laite
apparent [ə'pærənt] *adj*
näennäinen; ilmeinen
apparently [ə'pærəntli] *adv*
ilmeisesti; nähtävästi
appeal [ə'piːl] *n* vetoomus
appear [ə'piə] *v* näyttää jltk,
tuntua; ilmetä
appearance [ə'piərəns] *n*
ulkonäkö; vaikutelma;
saapuminen
appendicitis [əˌpendi'saitis] *n*
umpilisäketulehdus
appendix [ə'pendiks] *n* (pl
-dices, -dixes) liite;
umpilisäke
appetite ['æpətait] *n*
ruokahalu
appetizer ['æpətaizə] *n*

alkuruoka; ruokaryyppy
appetizing ['æpətaiziŋ] *adj*
ruokahalua kiihottava
applaud [ə'plɔːd] *v* taputtaa
applause [ə'plɔːz] *n*
suosionosoitukset
apple ['æpəl] *n* omena
appliance [ə'plaiəns] *n* laite,
koje
application [ˌæpli'keiʃən] *n*
hakemus; soveltaminen
apply [ə'plai] *v* hakea,
pyytää
appoint [ə'pɔint] *v* nimittää
appointment [ə'pɔintmənt]
n tapaaminen; nimitys;
toimi
appreciate [ə'priːʃieit] *v*
arvostaa
appreciation [əˌpriːʃi'eiʃən]
n arvostus
apprentice [ə'prentis] *n*
harjoittelija
approach [ə'proutʃ] *v*
lähestyä; *n* menettelytapa;
lähestyminen
appropriate [ə'proupriət]
adj tarkoituksenmukainen,
sopiva
approval [ə'pruːvəl] *n*
hyväksyntä; on ~ näytteeksi
(ostoa varten)
approve [ə'pruːv] *v*
hyväksyä; vahvistaa; ~ of
antaa hyväksyminen
approximate [ə'prɔksimət]
adj likimääräinen
approximately
[ə'prɔksimətli] *adv* noin
apricot ['eiprikɔt] *n*

aprikoosi

April ['eiprəl] huhtikuu

apron ['eiprən] n esiliina

Arab ['ærəb] adj

arabialainen; n arabi

arbitrary ['ɑ:bitrəri] adj

sattumanvarainen

arcade [ɑ:'keid] n

kaarikäytävä

arch [ɑ:tʃ] n holvikaari

archaeologist

[,ɑ:ki'ɔlədʒist] n arkeologi

archaeology [,ɑ:ki'ɔlədʒi] n

arkeologia, muinaistiede

archbishop [,ɑ:tʃ'biʃəp] n

arkkipiispa

arched [ɑ:tʃt] adj holvi-,

kaari-

architect ['ɑ:kitekt] n

arkkitehti

architecture ['ɑ:kitektʃə] n

rakennustaide,

arkkitehtuuri

archives ['ɑ:kaivz] pl arkisto

are [ɑ:] v (pr be)

area ['ɛəriə] n alue ~ code

suuntanumero

Argentina [,ɑ:dʒən'ti:nə]

Argentiina

Argentinian [,ɑ:dʒən'tiniən]

adj argentiinalainen

argue ['ɑ:gju:] v väitellä,

kiistellä, riidellä

argument ['ɑ:gjumənt] n

kiista, riita

*arise [ə'raiz] v saada

alkunsa

arithmetic [ə'riθmətik] n

aritmetiikka

arm [ɑ:m] n käsivarsi;

käsinoja; v aseistaa

armchair ['ɑ:mtʃɛə] n

nojatuoli

armed [ɑ:md] adj aseistettu;

~ forces sotavoimat pl

armour ['ɑ:mə] n haarniska

army ['ɑ:mi] n armeija

aroma [ə'roumə] n aromi

around [ə'raund] prep

ympäri adv ympärillä

arrange [ə'reindʒ] v

järjestää; asetella

arrangement [ə'reindʒmənt]

n järjestely

arrest [ə'rest] v pidättää; n

pidätys

arrival [ə'raivəl] n

saapuminen, tulo

arrive [ə'raiv] v saapua

arrow ['ærou] n nuoli

art [ɑ:t] n taide; taito; ~

collection taidekokoelma;

~ exhibition taidenäyttely;

~ gallery taidegalleria; ~

history taidehistoria; arts

and crafts taideteollisuus;

~ school taidekorkeakoulu

artery ['ɑ:təri] n valtimo

artichoke ['ɑ:titʃouk] n

artisokka

article ['ɑ:tikəl] n esine;

artikkeli; pykälä

artificial [,ɑ:ti'fiʃəl] adj

keinotekoinen

artist ['ɑ:tist] n taiteilija

artistic [ɑ:'tistik] adj

taiteellinen

as [æz] conj niin kuin, yhtä; ~

from lähtien; ~ if ikään kuin

asbestos [æz'bestɔs] n

asbesti

ascend [ə'send] v kohota, nousta

ascent [ə'sent] n nousu

ascertain [,æsə'tein] v varmistaa; vahvistaa

ash [æʃ] n tuhka

ashamed [ə'ʃeimd] adj nolo, häpeissään; *be ~ hävetä

ashore [ə'ʃɔː] adv maissa, maihin

ashtray ['æʃtrei] n tuhkakuppi

Asia ['eiʃə] Aasia

Asian ['eiʃən] adj aasialainen

aside [ə'said] adv syrjään, sivuun

ask [ɑːsk] v kysyä; pyytää; kutsua

asleep [ə'sliːp] adj unessa

asparagus [ə'spærəgəs] n parsa

aspect ['æspekt] n näkökohta

asphalt ['æsfælt] n asfaltti

aspire [ə'spaiə] v haluta, pyrkiä

aspirin ['æspərin] n aspiriini

assassination [ə,sæsi'neiʃən] n salamurha

assault [ə'sɔːlt] v hyökätä kimppuun, tehdä väkivaltaa

assemble [ə'sembəl] v kokoontua

assembly [ə'sembli] n kokous

assignment [ə'sainmənt] n toimeksianto

assign to [ə'sain] v antaa

tehtäväksi

assist [ə'sist] v avustaa, auttaa; ~ at olla läsnä

assistance [ə'sistəns] n apu; tuki

assistant [ə'sistənt] n avustaja

associate¹ [ə'souʃiət] n työtoveri, kollega

associate² [ə'souʃieit] v liittää; ~ with seurustella

association [ə,sousi'eiʃən] n yhdistys

assort [ə'sɔːt] v lajitella

assortment [ə'sɔːtmənt] n valikoima, lajitelma

assume [ə'sjuːm] v olettaa

assure [ə'ʃuə] v vakuuttaa

asthma ['æsmə] n astma

astonish [ə'stɔniʃ] v hämmästyttää

astonishing [ə'stɔniʃiŋ] adj hämmästyttävä

astonishment [ə'stɔniʃmənt] n hämmästys

astronaut ['æstrənɔːt] n astronautti

astronomy [ə'strɔnəmi] n tähtitiede

asylum [ə'sailəm] n turvapaikka

at [æt] prep luona; jtk kohti

ate [et] v (p eat)

atheist ['eiθiist] n ateisti

athlete ['æθliːt] n (yleis)urheilija

athletics [æθ'letiks] pl yleisurheilu

Atlantic [ət'læntik] Atlantti

ATM ['eiti:'em], automatic teller machine *n* pankkiautomaatti
atmosphere ['ætməsfiə] *n* ilmakehä, ilma
atom ['ætəm] *n* atomi
atomic [ə'təmik] *adj* atomi-
atomizer ['ætəmaizə] *n* sumutin,
attach [ə'tætʃ] *v* kiinnittää, liittää; attached to kiintynyt
attack [ə'tæk] *v* hyökätä; *n* hyökkäys
attain [ə'tein] *v* saavuttaa
attainable [ə'teinəbəl] *adj* saavutettavissa oleva;
attempt [ə'tempt] *v* yrittää, koettaa; *n* yritys
attend [ə'tend] *v* olla läsnä; ~ on palvella; ~ to käsitellä, hoitaa
attendance [ə'tendəns] *n* osallistuminen
attendant [ə'tendənt] *n* hoitaja
attention [ə'tenʃən] *n* tarkkaavaisuus; *pay ~ kiinnittää huomiota
attentive [ə'tentiv] *adj* tarkkaavainen
attest [ə'test] *v* vahvistaa
attic ['ætik] *n* ullakko
attitude ['ætitju:d] *n* asenne
attorney [ə'tə:ni] *n* asianajaja
attract [ə'trækt] *v* vetää puoleensa
attraction [ə'trækʃən] *n* houkutus; vetovoima

attractive [ə'træktiv] *adj* viehättävä
auction ['ɔ:kʃən] *n* huutokauppa
audible ['ɔ:dibəl] *adj* kuuluva
audience ['ɔ:diəns] *n* yleisö
auditor ['ɔ:ditə] *n* tilintarkastaja
auditorium [,ɔ:di'tɔ:riəm] *n* luentosali
August ['ɔ:gəst] elokuu
aunt [ɑ:nt] *n* täti
Australia [ə'streiliə] Australia
Australian [ə'streiliən] *adj* australialainen
Austria ['ɔstriə] Itävalta
Austrian ['ɔstriən] *adj* itävaltalainen
authentic [ɔ:'θentik] *adj* aito
author ['ɔ:θə] *n* tekijä, kirjailija
authoritarian [ɔ:,θɔri'teəriən] *adj* autoritarinen
authority [ɔ:'θɔrəti] *n* auktoriteetti; valtuus; authorities *pl* viranomaiset *pl*
authorization [,ɔ:θərai'zeiʃən] *n* valtuutus; oikeuttaminen
automatic [,ɔ:tə'mætik] *adj* automaattinen
automation [,ɔ:tə'meiʃən] *n* automaatio
automobile ['ɔ:təməbi:l] *n* auto; ~ club autoklubi
autonomous [ɔ:'tɔnəməs]

adj autonominen,
itsenäinen
autopsy ['ɔːtɔpsi] *n*
ruumiinavaus
autumn ['ɔːtəm] *n* syksy
available [ə'veiləbəl] *adj*
saatavissa oleva,
käytettävissä oleva
avalanche ['ævəlɑːnʃ] *n*
lumivyöry
avenue ['ævənjuː] *n*
(valta)katu
average ['ævəridʒ] *adj*
keskimääräinen; *n*
keskiarvo; on ~
keskimäärin
averse [ə'vəːs] *adj*
vastakkainen
aversion [ə'vəːʃən] *n*

vastenmielisyys
avert [ə'vəːt] *v* torjua
avoid [ə'vɔid] *v* välttää;
välttyä
await [ə'weit] *v* odottaa
awake [ə'weik] *adj* hereillä
*awake [ə'weik] *v* herättää
award [ə'wɔːd] *n* palkinto; *v*
palkita
aware [ə'wɛə] *adj* tietoinen
away [ə'wei] *adv* poissa; *go
~ lähteä
awful ['ɔːfəl] *adj* hirveä,
kamala
awkward ['ɔːkwəd] *adj*
kiusallinen; kömpelö
awning ['ɔːniŋ] *n* markiisi
axe [æks] *n* kirves
axle ['æksəl] *n* akseli

B

baby ['beibi] *n* vauva; ~
carriage *Am* lastenvaunut
pl
babysitter ['beibi,sitə] *n*
lapsenvahti
bachelor ['bætʃələ] *n*
poikamies
back [bæk] *n* selkä; *adv*
takaisin; *go ~ palata
backache ['bækeik] *n*
selkäsärky
backbone ['bækboun] *n*
selkäranka
background ['bækɡraund] *n*
tausta; koulutus
backwards ['bækwədz] *adv*
taaksepäin

bacon ['beikən] *n* pekoni
bacterium [bæk'tiːriəm] *n*
(pl -ria) bakteeri
bad [bæd] *adj* huono; vakava
bag [bæɡ] *n* pussi; kassi;
matkalaukku
baggage ['bæɡidʒ] *n*
matkatavarat *pl*; ~ **deposit**
office *Am*
matkatavarasäilö; **hand** ~
Am käsimatkatavara
bail [beil] *n* takuumaksu,
vapautus takuita vastaan
bait [beit] *n* syötti
bake [beik] *v* leipoa
baker ['beikə] *n* leipuri
bakery ['beikəri] *n* leipomo

balance ['bæləns] n
tasapaino; tase, saldo
balcony ['bælkəni] n
parveke
bald [bɔːld] adj kalju
ball [bɔːl] n pallo; tanssiaiset
pl
ballet ['bæleɪ] n baletti
balloon [bə'luːn] n ilmapallo
ballpoint pen
['bɔːlpɔɪntpen] n
kuulakärkikynä
ballroom ['bɔːlruːm] n
tanssisali
bamboo [bæm'buː] n (pl ~s)
bambu(ruoko)
banana [bə'nɑːnə] n banaani
band [bænd] n orkesteri
bandage ['bændidʒ] n side
bandit ['bændit] n rosvo
bangle ['bæŋgəl] n
rannerengas
bank [bæŋk] n pankki; v
tallettaa pankkiin; ~
account tili pankissa
banknote ['bæŋknout] n
seteli
bank rate ['bæŋkreit] n
pankkikorko
bankrupt ['bæŋkrʌpt] adj
vararikkoinen
banner ['bænə] n lippu
banquet ['bæŋkwit] n juhla-
-ateria
baptism ['bæptizəm] n kaste
baptize [bæp'taiz] v kastaa
bar [bɑː] n baari; tanko
barbecue ['bɑːbikjuː] n (the
grill) grilli; (the food)
grilliateria; v grillata

barbed wire ['bɑːbd waiə] n
piikkilanka
barber ['bɑːbə] n parturi
bare [bɛə] adj alaston, paljas
barely ['bɛəli] adv (hädin)
tuskin, niukasti
bargain ['bɑːgin] n hyvä
kauppa; v tinkiä, hieroa
kauppaa
baritone ['bæritoun] n
baritoni
bark [bɑːk] n kaarna; v
haukkua
barley ['bɑːli] n ohra
barmaid ['bɑːmeid] n
(nais)tarjoilija
barman ['bɑːmən] n (pl
-men) baarimikko
barn [bɑːn] n lato
barometer [bə'rɔmitə] n
ilmapuntari
baroque [bə'rɔk] n barokki;
adj barokki-
barracks ['bærəks] pl
kasarmi
barrel ['bærəl] n tynnyri
barrier ['bæriə] n aita, portti
barrister ['bæristə] n
asianajaja
bartender ['bɑː,tendə] n
baarimikko
base [beis] n tukikohta,
perusta; jalusta; v perustaa
baseball ['beisbɔːl] n
pesäpallo
basement ['beismənt] n
kellarikerros
basic ['beisik] adj perus-,
vaatimaton
basics npl

beetroot

välttämättömyydet

basilica [bə'zilikə] n basilika(kirkko)

basin ['beisən] n pesuallas, lavuaari

basis ['beisis] n (pl bases) perusta, peruste

basket ['bɑ:skit] n kori

bass¹ [beis] n basso

bass² [bæs] n (pl ~) ahven

bastard ['bɑ:stəd] n heittiö

batch [bætʃ] n erä; määrä

bath [bɑ:θ] n kylpy; ~ salt kylpysuola; ~ towel kylpypyyhe

bathe [beið] v kylvettää, kylpeä

bathing cap ['beiðiŋkæp] n uimalakki

bathing suit ['beiðiŋsu:t] n uimapuku

bathrobe ['bɑ:θroub] n kylpytakki

bathroom ['bɑ:θru:m] n kylpyhuone

batter ['bætə] n taikina

battery ['bætəri] n paristo; akku

battle ['bætəl] n taistelu; kamppailu; v taistella

bay [bei] n lahti

*be [bi:] v olla

beach [bi:tʃ] n hiekkaranta; nudist ~ nudistiranta

bead [bi:d] n helmi; prayer beads pl rukousnauha

beak [bi:k] n nokka

beam [bi:m] n valonsäde; pilkahdus

bean [bi:n] n papu

bear [beə] n karhu

*bear [beə] v kantaa; kärsiä; sietää

beard [biəd] n parta

bearer ['beərə] n kantaja

beast [bi:st] n elukka; ~ of prey petoeläin

*beat [bi:t] v lyödä; voittaa

beautiful ['bju:tifəl] adj kaunis

beauty ['bju:ti] n kauneus; ~ parlour kauneussalonki; ~ salon kauneushoitola; ~ treatment kauneudenhoito

beaver ['bi:və] n majava

because [bi'kɔz] conj koska; ~ of takia, vuoksi

*become [bi'kʌm] v tulla jksk;

bed [bed] n vuode; ~ and board täysihoito; ~ and breakfast majoitus ja aamiainen

bedding ['bediŋ] n vuodevaatteet pl

bedroom ['bedru:m] n makuuhuone

bee [bi:] n mehiläinen

beech [bi:tʃ] n pyökki

beef [bi:f] n naudanliha

beefburger ['bi:fbə:gə] n hampurilainen

beehive ['bi:haiv] n mehiläispesä

been [bi:n] v (pp be)

beer [biə] n olut

beet [bi:t] n juurikas

beetle ['bi:təl] n kovakuoriainen

beetroot ['bi:tru:t] n

punajuuri

before [bi'fɔː] *adv* ennen kuin, aikaisemmin; edessä; *prep* ennen edessä, edellä; *conj* ennen kuin

beg [beg] *v* anoa; pyytää

beggar ['begə] *n* kerjäläinen

***begin** [bi'gin] *v* alkaa, aloittaa

beginner [bi'ginə] *n* vasta-alkaja

beginning [bi'giniŋ] *n* alku

on behalf of [ɔn bi'hɑːf ɔv] jnk nimissä, jnk puolesta; jnk eduksi

behave [bi'heiv] *v* käyttäytyä

behaviour [bi'heivjə] *n* käytös

behind [bi'haind] *adv* takana; *prep* takana

beige [beiʒ] *adj* beige

being ['biːiŋ] *n* olento

Belgian ['beldʒən] *adj* belgialainen

Belgium ['beldʒəm] Belgia

belief [bi'liːf] *n* usko

believe [bi'liːv] *v* uskoa

bell [bel] *n* kello

bellboy ['belbɔi] *n* hotellipoika

belly ['beli] *n* maha, vatsa

belong [bi'lɔŋ] *v* kuulua

belongings [bi'lɔŋiŋz] *pl* omaisuus

beloved [bi'lʌvd] *adj* rakastettu

below [bi'lou] *prep* alla, alle

belt [belt] *n* nyö; **garter** ~ *Am* sukkanauhavyö

bench [bentʃ] *n* penkki

bend [bend] *n* mutka; kaarre

***bend** [bend] *v* taivuttaa; ~ **down** kumartua

beneath [bi'niːθ] *prep* alla, alle, alapuolella

benefit ['benifit] *n* etu; hyöty; *v* hyötyä jstkn

bent [bent] *adj* (pp **bend**) kumartua, koukistaa

beret ['berei] *n* baskeri

berry ['beri] *n* marja

beside [bi'said] *prep* vieressä

besides [bi'saidz] *adv* sitäpaitsi; sen lisäksi *prep* lukuun ottamatta

best [best] *adj* paras

bet [bet] *n* vedonlyönti

***bet** [bet] *v* lyödä vetoa

betray [bi'trei] *v* pettää

better ['betə] *adj* parempi

between [bi'twiːn] *prep* välissä, välitä; *adv* siinä välissä

beverage ['bevəridʒ] *n* juoma

beware [bi'wɛə] *v* varoa, olla varuillaan

bewitch [bi'witʃ] *v* hurmata, lumota

beyond [bi'jɔnd] *prep adv* tuolla, tuolle puolen, toisella puolella; *adv* (sen) takana, (siitä) kauempana

bible ['baibəl] *n* raamattu

bicycle ['baisikəl] *n* polkupyörä

bid [bid] *n* tarjous; *v* tarjota

big [big] *adj* suurikokoinen, kookas

bike [baik] *n* (*colloquial*)

pyörä [bail] *v* pyöräillä

bile [bail] *n* sappineste

bilingual [bai'liŋgwəl] *adj* kaksikielinen

bill [bil] *n* lasku; *v* laskuttaa

billiards ['biljədz] *pl* biljardi

billion ['biljən] *n* miljardi

*bind [baind] *v* sitoa

binding ['baindiŋ] *n* (suksi)side

binoculars [bi'nɔkjələz] *pl* kiikari

biodegradable [,baioudi'greidəbəl] *adj* luonnossa hajoava

biology [bai'ɔlədʒi] *n* biologia

bipolar [,bai'poulə] *adj* kaksinapainen

birch [bə:tʃ] *n* koivu

bird [bə:d] *n* lintu

Biro® ['bairou] *n* kuulakärkikynä

birth [bə:θ] *n* syntymä, synty

birthday ['bə:θdei] *n* syntymäpäivä

biscuit ['biskit] *n* keksi

bishop ['biʃəp] *n* piispa

bit [bit] *n* palanen

bitch [bitʃ] *n* narttu

bite [bait] *n* suupala; purema

*bite [bait] *v* purra

bitter ['bitə] *adj* kitkerä

black [blæk] *adj* musta; ~ market musta pörssi

blackberry ['blækbəri] *n* karhunvatukka

Blackberry® ['blækbəri] *n* Blackberry-kännykkämikro

blackbird ['blækbə:d] *n* mustarastas

blackboard ['blækbɔ:d] *n* (liitu)taulu

blackcurrant [,blæk'kʌrənt] *n* mustaviinimarja

blackmail ['blækmeil] *n* kiristys; *v* kiristää

blacksmith ['blæksmiθ] *n* seppä

bladder ['blædə] *n* rakko

blade [bleid] *n* terä; ~ of grass heinänkorsi

blame [bleim] *n* syy; vika; *v* syyttää

blank [blæŋk] *adj* tyhjä

blanket ['blæŋkit] *n* huopa

blast [bla:st] *n* räjähdys

blazer ['bleizə] *n* bleiseri

bleach [bli:tʃ] *v* valkaista

bleak [bli:k] *adj* ankea; kolea; iloton

*bleed [bli:d] *v* vuotaa verta

bless [bles] *v* siunata

blessing ['blesiŋ] *n* siunaus

blind [blaind] *adj* sokea; *v* sokaista

blister ['blistə] *n* rakkula

blizzard ['blizəd] *n* lumimyrsky

block [blɔk] *v* tukkia, estää; *n* möhkäle; ~ of flats kerrostalo

Blog [blɔg] *n* blogi

blond, blonde [blɔnd] *n* vaaleaverikkö; *adj* vaalea

blood [blʌd] *n* veri; ~ pressure verenpaine

blood poisoning ['blʌd,pɔizəniŋ] *n*

verenmyrkytys

blood vessel ['blʌd,vesəl] *n* verisuoni

bloody ['blʌdi] *adj* (*colloquial*) kirottu

blossom ['blɔsəm] *n* kukinta

blot [blɔt] *n* täplä, tahra; blotting paper imupaperi

blouse [blauz] *n* pusero

blow [blou] *n* isku;

***blow** [blou] *v* tuulla; puhaltaa; ~ up räjähtää

blowout ['blouaut] *n* rengasrikko

blue [bluː] *adj* sininen; alakuloinen

blunt [blʌnt] *adj* tylsä; tylppä

blush [blʌʃ] *v* punastua

board [bɔːd] *n* pelilauta; taulu; ~ and lodging täysihoito

boarder ['bɔːdə] *n* täysihoitolainen

boardinghouse ['bɔːdiŋhaus] *n* asuntola, täysihoitola

boarding school ['bɔːdiŋskuːl] *n* sisäoppilaitos

boast [boust] *n* kerskata

boat [bout] *n* vene, laiva

body ['bɔdi] *n* keho, ruumis

bodyguard ['bɔdigaːd] *n* henkivartija

body-work ['bɔdiwəːk] *n* (auton)kori

bog [bɔg] *n* suo

boil [bɔil] *v* kiehua; *n* paise

bold [bould] *adj* rohkea; uskalias, röyhkeä

Bolivia [bə'liviə] Bolivia

Bolivian [bə'liviən] *adj* bolivialainen

bolt [boult] *n* salpa; pultti

bomb [bɔm] *n* pommi; *v* pommittaa

bond [bɔnd] *n* obligaatio; side

bone [boun] *n* luu; ruoto; *v* poistaa luut

bonnet ['bɔnit] *n* konepelti

book [buk] *n* kirja; *v* tilata; viedä kirjoihin, varata, kirjata

booking ['bukiŋ] *n* varaus, tilaus

bookmaker ['buk,meikə] *n* vedonvälittäjä

bookseller ['buk,selə] *n* kirjakauppias

bookstand ['bukstænd] *n* kirja- ja lehtikioski

bookstore ['bukstɔː] *n* kirjakauppa

boot [buːt] *n* saapas; (auton) tavaratila

booth [buːð] *n* koju; koppi

booze [buːz] *n* (*colloquial*) viina; *v* ryypätä

border ['bɔːdə] *n* raja;

bore[1] [bɔː] *v* ikävystyttää; porata; *n* tylsimys

bore[2] [bɔː] *v* (p bear)

bored [bɔːd] *adj* ikävystynyt

boring ['bɔːriŋ] *adj* ikävystyttävä

born [bɔːn] *adj* synnynnäinen

borrow ['bɔrou] *v* lainata

bosom ['buzəm] *n* povi;

rinta

boss [bɔs] n pomo, päällikkö

botany ['bɔtəni] n kasvitiede

both [bouθ] adj molemmat;
both ... and sekä ... että

bother ['bɔðə] v vaivautua;
kiusa

bottle ['bɔtəl] n pullo; ~
opener pullonavaaja; hot-
-water ~ kuumavesipullo

bottleneck ['bɔtəlnek] n
pullonkaula, tien tukko

bottom ['bɔtəm] n pohja;
alaosa; takamus; adj alin

bought [bɔːt] v (p, pp buy)

boulder ['bouldə] n
siirtolohkare, vierinkivi

bound [baund] n raja (myös
kuv); *be ~ to täytyä; ~ for
matkalla jhkn

boundary ['baundəri] n raja

bouquet [bu'kei] n kimppu

bourgeois ['buəʒwɑː] adj
poroporvarillinen

boutique [bu'tiːk] n putiikki,
(pieni) muotiliike

bow¹ [bau] v kumartaa;
taivuttaa

bow² [bou] n jousi; ~ tie
solmuke, rusetti

bowels [bauəlz] pl
sisälmykset pl, suolisto

bowl [boul] n kulho

bowling ['bouliŋ] n keilailu;
~ alley keilarata

box¹ [bɔks] n nyrkkeillä;
boxing match
nyrkkeilyottelu

box² [bɔks] n laatikko

box office ['bɔks,ɔfis] n

lippumyymälä,

boy [bɔi] n poika; ~ scout
partiopoika

boyfriend ['bɔifrend] n
poikakaveri

bra [brɑː] n rintaliivit pl

bracelet ['breislit] n
rannerengas

braces ['breisiz] pl
henkselit, olkaimet pl

brain [brein] n aivot pl; äly

brain wave ['breinweiv] n
neronleimaus

brake [breik] n jarru; ~ drum
jarrurumpu; ~ lights
jarruvalot pl

branch [brɑːntʃ] n oksa;
haaraosasto

brand [brænd] n merkki;
polttomerkki

brand-new [,brænd'njuː] adj
upouusi

brass [brɑːs] n messinki; ~
band torvisoittokunta

brave [breiv] adj rohkea,
urhea

Brazil [brə'zil] Brasilia

Brazilian [brə'ziljən] adj
brasilialainen

breach [briːtʃ] n
rikkominen;

bread [bred] n leipä;
wholemeal ~ kokojyväleipä

breadth [bredθ] n leveys

break [breik] n murtuma;
välitunti

*break [breik] v rikkoa,
murtaa; ~ down mennä
rikki

breakdown ['breikdaun] n

konerikko, konevika
breakfast ['brekfəst] n
aamupala
breast [brest] n rinta
breaststroke ['breststrouk]
n rintauinti
breath [breθ] n henkäys
breathe [bri:ð] v hengittää
breathing ['bri:ðiŋ] n
hengitys
breed [bri:d] n rotu; laji
*breed [bri:d] v kasvattaa
breeze [bri:z] n
tuulenhenkäys
brew [bru:] v panna olutta
brewery ['bru:əri] n
olutpanimo
bribe [braib] v lahjoa
bribery ['braibəri] n
lahjominen
brick [brik] n tiili
bricklayer ['brikleiə] n
muurari
bride [braid] n morsian
bridegroom ['braidgru:m] n
sulhanen
bridge [bridʒ] n silta; bridge
(korttipeli)
brief [bri:f] adj lyhyt
briefcase ['bri:fkeis] n
salkku
briefs [bri:fs] pl alushousut
pl
bright [brait] adj valoisa;
kirkas; valpas, älykäs
brighten ['braitən] v
kirkastaa
brill [bril] n silokampela
brilliant ['briljənt] adj
loistava; lahjakas

brim [brim] n reuna
*bring [briŋ] v tuoda; ~ back
palauttaa; ~ up kasvattaa;
ottaa puheeksi, esittää
brisk [brisk] adj reipas
Britain ['britən]
(Iso-)Britannia
British ['britiʃ] adj
brittiläinen; englantilainen
Briton ['britən] n britti;
englantilainen
broad [brɔːd] adj leveä; laaja
broadband ['brɔːdbænd] n
laajakaista
broadcast ['brɔːdkɑːst] n
lähetys
*broadcast ['brɔːdkɑːst] v
lähettää (ohjelmaa),
esiintyä radiossa tai
televisiossa
brochure ['brouʃuə] n esite
broke[1] [brouk] v (p break)
broke[2] [brouk] adj rahaton
broken ['broukən] adj (pp
break) rikkinäinen,
epäkuntoinen; rikki
broker ['broukə] n välittäjä
bronchitis [brɔŋ'kaitis] n
keuhkoputken tulehdus
bronze [brɔnz] n pronssi; adj
pronssinen
brooch [broutʃ] n rintaneula
brook [bruk] n puro
broom [bru:m] n luuta
brothel ['brɔθəl] n porttola
brother ['brʌðə] n veli
brother-in-law ['brʌðərinlɔ:]
n (pl brothers-in-law) lanko
brought [brɔ:t] v (p, pp
bring)

brown [braun] *adj* ruskea

bruise [bru:z] *n* mustelma; ruhjevamma *v* saada mustelma

brunette [bru:'net] *n* ruskeaverikkö

brush [braʃ] *n* harja; pensseli; *v* harjata

brutal ['bru:təl] *adj* raakamainen

bubble ['bʌbəl] *n* kupla

buck [bʌk] *n* (*colloquial*) fyrkka

bucket ['bʌkit] *n* ämpäri

buckle ['bʌkəl] *n* solki

bud [bʌd] *n* nuppu

buddy ['bʌdi] *n* (*colloquial*) kaveri

budget ['bʌdʒit] *n* budjetti, talousarvio

buffet ['bufei] *n* noutopöytä

bug [bʌg] *n* ötökkä, hyönteinen

*build [bild] *v* rakentaa

building ['bildiŋ] *n* rakennus

bulb [bʌlb] *n* sipuli; kukkasipuli; light ~ hehkulamppu

Bulgaria [bʌl'geəriə] Bulgaria

Bulgarian [bʌl'geəriən] *adj* bulgarialainen

bulk [bʌlk] *n* (suuri) koko, ainemäärä

bulky ['bʌlki] *adj* kookas, kömpelö

bull [bul] *n* härkä

bullet ['bulit] *n* luoti

bulletin ['bulitin] *n* tiedote; ~ board ilmoitustaulu

bullfight ['bulfait] *n* härkätaistelu

bullring ['bulriŋ] *n* härkätaisteluareena

bump [bʌmp] *v* törmätä; lyödä; *n* kolaus, törmäys

bumper ['bʌmpə] *n* puskuri

bumpy ['bʌmpi] *adj* kuoppainen

bun [bʌn] *n* pulla

bunch [bʌntʃ] *n* kimppu; nippu

bundle ['bʌndəl] *n* käärö; *v* niputtaa, sitoa yhteen

bunk [bʌŋk] *n* makuulaveri

buoy [bɔi] *n* poiju

burden ['bə:dən] *n* taakka

bureau ['bjuərou] *n* (pl ~x, ~s) toimisto; kirjoituslipasto; *nAm* lipasto

bureaucracy [bjuə'rɔkrəsi] *n* byrokratia

burglar ['bə:glə] *n* murtovaras

burgle ['bə:gəl] *v* murtautua jhk

burial ['beriəl] *n* hautajaiset *pl*, hautaus

burn [bə:n] *n* palohaava

*burn [bə:n] *v* palaa; polttaa; palaa pohjaan

*burst [bə:st] *v* haljeta; puhjeta; syöksyä

bury ['beri] *v* haudata

bus [bʌs] *n* bussi

bush [buʃ] *n* pensas

business ['biznəs] *n* liiketoiminta, kaupankäynti; ~ hours toimistoaika; ~ trip

liikematka; on ~
liikeasioissa
business-like ['biznislaik]
adj asiallinen
businessman ['biznəsmən]
n (pl -men) liikemies
businesswoman
['biznəswumən] *n* (pl
-women) liikenainen
bust [bʌst] *n* rintakuva
bustle ['bʌsəl] *n* vilinä,
vilske
busy ['bizi] *adj* kiireinen;
vilkasliikenteinen
but [bʌt] *conj* mutta; vaan;
paitsi
butcher ['butʃə] *n*
lihakauppias

butter ['bʌtə] *n* voi
butterfly ['bʌtəflai] *n*
perhonen; ~ stroke
perhosuinti
buttock ['bʌtək] *n* pakara
button ['bʌtən] *n* nappi; *v*
napittaa
buttonhole ['bʌtənhoul] *n*
napinreikä
***buy** [bai] *v* ostaa; hankkia
buyer ['baiə] *n* ostaja
buzz [bʌz] *n* pörinä
by [bai] *prep* jnk avulla;
ennen jtak, jhk mennessä
bye-bye [bai'bai]
(*colloquial*) hei hei
by-pass ['baipɑːs] *n*
ohikulkutie; *v* kiertää

C

cab [kæb] *n* taksi
cabaret ['kæbərei] *n* kabaree
cabbage ['kæbidʒ] *n* kaali
cab driver ['kæb,draivə] *n*
taksinkuljettaja
cabin ['kæbin] *n* hytti,
kajuutta
cabinet ['kæbinət] *n* kaappi,
kaapisto
cable ['keibəl] *n* kaapeli,
vaijeri; *v* sähköttää
cadre [kɑ:də] *n* kaaderi;
café ['kæfei] *n* kahvila
cafeteria [,kæfə'tiəriə] *n*
(itsepalvelu)kahvila
caffeine ['kæfi:n] *n* kofeiini
cage [keidʒ] *n* häkki
cake [keik] *n* kakku; leivos

calamity [kə'læməti] *n*
suuronnettomuus
calcium ['kælsiəm] *n*
kalsium
calculate ['kælkjuleit] *v*
laskelmoida, laskea
calculation [,kælkju'leiʃən]
n laskelma
calendar ['kæləndə] *n*
kalenteri
calf [kɑːf] *n* (pl calves)
vasikka; pohje; ~ skin
vasikannahka
call [kɔːl] *v* huutaa; *n* huuto;
vierailu; *be called olla
nimeltään; ~ names
haukkua; ~ on vierailla; ~
up *Am* soittaa puhelimella

call waiting ['kɔːl‿'weitiŋ] n
koputus (puhelimessa)
caller ID ['kɔːlər‿ai'diː] n
soittajan numeron näyttö
calm [kɑːm] adj rauhallinen,
tyyni; ~ down tyyntyä
calorie ['kæləri] n kalori
Calvinism ['kælvinizəm] n
kalvinismi
came [keim] v (p come)
camel ['kæməl] n kameli
cameo ['kæmiou] n (pl ~s)
kamee
camera ['kæmərə] n kamera
~ shop valokuvausliike
camp [kæmp] n leiri; v
leiriytyä
campaign [kæm'pein] n
kampanja
camp bed [,kæmp'bed] n
telttasänky
camper ['kæmpə] n retkeilijä
camping ['kæmpiŋ] n
telttailu; ~ site leirintäalue
can [kæn] n purkki; ~ opener
purkinavaaja
*can [kæn] v voida
Canada ['kænədə] Kanada
Canadian [kə'neidiən] adj
kanadalainen
canal [kə'næl] n kanava
canary [kə'neəri] n
kanarialintu
cancel ['kænsəl] v peruuttaa
cancellation [,kænsə'leiʃən]
n peruutus
cancer ['kænsə] n syöpä
candidate ['kændidət] n
ehdokas
candle ['kændəl] n kynttilä

candy ['kændi] nAm
karamelli(t); ~ store Am
karkkikauppa
cane [kein] n ruoko;
kävelykeppi
canister ['kænistə] n
kanisteri, peltirasia
canoe [kə'nuː] n kanootti
canteen [kæn'tiːn] n ruokala
canvas ['kænvəs] n
purjekangas; telttakangas
cap [kæp] n lakki, päähine
capable ['keipəbəl] adj
pystyvä, kykenevä
capacity [kə'pæsəti] n
kapasiteetti; teho; kyky
cape [keip] n niemi; viitta
capital ['kæpitəl] n
pääkaupunki; pääoma; adj
tärkeä, pääasiallinen; ~
letter iso kirjain
capitalism ['kæpitəlizəm] n
kapitalismi
capitulation
[kə,pitju'leiʃən] n
antautuminen
capsule ['kæpsjuːl] n kapseli
captain ['kæptin] n kapteeni;
lentokapteeni
capture ['kæptʃə] v vangita,
vallata; n vangitseminen;
valtaus
car [kɑː] n auto; ~ hire
autovuokraamo; ~ park
pysäköintialue; ~ rental Am
autovuokraamo
caramel ['kærəməl] n
karamelli
carat ['kærət] n karaatti
caravan ['kærəvæn] n

asuntovaunu

carburettor [,ka:bju'retə] n kaasutin

card [ka:d] n kortti; postikortti

cardboard ['ka:dbɔ:d] n pahvi; adj pahvinen

cardigan ['ka:digən] n villatakki

cardinal ['ka:dinəl] n kardinaali; adj pääasiallinen

care [keə] n huolenpito; huoli; ~ about huolehtia jstk; ~ for välittää jstk; *take ~ of huolehtia jstk

career [kə'riə] n ura, työ

carefree ['keəfri:] adj huoleton

careful ['keəfəl] adj varovainen; huolellinen

careless ['keələs] adj huolimaton; välinpitämätön

caretaker ['keə,teikə] n talonmies

cargo ['ka:gou] n (pl ~es) lasti

carjacking ['ka:,dʒækiŋ] n auton kaappaaminen (omistajan ollessa autossa)

carnival ['ka:nivəl] n karnevaali

carp [ka:p] n (pl ~) karppi

carpenter ['ka:pintə] n puuseppä

carpet ['ka:pit] n matto

carpool ['ka:,pu:l] n kimppakyyti; v matkustaa kimppakyydillä

carriage ['kæridʒ] n matkustajavaunu; vaunut

pl, rattaat pl

carriageway ['kæridʒwei] n (moottoritien) ajorata

carrot ['kærət] n porkkana

carry ['kæri] v kantaa; kuljettaa; ~ on jatkaa; ~ out toteuttaa

carrycot ['kærikɔt] n vauvan kantokassi

cart [ka:t] n rattaat pl

cartilage ['ka:tilidʒ] n rusto

carton ['ka:tən] n tölkki; rasia

cartoon [ka:'tu:n] n piirretty filmi

cartridge ['ka:tridʒ] n patruuna

carve [ka:v] v vuolla, veistää

carving ['ka:viŋ] n veistos

case [keis] n tapaus; oikeusjuttu; matkalaukku; kotelo; attaché ~ asiakirjasalkku; in ~ siltä varalta että; in ~ of siinä tapauksessa että

cash [kæʃ] n käteinen raha; v periä rahoja, vaihtaa rahaksi, lunastaa

cashier [kæ'ʃiə] n kassanhoitaja

cashmere ['kæʃmiə] n kašmir(villa)

casino [kə'si:nou] n (pl ~s) kasino

cask [ka:sk] n tynnyri

cassette [kə'set] n kasetti

cast [ka:st] n heitto

*cast [ka:st] v heittää, luoda; cast iron valurauta

castle ['ka:səl] n linna

casual ['kæʒuəl] adj rento, huoleton

casualty ['kæʒuəlti] n haavoittunut

cat [kæt] n kissa

catacomb ['kætəkoum] n katakombi

catalogue ['kætələg] n luettelo

catarrh [kə'taː] n katarri

catastrophe [kə'tæstrəfi] n katastrofi

*catch [kætʃ] v ottaa kiinni; tavoittaa; yllättää, ehtiä

catchword ['kætʃwɔːd] n iskusana

category ['kætigəri] n kategoria

cathedral [kə'θiːdrəl] n katedraali, tuomiokirkko

catholic ['kæθəlik] adj katolinen

cattle ['kætəl] pl nautakarja

caught [kɔːt] v (p, pp catch)

cauliflower ['kɔliflauə] n kukkakaali

cause [kɔːz] v aiheuttaa; n syy; peruste, aihe; asia; ~ to saada tekemään jtn

caution ['kɔːʃən] v varoittaa n varovaisuus

cautious ['kɔːʃəs] adj varovainen

cave [keiv] n luola; onkalo

cavern ['kævən] n luola

caviar ['kæviaː] n kaviaari

cavity ['kævəti] n ontelo, kolo

CD player ['siː'diːˌpleiə] n CD-soitin

CD(-ROM) [siː'diː(-)] n CD(-ROM)

cease [siːs] v lopettaa

ceasefire ['siːsfaiə] n tulitauko

ceiling ['siːliŋ] n sisäkatto

celebrate ['selibreit] v juhlia

celebration [ˌseli'breiʃən] n juhla

celebrity [si'lebrəti] n kuuluisuus

celery ['seləri] n selleri

cell [sel] n selli

cellar ['selə] n kellari

cellphone ['selfoun] n matkapuhelin

cement [si'ment] n sementti

cemetery ['semitri] n hautausmaa

censorship ['sensəʃip] n sensuuri

center ['sentə] nAm keskusta

centigrade ['sentigreid] n celsiusaste

centimetre ['sentimiːtə] n senttimetri

central ['sentrəl] adj keski-; ~ heating keskuslämmitys; ~ station keskusasema

centralize ['sentrəlaiz] v keskittää

centre ['sentə] n keskusta; keskipiste

century ['sentʃəri] n vuosisata

ceramics [si'ræmiks] pl keramiikkataide

ceremony ['serəməni] n seremonia pl

certain ['sə:tən] *adj* varma;
tietty

certainly ['sə:tənli] *adv*
todella(kin)

certificate [sə'tifikət] *n*
kirjallinen todistus,

chain [tʃein] *n* ketju

chair [tʃeə] *n* tuoli

chairman ['tʃeəmən] *n* (pl
-men) puheenjohtaja

chairwoman ['tʃeəwumən]
n (pl -women)
puheenjohtaja
(naispuolinen)

chalet ['ʃælei] *n* alppimaja

chalk [tʃɔ:k] *n* liitu

challenge ['tʃæləndʒ] *v*
haastaa; *n* haaste

chamber ['tʃeimbə] *n* sali,
istuntosali

champagne [ʃæm'pein] *n*
samppanja

champion ['tʃæmpjən] *n*
mestari

chance [tʃɑ:ns] *n* sattuma;
mahdollisuus, tilaisuus;
riski; by ~ sattumalta

change [tʃeindʒ] *v* muuttaa;
vaihtaa; vaihtaa pukua;
vaihtaa kulkuneuvoa; *n*
muutos, vaihdos;
pikkuraha, vaihtoraha; for a
~ *n* vaihteeksi

channel ['tʃænəl] *n* kanaali;
The English Channel
Englannin kanaali

chaos ['keiɔs] *n* sekasorto

chaotic [kei'ɔtik] *adj*
sekasortoinen

chap [tʃæp] *n* kaveri

chapel ['tʃæpəl] *n* kappeli,
kirkko

chaplain ['tʃæplin] *n* pappi

character ['kærəktə] *n*
luonne

characteristic
[,kærəktə'ristik] *adj*
ominainen,
luonteenomainen; *n*
ominaispiirre

characterize ['kærəktəraiz]
v luonnehtia

charcoal ['tʃɑ:koul] *n*
puuhiili

charge [tʃɑ:dʒ] *v* vaatia
maksua, veloittaa; syyttää;
lastata; *n* maksu; lasti,
kuorma; syytös; ~ plate *Am*
luottokortti; free of ~
maksuton; in ~ of vastuussa
jstk; *take ~ of ottaa
huolekseen

charity ['tʃærəti] *n*
hyväntekeväisyys

charm [tʃɑ:m] *n* viehätys,
charmi

charming ['tʃɑ:miŋ] *adj*
hurmaava

chart [tʃɑ:t] *n* taulukko;
kaavio; merikortti;
conversion ~
muuntotaulukko

chase [tʃeis] *v* ajaa takaa;
karkottaa; *n* metsästys,
takaa-ajo

chasm [tʃæzəm] *n* kuilu

chassis ['ʃæsi] *n* (pl ~)
autonrunko, alusta

chaste [tʃeist] *adj* siveä

chat [tʃæt] *v* jutella,

rupatella; *n* juttelu, rupattelu

chatterbox ['tʃætəbɔks] *n* lörpöttelijä

chauffeur ['ʃoufə] *n* autonkuljettaja

cheap [tʃiːp] *adj* halpa; edullinen

cheat [tʃiːt] *v* petkuttaa

check [tʃek] *v* tarkistaa; *n* rasti; *nAm* lasku; *nAm* šekki; check! šakki!; ~ in tehdä lähtöselvitys; ~ out maksaa lasku ja lähteä hotellista

checkbook ['tʃekbuk] *nAm* šekkivihko

checkerboard ['tʃekəbɔːd] *nAm* šakkilauta

checkers ['tʃekəz] *plAm* tammipeli

checkroom ['tʃekruːm] *nAm* narikka

checkup ['tʃekʌp] *n* tarkastus

cheek [tʃiːk] *n* poski

cheekbone ['tʃiːkboun] *n* poskipää

cheeky ['tʃiːki] *adj* (*colloquial*) hävytön

cheer [tʃiə] *v* hurrata; ~ up piristää

cheerful ['tʃiəfəl] *adj* iloinen, hilpeä

cheese [tʃiːz] *n* juusto

chef [ʃef] *n* keittiömestari

chemical ['kemikəl] *adj* kemiallinen

chemist ['kemist] *n* apteekkari, farmaseutti

chemist's apteekki; kemikaalikauppa

chemistry ['kemistri] *n* kemia

cheque [tʃek] *n* šekki

chequebook ['tʃekbuk] *n* šekkivihko

chequered ['tʃekəd] *adj* ruudullinen

cherry ['tʃeri] *n* kirsikka

chess [tʃes] *n* šakkipeli

chest [tʃest] *n* rinta; rintakehä; kirstu; ~ of drawers lipasto

chestnut ['tʃesnʌt] *n* kastanja

chew [tʃuː] *v* pureskella

chewing gum ['tʃuːiŋgʌm] *n* purukumi

chicken ['tʃikin] *n* kana, kananpoika

chickenpox ['tʃikinpɔks] *n* vesirokko

chief [tʃiːf] *n* päällikkö; *adj* pää-, ylin

chieftain ['tʃiːftən] *n* heimopäällikkö

child [tʃaild] *n* (pl children) lapsi

childbirth ['tʃaildbɔːθ] *n* synnytys

childhood ['tʃaildhud] *n* lapsuus

Chile ['tʃili] Chile

Chilean ['tʃilian] *adj* chileläinen

chill [tʃil] *n* väristys

chilly ['tʃili] *adj* kolea

chime [tʃaim] *n* kello, kellonsoitto

chimney ['tʃimni] n
savupiippu

chin [tʃin] n leuka

China ['tʃainə] Kiina

china ['tʃainə] n posliini

Chinese [tʃai'ni:z] adj
kiinalainen

chip [tʃip] v lohkaista; n
lastu; chips
ranskanperunat;
perunalastut

chisel ['tʃizəl] n taltta

chives [tʃaivz] pl
ruohosipuli

chlorine ['klɔ:ri:n] n kloori

chock-full [tʃɔk'ful] adj
täpötäysi

chocolate ['tʃɔklət] n
suklaa; kaakao

choice [tʃɔis] n valinta;
valikoima

choir [kwaiə] n kuoro

choke [tʃouk] v tukehtua;
kuristaa; n rikastin

*choose [tʃu:z] v valita

chop [tʃɔp] v pilkkoa n
kyljys

Christ [kraist] Kristus

christen ['krisən] v kastaa

christening ['krisəniŋ] n
ristiäiset

Christian ['kristʃən] adj
kristitty; ~ name
ristimänimi

Christmas ['krisməs] joulu

chromium ['kroumiəm] n
kromi

chronic ['krɔnik] adj
krooninen

chronological

[,krɔnə'lɔdʒikəl] adj
kronologinen

chuckle ['tʃʌkəl] v
hykerrellä

chunk [tʃʌŋk] n kimpale

church [tʃə:tʃ] n kirkko

churchyard ['tʃə:tʃja:d] n
kirkkomaa

cigar [si'ga:] n sikari ~ shop
tupakkakauppa

cigarette [,sigə'ret] n
savuke; ~ tobacco
savuketupakka

cigarette case
[,sigə'retkeis] n
savukekotelo

cigarette holder
[,sigə'ret,houldə] n holkki

cigarette lighter
[,sigə'ret,laitə] n
tupakansytytin

cinema ['sinəmə] n
elokuvateatteri

cinnamon ['sinəmən] n
kaneli

circle ['sə:kəl] n ympyrä;
piiri; v ympäröidä, saartaa

circulation [,sə:kju'leiʃən] n
verenkierto; kiertokulku

circumstance
['sə:kəmstæns] n seikka,
asianhaara

circus ['sə:kəs] n sirkus

citizen ['sitizən] n
kansalainen

citizenship ['sitizənʃip] n
kansalaisuus

city ['siti] n suurkaupunki

civic ['sivik] adj kaupungin-,
kunnallinen

civil ['sivəl] adj
yhteiskunnallinen, siviili-; ~
law siviilioikeus; ~ servant
valtionvirkamies

civilian [si'viljən] adj siviili-;
n siviilihenkilö

civilization [,sivəlai'zeiʃən]
n sivistys

civilized ['sivəlaizd] adj
sivistynyt

claim [kleim] v vaatia;
väittää; n vaatimus

clamp [klæmp] n pidike;
ruuvipuristin

clap [klæp] v taputtaa,
osoittaa suosiota

clarify ['klærifai] v selvittää,
selventää

class [klɑːs] n luokka

classical ['klæsikəl] adj
klassinen

classify ['klæsifai] v
luokitella

classmate ['klɑːsmeit] n
luokkatoveri

classroom ['klɑːsruːm] n
luokkahuone

clause [klɔːz] n ehto;
sivulause

claw [klɔː] n (eläimen) kynsi

clay [klei] n savi

clean [kliːn] adj puhdas,
siisti; v puhdistaa, siivota

cleaning ['kliːniŋ] n siivous,
puhdistus; ~ fluid
puhdistusaine

clear [kliə] adj kirkas; selvä;
v selvittää; puhdistaa

clearing ['kliəriŋ] n
metsäaukio

cleft [kleft] n rako, halkeama

clergyman ['kləːdʒimən] n
(pl -men) pappi; kirkonmies

clerk [klɑːk] n kanslisti

clever ['klevə] adj älykäs,
kekseliäs, nokkela

click [klik] v napsauttaa; ~
into place loksahtaa
paikoilleen

client ['klaiənt] n asiakas

cliff [klif] n rantakallio,
rantatörmä

climate ['klaimit] n ilmasto

climb [klaim] v kavuta;
kiivetä; n kiipeäminen

cling [kliŋ] v tarrautua; ~ to
takertua

clinic ['klinik] n klinikka

cloak [klouk] n viitta,
mantteli

cloakroom ['kloukruːm] n
narikka

clock [klɔk] n kello; at ...
o'clock kello ...

cloister ['klɔistə] n
pylväskäytävä; luostari

clone [kloun] v kloonata; n
klooni

close¹ [klouz] v sulkea;
closed adj suljettu,
umpinainen

close² [klous] adj läheinen

closet ['klɔzit] n komero;
nAm vaatekaappi

cloth [klɔθ] n kangas; riepu

clothes [klouðz] pl vaatteet
pl

clothing ['klouðiŋ] n
vaatetus

cloud [klaud] n pilvi

cloudy ['klaudi] *adj* pilvinen

clover ['klouvə] *n* apila

clown [klaun] *n* klovni, sirkuspelle

club [klʌb] *n* kerho, klubi; nuija, patukka

clumsy ['klʌmzi] *adj* kömpelö

clutch [klʌtʃ] *n* kytkin; tiukka ote

coach [koutʃ] *n* (pitkän matkan) bussi; vaunu;

coal [koul] *n* kivihiili

coarse [kɔːs] *adj* karkea; hienostumaton

coast [koust] *n* rannikko

coat [kout] *n* päällystakki, takki

coat hanger ['kout,hæŋə] *n* vaateripustin

cocaine [kou'kein] *n* kokaiini

cock [kɔk] *n* kukko

cocktail ['kɔkteil] *n* cocktail

coconut ['koukənʌt] *n* kookospähkinä

cod [kɔd] *n* (pl ~) turska

code [koud] *n* koodi; säännöt

coffee ['kɔfi] *n* kahvi

cognac ['kɔnjæk] *n* konjakki

coherence [kou'hiərəns] *n* yhtenäisyys

coin [kɔin] *n* kolikko

coincide [,kouin'said] *v* sattua samaan aikaan

cold [kould] *adj* kylmä; *n* kylmyys; vilustuminen; *catch a ~* vilustua

collaborate [kə'læbərait] *v*

tehdä yhteistyötä

collapse [kə'læps] *v* lysähtää, romahtaa

collar ['kɔlə] *n* kaulus; ~ stud kauluksennappi

collarbone ['kɔləboun] *n* solisluu

colleague ['kɔliːg] *n* kollega

collect [kə'lekt] *v* koota; noutaa; kerätä

collection [kə'lekʃən] *n* kokoelma; keräys

collective [kə'lektiv] *adj* yhteis-

collector [kə'lektə] *n* keräilijä; kerääjä

college ['kɔlidʒ] *n* opisto, oppilaitos

collide [kə'laid] *v* törmätä yhteen

collision [kə'liʒən] *n* yhteentörmäys

Colombia [kə'lɔmbiə] Kolumbia

Colombian [kə'lɔmbiən] *adj* kolumbialainen

colonel ['kəːnəl] *n* eversti

colony ['kɔləni] *n* siirtokunta

colour ['kʌlə] *v* värittää; *n* väri; ~ film värifilmi

colour-blind ['kʌləblaind] *adj* värisokea

coloured ['kʌləd] *adj* värillinen

colourful ['kʌləfəl] *adj* värikäs

column ['kɔləm] *n* pylväs, pilari; palsta; rivistö

coma ['koumə] *n* kooma,

tajuttomuus

comb [koum] v kammata; n
kampa

combat ['kɔmbæt] v taistella
jtkn vastaan, kamppailla; n
kamppailu

combination
[,kɔmbi'neiʃən] n
yhdistelmä

combine [kəm'bain] v
yhdistää

*come [kʌm] v tulla; ~
across kohdata; löytää

comedian [kə'miːdiən] n
koomikko

comedy ['kɔmədi] n
komedia; musical ~
musikaali

comfort ['kʌmfət] n
mukavuus, hyvinvointi;
lohdutus; v lohduttaa

comfortable ['kʌmfətəbəl]
adj mukava

comic ['kɔmik] adj
koominen

comics ['kɔmiks] pl
sarjakuvat

coming ['kʌmiŋ] n tulo

comma ['kɔmə] n pilkku

command [kə'mɑːnd] v
käskeä; n käsky, määräys

commander [kə'mɑːndə] n
komentaja (sot)

commemoration
[kə,memə'reiʃən] n
muistojuhla

commence [kə'mens] v
alkaa

comment ['kɔment] n
kommentti, huomautus; v

kommentoida

commerce ['kɔmɔːs] n
kauppa

commercial [kə'mɔːʃəl] adj
kauppa-, kaupallinen; n
mainos; ~ law
kauppaoikeus

commission [kə'miʃən] n
komissio, tehtävä

commit [kə'mit] v syyllistyä,
sitoa

committee [kə'miti] n
komitea, valiokunta

common ['kɔmən] adj
tavallinen; yhteinen

commune ['kɔmjuːn] n
kunta

communicate
[kə'mjuːnikeit] v viestiä,
kommunikoida

communication
[kə,mjuːni'keiʃən] n
viestintä; tiedotus

communiqué [kə'mjuːnikei]
n virallinen tiedonanto

communism ['kɔmjunizəm]
n kommunismi

communist ['kɔmjunist] n
kommunisti

community [kə'mjuːnəti] n
yhteisö, yhdyskunta

commuter [kə'mjuːtə] n
työmatkalainen

compact ['kɔmpækt] adj
kiinteä, tehokas
tilankäytöltään

compact disc
['kɔmpækt,'disk] n CD-
levy

companion [kəm'pænjən] n

seuralainen

company ['kʌmpəni] n
yhtiö, yritys, toiminimi

comparative [kəm'pærətiv]
adj suhteellinen

compare [kəm'pɛə] v
verrata

comparison [kəm'pærisən]
n vertaus

compartment
[kəm'pɑ:tmənt] n
vaununosasto

compass ['kʌmpəs] n
kompassi

compel [kəm'pel] v pakottaa

compensate ['kɔmpənseit]
v korvata

compensation
[,kɔmpən'seiʃən] n hyvitys;
kompensaatio

compete [kəm'pi:t] v
kilpailla

competition [,kɔmpə'tiʃən]
n kilpailu

competitor [kəm'petitər] n
kilpailija

compile [kəm'pail] v koota
(tietoa), laatia

complain [kəm'plein] v
valittaa

complaint [kəm'pleint] n
valitus; **complaints book**
valituskirja

complete [kəm'pli:t] adj
täydellinen, kokonainen; v
suorittaa loppuun

completely [kəm'pli:tli] adv
täydellisesti, kokonaan,
täysin

complex ['kɔmpleks] n

rakennuskompleksi; adj
monimutkainen, sekava

complexion [kəm'plekʃən] n
(kasvojen) iho

complicated ['kɔmplikeitid]
adj pulmallinen,
monimutkainen

compliment ['kɔmplimənt] v
lausua kohteliaisuuksia; n
kohteliaisuus

compose [kəm'pouz] v
säveltää

composer [kəm'pouzə] n
säveltäjä

composition [,kɔmpə'ziʃən]
n sävellys

comprehensive
[,kɔmpri'hensiv] adj laaja

comprise [kəm'praiz] v
sisältää

compromise ['kɔmprəmaiz]
n sovitteluratkaisu

compulsory [kəm'pʌlsəri]
adj pakollinen

comrade [kɔm'mreid] n toveri

conceal [kən'si:l] v kätkeä

conceited [kən'si:tid] adj
itserakas

conceive [kən'si:v] v siittää,
hedelmöittää

concentrate ['kɔnsəntreit] v
keskittää; keskittyä

concentration
[,kɔnsən'treiʃən] n
keskittymiskyky,
keskittyminen

conception [kən'sepʃən] n
käsitys; hedelmöitys

concern [kən'sə:n] v koskea,
kuulua; n huoli; asia;

konserni

concerned [kən'sə:nd] *adj*
huolestunut; osallinen

concerning [kən'sə:niŋ]
prep jtak koskien, koskeva

concert ['kɔnsət] *n*
konsertti; ~ hall
konserttisali

concession [kən'seʃən] *n*
toimilupa; myönnytys

concierge [ˌkɔn-si'eəʒ] *n*
portinvartija

concise [kən'sais] *adj*
lyhytsanainen

conclusion [kən'klu:ʒən] *n*
johtopäätös,

concrete ['kɔŋkri:t] *adj*
konkreettinen; *n* betoni

concurrence [kəŋ'kʌrəns] *n*
yhteensattuma

concussion [kən'kʌʃən] *n*
aivotärähdys

condition [kən'diʃən] *n*
ehto; kunto, tila; olosuhde

conditional [kən'diʃənəl]
adj ehdollinen

conduct[1] ['kɔndʌkt] *n*
käytös

conduct[2] [kən'dʌkt] *v*
johtaa; saattaa

conductor [kən'dʌktə] *n*
kapellimestari; rahastaja

confectioner [kən'fekʃənə]
n kondiittori

conference ['kɔnfərəns] *n*
konferenssi

confess [kən'fes] *v*
myöntää; ripittäytyä;
tunnustaa

confession [kən'feʃən] *n*
tunnustus; rippi

confidence ['kɔnfidəns] *n*
luottamus

confident ['kɔnfidənt] *adj*
luottavainen

confidential [ˌkɔnfi'denʃəl]
adj luottamuksellinen

confirm [kən'fə:m] *v*
vahvistaa

confirmation
[ˌkɔnfə'meiʃən] *n* vahvistus

confiscate ['kɔnfiskeit] *v*
takavarikoida

conflict ['kɔnflikt] *n* ristiriita

confuse [kən'fju:z] *v*
saattaa ymmälle; confused
adj hämmentynyt

confusion [kən'fju:ʒən] *n*
hämminki

congratulate
[kən'grætʃuleit] *v* onnitella

congratulation
[kənˌgrætʃu'leiʃən] *n*
onnittelu, onnentoivotus

congregation
[ˌkɔŋgri'geiʃən] *n*
seurakunta

congress ['kɔŋgres] *n*
kongressi

connect [kə'nekt] *v*
yhdistää; kytkeä; liittää

connection [kə'nekʃən] *n*
suhde; yhteys, jatkoyhteys

connoisseur [ˌkɔnə'sə:] *n*
tuntija

connotation [ˌkɔnə'teiʃən] *n*
sivumerkitys

conquer ['kɔŋkə] *v*
valloittaa

conqueror ['kɔŋkərə] *n*

valloittaja
conquest ['kɔŋkwest] n
valloitus
conscience ['kɔnʃəns] n
omatunto
conscious ['kɔnʃəs] adj
tietoinen
consciousness
['kɔnʃəsnəs] n tietoisuus
conscript ['kɔnskript] n
asevelvollinen
consent [kən'sent] v
suostua; myöntyä; n
suostumus
consequence ['kɔnsikwəns]
n seuraus
consequently
['kɔnsikwəntli] adv näin
ollen
conservative [kən'sɜːvətiv]
adj konservatiivinen,
vanhoillinen
consider [kən'sidə] v
miettiä; harkita; pitää jnak,
olla jtk mieltä
considerable
[kən'sidərəbəl] adj
huomattava, melkoinen
considerate [kən'sidərət]
adj huomaavainen
consideration
[kən,sidə'reiʃən] n
huomioonottaminen;
harkinta; huomaavaisuus
considering [kən'sidəriŋ]
prep huomioon ottaen
consignment
[kən'sainmənt] n lähetys
consist of [kən'sist] koostua
conspire [kən'spaiə] v

vehkeillä
constant ['kɔnstənt] adj
alinomainen
constipation
[,kɔnsti'peiʃən] n ummetus
constituency
[kən'stitʃuənsi] n vaalipiiri
constitution
[,kɔnsti'tjuːʃən] n
valtiosääntö
construct [kən'strʌkt] v
rakentaa
construction [kən'strʌkʃən]
n rakenne; rakentaminen;
rakennus
consul ['kɔnsəl] n konsuli
consulate ['kɔnsjulət] n
konsulaatti
consult [kən'sʌlt] v kysyä
neuvoa
consultation
[,kɔnsəl'teiʃən] n
neuvottelu; ~ hours
vastaanottoaika
consume [kən'sjuːm] v
kuluttaa
consumer [kən'sjuːmə] n
kuluttaja
contact ['kɔntækt] n yhteys;
kosketus v ottaa yhteys; ~
lenses piilolasit pl
contagious [kən'teidʒəs]
adj tarttuva
contain [kən'tein] v sisältää
container [kən'teinə] n
kontti
contemporary
[kən'tempərəri] adj
samanaikainen;
nykyaikainen; n aikalainen

contempt [kən'tempt] *n*
ylenkatse,

content [kən'tent] *adj*
tyytyväinen

contents ['kontents] *pl*
sisällys

contest ['kontest] *n* kilpailu;
taistelu; ottelu

continent ['kontinənt] *n*
maanosa; manner

continental [,konti'nentəl]
adj mannermainen

continual [kən'tinjuəl] *adj*
alituinen; continually *adv*
alinomaa

continue [kən'tinju:] *v*
jatkaa; jatkua

continuous [kən'tinjuəs]
adj jatkuva, keskeytymätön

contour ['kontuə] *n* ääriviiva

contraceptive
[,kontrə'septiv] *n*
ehkäisyväline

contract¹ ['kontrækt] *n*
sopimus

contract² [kən'trækt] *v*
tehdä sopimus; sopia

contractor [kən'træktə] *n*
urakoitsija

contradict [,kontrə'dikt] *v*
vastustaa; väittää vastaan

contradictory
[,kontrə'diktəri] *adj*
ristiriitainen

contrary ['kontrəri] *n*
vastakohta; *adj*
päinvastainen; on the ~
päinvastoin

contrast ['kontra:st] *n*
vastakohta; eroavuus

contribution
[,kontri'bju:ʃən] *n* panos,
avustus

control [kən'troul] *v* valvoa,
säännöstellä; *n* valvonta

controversial
[,kontrə'və:ʃəl] *adj*
kiistanalainen

convenience [kən'vi:njəns]
n mukavuus

convenient [kən'vi:njənt]
adj mukava; sopiva

convent ['konvənt] *n*
nunnaluostari

conversation
[,konvə'seiʃən] *n*
keskustelu

convert [kən'və:t] *v*
käännyttää; muuntaa

convict¹ [kən'vikt] *v*
tunnustaa syylliseksi

convict² ['konvikt] *n*
rangaistusvanki

conviction [kən'vikʃən] *n*
vakaumus; tuomitseminen

convince [kən'vins] *v* saada
vakuuttuneeksi

convulsion [kən'vʌlʃən] *n*
kouristus

cook [kuk] *v* keittää; laittaa
ruokaa, valmistaa ruokaa; *n*
kokki

cookbook ['kukbuk] *nAm*
keittokirja

cooker ['kukə] *n* liesi; gas ~
kaasuliesi

cookery book ['kukəribuk]
n keittokirja

cookie ['kuki] *nAm* keksi

cool [ku:l] *adj* viileä

cooperation
[kou,ɔpə'reiʃən] n
yhteistyö, yhteistoiminta

co-operative [kou'ɔpərətiv]
adj yhteistyökykyinen,
osuustoiminnallinen; n
osuustoiminta

coordinate [kou'ɔːdineit] v
koordinoida

coordination
[kou,ɔːdi'neiʃən] n
koordinointi

cope [koup] v kestää

copper ['kɔpə] n kupari

copy ['kɔpi] n jäljennös,
kopio; v jäljentää; jäljitellä;
carbon ~
hiilipaperijäljennös

coral ['kɔrəl] n koralli

cord [kɔːd] n köysi; nuora

cordial ['kɔːdiəl] adj
sydämellinen

corduroy ['kɔːdərɔi] n
vakosametti

core [kɔː] n sisus;
siemenkota

cork [kɔːk] n korkki

corkscrew ['kɔːkskruː] n
korkkiruuvi

corn [kɔːn] n rae; vilja;
liikavarvas; ~ on the cob
maissintähkä

corner ['kɔːnə] n kulma

cornfield ['kɔːnfiːld] n
viljapelto

corpse [kɔːps] n (kuollut)
ruumis

corpulent ['kɔːpjulənt] adj
pyylevä; tukeva, lihava

correct [kə'rekt] adj

moitteeton, oikea; v
oikaista

correction [kə'rekʃən] n
oikaisu; korjaus

correctness [kə'rektnəs] n
korrektius, oikeellisuus

correspond [,kɔri'spɔnd] v
olla kirjeenvaihdossa

correspondence
[,kɔri'spɔndəns] n
kirjeenvaihto

correspondent
[,kɔri'spɔndənt] n
kirjeenvaihtaja

corridor ['kɔridɔː] n käytävä

corrupt [kə'rʌpt] adj
turmeltunut; v lahjoa

corruption [kə'rʌpʃən] n
lahjominen

corset ['kɔːsit] n korsetti

cosmetics [kɔz'metiks] pl
kosmetiikka

cost [kɔst] n kustannukset
pl; hinta

*cost [kɔst] v maksaa

cosy ['kouzi] adj kodikas

cot [kɔt] nAm vauvan sänky

cottage ['kɔtidʒ] n mökki

cotton ['kɔtən] n puuvilla;
puuvillainen

cotton wool ['kɔtənwul] n
vanu

couch [kautʃ] n leposohva

cough [kɔf] v yskiä; n yskä

could [kud] v (p can)

council ['kaunsəl] n
valtioneuvosto, neuvosto

councillor ['kaunsələ] n
kunnanvaltuutettu

counsel ['kaunsəl] n

neuvonantaja; neuvottelu
counsellor ['kaunsələ] *n*
  neuvonantaja; lainopillinen
  avustaja
count [kaunt] *v* laskea;
  laskea mukaan; pitää jnak;
  n kreivi
counter ['kauntə] *n*
  myyntipöytä; tiski
counterfeit ['kauntəfi:t] *v*
  väärentää
counterfoil ['kauntəfɔil] *n*
  kantalippu
countess ['kauntis] *n*
  kreivitär
country ['kʌntri] *n* maa;
  maaseutu; ~ house maatalo
countryman ['kʌntrimən] *n*
  (pl -men) maanmies
countryside ['kʌntrisaid] *n*
  maaseutu
county ['kaunti] *n* maakunta
couple ['kʌpəl] *n* pari
coupon ['ku:pɔn] *n* kuponki
courage ['kʌridʒ] *n* urheus,
  rohkeus
courageous [kə'reidʒəs] *adj*
  urhea, rohkea
course [kɔ:s] *n* suunta;
  ruokalaji; kulku; kurssi;
  intensive ~ pikakurssi; of ~
  tietysti
court [kɔ:t] *n* tuomioistuin;
  hovi
courteous ['kɔ:tiəs] *adj*
  kohtelias
cousin ['kʌzən] *n* serkku
cover ['kʌvə] *v* kattaa,
  peittää; *n* suoja; kansi;
  päällinen; ~ charge

kattamismaksu
cow [kau] *n* lehmä
coward ['kauəd] *n* pelkuri
cowardly ['kauədli] *adj*
  raukkamainen
crab [kræb] *n* merirapu
crack [kræk] *v* särkeä; *n*
  halkeama
cracker ['krækə] *nAm*
  voileipäkeksi
cradle ['kreidəl] *n* kehto
cramp [kræmp] *n*
  suonenveto, kramppi
crane [krein] *n* nostokurki
crap [kræp] *n* (*vulgar*) paska
crash [kræʃ] *v* törmätä
  yhteen; syöksyä maahan *n*
  yhteentörmäys ~ barrier
  suojakaide
crate [kreit] *n* sälelaatikko
crater ['kreitə] *n* kraatteri
crawl [krɔ:l] *v* ryömiä; *n*
  krooli
craze [kreiz] *n* villitys
crazy ['kreizi] *adj* mieletön,
  hullu
creak [kri:k] *v* narista
cream [kri:m] *n* voide;
  kerma; *adj* kermanvärinen
creamy ['kri:mi] *adj*
  kermainen
crease [kri:s] *v* rypistää; *n*
  laskos; poimu
create [kri'eit] *v* luoda
creative [kri'eitiv] *adj* luova
creature ['kri:tʃə] *n*
  luontokappale; olento
credible ['kredibəl] *adj*
  uskottava
credit ['kredit] *v* hyvittää; *n*

luotto; ~ card luottokortti
creditor ['kreditə] n velkoja
credulous ['kredjuləs] adj
herkkäuskoinen
creek [kri:k] n lahdelma
*creep [kri:p] v ryömiä
creepy ['kri:pi] adj
kammottava
cremate [kri'meit] v tuhkata
cremation [kri'meiʃən] n
polttohautaus
crew [kru:] n miehistö
cricket ['krikit] n
krikettipeli; sirkka
crime [kraim] n rikos
criminal ['kriminəl] n
rikollinen, rikoksentekijä;
adj rikollinen, rikos-; ~ law
rikoslaki
criminality [,krimi'næləti] n
rikollisuus
crimson ['krimzən] adj
karmiininpunainen
crippled ['kripəld] adj
raajarikkoinen
crisis ['kraisis] n (pl crises)
murros; kriisi(tilanne)
crisp [krisp] adj rapea
critic ['kritik] n arvostelija
critical ['kritikəl] adj
kriittinen; arvosteleva
criticism ['kritisizəm] n
arvostelu
criticize ['kritisaiz] v
arvostella
crochet ['krouʃei] v virkata
crockery ['krɔkəri] n
talousastiat
crocodile ['krɔkədail] n
krokotiili

crooked ['krukid] adj käyrä,
vääntynyt; kiero
crop [krɔp] n sato
cross [krɔs] v ylittää; adj
äkäinen, vihainen; n risti
cross-eyed ['krɔsaid] adj
kierosilmäinen
crossing ['krɔsiŋ] n
merimatka; risteys;
ylityspaikka; tasoristeys
crossroads ['krɔsroudz] n
risteys
crosswalk ['krɔswɔ:k] nAm
suojatie
crow [krou] n varis
crowbar ['kroubɑ:] n
sorkkarauta
crowd [kraud] n joukko,
tungos
crowded ['kraudid] adj
täpötäysi
crown [kraun] v kruunata; n
kruunu
crucifix ['kru:sifiks] n
krusifiksi
crucifixion [,kru:si'fikʃən] n
ristiinnaulitseminen
crucify ['kru:sifai] v
ristiinnaulita
cruel [kruəl] adj julma
cruise [kru:z] n risteily
crumb [krʌm] n muru
crusade [kru:'seid] n
ristiretki
crust [krʌst] n kannikka;
leivän kuori
crutch [krʌtʃ] n
kainalosauva
cry [krai] v itkeä; huutaa; n
huuto; huudahdus

crystal ['kristəl] n kristalli;
adj kristalli-

Cuba ['kju:bə] Kuuba

Cuban ['kju:bən] adj
kuubalainen

cube [kju:b] n kuutio

cuckoo ['kuku:] n käki

cucumber ['kju:kəmbə] n
kurkku

cuddle ['kʌdl] v halata,
hellitellä

cuff [kʌf] n kalvosin

cuff links ['kʌfliŋks] pl
kalvosinnapit pl

cul-de-sac ['kʌldəsæk] n
umpikuja

cultivate ['kʌltiveit] v
viljellä, kasvattaa

culture ['kʌltʃə] n kulttuuri

cultured ['kʌltʃəd] adj
sivistynyt

cunning ['kʌniŋ] adj ovela

cup [kʌp] n kuppi; pokaali

cupboard ['kʌbəd] n kaappi

curb [kə:b] n reunakiveys,
jalkakäytävän reuna; v
hillitä

cure [kjuə] v parantaa; n
hoitomenetelmä,
hoitokeino

curiosity [ˌkjuəri'ɔsəti] n
uteliaisuus

curious ['kjuəriəs] adj
utelias; omituinen

curl [kə:l] v kähertää;
kihartaa; n kihara

curler ['kə:lə] n papiljotti

curly ['kə:li] adj kiharainen

currant ['kʌrənt] n
viinimarjapensas

currency ['kʌrənsi] n
valuutta; foreign ~
ulkomaanvaluutta

current ['kʌrənt] n virta; adj
nykyinen, käypä;
alternating ~ vaihtovirta;
direct ~ tasavirta

curry ['kʌri] n curry

curse [kə:s] v kiroilla; kirota;
n kirous

curtain ['kə:tən] n verho;
esirippu

curve [kə:v] n mutka;
kaarre

curved [kə:vd] adj kaareva

cushion ['kuʃən] n tyyny

custody ['kʌstədi] n huosta;
holhous

custom ['kʌstəm] n tapa;
tottumus

customary ['kʌstəməri] adj
totuttu, tavanomainen

customer ['kʌstəmə] n
asiakas

Customs ['kʌstəmz] pl tulli;
~ duty tullimaksu; ~ officer
tullivirkailija

cut [kʌt] n viilto; haava

*cut [kʌt] v leikata; supistaa;
~ off katkaista

cutlery ['kʌtləri] n
ruokailuvälineet pl

cutlet ['kʌtlət] n kotletti,
kyljys

cycle ['saikəl] n kierto, syksi

cyclist ['saiklist] n pyöräilijä

cylinder ['silində] n sylinteri;
~ head sylinterinkansi

cystitis [si'staitis] n
virtsatietulehdus

Czech [tʃek] *adj*
tšekkoslovakialainen; *n*
tšekki

dad [dæd] *n* isä
daddy ['dædi] *n* isä
daffodil ['dæfədil] *n*
(kelta)narsissi
daily ['deili] *adj* päivittäinen;
n päivälehti
dairy ['deəri] *n* meijeri
dam [dæm] *n* pato
damage ['dæmidʒ] *v*
vahingoittaa; *n* vaurio
damn [dæm] *v* tuomita; ~!
pahus!
damp [dæmp] *adj* kostea; *v*
kostuttaa; *n* kosteus
dance [dɑːns] *v* tanssia; *n*
tanssi
dandelion ['dændilaiən] *n*
voikukka
dandruff ['dændrəf] *n* hilse
Dane [dein] *n* tanskalainen
danger ['deindʒə] *n* vaara
dangerous ['deindʒərəs] *adj*
vaarallinen
Danish ['deiniʃ] *adj*
tanskalainen
dare [deə] *v* rohjeta, uskaltaa
daring ['deəriŋ] *adj* uskalias
dark [dɑːk] *adj* synkkä,
pimeä; *n* pimeys
darling ['dɑːliŋ] *n* rakas
darn [dɑːn] *v* parsia
dash [dæʃ] *n* syöksyä; *n*
ajatusviiva

Czechoslovakia
[ˌtʃekəslə'vɑːkiə]
Tšekkoslovakia

D

dashboard ['dæʃbɔːd] *n*
kojelauta
data ['deitə] *pl* tieto, tiedot
date¹ [deit] *v* päivätä; *n*
päivämäärä; treffit; out of ~
vanhentunut
date² [deit] *n* taateli
daughter ['dɔːtə] *n* tytär
daughter-in-law
['dɔːtərinlɔː] *n* (pl
daughters-) miniä
dawn [dɔːn] *n* aamunkoitto;
sarastus
day [dei] *n* päivä; by ~
päivällä; ~ trip päivämatka;
per ~ päivältä; the ~ before
yesterday toissapäivänä
day spa ['dei ˌspɑː] *n* day
spa, kauneushoitola
daybreak ['deibreik] *n*
päivänkoitto
daylight ['deilait] *n*
päivänvalo
dead [ded] *adj* kuollut
deaf [def] *adj* kuuro
deal [diːl] *n* sopimus
*deal [diːl] *v* jakaa (kortit); ~
with käsitellä; hoitaa, käydä
kauppaa
dealer ['diːlə] *n* kauppias
dear [diə] *adj* rakas; kallis
death [deθ] *n* kuolema; ~
penalty

kuolemanrangaistus
debate [di'beit] *n* väittely, keskustelu
debit ['debit] *n* debet
debit card ['debit,,kɑːd] *n* pankkikortti
debt [det] *n* velka
decaf(feinated)
[diːˈkæfeinitid] *adj* kofeiiniton
deceit [di'siːt] *n* petos
deceive [di'siːv] *v* pettää
December [di'sembə] joulukuu
decency ['diːsənsi] *n* kunnollisuus
decent ['diːsənt] *adj* kunnollinen
decide [di'said] *v* päättää, ratkaista
decision [di'siʒən] *n* päätös
deck [dek] *n* laivan kansi; ~ **cabin** kansihytti; ~ **chair** kansituoli
declaration [,deklə'reiʃən] *n* julistus; julkilausuma
declare [di'kleə] *v* julistaa; ilmoittaa; ilmoittaa tullattavaksi
decorate ['dekəreit] *v* koristaa
decoration [,dekə'reiʃən] *n* koristelu; remontti
decrease [diːˈkriːs] *v* vähentää; vähetä; *n* vähennys
dedicate ['dedikeit] *v* omistaa
deduce [di'djuːs] *v* päätellä
deduct [di'dʌkt] *v* vähentää

deed [diːd] *n* teko
deep [diːp] *adj* syvä
deep-freeze [,diːp'friːz] *n* pakastin
deer [diə] *n* (pl ~) hirvi
defeat [di'fiːt] *v* kukistaa; *n* tappio
defective [di'fektiv] *adj* puutteellinen, viallinen
defence [di'fens] *n* puolustus
defend [di'fend] *v* puolustaa
deficiency [di'fiʃənsi] *n* vika; puute, vajavuus
deficit ['defisit] *n* vajaus
define [di'fain] *v* määritellä
definite ['definit] *adj* määrätty
definition [,defi'niʃən] *n* määritelmä, määritys
deformed [di'fɔːmd] *adj* epämuodostunut
degree [di'griː] *n* aste; oppiarvo
delay [di'lei] *v* viivyttää; lykätä; *n* viivytys; lykkäys
delegate ['deligət] *n* valtuutettu
delegation [,deli'geiʃən] *n* valtuuskunta
deliberate[1] [di'libəreit] *v* harkita, neuvotella
deliberate[2] [di'libərət] *adj* harkittu
deliberation [di,libə'reiʃən] *n* harkinta, neuvottelu
delicacy [di'likəsi] *n* herkku
delicate ['delikət] *adj* hieno; arkaluonteinen
delicatessen [,delikə'tesən]

n herkku;
delicious [di'liʃəs] *adj* herkullinen
delight [di'lait] *v* ihastuttaa; *n* ilo, nautinto
delighted [di'laitəd] *adj* ilahtunut
delightful [di'laitfəl] *adj* ihastuttava, ihana
deliver [di'livə] *v* toimittaa
delivery [di'livəri] *n* toimitus; jakelu; synnytys; ~ van tavara-auto
demand [di'ma:nd] *v* edellyttää, vaatia; *n* vaatimus; kysyntä
democracy [di'mɔkrəsi] *n* demokratia
democratic [,demə'krætik] *adj* demokraattinen
demolish [di'mɔliʃ] *v* purkaa
demolition [,demə'liʃən] *n* purkaminen
demonstrate ['demənstreit] *v* näyttää toteen; osoittaa mieltään
demonstration [,demən'streiʃən] *n* mielenosoitus
den [den] *n* luola
Denmark ['denma:k] Tanska
denomination [di,nɔmi'neiʃən] *n* nimitys
dense [dens] *adj* tiheä
dent [dent] *n* lommo
dentist ['dentist] *n* hammaslääkäri
denture ['dentʃə] *n* hammasproteesi
deny [di'nai] *v* kieltää;

kieltäytyä; evätä, kiistää
deodorant [di:'oudərənt] *n* deodorantti
depart [di'pa:t] *v* lähteä, poistua; kuolla
department [di'pa:tmənt] *n* osasto; ~ store tavaratalo
departure [di'pa:tʃə] *n* lähtö
dependent [di'pendənt] *adj* riippuvainen
depend on [di'pend] olla riippuvainen (jstk); riippua jstak; that depends se riippuu tilanteesta
deposit [di'pɔzit] *v* tallettaa; *n* talletus; pantti; kerrostuma
depository [di'pɔzitəri] *n* säilytyspaikka
depot ['depou] *n* varasto; varikko; *nAm* asema
depress [di'pres] *v* masentaa
depressed [di'prest] *adj* masentunut
depression [di'preʃən] *n* masennus; matalapaine; lamakausi
deprive of [di'praiv] riistää jklta jtak
depth [depθ] *n* syvyys
deputy ['depjuti] *n* sijainen
descend [di'send] *v* laskeutua; polveutua
descendant [di'sendənt] *n* jälkeläinen
descent [di'sent] *n* laskeutuminen
describe [di'skraib] *v* kuvailla

description [di'skripʃən] n
kuvaus; tuntomerkit pl

desert¹ ['dezət] n autiomaa;
adj autio, asumaton

desert² [di'zə:t] v karata;
hylätä

deserve [di'zə:v] v ansaita

design [di'zain] v
hahmotella; n muotoilu,
suunnittelu

designate ['dezigneit] v
osoittaa; nimittää (virkaan)

desirable [di'zaiərəbəl] adj
haluttava, tavoiteltava

desire [di'zaiə] v toivoa,
haluta n toivomus; halu,
himo

desk [desk] n kirjoituspöytä;
tiski; pulpetti

despair [di'spɛə] v olla
epätoivoinen; n
toivottomuus

despatch [di'spætʃ] v
lähettää

desperate ['despərət] adj
epätoivoinen

despise [di'spaiz] v
halveksia

despite [di'spait] prep
huolimatta

dessert [di'zə:t] n jälkiruoka

destination [,desti'neiʃən] n
määränpää

destine ['destin] v
tarkoittaa, määrätä

destiny ['destini] n kohtalo

destroy [di'strɔi] v hävittää,
tuhota

destruction [di'strʌkʃən] n
hävitys; tuho

detach [di'tætʃ] v irrottaa

detail ['di:teil] n
yksityiskohta

detailed ['di:teild] adj
yksityiskohtainen

detect [di'tekt] v havaita

detective [di'tektiv] n etsivä;
~ story salapoliisiromaani

detergent [di'tə:dʒənt] n
pesuaine

determine [di'tə:min] v
määrätä, päättää

determined [di'tə:mind] adj
päättäväinen

detest [di'test] v inhota

detour ['di:tuə] n kiertotie

devaluation
[,di:vælju'eiʃən] n
devalvointi

devalue [,di:'vælju:] v
alentaa arvoa

develop [di'veləp] v kehittää

development [di'veləpmənt]
n kehitys

deviate ['di:vieit] v poiketa

devil ['devəl] n paholainen

devise [di'vaiz] v keksiä

devote [di'vout] v omistaa

dew [dju:] n kaste

diabetes [,daiə'bi:ti:z] n
sokeritauti

diabetic [,daiə'betik] n
diabeetikko

diagnose [,daiəg'nouz] v
tehdä diagnoosi; todeta

diagnosis [,daiəg'nousis] n
(pl -ses) diagnoosi

diagonal [dai'ægənəl] n
lävistäjä; adj vino, viisto

diagram ['daiəgræm] n

kaavio; graafinen esitys, kaavakuva

dial ['daiəl] n numerotaulu; v valita (puhelinnumero)

dialect ['daiəlekt] n murre

diamond ['daiəmənd] n timantti

diaper ['daiəpə] nAm (vauvan)vaippa

diaphragm ['daiəfræm] n pallea; pessaari

diarrhoea [daiə'riə] n ripuli

diary ['daiəri] n päiväkirja

dictaphone ['diktəfoun] n sanelukone

dictate [dik'teit] v sanella

dictation [dik'teiʃən] n sanelu

dictator [dik'teitə] n diktaattori

dictionary ['dikʃənəri] n sanakirja

did [did] v (p do)

die [dai] v kuolla

diesel ['di:zəl] n diesel, dieselöljy

diet ['daiət] n ruokavalio

differ ['difə] v olla erilainen

difference ['difərəns] n ero; erotus

different ['difərənt] adj erilainen

difficult ['difikəlt] adj vaikea; hankala

difficulty ['difikəlti] n vaikeus

*dig [dig] v kaivaa

digest [di'dʒest] v sulattaa

digestible [di'dʒestəbəl] adj helposti sulava

digestion [di'dʒestʃən] n ruoansulatus

digit ['didʒit] n luku

digital ['didʒitəl] adj digitaalinen

digital camera ['didʒitəl 'kæmərə] n digitaalikamera

digital photo ['didʒitəl 'foutou] n digitaalikuva

digital projector ['didʒitəl prə'jektə] n digitaaliprojektori

dignified ['dignifaid] adj arvokas

dignity ['digniti] n arvo

dike [daik] n pato; valli; oja

dilapidated [di'læpideitid] adj ränsistynyt

diligence ['dilidʒəns] n ahkeruus

diligent ['dilidʒənt] adj ahkera

dilute [dai'lju:t] v miedontaa, laimentaa

dim [dim] adj hämärä, himmeä; epäselvä

dine [dain] v syödä illallista

dinghy ['diŋgi] n jolla

dining car ['dainiŋka:] n ravintolavaunu

dining room ['dainiŋru:m] n ruokasali

dinner ['dinə] n päivällinen, illallinen

dinner jacket ['dinə,dʒækit] n smokki

dinner service ['dinə,sə:vis] n astiasto

diphtheria [dif'θiəriə] *n* kurkkumätä

diploma [di'ploumə] *n* tutkintotodistus

diplomat ['dipləmæt] *n* diplomaatti

direct [di'rekt] *adj* suora, välitön; *v* suunnata; ohjata; johtaa

direction [di'rekʃən] *n* suunta; ohje; ohjaus; johtokunta, johto; **directional signal** *Am* suuntavalo; **directions for use** käyttöohje

directive [di'rektiv] *n* toimintaohje

director [di'rektə] *n* johtaja; ohjaaja

directory [di'rektəri] *n* hakemisto

dirt [də:t] *n* lika

dirty ['də:ti] *adj* likainen, kurainen

disabled [di'seibəld] *adj* vammainen

disadvantage [,disəd'va:ntidʒ] *n* haitta

disagree [,disə'gri:] *v* olla eri mieltä

disagreeable [,disə'gri:əbəl] *adj* epämiellyttävä

disappear [,disə'piə] *v* kadota

disappoint [,disə'point] *v* tuottaa pettymys jklle; *be disappointing* olla masentava, pettymyksen tuottava

disappointed [,disə'pointid]

adj pettynyt

disappointment [,disə'pointmənt] *n* pettymys

disapprove [,disə'pru:v] *v* paheksua

disaster [di'za:stə] *n* tuho; onnettomuus

disastrous [di'za:strəs] *adj* tuhoisa

disc [disk] *n* levy; äänilevy; **slipped ~** nikamainvälisen ruston tyrä

discard [di'ska:d] *v* heittää pois

discharge [dis'tʃa:dʒ] *v* vapauttaa; erottaa; **~ of** vapauttaa

discipline ['disiplin] *n* kuri

discolour [di'skʌlə] *v* haalistaa

disconnect [,diskə'nekt] *v* katkaista, katkaista virta

discontented [,diskən'tentid] *adj* tyytymätön

discontinue [,diskən'tinju:] *v* lopettaa, lakata

discount [di'skaunt] *n* alennus, vähennys

discourage [di'skʌridʒ] *v* (koettaa) estää

discover [di'skʌvə] *v* havaita, löytää

discovery [di'skʌvəri] *n* löytö

discuss [di'skʌs] *v* keskustella; väitellä

discussion [di'skʌʃən] *n* keskustelu

disease [di'zi:z] n tauti

disembark [,disim'ba:k] v
nousta maihin

disgrace [dis'greis] n häpeä

disguise [dis'gaiz] v
naamioitua; n valepuku

disgust [dis'gʌst] n
vastenmielisyys; v inhottaa

disgusting [dis'gʌstiŋ] adj
inhottava, vastenmielinen

dish [diʃ] n vati; kulho;
ruokalaji

dishonest [dis'ɔnist] adj
epärehellinen

dishwasher ['diʃwɔʃə] n
astianpesukone

disinfect [,disin'fekt] v
desinfioida

disinfectant [,disin'fektənt]
n desinfioimisaine

disk drive ['diskˌdraiv] n
levyasema

dislike [di'slaik] v tuntea
vastenmielisyyttä; n
vastenmielisyys, inho,
antipatia

dislocated [dis'ləkeitid] adj
sijoiltaan mennyt

dismiss [dis'mis] v lähettää
pois; erottaa virasta

disorder [di'sɔ:də] n
epäjärjestys

dispatch [di'spætʃ] v
lähettää

display [di'splei] v näyttää; n
näyttely

displease [di'spli:z] v
ärsyttää, suututtaa

disposable [dis'spouzəbəl]
adj kertakäyttöinen

disposal [di'spouzəl] n
hävittäminen

dispose of [di'spouz] v
heittää pois

dispute [di'spju:t] v
kiistellä; n riita, kiista

dissatisfied [di'sætisfaid]
adj tyytymätön

dissolve [di'zɔlv] v liuottaa;
liueta; hajottaa

dissuade from [di'sweid] v
saada jk luopumaan jstak

distance ['distəns] n
etäisyys; ~ in kilometres
etäisyys kilometreissä

distant ['distənt] adj etäinen

distinct [di'stiŋkt] adj selvä;
erilainen, varma

distinction [di'stiŋkʃən] n
ero(tus), erilaisuus

distinguish [di'stiŋgwiʃ] v
tehdä ero, erottaa

distinguished [di'stiŋgwiʃt]
adj hienostunut

distress [di'stres] n hätä; ~
signal hätämerkki

distribute [di'stribju:t] v
jakaa

distributor [di'stribjutə] n
jakelija; virranjakaja

district ['distrikt] n seutu;
alue; ympäristö

disturb [di'stə:b] v häiritä

disturbance [di'stə:bəns] n
häiriö; levottomuus

ditch [ditʃ] n oja, kaivanto

dive [daiv] v sukeltaa

diversion [dai'və:ʃən] n
kiertotie; ajanviete

divide [di'vaid] v jakaa;

erottaa

divine [di'vain] adj
jumalallinen

division [di'viʒən] n jako;
osasto

divorce [di'vɔːs] v erota; n
avioero

dizziness ['dizinəs] n
huimaus

dizzy ['dizi] adj huimaava;
pyörryksissä oleva

*do [duː] v tehdä; riittää

dock [dɔk] v telakoida; n
telakka; satama-

docker ['dɔkə] n
satamatyöläinen

doctor ['dɔktə] n lääkäri;
tohtori

document ['dɔkjumənt] n
asiakirja

dog [dɔg] n koira

dogged ['dɔgid] adj
itsepäinen

doll [dɔl] n nukke

dollar ['dʌlə] n dollari

dome [doum] n kupoli

domestic [də'mestik] adj
koti-; kotimainen, kodin; n
kotiapulainen

domicile ['dɔmisail] n
kotipaikka

domination [,dɔmi'neiʃən] n
valta-asema

dominion [də'minjən] n
hallinta, herruus

donate [dou'neit] v
lahjoittaa

donation [dou'neiʃən] n
lahjoitus

done [dʌn] v pp do

donkey ['dɔŋki] n aasi

donor ['dounə] n lahjoittaja

door [dɔː] n ovi; revolving ~
pyöröovi; sliding ~ liukuovi

doorbell ['dɔːbel] n ovikello

doorkeeper ['dɔː,kiːpə] n
ovimies

doorman ['dɔːmən] n (pl
-men) ovimikko, portieeri

dormitory ['dɔːmitri] n
opiskelija-asuntola

dose [dous] n annos

dot [dɔt] n pilkku, täplä

double ['dʌbəl] adj
kaksinkertainen

doubt [daut] v epäillä; n
epäilys; without ~
epäilemättä

doubtful ['dautfəl] adj
epävarma; kyseenalainen

dough [dou] n taikina

down¹ [daun] adv alas,
alaspäin; ~ payment
etumaksu

down² [daun] n untuva(t)

download ['daun,loud] n
lataaminen

downpour ['daunpɔː] n
kaatosade

downstairs [,daun'stɛəz]
adv alakerran, alakerrassa

downstream [,daun'striːm]
adv myötävirtaan

down-to-earth [,dauntu'əːθ]
adj maanläheinen, järkevä

downwards ['daunwədz]
adv alas, alaspäin

dozen ['dʌzən] n (pl ~, ~s)
tusina

draft [drɑːft] n vekseli

drag [dræg] v laahata

dragon ['drægən] n
lohikäärme

drain [drein] v ojittaa;
kuivattaa; n viemäri

drama ['drɑːmə] n näytelmä;
draama

dramatic [drə'mætik] adj
dramaattinen

dramatist ['dræmətist] n
näytelmäkirjailija

drank [dræŋk] v (p drink)

drapery ['dreipəri] n
kangastavarat pl

draught [drɑːft] n veto;
draughts tammipeli; ~ beer
tynnyriolut

draw [drɔː] n arvonta

*draw [drɔː] v piirtää; vetää;
nostaa rahaa; ~ up laatia

drawbridge ['drɔːbridʒ] n
nostosilta

drawer ['drɔːə] n
pöytälaatikko; drawers
alushousut (vanh) pl

drawing ['drɔːiŋ] n piirustus

drawing pin ['drɔːiŋpin] n
nasta

drawing room ['drɔːiŋruːm]
n sali (vanh)

dread [dred] v pelätä; n
pelko

dreadful ['dredfəl] adj
kammottava

dream [driːm] n uni

*dream [driːm] v uneksia,
nähdä unta

dress [dres] v pukeutua;
sitoa haava; n leninki

dressing gown

['dresiŋgaun] n aamutakki

dressing room
['dresiŋruːm] n
pukeutumishuone

dressing table
['dresiŋ,teibəl] n
kampauspöytä

dressmaker ['dres,meikə] n
ompelija

drill [dril] v porata;
harjoitella, harjoittaa; n
pora

drink [driŋk] n juoma

*drink [driŋk] v juoda

drinking water
['driŋkiŋ,wɔːtə] n
juomavesi

drip-dry [,drip'drai] adj
silittämättä siisti

drive [draiv] n ajotie; ajelu

*drive [draiv] v ajaa (autoa
ym); kuljettaa

drive-thru ['draiv,θruː] n
autokaista (ravintolan tms.)

driver ['draivə] n kuljettaja,
ajaja; driver's licence,
driving licence ajokortti

drizzle ['drizəl] n tihkusade

drop [drɔp] v pudottaa; n
pisara

drought [draut] n kuivuus

drown [draun] v hukkua;
hukuttaa; *be drowned
hukkua

drug [drʌg] n lääke; huume

drugstore ['drʌgstɔː] nAm
apteekki, nAm apteekki (ja
kemikaalikauppa)

drum [drʌm] n rumpu

drunk [drʌŋk] adj (pp drink)

humalassa; *n* humalainen

dry [drai] *adj* kuiva; *v* kuivua;
kuivata

dry-clean [,drai'kli:n] *v*
pestä kemiallisesti

dry cleaner's [,drai'kli:nəz]
n kemiallinen pesula

dryer ['draiə] *n* kuivausrumpu

duchess [dʌtʃis] *n*
herttuatar

duck [dʌk] *n* ankka

due [dju:] *adj* odotettavissa;
maksettava; erääntyvä

dues [dju:z] *pl* tullit, maksut

dug [dʌg] *v* (p, pp dig)

duke [dju:k] *n* herttua

dull [dʌl] *adj* ikävystyttävä,
tylsä; hidasälyinen

dumb [dʌm] *adj* mykkä;
hölmö, typerä

dune [dju:n] *n* dyyni

dung [dʌŋ] *n* lanta

dunghill ['dʌŋhil] *n* tunkio

duration [dju'reiʃən] *n*

kestoaika

during ['djuəriŋ] *prep* aikana

dusk [dʌsk] *n* hämärä

dust [dʌst] *n* pöly

dustbin ['dʌstbin] *n*
roskapönttö

dusty ['dʌsti] *adj* pölyinen

Dutch [dʌtʃ] *adj*
hollantilainen, Hollannin

Dutchman ['dʌtʃmən] *n* (pl
-men) hollantilainen
(miehestä)

duty ['dju:ti] *n* velvollisuus;
tuontitulli; Customs ~
tullimaksu

duty-free [,dju:ti'fri:] *adj*
veroton, tulliton

DVD ['di:vi:'di:] *n* DVD-levy

DVD-ROM ['di:vi:di:'rɔm] *n*
DVD-ROM

dwarf [dwɔ:f] *n* kääpiö

dye [dai] *v* värjätä; *n* värjäys

dynamo ['dainəmou] *n* (pl
~s) dynamo, laturi

E

each [i:tʃ] *adj* kukin,
jokainen; ~ other toisensa,
toisiaan

eager ['i:gə] *adj* innostunut

eagle ['i:gəl] *n* kotka

ear [iə] *n* korva

earache ['iəreik] *n*
korvasärky

eardrum ['iədrʌm] *n*
tärykalvo

earl [ə:l] *n* kreivi

early ['ə:li] *adj* varhainen

earn [ə:n] *v* ansaita

earnest ['ə:nist] *adj* vakava,
vilpitön

earnings ['ə:niŋz] *pl* tulot
pl; ansiot *pl*

earring ['iəriŋ] *n* korvakoru

earth [ə:θ] *n* (maa)pallo;
maa

earthquake ['ə:θkweik] *n*
maanjäristys

ease [i:z] *n* mukavuus,
luontevuus

east [i:st] *n* itä

Easter ['i:stə] *n* pääsiäinen

easterly ['i:stəli] *adj* itäinen

eastern ['i:stən] *adj* itä-, itäinen

easy ['i:zi] *adj* helppo; mukava; ~ chair nojatuoli

easy-going ['i:zi,gouiŋ] *adj* huoleton

*eat [i:t] *v* syödä

eavesdrop ['i:vzdrɔp] *v* salakuunnella

ebony ['ebəni] *n* eebenpuu

eccentric [ik'sentrik] *adj* eksentrinen, omalaatuinen

echo ['ekou] *n* (pl ~es) kaiku

eclipse [i'klips] *n* pimennys

economic [,i:kə'nɔmik] *adj* talous-, taloudellisesti kannattava

economical [,i:kə'nɔmikəl] *adj* taloudellinen

economist [i'kɔnəmist] *n* ekonomisti

economize [i'kɔnəmaiz] *v* säästää

economy [i'kɔnəmi] *n* talous

eco-tourist ['i:kou,tu:rist] *n* ekoturisti

ecstasy ['ekstəzi] *n* hurmio

Ecuador ['ekwədɔ:] Ecuador

Ecuadorian [,ekwə'dɔ:riən] *n* ecuadorilainen

eczema ['eksimə] *n* ihottuma

edge [edʒ] *n* reuna, laita

edible ['edibəl] *adj* syötävä

edit ['edit] *v* editoida

edition [i'diʃən] *n* painos;

morning ~ aamupainos

editor ['editə] *n* toimittaja

educate ['edʒukeit] *v* kouluttaa

education [,edʒu'keiʃən] *n* koulutus; kasvatus

eel [i:l] *n* ankerias

effect [i'fekt] *n* vaikutus; *v* saada aikaan; in ~ itse asiassa

effective [i'fektiv] *adj* tehokas, vaikuttava

efficient [i'fiʃənt] *adj* tehokas, suorituskykyinen

effort ['efət] *n* ponnistus

egg [eg] *n* muna

eggcup ['egkʌp] *n* munakuppi

eggplant ['egplɑ:nt] *n* munakoiso

egg yolk ['egjouk] *n* munankeltuainen

egoistic [,egou'istik] *adj* itsekäs

Egypt ['i:dʒipt] Egypti

Egyptian [i'dʒipʃən] *adj* egyptiläinen

eiderdown ['aidədaun] *n* (untuvatäytteinen, tikattu) päiväpeitto

eight [eit] *num* kahdeksan

eighteen [,ei'ti:n] *num* kahdeksantoista

eighteenth [,ei'ti:nθ] *num* kahdeksastoista

eighth [eitθ] *num* kahdeksas

eighty ['eiti] *num* kahdeksankymmentä

either ['aiðə] *pron* jompikumpi; kumpi

tahansa; either ... or joko
... tai

elaborate [i'læbəreit] v
käsitellä
yksityiskohtaisemmin

elastic [i'læstik] adj
kimmoisa; joustava; ~ band
kuminauha

elasticity [ˌelæ'stisəti] n
elastisuus

elbow ['elbou] n kyynärpää

elder ['eldə] adj vanhempi

elderly ['eldəli] adj
vanhahko

eldest ['eldist] adj vanhin

elect [i'lekt] v valita

election [i'lekʃən] n vaali(t),
valinta

electric [i'lektrik] adj
sähköinen; ~ cord johto; ~
razor parranajokone

electrician [ˌilek'triʃən] n
sähköasentaja

electricity [ˌilek'trisəti] n
sähkö

electronic [ilek'trɔnik] adj
sähköinen; elektroninen

elegance ['eligəns] n
tyylikkyys

elegant ['eligənt] adj
elegantti

element ['elimənt] n
perusaine

elephant ['elifənt] n
elefantti

elevator ['eliveitə] nAm hissi

eleven [i'levən] num
yksitoista

eleventh [i'levənθ] num
yhdestoista

elf [elf] n (pl elves) keiju

eliminate [i'limineit] v
poistaa

elm [elm] n jalava

else [els] adv muu, toinen

elsewhere [ˌel'swɛə] adv
muualla

elucidate [i'lu:sideit] v
valaista

e-mail ['i:meil] n sähköposti;
v lähettää sähköpostia

emancipation
[iˌmænsi'peiʃən] n
vapauttaminen

embankment
[im'bæŋkmənt] n pengerrys

embargo [em'ba:gou] n (pl
~es) kauppasulku

embark [im'ba:k] v astua
laivaan; nousta laivaan

embarkation
[ˌemba:'keiʃən] n laivaus

embarrass [im'bærəs] v
ujostuttaa; saattaa
hämilleen; estää;
embarrassed adj nolo,
hämillinen; **embarrassing**
adj kiusallinen;
embarrassment n häpeä

embassy ['embəsi] n
suurlähetystö

emblem ['embləm] n
tunnusmerkki

embrace [im'breis] v syleillä;
n syleily

embroider [im'brɔidə] v
kirjailla

embroidery [im'brɔidəri] n
koruompelu

emerald ['emərəld] n

smaragdi

emergency [i'mə:dʒənsi] n
hätätapaus; hätätilanne; ~
exit varauloskäytävä

emigrant ['emigrənt] n
siirtolainen

emigrate ['emigreit] v
muuttaa maasta

emigration [,emi'greiʃən] n
maastamuutto

emotion [i'mouʃən] n
mielenliikutus, tunne

emperor ['empərə] n keisari

emphasize ['emfəsaiz] v
korostaa

empire ['empaiə] n
maailmanvalta, imperiumi

employ [im'plɔi] v palkata,
työllistää

employee [,emplɔi'i:] n
työntekijä

employer [im'plɔiə] n
työnantaja

employment [im'plɔimənt]
n toimi, työ; ~ exchange
työnvälitystoimisto

empress ['empris] n
keisarinna

empty ['empti] adj tyhjä; v
tyhjentää

enable [i'neibəl] v tehdä
mahdolliseksi

enamel [i'næməl] n emali

enamelled [i'næməld] adj
emaloitu

enchanting [in'tʃɑ:ntiŋ] adj
hurmaava

encircle [in'sə:kəl] v
ympäröidä; saattaa

enclose [iŋ'klouz] v oheistaa

enclosure [iŋ'klouʒə] n liite

encounter [iŋ'kauntə] v
kohdata; n kohtaaminen

encourage [iŋ'kʌridʒ] v
rohkaista

encyclopaedia
[en,saiklə'pi:diə] n
tietosanakirja

end [end] v lopettaa; päättyä;
n loppupää, loppu

ending ['endiŋ] n loppu

endless ['endləs] adj
loputon

endorse [in'dɔ:s] v tukea

endure [in'djuə] v kestää,
kärsiä

enemy ['enəmi] n vihollinen

energetic [,enə'dʒetik] adj
tarmokas

energy ['enədʒi] n energia

engage [iŋ'geidʒ] v palkata;
varata; sitoutua; engaged
kihloissa; varattu

engagement [iŋ'geidʒmənt]
n kihlaus; sitoumus; ~ ring
kihlasormus

engine ['endʒin] n kone,
moottori; veturi

engineer [,endʒi'niə] n
insinööri

England ['iŋglənd] Englanti

English ['iŋgliʃ] adj
englantilainen

Englishman ['iŋgliʃmən] n
(pl -men) englantilainen
(miehestä)

engrave [iŋ'greiv] v
kaivertaa

engraver [iŋ'greivə] n
kaivertaja

engraving [iŋ'greiviŋ] *n*
kaiverrus

enigma [i'nigmə] *n* arvoitus

enjoy [in'dʒɔi] *v* nauttia,
iloita (jstk)

enjoyable [in'dʒɔiəbəl] *adj*
nauttitava; miellyttävä

enjoyment [in'dʒɔimənt] *n*
ilo; nautinto

enlarge [in'lɑːdʒ] *v*
suurentaa; laajentaa

enlargement [in'lɑːdʒmənt]
n suurennus

enormous [i'nɔːməs] *adj*
suunnaton, tavaton

enough [i'nʌf] *adv* tarpeeksi

enquire [iŋ'kwaiə] *v*
tiedustella; tutkia

enquiry [iŋ'kwaiəri] *n*
tiedustelu; tutkimus

enter ['entə] *v* astua sisään;
merkitä

enterprise ['entəpraiz] *n*
yritys

entertain [ˌentə'tein] *v*
viihdyttää; kestitä

entertainer [ˌentə'teinə] *n*
viihdyttäjä, viihdetaiteilija

entertaining [ˌentə'teiniŋ]
adj viihdyttävä

entertainment
[ˌentə'teinmənt] *n* viihde,

enthusiasm [in'θjuːziæzəm]
n into

enthusiastic
[inˌθjuːzi'æstik] *adj*
innostunut

entire [in'taiə] *adj*
kokonainen

entirely [in'taiəli] *adv* täysin

entrance ['entrəns] *n*
sisäänpääsy; sisääntulo

entrance fee ['entrənsfiː] *n*
pääsymaksu

entry ['entri] *n* sisäänkäynti;
sisäänpääsy; merkintä; no ~
pääsy kielletty

envelop [in'veləp] *v* kääriä

envelope ['envəloup] *n*
kirjekuori

envious ['enviəs] *adj*
kateellinen

environment
[in'vaiərənmənt] *n*
ympäristö

envoy ['envɔi] *n* lähettiläs

envy ['envi] *n* kateus; *v*
kadehtia

epic ['epik] *n* eepos; *adj*
vaikuttava

epidemic [ˌepi'demik] *n*
epidemia

epilepsy ['epilepsi] *n*
kaatumatauti

epilogue ['epilɔg] *n*
loppusanat *pl*

episode ['episoud] *n*
tapahtuma, episodi,
välikohtaus; jakso

equal ['iːkwəl] *adj*
yhtäläinen; *v* olla yhtä
paljon kuin

equality [i'kwɔləti] *n* tasa-
-arvoisuus

equalize ['iːkwəlaiz] *v*
tasoittaa

equally ['iːkwəli] *adv* tasa-
-arvoisesti, tasan; yhtä

equator [i'kweitə] *n*
päiväntasaaja

equip [i'kwip] *v* varustaa

equipment [i'kwipmənt] *n* varustus

equivalent [i'kwivələnt] *adj* vastaava, samanarvoinen

eraser [i'reizə] *n* pyyhekumi

erect [i'rekt] *v* pystyttää; *adj* pysty-

err [əː] *v* erehtyä; tehdä syntiä

errand ['erənd] *n* tehtävä

error ['erə] *n* erehdys, virhe

escalator ['eskəleitə] *n* rullaportaat *pl*

escape [i'skeip] *v* päästä pakoon; paeta; välttää; *n* pako

escort¹ ['eskɔːt] *n* saattue

escort² [i'skɔːt] *v* saattaa

especially [i'speʃəli] *adv* erityisesti

esplanade [,esplə'neid] *n* puistokatu, esplanadi

essay ['esei] *n* essee; aine; tutkielma

essence ['esəns] *n* perusolemus, ydin

essential [i'senʃəl] *adj* välttämätön; olennainen

essentially [i'senʃəli] *adv* pohjimmiltaan

establish [i'stæbliʃ] *v* perustaa; laatia, solmia

estate [i'steit] *n* maatila

esteem [i'stiːm] *v* arvostaa; *n* arvonanto, kunnioitus

estimate¹ ['estimeit] *v* arvioida

estimate² ['estimət] *n* arvio

estuary ['estʃuəri] *n* joensuu

et cetera [et'setərə] ja niin edelleen

etching ['etʃiŋ] *n* etsaus

eternal [i'təːnəl] *adj* ikuinen

eternity [i'təːnəti] *n* ikuisuus

ether ['iːθə] *n* eetteri

Ethiopia [iθi'oupiə] Etiopia

Ethiopian [iθi'oupiən] *adj* etiopialainen

e-ticket ['iː,tikət] *n* e-lippu

EU ['iː'juː] EU

Euro ['juːrou] *n* euro

Europe ['juərəp] Eurooppa

European [,juərə'piːən] *adj* eurooppalainen

evacuate [i'vækjueit] *v* evakuoida

evaluate [i'væljueit] *v* arvioida

evaporate [i'væpəreit] *v* haihtua

even ['iːvən] *adj* tasainen, sileä; vakaa; parillinen; *adv* jopa

evening ['iːvniŋ] *n* ilta; ~ dress iltapuku

event [i'vent] *n* tapahtuma

eventual [i'ventʃuəl] *adj* lopullinen; mahdollinen

eventually [i'ventʃuəli] *adv* lopulta

ever ['evə] *adv* koskaan; ikinä

every ['evri] *adj* jokainen

everybody ['evri,bɔdi] *pron* jokainen

everyday ['evridei] *adj* päivittäinen

everyone ['evriwʌn] *pron* jokainen

everything ['evriθiŋ] *pron*
kaikki

everywhere ['evriwεǝ] *adv*
kaikkialla

evidence ['evidǝns] *n*
todiste(et)

evident ['evidǝnt] *adj* selvä

evil ['iːvǝl] *n* pahuus; *adj*
ilkeä, paha

evolution [ˌiːvǝ'luːʃǝn] *n*
evoluutio, kehitys

exact [ig'zækt] *adj*
täsmällinen

exactly [ig'zæktli] *adv*
täsmälleen

exaggerate [ig'zædʒǝreit] *v*
liioitella

exam [ig'zæm] *n* (*colloquial*)
tentti

examination
[igˌzæmi'neiʃǝn] *n* koe,
tentti, tutkimus
investigation; koe test

examine [ig'zæmin] *v* tutkia

example [ig'zaːmpǝl] *n*
esimerkki; for ~ esimerkiksi

excavation [ˌekskǝ'veiʃǝn] *n*
kaivaus

exceed [ik'siːd] *v* ylittää

excel [ik'sel] *v* kunnostautua

excellent ['eksǝlǝnt] *adj*
erinomainen

except [ik'sept] *prep* lukuun
ottamatta, paitsi

exception [ik'sepʃǝn] *n*
poikkeus

exceptional [ik'sepʃǝnǝl]
adj poikkeuksellinen,
ainutlaatuinen

excerpt ['eksǝːpt] *n* ote,

katkelma

excess [ik'ses] *n* liiallisuus

excessive [ik'sesiv] *adj*
liiallinen

exchange [iks'tʃeindʒ] *v*
vaihtaa; *n* vaihto; pörssi; ~
office rahanvaihto; ~ rate
valuuttakurssi

excite [ik'sait] *v* kiihottaa

excited [ik'saitǝd] *adj*
innostunut

excitement [ik'saitmǝnt] *n*
kiihtymys

exciting [ik'saitiŋ] *adj*
jännittävä

exclaim [ik'skleim] *v*
huudahtaa

exclamation
[ˌeksklǝ'meiʃǝn] *n*
huudahdus

exclude [ik'skluːd] *v* sulkea
pois

exclusive [ik'skluːsiv] *adj*
yksinomainen

exclusively [ik'skluːsivli]
adv yksinomaan

excursion [ik'skǝːʃǝn] *n*
retki

excuse[1] [ik'skjuːs] *n*
puolustus, selitys

excuse[2] [ik'skjuːz] *v* antaa
anteeksi

execute ['eksikjuːt] *v*
suorittaa; teloittaa

execution [ˌeksi'kjuːʃǝn] *n*
teloitus

executioner [ˌeksi'kjuːʃǝnǝ]
n teloittaja

executive [ig'zekjutiv] *adj*
toimeenpaneva; *n*

toimeenpanovaltaa;
johtohenkilö

executive assistant
[ig'zekjotiv_ə'sistənt] *n*
johdon assistentti

exempt [ig'zempt] *v*
vapauttaa; *adj* vapautettu
jstk

exemption [ig'zempʃən] *n*
vapautus

exercise ['eksəsaiz] *v*
harjoitella; harjoittaa; *n*
harjoitus

exhale [eks'heil] *v* hengittää
ulos

exhaust [ig'zɔːst] *v*
uuvuttaa; *n* pakokaasu ~
gases pakokaasu

exhausted [ig'zɔːstid] *adj*
uupunut

exhibit [ig'zibit] *v* asettaa
näytteille; osoittaa

exhibition [ˌeksi'biʃən] *n*
näyttely, näytteillepano

exile ['eksail] *n* maanpako;
maanpakolainen

exist [ig'zist] *v* olla olemassa

existence [ig'zistəns] *n*
olemassaolo

exit ['eksit] *n* uloskäynti

exotic [ig'zɔtik] *adj*
eksoottinen

expand [ik'spænd] *v* levittää;
laajeta

expansion [ik'spænʃən] *n*
laajeneminen

expect [ik'spekt] *v* odottaa

expectation [ˌekspek'teiʃən]
n odotus

expedition [ˌekspə'diʃən] *n*

tutkimusmatka

expel [ik'spel] *v* karkottaa

expenditure [ik'spenditʃə] *n*
menot *pl*, kulut *pl*

expense [ik'spens] *n* kulut,
kustannukset *pl*

expensive [ik'spensiv] *adj*
kallis

experience [ik'spiəriəns] *v*
kokea; *n* kokemus;

experienced kokenut

experiment [ik'sperimənt] *v*
kokeilla; *n* koe, kokeilu,
testi

expert ['ekspəːt] *n* ekspertti,
asiantuntija; *adj*
asiantunteva

expire [ik'spaiə] *v* kulua
loppuun, raueta **expired**
vanhentunut

explain [ik'splein] *v* selittää

explanation [ˌeksplə'neiʃən]
n selitys, selvitys

explicit [ik'splisit] *adj*
nimenomainen

explode [ik'sploud] *v*
räjähtää

exploit [ik'splɔit] *v* riistää,
käyttää hyväksi

explore [ik'splɔː] *v* tutkia

explosion [ik'splouʒən] *n*
räjähdys

explosive [ik'splousiv] *adj*
räjähtävä; *n* räjähdysaine

export[1] [ik'spɔːt] *v* viedä
maasta

export[2] ['ekspɔːt] *n* vienti

exportation [ˌekspɔː'teiʃən]
n (maasta) vienti

exports ['ekspɔːts] *pl*

vientitavarat *pl*
expose [ik'spous] *v*
(*uncover*) paljastaa; (*photo*)
valottua
exposition [,ekspə'ziʃən] *n*
näyttely
exposure [ik'spouʒə] *n*
alttiiksipano; valotus; ~
meter valotusmittari
express [ik'spres] *v* lausua;
ilmaista; *adj* pika-;
nimenomainen; ~ **train**
pikajuna
expression [ik'spreʃən] *n*
ilmaus
exquisite [ik'skwizit] *adj*
verraton
extend [ik'stend] *v* pidentää;
laajentaa; esittää
extension [ik'stenʃən] *n*
pidennys; laajennus;
alanumero; ~ **cord**
jatkojohto
extensive [ik'stensiv] *adj*
laaja; laajakantoinen,
kauasulottuva
extent [ik'stent] *n* laajuus
exterior [ek'stiəriə] *adj*
ulkoinen; *n* ulkopuoli
external [ek'stənəl] *adj*
ulkopuolinen
extinguish [ik'stiŋgwiʃ] *v*

sammuttaa
extort [ik'stɔ:t] *v* kiristää
extortion [ik'stɔ:ʃən] *n*
kiristys
extra ['ekstrə] *adj*
ylimääräinen
extract[1] [ik'strækt] *v* vetää
ulos
extract[2] ['ekstrækt] *n* ote,
katkelma
extradite ['ekstrədait] *v*
luovuttaa (oik)
extraordinary [ik'strɔ:dənri]
adj ihmeellinen
extravagant [ik'strævəgənt]
adj tuhlaavainen, ylellinen
extreme [ik'stri:m] *adj*
äärimmäinen;
äärimmäisyys
exuberant [ig'zju:bərənt]
adj eloisa
eye [ai] *n* silmä
eyebrow ['aibrau] *n*
kulmakarva
eyelash ['ailæʃ] *n* silmäripsi
eyelid ['ailid] *n* silmäluomi
eyebrow pencil ['ai,pensəl]
n kulmakynä
eye shadow ['ai,ʃædou] *n*
luomiväri
eyewitness ['ai,witnəs] *n*
silminnäkijä

F

fable ['feibəl] n eläinsatu

fabric ['fæbrik] n kangas; rakenne

façade [fə'sɑːd] n julkisivu

face [feis] n kasvot pl; v uhmata; kohdata; ~ massage kasvohieronta; facing vastapäätä

face cream ['feiskriːm] n kasvovoide

face pack ['feispæk] n kasvonaamio

face-powder ['feis,paudə] n puuteri

fact [fækt] n tosiasia; in ~ itse asiassa

factor ['fæktə] n tekijä

factory ['fæktəri] n tehdas

factual ['fæktʃuəl] adj tosiasiallinen

faculty ['fækəlti] n kyky, taito

fade [feid] v haalistua

fail [feil] v epäonnistua; puuttua; laiminlyödä; reputtaa; without ~ poikkeuksetta

failure ['feiljə] n epäonnistuminen

faint [feint] v pyörtyä; adj heikko, voimaton, hämärä

fair [feə] n markkinat pl; messut pl; adj oikeudenmukainen, reilu; vaaleatukkainen, vaalea; kaunis

fairly ['feəli] adv kohtalaisen, melko

fairy ['feəri] n keiju, haltijatar

fairytale ['feəriteil] n satu

faith [feiθ] n usko; luottamus

faithful ['feiθful] adj uskollinen

fake [feik] n väärennös, adj teko-, vale-

fall [fɔːl] n putoaminen; nAm syksy

*fall [fɔːl] v pudota

false [fɔːls] adj väärä; valheellinen, epäaito; ~ teeth tekohampaat pl

falter ['fɔːltə] v tyrehtyä; änkyttää

fame [feim] n maine

familiar [fə'miljə] adj tuttu; tunnettu, tavallinen

family ['fæməli] n perhe; suku; ~ name sukunimi

famous ['feiməs] adj kuuluisa

fan [fæn] n tuuletin; viuhka; ihailija; ~ belt tuuletinhihna

fanatical [fə'nætikəl] adj kiihkomielinen

fancy ['fænsi] v haluta, olla ihastunut; n päähänpisto; mielikuvitus

fantastic [fæn'tæstik] adj kuvitteellinen; suunnaton

fantasy ['fæntəzi] n mielikuvitus

far [fɑː] adj kaukainen, kauas; adv paljon; by ~ ylivoimaisesti, kaikkein; so ~ toistaiseksi; ~ away kaukana

far-away ['fɑːrəwei] adj kaukainen

fare [feə] n matkalipun hinta; ruoka

farm [fɑːm] n maatila

farmer ['fɑːmə] n maanviljelijä; farmer's wife maanviljelijän vaimo

farmhouse ['fɑːmhaus] n maalaistalo

far-off ['fɑːrɔf] adj etäinen

farther ['fɑːðə] adj kauempana

fascinate ['fæsineit] v kiehtoa

fascism ['fæʃizəm] n fasismi

fascist ['fæʃist] adj fasistinen; n fasisti

fashion ['fæʃən] n muoti; tapa

fashionable ['fæʃənəbəl] adj muodikas

fast [fɑːst] adj nopea; luja

fasten ['fɑːsən] v kiinnittää; sulkea

fastener ['fɑːsənə] n kiinnike

fat [fæt] adj paksu, rasvainen; n rasva

fat free ['fæt,'friː] adj rasvaton

fatal ['feitəl] adj kuolettava, kohtalokas

fate [feit] n kohtalo

father ['fɑːðə] n isä

father-in-law ['fɑːðərinlɔː] n (pl fathers-) appi

fatness ['fætnəs] n lihavuus

fatty ['fæti] adj rasvainen

faucet ['fɔːsit] nAm hana

fault [fɔːlt] n vika, virhe; vajavuus

faultless ['fɔːltləs] adj virheetön; moitteeton

faulty ['fɔːlti] adj virheellinen, puutteellinen

favour ['feivə] v suosia; n palvelus

favourable ['feivərəbəl] adj suotuisa

favourite ['feivərit] adj suosikki; adj lempi-

fawn [fɔːn] adj kellertävänruskea; n vasa

fear [fiə] v pelätä n pelko

feasible ['fiːzəbəl] adj mahdollinen

feast [fiːst] n juhla

feat [fiːt] n urotyö

feather ['feðə] n höyhen

feature ['fiːtʃə] n piirre; kasvonpiirteet pl

February ['februəri] helmikuu

federal ['fedərəl] adj liitto-

federation [,fedə'reiʃən] n liittovaltio

fee [fiː] n palkkio

feeble ['fiːbəl] adj heikko

*feed [fiːd] v ruokkia; fed up with kyllästynyt

*feel [fiːl] v tuntea; tunnustella; ~ like haluttaa, huvittaa

feeling ['fiːliŋ] n tunne

fell [fel] v (p fall)
fellow ['felou] n kaveri, jätkä
felt[1] [felt] n huopa
felt[2] [felt] v (p, pp feel)
female ['fi:meil] adj
  naispuolinen
feminine ['feminin] adj
  naisellinen
fence [fens] v miekkailla; n
  aita; aitaus
ferment [fə:'ment] v käydä
ferry-boat ['feribout] n
  lautta
fertile ['fə:tail] adj
  hedelmällinen
festival ['festivəl] n
  festivaali
festive ['festiv] adj juhlava
fetch [fetʃ] v noutaa
feudal ['fju:dəl] adj
  feodaalinen
fever ['fi:və] n kuume
feverish ['fi:vəriʃ] adj
  kuumeinen
few [fju:] adj harva
fiancé [fi'ɑ.:sei] n sulhanen
fiancée [fi'ɑ.:sei] n kihlattu
  (morsian)
fibre ['faibə] n säie
fiction ['fikʃən] n fiktio;
  kaunokirjallisuus
field [fi:ld] n pelto; alue; ~
  glasses kiikari
fierce [fiəs] adj villi; raju
fifteen [,fif'ti:n] num
  viisitoista
fifteenth [,fif'ti:nθ] num
  viidestoista
fifth [fifθ] num viides
fifty ['fifti] num

viisikymmentä
fig [fig] n viikuna
fight [fait] n tappelu, taistelu
*fight [fait] v taistella,
  tapella
figure ['figə] n hahmo;
  vartalo; numero
file [fail] n viila;
  asiakirjakansio; jono
fill [fil] v täyttää; ~ in täyttää;
  filling station
  bensiiniasema; ~ out Am
  täyttää; ~ up täyttää
filling ['filiŋ] n
  hampaantäyte, paikka;
  täyte
film [film] n elokuva; filmi; v
  elokuvata
filter ['filtə] n suodatin
filthy ['filθi] adj siivoton,
  saastainen
final ['fainəl] adj lopullinen
finally ['fainəli] adv lopulta
finance [fai'næns] v
  rahoittaa; n rahatalous
finances [fai'nænsiz] pl
  raha-asiat pl
financial [fai'nænʃəl] adj
  finanssi-
finch [fintʃ] n peippo
*find [faind] v löytää
fine [fain] n sakko; adj hieno;
  kaunis; mainio; ~ arts
  kuvataide
finger ['fiŋgə] n sormi; little
  ~ pikkusormi
fingerprint ['fiŋgəprint] n
  sormenjälki
finish ['finiʃ] v viimeistellä,
  lopettaa; loppua; n loppu;

maaliviiva; finished valmis

Finland ['finlənd] Suomi

Finn [fin] n suomalainen

Finnish ['finiʃ] adj
suomalainen

fire [faiə] v ampua; n tuli;
tulipalo;

fire alarm ['faiərəˌlɑːm] n
palohälytys

fire brigade ['faiəbriˌgeid] n
palokunta

fire escape ['faiəriˌskeip] n
paloportaat pl

fire extinguisher
['faiərikˌstingwiʃə] n
palosammutin

firefighter ['faiəˌfaitə] n
palomies

fireplace ['faiəpleis] n takka

fireproof ['faiəpruːf] adj
tulenkestävä

firewall ['faiəˌwɔːl] n
palomuuri

firm [fəːm] adj luja; vankka;
n toiminimi

first [fəːst] num
ensimmäinen; at ~ ensiksi;
alussa; ~ name etunimi

first aid [ˌfəːst'eid] n
ensiapu; ~ kit
ensiapulaukku; ~ post
ensiapuasema

first-class [ˌfəːst'klɑːs] adj
ensiluokkainen

first-rate [ˌfəːst'reit] adj
ensiluokkainen

fir tree ['fəːtriː] n havupuu,
kuusi

fish¹ [fiʃ] n (pl ~, ~es) kala; ~
shop kalakauppa

fish² [fiʃ] v kalastaa; fishing
gear kalastusvälineet pl;
fishing hook
ongenkoukku; fishing
industry kalastus; fishing
licence kalastuslupa;
fishing line ongensiima;
fishing net kalastusverkko;
fishing rod onkivapa;
fishing tackle
kalastusvälineet pl

fishbone ['fiʃboun] n ruoto

fisherman ['fiʃəmən] n (pl
-men) kalastaja

fist [fist] n nyrkki

fit [fit] adj sovelias; v sopia; n
kohtaus; fitting room
sovitushuone

five [faiv] num viisi

fix [fiks] v korjata; kiinnittää;
sopia

fixed [fikst] adj pysyvä

fizz [fiz] n poreilu

flag [flæg] n lippu

flame [fleim] n liekki

flamingo [flə'miŋgou] n (pl
~s, ~es) flamingo

flannel ['flænəl] n flanelli

flash [flæʃ] n välähdys

flash bulb ['flæʃbʌlb] n
salamavalolamppu

flashlight ['flæʃlait] n
taskulamppu

flask [flɑːsk] n pullo;
thermos ~ termospullo

flat [flæt] adj tasainen, litteä;
n huoneisto; ~ tyre
rengasrikko

flavour ['fleivə] v maustaa; n
maku

flee [fliː] v paeta

fleet [fliːt] n laivasto

flesh [fleʃ] n liha

flew [fluː] v (p fly)

flex [fleks] n johto

flexible ['fleksibəl] adj taipuisa; joustava

flight [flait] n lento; charter ~ tilauslento

flint [flint] n piikivi

float [flout] v kellua

flock [flɔk] n lauma

flood [flʌd] n tulva

floor [flɔː] n lattia; kerros; ~ show lavashow

florist ['flɔrist] n kukkakauppias

flour [flauə] n vehnäjauho, jauho

flow [flou] v juosta, virrata

flower [flauə] n kukka

flowerbed ['flauəbed] n kukkapenkki

flower shop ['flauəʃɔp] n kukkakauppa

flown [floun] v pp fly

flu [fluː] n influenssa

fluent ['fluːənt] adj sujuva

fluid ['fluːid] adj nestemäinen; n neste

flute [fluːt] n huilu

fly [flai] n kärpänen; sepalus

*fly [flai] v lentää

foam [foum] v vaahdota; n vaahto

foam rubber ['foum,rʌbə] n vaahtokumi

focus ['foukəs] n polttopiste

fog [fɔg] n sumu

foggy ['fɔgi] adj sumuinen

foglamp ['fɔglæmp] n sumuvalo

fold [fould] v taittaa; laskostaa; n taite

folk [fouk] n kansa; ~ song kansanlaulu

folk dance ['foukdɑːns] n kansantanssi

folklore ['fouklɔː] n kansanperinne

follow ['fɔlou] v seurata; following adj ensi, seuraava

*be fond of [biː fɔnd ɔv] v pitää jstak

food [fuːd] n ruoka; ravinto; ~ poisoning ruokamyrkytys

foodstuffs ['fuːdstʌfs] pl elintarvikkeet pl

fool [fuːl] v puijata; n hölmö, narri

foolish ['fuːliʃ] adj hupsu, typerä

foot [fut] n (pl feet) jalka; ~ powder jalkatalkki; on ~ jalan

football ['futbɔːl] n jalkapallo; ~ match jalkapallo-ottelu

foot brake ['futbreik] n jalkajarru

footpath ['futpɑːθ] n kävelytie

footwear ['futwɛə] n jalkineet pl

for [fɔː, fə] prep jtak varten, jllekin; ajaksi

*forbid [fə'bid] v kieltää

force [fɔːs] n pakottaa; murtaa; n voima; väkivalta;

by ~ väkisin; driving ~
käyttövoima

forecast ['fɔ:ka:st] v
ennustaa; n ennuste

foreground ['fɔ:graund] n
etuala

forehead ['fɒred] n otsa

foreign ['fɒrin] adj
ulkomaalainen; vieras

foreigner ['fɒrinə] n
ulkomaalainen

foreman ['fɔ:mən] n (pl
-men) työnjohtaja

foremost ['fɔ:moust] adj
tärkein, merkittävin

forest ['fɒrist] n metsä

forester ['fɒristə] n
metsänhoitaja

forever [fə'revə] adv
ikuisesti

forge [fɔ:dʒ] v väärentää

*forget [fə'get] v unohtaa

forgetful [fə'getfəl] adj
huonomuistinen

*forgive [fə'giv] v antaa
anteeksi

fork [fɔ:k] v haarautua; n
haarukka; haarauma

form [fɔ:m] v muodostaa; n
muoto; lomake

formal [fɔ:məl] adj
muodollinen

formality [fɔ:'mæləti] n
muodollisuus

former ['fɔ:mə] adj entinen;
edellinen; formerly ennen,
muinoin

formula ['fɔ:mjulə] n (pl ~e,
~s) kaava

fortnight ['fɔ:tnait] n kaksi

viikkoa

fortress ['fɔ:tris] n linnoitus

fortunate ['fɔ:tʃənət] adj
onnekas; fortunately adv
onneksi

fortune ['fɔ:tʃu:n] n
omaisuus; kohtalo, onni

forty ['fɔ:ti] num
neljäkymmentä

forward ['fɔ:wəd] adv esiin,
eteenpäin; v lähettää
edelleen

foster parents
['fɒstə,peərənts] pl
kasvatusvanhemmat pl

fought [fɔ:t] v p, pp fight

foul [faul] adj siivoton;
halpamainen

found[1] [faund] v p, pp find

found[2] [faund] v perustaa

foundation [faun'deiʃən] n
perusta; säätiö; ~ cream
alusvoide

fountain ['fauntin] n
suihkulähde; (alku)lähde

fountain pen ['fauntinpen] n
täytekynä

four [fɔ:] num neljä

fourteen [,fɔ:'ti:n] num
neljätoista

fourteenth [,fɔ:'ti:nθ] num
neljästoista

fourth [fɔ:θ] num neljäs

fowl [faul] n (pl ~s, ~)
siipikarja

fox [fɒks] n kettu

foyer ['fɒiei] n lämpiö

fraction ['frækʃən] n murto-
-osa

fracture ['fræktʃə] v taittaa;

n murtuma

fragile ['frædʒail] *adj* hauras; helposti särkyvä

fragment ['frægmənt] *n* sirpale, katkelma

frame [freim] *n* kehys; sangat *pl*

France [frɑːns] Ranska

franchise ['fræntʃaiz] *n* äänioikeus; toimilupa

fraternity [frə'təːnəti] *n* veljeys

fraud [frɔːd] *n* petos

fray [frei] *v* purkaantua; rispaantua

free [friː] *adj* vapaa; ilmainen; ~ of charge ilmainen; ~ ticket vapaalippu

freedom ['friːdəm] *n* vapaus

*freeze [friːz] *v* jäätyä; jäädyttää

freezer ['friːzə] *n* pakastin

freezing ['friːziŋ] *adj* jäätävä

freezing point ['friːziŋpɔint] *n* jäätymispiste

freight [freit] *n* rahti

freight train ['freittrein] *nAm* tavarajuna

French [frentʃ] *adj* ranskalainen; the ~ *pl* ranskalaiset (ihmiset); ~ fries *pl* ranskanperunat

Frenchman ['frentʃmən] *n* (pl -men) ranskalainen (miehestä)

frequency ['friːkwənsi] *n* taajuus; toistumistiheys

frequent ['friːkwənt] *adj* yleinen, toistuva;

frequently usein

fresh [freʃ] *adj* tuore; raikas; ~ water makea vesi

friction ['frikʃən] *n* kitka

Friday ['fraidi] perjantai

fridge [fridʒ] *n* jääkaappi

friend [frend] *n* ystävä; ystävätär

friendly ['frendli] *adj* ystävällinen

friendship ['frendʃip] *n* ystävyys

fright [frait] *n* pelko, pelästys

frighten ['fraitən] *v* pelästyttää

frightened ['fraitənd] *adj* pelästynyt; *be ~ pelästyä

frightful ['fraitfəl] *adj* hirvittävä, kauhea

fringe [frindʒ] *n* hapsu; reuna

frock [frɔk] *n* leninki

frog [frɔg] *n* sammakko

from [frɔm] *prep* -sta, -stä, lähtien

front [frʌnt] *n* etupuoli; in ~ of edessä

frontier ['frʌntiə] *n* raja

frost [frɔst] *n* routa; pakkanen

froth [frɔθ] *n* vaahto

frozen ['frouzən] *adj* jäätynyt; ~ food pakasteet *pl*

fruit [fruːt] *n* hedelmä

fry [frai] *v* paistaa

frying pan ['fraiiŋpæn] *n* paistinpannu

fuck [fʌk] *v* (*vulgar*) naida

fuel ['fjuːəl] *n* polttoaine;

bensiini; ~ pump *Am* bensiinipumppu

full [ful] *adj* täysinäinen; ~ **board** täysihoito; ~ **stop** piste; ~ **up** täpötäysi

fun [fʌn] *n* huvi; hauskuus

function ['fʌŋkʃən] *n* toiminta

fund [fʌnd] *n* rahasto

fundamental [ˌfʌndə'mentəl] *adj* perustavanlaatuinen

funeral ['fjuːnərəl] *n* hautajaiset *pl*

funnel ['fʌnəl] *n* suppilo; (laivan) savupiippu

funny ['fʌni] *adj* hullunkurinen; omituinen

fur [fəː] *n* turkis; ~ **coat** turkki

furious ['fjuəriəs] *adj*

raivoisa, hurja

furnace ['fəːnis] *n* sulatusuuni

furnish ['fəːniʃ] *v* varustaa, hankkia; ~ **with** varustaa jllk

furniture ['fəːnitʃə] *n* huonekalut *pl*

furrier ['fʌriə] *n* turkkuri

further ['fəːðə] *adj* kauempana, kauemmas

furthermore ['fəːðəmɔː] *adv* lisäksi

furthest ['fəːðist] *adj* kauimmaisin, kauimpana

fuse [fjuːz] *n* sulake; sytytyslanka

fuss [fʌs] *n* hössötys, hässäkkä

future ['fjuːtʃə] *n* tulevaisuus; *adj* tuleva

G

gable ['geibəl] *n* päätyseinä

gadget ['gædʒit] *n* vekotin

gain [gein] *v* voittaa; *n* ansio

gale [geil] *n* myrskytuuli; remakka

gall [gɔːl] *n* sappi; ~ **bladder** sappirakko

gallery ['gæləri] *n* parvi, lehteri

gallon ['gælən] *n* gallona (Brit 4,55 l; Am 3,79 l)

gallop ['gæləp] *n* laukka

gallows ['gælouz] *pl* hirsipuu

gallstone ['gɔːlstoun] *n*

sappikivi

game [geim] *n* peli; riista; ~ **reserve** luonnonsuojelualue

gang [gæŋ] *n* jengi, sakki, porukka

gangway ['gæŋwei] *n* laskusilta

gap [gæp] *n* aukko; kuilu

garage ['gærɑːʒ] *v* ajaa talliin; *n* autotalli

garbage ['gɑːbidʒ] *n* jätteet *pl*

garden ['gɑːdən] *n* puutarha; **public ~** puisto; **zoological**

gardens eläintarha
gardener ['gɑːdənə] n
puutarhuri
gargle ['gɑːgəl] v kurlata
garlic ['gɑːlik] n valkosipuli
gas [gæs] n kaasu; nAm
bensiini; ~ cooker
kaasuliesi; ~ pump Am
bensiinipumppu; ~ station
Am huoltoasema; ~ stove
kaasu-uuni
gasoline ['gæsəliːn] nAm
bensiini
gastric ulcer ['gæstrik ʌlsə]
n vatsahaava
gate [geit] n portti; veräjä
gather ['gæðə] v kerätä;
kokoontua
gauge [geidʒ] n mittari
gave [geiv] v p give
gay [gei] adj iloinen; kirjava
gaze [geiz] v tuijottaa
gazetteer [,gæzə'tiə] n
maantieteellinen
gear [giə] n vaihde;
kamppeet; change ~
kytkeä vaihde; ~ lever
vaihdetanko
gearbox ['giəbɔks] n
vaihdelaatikko
gem [dʒem] n jalokivi
gender ['dʒendə] n
sukupuoli
general ['dʒenərəl] adj
yleinen; n kenraali; ~
practitioner yleislääkäri; in
~ yleensä
generate ['dʒenəreit] v
tuottaa
generation [,dʒenə'reiʃən] n

sukupolvi
generator ['dʒenəreitər] n
generaattori
generosity [,dʒenə'rɔsəti] n
anteliaisuus
generous ['dʒenərəs] adj
antelias
genital ['dʒenitəl] adj
sukupuoli-
genius ['dʒiːniəs] n nero
gentle ['dʒentəl] adj lempeä;
hellävarainen
gentleman ['dʒentəlmən] n
(pl -men) herrasmies
genuine ['dʒenjuin] adj aito
geography [dʒi'ɔgrəfi] n
maantiede
geology [dʒi'ɔlədʒi] n
geologia
geometry [dʒi'ɔmətri] n
geometria
germ [dʒəːm] n bakteeri; itu,
siemen
German ['dʒəːmən] adj
saksalainen
Germany ['dʒəːməni] Saksa
gesticulate [dʒi'stikjuleit] v
elehtiä
*get [get] v päästä, saada;
hankkia; tulla jksk; ~ back
palata; ~ off poistua; ~ on
nousta; edistyä; ~ up nousta
ylös
ghost [goust] n aave; henki
giant ['dʒaiənt] n jättiläinen
giddiness ['gidinəs] n
huimaus
giddy ['gidi] adj huimaava
gift [gift] n lahja; kyky
gift card ['gift ˌkɑːd] n

lahjakortti

gifted ['giftid] *adj* lahjakas

gigantic [dʒai'gæntik] *adj* jättiläismäinen

giggle ['gigəl] *v* kikattaa

gill [gil] *n* kidus

gilt [gilt] *adj* kullattu

ginger ['dʒindʒə] *n* inkivääri

gipsy ['dʒipsi] *n* mustalainen

girdle ['gəːdəl] *n* naisten liivit

girl [gəːl] *n* tyttö; ~ **guide** partiotyttö

girlfriend ['gəːlfrend] *n* tyttöystävä

give [giv] *v* antaa; luovuttaa; ~ **away** ilmaista; ~ **in** antaa myöten; ~ **up** luopua

glacier ['glæsiə] *n* jäätikkö

glad [glæd] *adj* iloinen; **gladly** ilomielin, mielihyvin

gladness ['glædnəs] *n* ilo

glamorous ['glæmərəs] *adj* hohdokas

glamour ['glæmə] *n* hohto

glance [glɑːns] *n* silmäys; *v* silmäillä

gland [glænd] *n* rauhanen

glare [gleə] *n* säihke; loiste

glaring ['gleəriŋ] *adj* häikäisevä

glass [glɑːs] *n* lasi; lasinen; **glasses** silmälasit *pl*; **magnifying** ~ suurennuslasi

glaze [gleiz] *v* lasittaa

glide [glaid] *v* liukua

glider ['glaidə] *n* purjelentokone

glimpse [glimps] *v* nähdä

vilaukselta; *n* vilaus; pilkahdus

global ['gloubəl] *adj* maailmanlaajuinen

global warming ['gloubəl 'wɔːmiŋ] *n* maapallon ilmaston lämpeneminen

globalization [,gloubəlai'zeiʃən] *n* kansainvälistyminen

globalize ['gloubə,laiz] *v* kansainvälistyä

globe [gloub] *n* maapallo

gloom [gluːm] *n* synkkyys

gloomy ['gluːmi] *adj* synkkä

glorious ['glɔːriəs] *adj* loistava

glory ['glɔːri] *n* kunnia

gloss [glɔs] *n* kiilto

glossy ['glɔsi] *adj* kiiltävä

glove [glʌv] *n* hansikas

glow [glou] *v* hehkua; *n* hehku

glue [gluː] *n* liima

go [gou] *v* mennä; kävellä; tulla jksk; ~ **ahead** jatkaa; ~ **away** mennä pois; ~ **back** palata; ~ **home** mennä kotiin; ~ **in** mennä sisään; ~ **on** jatkaa; ~ **out** mennä ulos; ~ **through** kestää

goal [goul] *n* päämäärä, tavoite

goalkeeper ['goul,kiːpə] *n* maalivahti

goat [gout] *n* vuohi, pukki

god [gɔd] *n* jumala

goddess ['gɔdis] *n* jumalatar

godfather ['gɔd,fɑːðə] n
kummisetä

godmother ['gɔd,mʌðə] n
kummitäti

goggles ['gɔgəlz] pl
suojalasit pl

gold [gould] n kulta; ~ leaf
lehtikulta

golden ['gouldən] adj
kullankeltainen

goldmine ['gouldmain] n
kultakaivos

goldsmith ['gouldsmiθ] n
kultaseppä

golf [gɔlf] n golf

golfclub ['gɔlfklʌb] n
golfmaila

golf course ['gɔlfkɔːs] n
golfkenttä

golf links ['gɔlfliŋks] n
golfrata

gondola ['gɔndələ] n
gondoli

gone [gɔn] adv (pp go)
poissa

good [gud] adj hyvä; kiltti

goodbye [,gud'bai] n
näkemiin

good-humoured
[,gud'hjuːməd] adj
hyväntuulinen

good-looking [,gud'lukiŋ]
adj hyvännäköinen

good-natured [,gud'neitʃəd]
adj hyväluontoinen

goods [gudz] pl tavarat pl; ~
train tavarajuna

good-tempered
[,gud'tempəd] adj
hyväntuulinen

goodwill [,gud'wil] n
hyväntahtoisuus

goose [guːs] n (pl geese)
hanhi

gooseberry ['guzbəri] n
karviaismarja

goose flesh ['guːsfleʃ] n
kananliha

gorge [gɔːdʒ] n kuilu

gorgeous ['gɔːdʒəs] adj
upea

gospel ['gɔspəl] n
evankeliumi

gossip ['gɔsip] v juoruta; n
juoru

got [gɔt] v p, pp get

gourmet ['guəmei] n
herkkusuu

gout [gaut] n kihti

govern ['gʌvən] v hallita

governess ['gʌvənis] n
kotiopettajatar

government ['gʌvənmənt] n
hallitus

governor ['gʌvənə] n
kuvernööri

gown [gaun] n (pitkä) puku

GPS ['dʒiːpiːˈes], global
positioning system n GPS;
maailmanlaajuinen
paikannusjärjestelmä

grace [greis] n sulous,
viehkeys

graceful ['greisfəl] adj
viehkeä, suloinen

grade [greid] v luokitella; n
aste; luokka

gradient ['greidiənt] n
kaltevuuskulma, rinne

gradual ['grædʒuəl] adj

asteittainen; gradually *adv*
vähitellen

graduate ['grædʒueit] *v*
suorittaa loppututkinto

grain [grein] *n* jyvänen, vilja,
jyvä

gram [græm] *n* gramma

grammar ['græmə] *n*
kielioppi

grammatical [grə'mætikəl]
adj kieliopillinen

gramophone ['græməfoun]
n levysoitin

grand [grænd] *adj*
suurenmoinen

grandchild ['græn,tʃaild] *n*
lapsenlapsi

granddad ['grændæd] *n*
isoisä

granddaughter
['græn,dɔːtə] *n*
tyttärentytär, pojantytär

grandfather ['græn,faːðə] *n*
isoisä

grandmother ['græn,mʌðə]
n isoäiti; mummo

grandparents
['græn,peərənts] *pl*
isovanhemmat *pl*

grandson ['grænsʌn] *n*
pojanpoika, tyttärenpoika

granite ['grænit] *n* graniitti

grant [graːnt] *v* myöntää,
suoda; antaa; *n* apuraha,
avustus

grapefruit ['greipfruːt] *n*
greippi

grapes [greips] *pl*
viinirypäleet *pl*

graph [græf] *n* graafinen

esitys

graphic ['græfik] *adj*
graafinen; havainnollinen

grasp [graːsp] *v* tarttua; *n*
ote

grass [graːs] *n* ruoho

grasshopper ['graːs,hopə] *n*
heinäsirkka

grate [greit] *n* arina; *v*
raapia, raastaa

grateful ['greitfəl] *adj*
kiitollinen

grater ['greitə] *n*
raastinrauta

gratis ['grætis] *adj* ilmainen

gratitude ['grætitjuːd] *n*
kiitollisuus

gratuity [grə'tjuːəti] *n*
palveluraha, juomaraha

grave [greiv] *n* hauta; *adj*
vakava

gravel ['grævəl] *n* sora

gravestone ['greivstoun] *n*
hautakivi

graveyard ['greivjaːd] *n*
hautausmaa

gravity ['grævəti] *n*
painovoima; vakavuus

gravy ['greivi] *n*
paistinkastike

graze [greiz] *v* laiduntaa; *n*
hankauma

grease [griːs] *v* rasvata; *n*
rasva

greasy ['griːsi] *adj* rasvainen

great [greit] *adj* suuri; Great
Britain Iso-Britannia

Greece [griːs] Kreikka

greed [griːd] *n* ahneus

greedy ['griːdi] *adj* ahne

Greek [gri:k] *adj*
kreikkalainen

green [gri:n] *adj* vihreä; ~
card auton vakuutuskortti

greengrocer ['gri:n,grousə]
n vihanneskauppias

greenhouse ['gri:nhaus] *n*
kasvihuone

greens [gri:nz] *pl*
vihannekset *pl*

greet [gri:t] *v* tervehtiä

greeting ['gri:tiŋ] *n*
tervehdys

grey [grei] *adj* harmaa

greyhound ['greihaund] *n*
vinttikoira

grief [gri:f] *n* suru, murhe

grieve [gri:v] *v* surra

grill [gril] *v* pariloida; *n*
parila

grillroom ['grilru:m] *n* grilli

grim [grim] *adj* synkkä

grin [grin] *v* virnistää; *n*
virnistys

***grind** [graind] *v* jauhaa;
hienontaa

grip [grip] *v* tarttua; *n* ote;
nAm matkalaukku

grit [grit] *n* hiekka

groan [groun] *v* voihkia

grocer ['grousə] *n*
päivittäistavarakauppias,
elintarvikekauppias;
grocer's, grocery
päivittäistavarakauppa,
ruokakauppa

groceries ['grousəriz] *pl*
ruokaostokset *pl*

groin [grɔin] *n* nivustaive

groom [gru:m] *n* sulhanen; *v*

siistiä

groove [gru:v] *n* uurre

gross¹ [grous] *n* (pl ~) krossi

gross² [grous] *adj* karkea

grotto ['grɔtou] *n* (pl ~es, ~s)
luola

ground¹ [graund] *n*
maaperä, pohja; ~ floor
pohjakerros; grounds
tontti

ground² [graund] *v* (p, pp
grind)

group [gru:p] *n* ryhmä

grouse [graus] *n* (pl ~)
metsäkana, teeri

grove [grouv] *n* metsikkö

***grow** [grou] *v* kasvaa;
kasvattaa; tulla jksk

growl [graul] *v* murista

grown-up ['grounʌp] *adj*
täysikasvuinen; *n* aikuinen

growth [grouθ] *n* kasvu;
kasvain

grudge [grʌdʒ] *v* kadehtia

grumble ['grʌmbəl] *v* nurista

guarantee [,gærən'ti:] *v*
taata; *n* takuu; vakuus

guard [gɑ:d] *v* vartioida; *n*
vartio

guardian ['gɑ:diən] *n*
holhooja

guess [ges] *v* arvata, luulla;
n arvelu

guest [gest] *n* vieras

guesthouse ['gesthaus] *n*
täysihoitola

guest room ['gestru:m] *n*
vierashuone

guide [gaid] *v* opastaa; *n*
opas

guidebook ['gaidbuk] n
opaskirja
guide dog ['gaiddɔg] n
opaskoira
guideline ['gaidlain] n
ohje(nuora)
guilt [gilt] n syyllisyys
guilty ['gilti] adj syyllinen
guinea pig ['ginipig] n
marsu
guitar [gi'tɑ:] n kitara
gulf [gʌlf] n merenlahti
gull [gʌl] n lokki
gum [gʌm] n ien; kumi; liima
gun [gʌn] n revolveri;
kivääri; tykki
gunpowder ['gʌn,paudə] n

ruuti
gust [gʌst] n tuulenpuuska
gusty ['gʌsti] adj tuulinen
gut [gʌt] n suoli; guts sisu
gutter ['gʌtə] n katuoja
guy [gai] n kaveri
gymnasium [dʒim'neiziəm]
n (pl ~s, -sia) voimistelusali
gymnast ['dʒimnæst] n
voimistelija
gymnastics [dʒim'næstiks]
pl voimistelu
gynaecologist
[,gainə'kɔlədʒist] n
gynekologi, naistentautien
lääkäri

H

habit ['hæbit] n tottumus
habitable ['hæbitəbəl] adj
asuttava
habitual [hə'bitʃuəl] adj
tavanomainen
had [hæd] v p, pp have
haddock ['hædək] n (pl ~)
kolja
haemorrhage ['heməridʒ] n
verenvuoto
haemorrhoids ['hemərɔidz]
pl peräpukamat pl
hail [heil] n rae
hair [heə] n tukka; ~ cream
hiusvoide; ~ piece
hiuslisäke; ~ rollers
papiljotit pl; ~ tonic
hiusvesi
hairbrush ['heəbrʌʃ] n

hiusharja
haircut ['heəkʌt] n
tukanleikkuu
hairdo ['heədu:] n kampaus
hairdresser ['heə,dresə] n
kampaaja
hairdrier, hairdryer
['heədraiə] n
hiustenkuivaaja
hairgrip ['heəgrip] n
hiussolki
hair net ['heənet] n
hiusverkko
hair oil ['heərɔil] n hiusöljy
hairpin ['heəpin] n hiusneula
hair spray ['heəsprei] n
hiuskiinne
hairy ['heəri] adj karvainen
half¹ [hɑ:f] adj puoli-; adv

puoliksi
half² [hɑːf] n (pl halves)
puolikas
half time [,hɑːf'taim] n
puoliaika
halfway [,hɑːf'wei] adv
puolitiessä
halibut ['hælibət] n (pl ~)
ruijanpallas
hall [hɔːl] n eteishalli;
juhlasali
halt [hɔːlt] v pysähtyä
halve [hɑːv] v puolittaa
ham [hæm] n kinkku
hamlet ['hæmlət] n pieni
kylä
hammer ['hæmə] n vasara
hammock ['hæmək] n
riippumatto
hamper ['hæmpə] n kori
hand [hænd] n käsi; v
ojentaa; ~ cream käsivoide
handbag ['hændbæg] n
käsilaukku
handbook ['hændbuk] n
käsikirja
handbrake ['hændbreik] n
käsijarru
handcuffs ['hændkʌfs] pl
käsiraudat pl
handful ['hændful] n
kourallinen
handheld ['hand,held] adj
kannettava
handicap ['hændikæp] n
vika; v haitata
handicraft ['hændikrɑːft] n
käsityö
handkerchief ['hæŋkətʃif] n
nenäliina

handle ['hændəl] v käsitellä;
n varsi, kahva
hand-made [,hænd'meid]
adj käsintehty
handshake ['hændʃeik] n
kättely
handsome ['hænsəm] adj
komea
handwork ['hændwɔːk] n
käsityö
handwriting ['hænd,raitiŋ] n
käsiala
handy ['hændi] adj kätevä
***hang** [hæŋ] v ripustaa;
riippua
hanger ['hæŋə] n ripustin
hangover ['hæŋ,ouvə] n
krapula
happen ['hæpən] v tapahtua,
sattua
happening ['hæpəniŋ] n
tapahtuma
happiness ['hæpinəs] n onni
happy ['hæpi] adj
onnellinen, iloinen
harbour ['hɑːbə] n satama
hard [hɑːd] adj kova; vaikea;
~ drive kiintolevyasema;
hardly tuskin
hardware ['hɑːdweə] n
rautatavarat pl; laitteisto
(atk) ~ store rautakauppa
hare [heə] n jänis
harm [hɑːm] v vahingoittaa;
n vahinko, harmi
harmful ['hɑːmfəl] adj
vahingollinen
harmless ['hɑːmləs] adj
vaaraton
harmony ['hɑːməni] n

sopusointu
harp [ha:p] n harppu
harpsichord ['ha:psiko:d] n
cembalo
harsh [ha:ʃ] adj karkea;
ankara; julma
harvest ['ha:vist] n sato
has [hæz] v (pr have)
haste [heist] n kiire
hasten ['heisən] v kiirehtiä
hasty ['heisti] adj kiireinen
hat [hæt] n hattu; ~ rack
hattuhylly
hatch [hætʃ] n luukku
hate [heit] v viha; n viha
hatred ['heitrid] n viha
haughty ['ho:ti] adj
ylimielinen, ylpeä
haul [ho:l] v raahata
*have [hæv] v olla jklla; ~ to
täytyä
hawk [ho:k] n haukka
hay [hei] n heinä; ~ fever
heinänuha
hazard ['hæzəd] n vaara
haze [heiz] n utu
hazelnut ['heizəlnʌt] n
hasselpähkinä
hazy ['heizi] adj usvainen,
utuinen
he [hi:] pron hän (miehestä)
head [hed] n pää; v johtaa; ~
of state valtionpäämies; ~
teacher johtajaopettaja
headache ['hedeik] n
päänsärky
heading ['hediŋ] n otsikko
headlamp ['hedlæmp] n
etuvalo
headland ['hedlənd] n niemi

headlight ['hedlait] n
etuvalo
headline ['hedlain] n otsikko
headmaster [,hed'ma:stə] n
rehtori, johtajaopettaja
headquarters
[,hed'kwo:təz] pl päämaja
head-strong ['hedstroŋ] adj
uppiniskainen
head waiter [,hed'weitə] n
hovimestari
heal [hi:l] v parantaa
health [helθ] n terveys; ~
centre terveyskeskus; ~
certificate lääkärin todistus
healthy ['helθi] adj terve
heap [hi:p] n läjä, kasa
*hear [hiə] v kuulla
hearing ['hiəriŋ] n kuulo
heart [ha:t] n sydän; ydin;
by ~ ulkoa; ~ attack
sydänkohtaus
heartburn ['ha:tbə:n] n
närästys
hearth [ha:θ] n tulisija
heartless ['ha:tləs] adj
sydämetön
hearty ['ha:ti] adj
sydämellinen
heat [hi:t] v lämmittää; n
kuumuus, lämpö heating
pad lämpötyyny
heater ['hi:tə] n
lämmityslaite; immersion ~
uppokuumennin
heath [hi:θ] n nummi
heathen ['hi:ðən] n pakana;
adj pakanallinen
heather ['heðə] n kanerva
heating ['hi:tiŋ] n lämmitys

heaven ['hevən] n taivas

heavy ['hevi] adj raskas

Hebrew ['hi:bru:] n heprea

hedge [hedʒ] n pensasaita

hedgehog ['hedʒhɔg] n siili

heel [hi:l] n kantapää; korko

height [hait] n korkeus; huippukohta;

heir [eə] n perillinen

heiress ['eəres] n perillinen (naispuolinen)

helicopter ['helikʌptə] n helikopteri

hell [hel] n helvetti

hello [he'lou] terve; päivää; hei; say hello to sano terveisiä

helm [helm] n peräsin

helmet ['helmit] n kypärä

helmsman ['helmzmən] n perämies

help [help] v auttaa; n apu

helper ['helpə] n auttaja

helpful ['helpfəl] adj avulias

helping ['helpiŋ] n ruoka--annos

hem [hem] n päärme

hemp [hemp] n hamppu

hen [hen] n kana

her [hə:] pron hänen, sen

herb [hə:b] n yrtti

herd [hə:d] n lauma

here [hiə] adv täällä; ~ you are olkaa hyvä

hereditary [hi'reditəri] adj perinnöllinen

hernia ['hə:niə] n tyrä, revähtymä

hero ['hiərou] n (pl ~es) sankari

heron ['herən] n haikara

herring ['heriŋ] n (pl ~, ~s) silli

herself [hə:'self] pron itse; itsensä

hesitate ['heziteit] v epäröidä

heterosexual [,hetərə'sekʃuəl] adj heteroseksuaalinen

hiccup ['hikʌp] n hikka

hide [haid] n talja

*hide [haid] v piilottaa; kätkeä

hideous ['hidiəs] adj inhottava

hierarchy ['haiərɑ:ki] n arvojärjestys

high [hai] adj korkea

highway ['haiwei] n valtatie; nAm moottoritie

hijack ['haidʒæk] v kaapata

hijacker ['haidʒækə] n kaappaaja

hike [haik] v vaeltaa, patikoida

hill [hil] n mäki

hillock ['hilɔk] n kumpare

hillside ['hilsaid] n rinne

hilltop ['hiltɔp] n mäenharja

hilly ['hili] adj mäkinen

him [him] pron hänet, häntä

himself [him'self] pron itse; itsensä

hinder ['hində] v estää

hinge [hindʒ] n sarana

hint [hint] n vihje; v vihjata

hip [hip] n lantio

hip-hop ['hip,hɔp] n hiphop

hire [haiə] v vuokrata; for ~

vuokrattavana
hire purchase
[,haiə'pɔːtʃəs] n,
installment plan nAm
osamaksukauppa
his [hiz] adj hänen
(miehestä)
historian [hi'stɔːriən] n
historioitsija
historic [hi'stɔrik] adj
historiallinen
historical [hi'stɔrikəl] adj
historiallinen,
historianmukainen
history ['histəri] n historia
hit [hit] n iskelmä
*hit [hit] v iskeä; osua
hitchhike ['hitʃhaik] v liftata
hitchhiker ['hitʃ,haikə] n
liftari
hoarse [hɔːs] adj käheä,
karhea
hobby ['hɔbi] n harrastus
hobbyhorse ['hɔbihɔːs] n
keinuhevonen;
keppihevonen
hockey ['hɔki] n
jääkiekkoilu
hoist [hɔist] v nostaa
hold [hould] n ote;
lastiruuma
*hold [hould] v pidellä, pitää;
~ on tarrautua; ~ up tukea
hold-up ['houldʌp] n
aseellinen ryöstö
hole [houl] n kuoppa, reikä
holiday ['hɔlədi] n loma;
juhlapäivä; ~ camp
lomaleiri; ~ resort
lomanviettopaikka; on ~

lomalla
Holland ['hɔlənd] Hollanti
hollow ['hɔlou] adj ontto
holy ['houli] adj pyhä
homage ['hɔmidʒ] n
kunnianosoitus
home [houm] n koti;
hoitokoti, asunto; adv
kotiin päin, kotona; at ~
kotona
home-made [,houm'meid]
adj kotitekoinen
homesickness
['houm,siknəs] n koti-ikävä
homework ['houm,wəːk] n
kotitehtävät
homosexual
[,houmə'sekʃuəl] adj
homoseksuaalinen
honest ['ɔnist] adj
rehellinen; vilpitön
honesty ['ɔnisti] n
rehellisyys
honey ['hʌni] n hunaja
honeymoon ['hʌnimuːn] n
kuherruskuukausi,
häämatka
honk [hʌŋk] vAm antaa
äänimerkki, töötätä
honour ['ɔnə] v kunnioittaa;
n kunnia
honourable ['ɔnərəbəl] adj
kunniakas, kunnioitettava;
kunniallinen
hood [hud] n huppu; nAm
konepelti
hoof [huːf] n kavio
hook [huk] n koukku
hoot [huːt] v antaa
äänimerkki

hooter ['hu:tə] *n* autontorvi

hoover ['hu:və] *v* imuroida

hop[1] [hop] *v* hyppiä; *n* hyppäys

hop[2] [hop] *n* humalakasvi

hope [houp] *v* toivoa; *n* toivo

hopeful ['houpfəl] *adj* toiveikas

hopeless ['houpləs] *adj* toivoton

horizon [hə'raizən] *n* taivaanranta, näköpiiri

horizontal [,hɔri'zɔntəl] *adj* vaakasuora

horn [hɔːn] *n* sarvi; torvi; äänitorvi

horrible ['hɔribəl] *adj* kamala, hirveä

horror ['hɔrə] *n* kauhu, kammo

hors d'oeuvre [ɔː'dəːvr] *n* alkuruoka

horse [hɔːs] *n* hevonen

horseman ['hɔːsmən] *n* (pl -men) ratsastaja

horsepower ['hɔːs,pauə] *n* hevosvoima

horserace ['hɔːsreis] *n* ratsastuskilpailu

horseradish ['hɔːs,rædiʃ] *n* piparjuuri

horseshoe ['hɔːsʃuː] *n* hevosenkenkä

horticulture ['hɔːtikʌltʃə] *n* puutarhanhoito

hospitable ['hɔspitəbəl] *adj* vieraanvarainen

hospital ['hɔspitəl] *n* sairaala

hospitality [,hɔspi'tæləti] *n* vieraanvaraisuus

host [houst] *n* isäntä

hostage ['hɔstidʒ] *n* panttivanki

hostel ['hɔstəl] *n* retkeilymaja

hostess ['houstis] *n* emäntä

hostile ['hɔstail] *adj* vihamielinen

hot [hɔt] *adj* kuuma

hotel [hou'tel] *n* hotelli

hotspot ['hɔt,spɔt] *n* keskus(paikka)

hot-tempered [,hɔt'tempəd] *adj* kiivasluonteinen

hour [auə] *n* tunti

hourly ['auəli] *adj* jokatuntinen

house [haus] *n* talo; asunto; rakennus; ~ agent kiinteistövälittäjä; ~ block *Am* kortteli; public ~ kapakka

houseboat ['hausbout] *n* asuntolaiva

household ['haushould] *n* talous

housekeeper ['haus,kiːpə] *n* taloudenhoitaja

housekeeping ['haus,kiːpiŋ] *n* taloudenhoito

housemaid ['hausmeid] *n* sisäkkö

housewife ['hauswaif] *n* kotirouva

housework ['hauswəːk] *n* kotityöt *pl*

how [hau] *adv* miten; ~ many kuinka monta; ~ much kuinka paljon

however [hauˈevə] *conj*
kuitenkin, kuitenkaan,

hug [hʌg] *v* sulkea syliin;
syleillä; *n* syleily

huge [hjuːdʒ] *adj* suunnaton,
valtava

hum [hʌm] *v* hyräillä

human [ˈhjuːmən] *adj*
inhimillinen; ~ being
ihminen

humanity [hjuˈmænəti] *n*
ihmiskunta

humble [ˈhʌmbəl] *adj* nöyrä

humid [ˈhjuːmid] *adj* kostea

humidity [hjuˈmidəti] *n*
kosteus

humorous [ˈhjuːmərəs] *adj*
leikillinen, huvittava,
humoristinen

humour [ˈhjuːmə] *n*
huumori

hundred [ˈhʌndrəd] *n* sata

Hungarian [hʌŋˈgeəriən] *adj*
unkarilainen

Hungary [ˈhʌŋgəri] Unkari

hunger [ˈhʌŋgə] *n* nälkä

hungry [ˈhʌŋgri] *adj*
nälkäinen

hunt [hʌnt] *v* metsästää; *n*
metsästys; ~ for etsiä

hunter [ˈhʌntə] *n* metsästäjä

hurricane [ˈhʌrikən] *n*
pyörremyrsky; ~ lamp
myrskylyhty

hurry [ˈhʌri] *v* rientää,
kiirehtiä; *n* kiire; in a ~
kiireesti

*hurt [həːt] *v* loukata,
haavoittaa

hurtful [ˈhəːtfəl] *adj*
vahingollinen

husband [ˈhʌzbənd] *n*
aviomies, puoliso

hut [hʌt] *n* maja

hydrogen [ˈhaidrədʒən] *n*
vety

hygiene [ˈhaidʒiːn] *n*
hygienia

hygienic [haiˈdʒiːnik] *adj*
hygieeninen

hymn [him] *n* hymni, virsi

hyphen [ˈhaifən] *n*
yhdysviiva

hypocrisy [hiˈpɔkrəsi] *n*
tekopyhyys

hypocrite [ˈhipəkrit] *n*
teeskentelijä

hypocritical [ˌhipəˈkritikəl]
adj teeskentelevä,
tekopyhä, ulkokultainen

hysterical [hiˈsterikəl] *adj*
hysteerinen

I

I [ai] *pron* minä

ice [ais] *n* jää

ice bag [ˈaisbæg] *n* jääpussi

ice cream [ˈaiskriːm] *n*
jäätelö

Iceland [ˈaislənd] Islanti

Icelander [ˈaisləndə] *n*
islantilainen

Icelandic [aisˈlændik] *adj*
islantilainen

icon ['aikən] *n* ikoni

idea [ai'diə] *n* ajatus; idea, käsitys

ideal [ai'diəl] *adj* ihanteellinen; *n* ihanne

identical [ai'dentikəl] *adj* identtinen

identification [ai,dentifi'keiʃən] *n* tunnistaminen

identify [ai'dentifai] *v* tunnistaa

identity [ai'dentəti] *n* henkilöllisyys; ~ card henkilökortti

idiom ['idiəm] *n* idiomi

idiomatic [,idiə'mætik] *adj* idiomaattinen

idiot ['idiət] *n* idiootti

idiotic [,idi'ɔtik] *adj* tylsämielinen

idle ['aidəl] *adj* toimeton; joutilas; hyödytön

idol ['aidəl] *n* epäjumala; ihanne

if [if] *conj* jos; mikäli

ignition [ig'niʃən] *n* sytytys; ~ coil sytytyslaite

ignorant ['ignərənt] *adj* tietämätön

ignore [ig'nɔ:] *v* jättää huomiotta

ill [il] *adj* sairas; paha

illegal [i'li:gəl] *adj* laiton

illegible [i'ledʒəbəl] *adj* epäselvä, lukukelvoton

illiterate [i'litərət] *n* lukutaidoton

illness ['ilnəs] *n* sairaus

illuminate [i'lu:mineit] *v* valaista

illumination [i,lu:mi'neiʃən] *n* valaistus

illusion [i'lu:ʒən] *n* harhakuva;

illustrate ['iləstreit] *v* kuvittaa

illustration [,ilə'streiʃən] *n* kuvitus

image ['imidʒ] *n* kuva

imaginary [i'mædʒinəri] *adj* kuviteltu

imagination [i,mædʒi'neiʃən] *n* mielikuvitus

imagine [i'mædʒin] *v* kuvitella

imitate ['imiteit] *v* jäljitellä, matkia

imitation [,imi'teiʃən] *n* jäljittely, jäljennös

immediate [i'mi:djət] *adj* välitön

immediately [i'mi:djətli] *adv* välittömästi

immense [i'mens] *adj* valtava, ääretön, suunnaton

immigrant ['imigrənt] *n* maahanmuuttaja

immigrate ['imigreit] *v* muuttaa maahan

immigration [,imi'greiʃən] *n* maahanmuutto

immodest [i'mɔdist] *adj* julkea

immunity [i'mju:nəti] *n* immuniteetti

immunize [i'mjunaiz] *v* immunisoida

impartial [im'pɑ:ʃəl] *adj*

puolueeton
impassable [im'pɑːsəbəl]
adj ylipääsemätön
impatient [im'peiʃənt] adj
kärsimätön
impede [im'piːd] v estää
impediment [im'pedimənt]
n este
imperfect [im'pəːfikt] adj
epätäydellinen
imperial [im'piəriəl] adj
keisarillinen;
maailmanvallan-
impersonal [im'pəːsənəl]
adj persoonaton
impertinence [im'pəːtinəns]
n hävyttömyys
impertinent [im'pəːtinənt]
adj nenäkäs
implement¹ ['implimənt] n
työväline, työkalu
implement² ['implimənt] v
toteuttaa
imply [im'plai] v vihjata;
merkitä
impolite [,impə'lait] adj
epäkohtelias
import¹ [im'pɔːt] v tuoda
maahan
import² ['impɔːt] n tuonti,
tuontitavarat pl; ~ duty
tuontitulli
importance [im'pɔːtəns] n
tärkeys
important [im'pɔːtənt] adj
tärkeä
importer [im'pɔːtə] n
maahantuoja
imposing [im'pouziŋ] adj
näyttävä

impossible [im'pɔsəbəl] adj
mahdoton
impotence ['impətəns] n
kykenemättömyys
impotent ['impətənt] adj
impotentti
impress [im'pres] v tehdä
vaikutus
impression [im'preʃən] n
vaikutelma
impressive [im'presiv] adj
vaikuttava
imprison [im'prizən] v
vangita
imprisonment
[im'prizənmənt] n vankeus
improbable [im'prɔbəbəl]
adj epätodennäköinen
improper [im'prɔpə] adj
sopimaton
improve [im'pruːv] v
parantaa
improvement
[im'pruːvmənt] n parannus
improvise ['imprəvaiz] v
improvisoida
impudent ['impjudənt] adj
julkea
impulse ['impʌls] n
mielijohde; sysäys
impulsive [im'pʌlsiv] adj
impulsiivinen
in [in] prep -ssa; -lla, -lle suff;
adv sisään
inaccessible [i,næk'sesəbəl]
adj luoksepääsemätön
inaccurate [i'nækjurət] adj
epätarkka
inadequate [i'nædikwət] adj
riittämätön

incapable [in'keipəbəl] adj
kykenemätön

incense ['insens] n suitsuke

inch ['intʃ] n tuuma (2,54
cm)

incident ['insidənt] n
tapahtuma

incidental [,insi'dentəl] adj
satunnainen

incite [in'sait] v kannustaa

inclination [,iŋkli'neiʃən] n
taipumus

incline [in'klain] n kaltevuus

inclined [in'klaind] adj
taipuvainen, halukas; *be ~
to olla taipuvainen

include [in'klu:d] v käsittää,
sisältää

income ['iŋkəm] n tulot pl

income tax ['iŋkəmtæks] n
tulovero

incompetent [in'kɔmpətənt]
adj epäpätevä

incomplete [,iŋkəm'pli:t]
adj vaillinainen,
epätäydellinen

inconceivable
[,iŋkən'si:vəbəl] adj
käsittämätön

inconspicuous
[,iŋkən'spikjuəs] adj
huomaamaton

inconvenience
[,iŋkən'vi:njəns] n vaiva,
haitta, epämukavuus

inconvenient
[,iŋkən'vi:njənt] adj
sopimaton; hankala

incorrect [,iŋkə'rekt] adj
virheellinen, väärä

increase¹ [iŋ'kri:s] v lisätä;
kasvaa, lisääntyä

increase² [iŋkri:s] n
lisääntyminen; lisäys

incredible [iŋ'kredəbəl] adj
uskomaton

incurable [iŋ'kjuərəbəl] adj
parantumaton

indecent [in'di:sənt] adj
sopimaton

indeed [in'di:d] adv todella

indefinite [in'definit] adj
epämääräinen

indemnity [in'demnəti] n
hyvitys

independence
[,indi'pendəns] n
riippumattomuus

independent [,indi'pendənt]
adj riippumaton

index ['indeks] n hakemisto;
~ finger etusormi

India ['indiə] Intia

Indian ['indiən] adj
intialainen; n intialainen;
Red ~ intiaani

indicate ['indikeit] v
osoittaa, ilmaista

indication [,indi'keiʃən] n
osoitus

indicator ['indikeitə] n
merkkivalo; osoitin

indifferent [in'difərənt] adj
välinpitämätön

indigestion [,indi'dʒestʃən]
n ruoansulatushäiriö

indignation [,indig'neiʃən] n
suuttumus

indirect [,indi'rekt] adj
epäsuora

individual [,indi'vidʒuəl] adj
yksilöllinen; n yksilö
Indonesia [,ində'niːziə]
Indonesia
Indonesian [,ində'niːziən]
adj indonesialainen
indoor ['indɔː] adj sisä-
indoors [,in'dɔːz] adv sisällä
indulge [in'dʌldʒ] v suoda
itselleen, sortua
industrial [in'dʌstriəl] adj
teollisuus-
industrious [in'dʌstriəs] adj
ahkera
industry ['indəstri] n
teollisuus
inedible [i'nedibl] adj
syömäkelvoton
inefficient [,ini'fiʃənt] adj
tehoton
inevitable [i'nevitəbl] adj
väistämätön
inexpensive [,inik'spensiv]
adj halpa
inexperienced
[,inik'spiəriənst] adj
kokematon
infant ['infənt] n pikkulapsi
infantry ['infəntri] n
jalkaväki
infect [in'fekt] v tulehtua,
tartuttaa
infection [in'fekʃən] n
tartunta
infectious [in'fekʃəs] adj
tarttuva
infer [in'fəː] v tehdä
johtopäätös
inferior [in'fiəriə] adj
alempiarvoinen

infinite ['infinət] adj ääretön
infinitive [in'finitiv] n
infinitiivi
inflammable [in'flæməbl]
adj tulenarka
inflammation
[,inflə'meiʃən] n tulehdus
inflatable [in'fleitəbl] adj
puhallettava
inflate [in'fleit] v puhaltaa
täyteen
inflation [in'fleiʃən] n
inflaatio
inflict [in'flikt] v aiheuttaa
influence ['influəns] v
vaikuttaa; n vaikutus
influential [,influ'enʃəl] adj
vaikutusvaltainen
influenza [,influ'enzə] n
influenssa
inform [in'fɔːm] v tiedottaa;
ilmoittaa
informal [in'fɔːməl] adj
epävirallinen
information [,infə'meiʃən] n
tieto; ilmoitus, tiedotus; ~
bureau tiedonantotoimisto
infra-red [,infrə'red] adj
infrapunainen
infrequent [in'friːkwənt] adj
harvinainen
ingredient [iŋ'griːdiənt] n
aines, aineosa
inhabit [in'hæbit] v asua
inhabitable [in'hæbitəbl]
adj asumiskelpoinen
inhabitant [in'hæbitənt] n
asukas
inhale [in'heil] v hengittää
sisään

inherit [in'herit] v periä

inheritance [in'heritəns] n
perintö

inhibit [in'hibit] v estää

initial [i'niʃəl] adj
alkuperäinen, alku-; n
nimikirjain; v varustaa
nimikirjaimilla

initiate [i'niʃieit] v panna
alulle

initiative [i'niʃiətiv] n aloite

inject [in'dʒekt] v ruiskuttaa

injection [in'dʒekʃən] n
ruiske

injure ['indʒə] v loukata

injury ['indʒəri] n vamma

injustice [in'dʒʌstis] n
vääryys

ink [iŋk] n muste

inlet ['inlet] n lahdelma,
salmi

inn [in] n majatalo

inner ['inə] adj sisäinen; ~
tube sisäkumi

innocence ['inəsəns] n
viattomuus

innocent ['inəsənt] adj
viaton

inoculate [i'nɔkjuleit] v
rokottaa

inoculation [i,nɔkju'leiʃən]
n rokotus

inquire [iŋ'kwaiə] v
tiedustella

inquiry [iŋ'kwaiəri] n
tiedustelu, kysely;
tutkimus; ~ office
tiedonantotoimisto

inquisitive [iŋ'kwizətiv] adj
utelias

insane [in'sein] adj
mielisairas

inscription [in'skripʃən] n
kaiverrus; kirjoitus

insect ['insekt] n
hyönteinen; ~ repellent
hyönteisvoide

insecticide [in'sektisaid] n
hyönteiskarkote

insensitive [in'sensətiv] adj
tunteeton

insert [in'sə:t] v sisällyttää,
liittää

inside [,in'said] n sisäpuoli;
adj sisä-; adv sisällä; sisältä;
prep sisällä, sisään; ~ out
nurinpäin; insides
sisälmykset pl

insight ['insait] n oivallus

insignificant
[,insig'nifikənt] adj
merkityksetön

insist [in'sist] v vaatimalla
vaatia

insolence ['insələns] n
röyhkeys

insolent ['insələnt] adj
röyhkeä

insomnia [in'sɔmniə] n
unettomuus

inspect [in'spekt] v
tarkastaa

inspection [in'spekʃən] n
tarkastus

inspector [in'spektə] n
tarkastaja

inspire [in'spaiə] v innoittaa

install [in'stɔ:l] v asentaa

installation [,instə'leiʃən] n
asennus

instalment [in'stɔːlmənt] *n*
osamaksuerä

instance ['instəns] *n*
esimerkki; tapaus; for ~
esimerkiksi

instant ['instənt] *n* hetki

instant message
['instənt ˌmesədʒ] *n*
pikaviesti

instantly ['instəntli] *adv*
välittömästi, heti

instead of [in'sted ɔv] sijasta

instinct ['instiŋkt] *n* vaisto

institute ['institjuːt] *v*
perustaa; *n* laitos

institution [ˌinsti'tjuːʃən] *n*
instituutio, laitos

instruct [in'strʌkt] *v* opettaa

instruction [in'strʌkʃən] *n*
opetus

instructive [in'strʌktiv] *adj*
opettavainen

instructor [in'strʌktə] *n*
ohjaaja

instrument ['instrumənt] *n*
instrumentti, väline;
musical ~ soitin

insufficient [ˌinsə'fiʃənt] *adj*
riittämätön

insulate ['insjuleit] *v* eristää

insulation [ˌinsju'leiʃən] *n*
eriste

insulator ['insjuleitə] *n*
eristin

insult[1] [in'sʌlt] *v* loukata

insult[2] ['insʌlt] *n* loukkaus

insurance [in'ʃuərəns] *n*
vakuutus; ~ policy
vakuutuskirja

insure [in'ʃuə] *v* vakuuttaa

intact [in'tækt] *adj*
koskematon

integrate ['intəgreit] *v*
sopeuttaa incorporate;
yhdistää combine

intellect ['intəlekt] *n* äly

intellectual [ˌintə'lektʃuəl]
adj älyllinen

intelligence [in'telidʒəns] *n*
älykkyys

intelligent [in'telidʒənt] *adj*
älykäs

intend [in'tend] *v* aikoa

intense [in'tens] *adj*
intensiivinen; kiihkeä

intention [in'tenʃən] *n*
aikomus

intentional [in'tenʃənəl] *adj*
tahallinen

intercourse ['intəkɔːs] *n*
seurustelu,
kanssakäyminen; yhdyntä

interest ['intrəst] *v*
kiinnostaa; *n* mielenkiinto,
kiinnostus; etu; korko;
interested kiinnostunut

interesting ['intrəstiŋ] *adj*
mielenkiintoinen

interfere [ˌintə'fiə] *v* puuttua
asiaan; ~ with sekaantua

interference [ˌintə'fiərəns] *n*
väliintulo

interim ['intərim] *n* väliaika

interior [in'tiəriə] *n* sisusta

interlude ['intəluːd] *n*
väliaika

intermediary [ˌintə'miːdjəri]
n välittäjä

intermission [ˌintə'miʃən] *n*
väliaika (teatt)

internal [in'tɔːnəl] adj
sisäinen

international [,intə'næʃənəl]
adj kansainvälinen

Internet ['intənet] n Internet

interpret [in'tɔːprit] v tulkita

interpreter [in'tɔːpritə] n
tulkki

interrogate [in'terəgeit] v
kuulustella

interrogation
[in,terə'geiʃən] n
kuulustelu

interrogative [,intə'rɔgətiv]
adj kysyvä

interrupt [,intə'rʌpt] v
keskeyttää

interruption [,intə'rʌpʃən] n
keskeytys

intersection [,intə'sekʃən] n
risteys, leikkauspiste

interval ['intəvəl] n väli,
tauko; intervalli

intervene [,intə'viːn] v tulla
väliin

interview ['intəvjuː] n
haastattelu

intestine [in'testin] n suoli;
intestines suolisto

intimate ['intimət] adj
läheinen

into ['intu] prep johonkin

intolerable [in'tɔlərəbəl] adj
sietämätön

intoxicated [in'tɔksikeitid]
adj päihtynyt

intrigue [in'triːg] n vehkeily

introduce [,intrə'djuːs] v
esitellä

introduction [,intrə'dʌkʃən]

n esittely; johdanto

invade [in'veid] v valloittaa

invalid¹ ['invəliːd] n invalidi;
adj vammainen

invalid² [in'vælid] adj
pätemätön

invasion [in'veiʒən] n
maahanhyökkäys

invent [in'vent] v keksiä

invention [in'venʃən] n
keksintö

inventive [in'ventiv] adj
kekseliäs

inventor [in'ventə] n keksijä

inventory ['invəntri] n
inventaario

invert [in'vɔːt] v kääntää
ylösalaisin

invest [in'vest] v investoida,
sijoittaa

investigate [in'vestigeit] v
tutkia

investigation
[in,vesti'geiʃən] n tutkimus

investment [in'vestmənt] n
sijoitus

investor [in'vestə] n
sijoittaja

invisible [in'vizəbəl] adj
näkymätön

invitation [,invi'teiʃən] n
kutsu

invite [in'vait] v kutsua

invoice [in'vɔis] n lasku

involve [in'vɔlv] v sisältää,
kuulua

inwards ['inwədz] adv
sisäänpäin

iodine ['aiədiːn] n jodi

Iran [i'rɑːn] Iran

Iranian [i'reiniən] *adj*
iranilainen

Iraq [i'rɑːk] Irak

Iraqi [i'rɑːki] *adj* irakilainen

Ireland ['aiələnd] Irlanti

Irish ['aiəriʃ] *adj* irlantilainen

Irishman ['aiəriʃmən] *n* (pl -men) irlantilainen (miehestä)

iron ['aiən] *v* silittää; *n* rauta; silitysrauta; rautainen

ironical [ai'rɔnikəl] *adj* ivallinen

irony ['aiərəni] *n* iva

irregular [i'regjulə] *adj* epäsäännöllinen

irreparable [i'repərəbəl] *adj* mahdoton korjata

irrevocable [i'revəkəbəl] *adj* peruuttamaton

irritable ['iritəbəl] *adj* ärtyisä

irritate ['iriteit] *v* ärsyttää

is [iz] *v* (pr be)

island ['ailənd] *n* saari

isolate ['aisəleit] *v* eristää

isolation [,aisə'leiʃən] *n* eristyneisyys

Israel ['izreil] Israel

Israeli [iz'reili] *adj* israelilainen

issue ['iʃuː] *v* julkaista; *n* jakelu, painos;

it [it] *pron* se

Italian [i'tæljən] *adj* italialainen

Italy ['itəli] Italia

itch [itʃ] *v* syyhytä; *n* syyhy; kutina

item ['aitəm] *n* artikkeli; kohta

itinerary [ai'tinərəri] *n* matkasuunnitelma

its sen

itself [it'self] itse; by ~ itsestään

ivory ['aivəri] *n* norsunluu

ivy ['aivi] *n* muratti

J

jack [dʒæk] *n* metsuri; nostovipu

jacket ['dʒækit] *n* pikkutakki

jade [dʒeid] *n* jadekivi

jail [dʒeil] *n* vankila

jam [dʒæm] *n* hillo; ruuhka

janitor ['dʒænitə] *n* talonmies

January ['dʒænjuəri] tammikuu

Japan [dʒə'pæn] Japani

Japanese [,dʒæpə'niːz] *adj* japanilainen

jar [dʒɑː] *n* purkki

jaundice ['dʒɔːndis] *n* keltatauti

jaw [dʒɔː] *n* leuat

jealous ['dʒeləs] *adj* mustasukkainen

jealousy ['dʒeləsi] *n* mustasukkaisuus

jeans [dʒiːnz] *n* farkut *pl*

jelly ['dʒeli] *n* hyytelö

jellyfish ['dʒelifiʃ]

meduusa
jersey ['dʒə:zi] n villapaita
jet [dʒet] n suihkukone
jet lag ['jet‿læg] n
 aikaerorasitus
jetty ['dʒeti] n aallonmurtaja
Jew [dʒu:] n juutalainen
jewel ['dʒu:əl] n koru
jeweller ['dʒu:ələ] n
 kultasepänliike
jewellery ['dʒu:əlri] n korut
 pl
Jewish ['dʒu:iʃ] adj
 juutalainen
job [dʒɔb] n työ; työpaikka,
 toimi
jobless ['dʒɔbles] adj työtön
jockey ['dʒɔki] n
 kilparatsastaja
join [dʒɔin] v liittää yhteen;
 yhtyä, liittyä; yhdistää
joint [dʒɔint] n liitos; adj
 yhteinen, yhdistetty
jointly ['dʒɔintli] adv
 yhdessä
joke [dʒɔuk] n vitsi, pila
jolly ['dʒɔli] adj iloinen
Jordan ['dʒɔ:dən] Jordania
Jordanian ['dʒɔ:'deiniən] adj
 jordanialainen
journal ['dʒə:nəl] n
 aikakauslehti;
 aikakausjulkaisu
journalism ['dʒə:nəlizəm] n
 lehtiala, journalismi
journalist ['dʒə:nəlist] n
 lehtimies
journey ['dʒə:ni] n matka
joy [dʒɔi] n ilo

joyful ['dʒɔifəl] adj iloinen,
 riemukas
jubilee ['dʒu:bili:] n
 riemujuhla
judge [dʒʌdʒ] v tuomita;
 arvostella; n tuomari
judgment ['dʒʌdʒmənt] n
 tuomio; arvostelukyky
jug [dʒʌg] n kannu
Jugoslav [,ju:gə'sla:v] adj
 jugoslavialainen; n
 jugoslaavi
Jugoslavia [,ju:gə'sla:viə]
 Jugoslavia
juice [dʒu:s] n mehu
juicy ['dʒu:si] adj mehukas
July [dʒu'lai] heinäkuu
jump [dʒʌmp] v hypätä; n
 hyppy
jumper ['dʒʌmpə] n
 neulepusero
junction ['dʒʌŋkʃən] n
 risteys
June [dʒu:n] kesäkuu
jungle ['dʒʌŋgəl] n viidakko
junior ['dʒu:njə] adj
 nuorempi
junk [dʒʌŋk] n romu
jury ['dʒuəri] n tuomaristo
just [dʒʌst] adj
 oikeudenmukainen,
 oikeutettu; oikea; adv juuri;
 aivan
justice ['dʒʌstis] n oikeus;
 oikeudenmukaisuus
justify ['dʒʌstifai] v
 oikeuttaa
juvenile ['dʒu:vənail] adj
 nuori ihminen

K

kangaroo [,kæŋgə'ru:] *n* kenguru

keel [ki:l] *n* köli

keen [ki:n] *adj* innokas; terävä

*keep [ki:p] *v* pitää; säilyttää; pitää yllä; ~ away from pysyä poissa; ~ off olla kajoamatta; ~ on olla jatkaa; ~ quiet vaieta; ~ up ylläpitää; ~ up with pysyä tasalla

kennel ['kenəl] *n* koirankoppi; koiratarha

Kenya ['kenjə] Kenia

kerosene ['kerəsi:n] *n* paloöljy, kerosiini

kettle ['ketəl] *n* vesipannu

key [ki:] *n* avain

keyhole ['ki:houl] *n* avaimenreikä

khaki ['ka:ki] *n* khaki(kangas)

kick [kik] *v* potkaista, potkia; *n* potku

kickoff [,ki'kɔf] *n* aloitus, alku

kid [kid] *v* vitsailla, pelleillä; *n* lapsi; kili

kidney ['kidni] *n* munuainen

kill [kil] *v* tappaa, surmata

kilogram ['kiləgræm] *n* kilo

kilometre ['kilə,mi:tə] *n* kilometri

kind [kaind] *adj* kiltti, ystävällinen; hyväntahtoinen; *n* laji

kindergarten ['kində,ga:tən] *n* lastentarha

king [kiŋ] *n* kuningas

kingdom ['kiŋdəm] *n* kuningaskunta; valtakunta

kiosk ['ki:ɔsk] *n* kioski

kiss [kis] *v* suudella; *n* suudelma

kit [kit] *n* varusteet *pl*

kitchen ['kitʃin] *n* keittiö; ~ garden kasvitarha; ~ towel keittiöpyyhe

knapsack ['næpsæk] *n* selkäreppu

knave [neiv] *n* sotamies

knee [ni:] *n* polvi

kneecap ['ni:kæp] *n* polvilumpio

*kneel [ni:l] *v* polvistua

knew [nju:] *v* (p know)

knife [naif] *n* (pl knives) veitsi

knight [nait] *n* ritari

*knit [nit] *v* neuloa

knob [nɔb] *n* nuppi

knock [nɔk] *v* kolkuttaa; *n* kolkutus; ~ against törmätä; ~ down iskeä maahan

knot [nɔt] *n* solmu; *v* solmia

*know [nou] *v* tietää; osata, tuntea

knowledge ['nɔlidʒ] *n* tieto

knuckle ['nʌkəl] *n* rystynen

L

label ['leibəl] n nimilippu; v
varustaa nimilipulla
laboratory [ləˈbɒrətəri] n
laboratorio
labour ['leibə] n työ;
synnytyskivut; v raataa, v
ahertaa; labor permit Am
työlupa
labourer ['leibərə] n
työläinen
labour-saving ['leibə,seiviŋ]
adj työtäsäästävä
labyrinth ['læbərinθ] n
sokkelo
lace [leis] n pitsi;
kengännauha
lack [læk] n puute; v olla jtk
vailla, puuttua
lacquer ['lækə] n lakka
lactose ['læktous] n
laktoosi;~ intolerant
laktoosi-intolerantti
lad [læd] n poika,
nuorukainen
ladder ['lædə] n tikkaat pl
lady ['leidi] n (hieno)
nainen; ladies' room
naisten WC, naistenhuone
lagoon [ləˈguːn] n laguuni
lake [leik] n järvi
lamb [læm] n karitsa;
lampaanliha
lame [leim] adj rampa,
ontuva
lamentable ['læməntəbəl]
adj valitettava

lamp [læmp] n lamppu
lamppost ['læmppoust] n
lyhtypylväs
lampshade ['læmpʃeid] v
laskeutua, laskea maihin;
nousta maihin; n
lampunvarjostin
land [lænd] n maa
landlady ['lænd,leidi] n
vuokraemäntä
landlord ['lændlɔːd] n
vuokraisäntä
landmark ['lændmaːk] n
maamerkki
landscape ['lændskeip] n
maisema
lane [lein] n kuja; ajokaista
language ['læŋgwidʒ] n
kieli; ~ laboratory
kielistudio
lantern ['læntən] n lyhty
lap ['læp] n syli body; kierros
round; v latkia
lapel [ləˈpel] n rintapieli,
kauluskäänne
laptop ['læp,tɒp] n sylimikro
larder ['lɑːdə] n ruokakaappi
large [lɑːdʒ] adj suuri; tilava
lark [lɑːk] n leivonen
laryngitis [ˌlærinˈdʒaitis] n
kurkunpäätulehdus
last [lɑːst] adj viimeinen;
viime; v kestää; at ~
vihdoin, lopulta; at long ~
vihdoin viimein
lasting ['lɑːstiŋ] adj kestävä

latchkey ['lætʃkiː] n oven salvan avain

late [leit] adj myöhäinen; myöhässä

lately ['leitli] adv viime aikoina

lather ['lɑːðə] n vaahto

Latin America ['lætin ə'merikə] Latinalainen Amerikka

Latin-American [,lætinə'merikən] adj latinalaisamerikkalainen

latitude ['lætitjuːd] n leveysaste

laugh [lɑːf] v nauraa; n nauru

laughter ['lɑːftə] n nauru

launch [lɔːntʃ] v panna alulle; laskea vesille; tuoda markkinoille; n moottorijahti

launching ['lɔːntʃiŋ] n vesillelasku; lanseeraus

launderette [,lɔːndə'ret] n itsepalvelupesula

laundry ['lɔːndri] n pesula; pyykki

lavatory ['lævətəri] n WC

lavish ['læviʃ] adj tuhlaavainen

law [lɔː] n laki; lakitiede; ~ court tuomioistuin

lawful ['lɔːfəl] adj laillinen

lawn [lɔːn] n nurmikko

lawsuit ['lɔːsuːt] n oikeudenkäynti, oikeusjuttu

lawyer ['lɔːjə] n asianajaja, juristi

laxative ['læksətiv] n ulostuslääke

*lay [lei] v asettaa, laittaa; ~ bricks muurata

layer [leiə] n kerros

layman ['leimən] n maallikko

lazy ['leizi] adj laiska

*lead [liːd] v johtaa

lead¹ [liːd] n etumatka; johto; talutushihna

lead² [led] n lyijy

leader ['liːdə] n johtaja

leadership ['liːdəʃip] n johtajuus

leading ['liːdiŋ] adj johtava

leaf [liːf] n (pl leaves) lehti

league [liːg] n liiga, sarja; liitto

leak [liːk] v vuotaa; n vuoto

leaky ['liːki] adj vuotava

lean [liːn] adj hoikka

*lean [liːn] v nojautua

leap [liːp] n hyppy

*leap [liːp] v loikata

leap year ['liːpjiə] n karkausvuosi

*learn [lɜːn] v oppia

learner ['lɜːnə] n aloittelija, oppilas

lease [liːs] v antaa vuokralle; vuokrata; n vuokrasopimus

leash [liːʃ] n talutusnuora

least [liːst] adj vähin, vähäisin; pienin; at ~ ainakin, vähintään

leather ['leðə] n nahka; nahkainen

leave [liːv] n loma

*leave [liːv] v jättää; ~ alone antaa olla; ~ behind jättää;

~ out jättää pois

Lebanese [,lebə'ni:z] adj libanonilainen

Lebanon ['lebənən] Libanon

lecture ['lektʃə] n luento

left¹ [left] adj vasen; jäljellä

left² [left] v (p, pp leave)

left-hand ['lefthænd] adj vasen, vasemmanpuoleinen

left-handed [,left'hændid] adj vasenkätinen

leg [leg] n sääri, jalka

legacy ['legəsi] n testamenttilahjoitus

legal ['li:gəl] adj laillinen, lainmukainen

legalization [,li:gəlai'zeiʃən] n laillistaminen

legation [li'geiʃən] n lähetystö

legible ['ledʒibəl] adj luettavissa oleva

legitimate [li'dʒitimət] adj laillinen

leisure ['leʒə] n vapaa-aika

lemon ['lemən] n sitruuna

lemonade [,lemə'neid] n limonadi

*lend [lend] v lainata, antaa lainaksi

length [leŋθ] n pituus

lengthen ['leŋθən] v pidentää

lengthways ['leŋθweiz] adv pitkittäin

lens [lenz] n linssi; telephoto ~ teleobjektiivi; zoom ~ zoomobjektiivi

leprosy ['leprəsi] n spitaalitauti

less [les] adv vähemmän

lessen ['lesən] v vähentää

lesson ['lesən] n oppitunti

*let [let] v sallia; vuokrata, antaa vuokralle; ~ down pettää

letter ['letə] n kirje; kirjain; ~ of credit luottokirje; ~ of recommendation suosituskirje

letterbox ['letəbɔks] n kirjelaatikko

lettuce ['letis] n lehtisalaatti

level ['levəl] adj tasainen, vaakasuora; n taso; vaakituskoje; v tasoittaa, yhdenmukaistaa; ~ crossing tasoylikäytävä

lever ['li:və] n vipu

liability [,laiə'biləti] n vastuu, vastuunalaisuus

liable ['laiəbəl] adj vastuullinen; ~ to altis jllk, velvollinen

liar ['laiə] n valehtelija

liberal ['libərəl] adj vapaamielinen; avokätinen

liberation [,libə'reiʃən] n vapautus

Liberia [lai'biəriə] Liberia

Liberian [lai'biəriən] adj liberialainen

liberty ['libəti] n vapaus

library ['laibrəri] n kirjasto

licence ['laisəns] v myöntää lupa; n lisenssi; lupa; driving ~ nAm ajokortti; ~ number Am rekisterinumero; ~ plate Am rekisterikilpi

license ['laisəns] *v* myöntää lupa

lick [lik] *v* nuolla

lid [lid] *n* kansi

lie [lai] *v* valehdella; *n* valhe

***lie** [lai] *v* maata; ~ down käydä makuulle

life [laif] *n* (pl lives) elämä; ~ insurance henkivakuutus; ~ jacket pelastusliivit; ~ support elämää ylläpitävä

lifebelt ['laifbelt] *n* pelastusrengas

lifetime ['laiftaim] *n* elinaika

lift [lift] *v* nostaa, kohottaa; *n* hissi

light [lait] *n* valo; *adj* kevyt; vaalea; ~ bulb hehkulamppu

***light** [lait] *v* sytyttää

lighter ['laitə] *n* sytytin

lighthouse ['laithaus] *n* majakka

lighting ['laitiŋ] *n* valaistus

lightning ['laitniŋ] *n* salama

like [laik] *v* pitää jstk; *adj* kaltainen (jkn); *conj* kuten; *prep* niin kuin

likely ['laikli] *adj* todennäköinen

like-minded [,laik'maindid] *adj* samanmielinen

likewise ['laikwaiz] *adv* samoin

lily ['lili] *n* lilja

limb [lim] *n* raaja

lime [laim] *n* kalkki; lehmus; limetti

limetree ['laimtri:] *n* niinipuu

limit ['limit] *n* raja; *v* rajoittaa

limp [limp] *v* ontua; *adj* veltto

line [lain] *n* rivi; viiva; naru; linja; stand in ~ *Am* jonottaa

linen ['linin] *n* pellava; liinavaatteet *pl*

liner ['lainə] *n* vuorolaiva

lingerie ['lɔ̃-ʒəri:] *n* (naisten) alusvaatteet

lining ['lainiŋ] *n* vuori

link [liŋk] *v* liittää yhteen; *n* rengas, lenkki, linkki (tietokone); silmukka

lion ['laiən] *n* leijona

lip [lip] *n* huuli

liposuction ['lipou,sʌkʃən] *n* rasvaimu

lipstick ['lipstik] *n* huulipuna

liqueur [li'kjuə] *n* likööri

liquid ['likwid] *adj* nestemäinen; *n* neste

liquor ['likə] *n* viina

liquorice ['likəris] *n* lakritsi

list [list] *n* luettelo; *v* kirjata

listen ['lisən] *v* kuunnella, noudattaa neuvoa

listener ['lisnə] *n* kuuntelija

literary ['litrəri] *adj* kirjallinen

literature ['litrətʃə] *n* kirjallisuus

litre ['li:tə] *n* litra

litter ['litə] *n* roska

little ['litəl] *adj* pieni; vähän

live¹ [liv] *v* elää; asua

live² [laiv] *adj* elävä

livelihood ['laivlihud] n
toimeentulo

lively ['laivli] adj eloisa

liver ['livə] n maksa

living ['liviŋ] n toimeentulo;
adj elävä; ~ room olohuone

lizard ['lizəd] n lisko

load [loud] n kuorma; v
lastata

loaf [louf] n (pl loaves)
limppu, leipä

loan [loun] n laina

lobby ['lɔbi] n aula

lobster ['lɔbstə] n hummeri

local ['loukəl] adj
paikallinen, paikallis-; ~
call paikallispuhelu; ~ train
paikallisjuna

locality [lou'kæləti] n
paikkakunta

locate [lou'keit] v paikantaa

location [lou'keiʃən] n
sijainti

lock [lɔk] v lukita; n lukko; ~
up lukita sisään

locker ['lɔkə] n lokero

locomotive [,loukə'moutiv]
n veturi

lodge [lɔdʒ] v majoittaa; n
mökki, maja

lodger ['lɔdʒə] n
vuokralainen

lodgings ['lɔdʒiŋz] pl
vuokrahuone

log [lɔg] n (tree) tukki;
(record) luettelo; ~ in v
kytkeytyä (atk); ~ off v
lopettaa (atk)

logic ['lɔdʒik] n logiikka

logical ['lɔdʒikəl] adj
johdonmukainen

lonely ['lounli] adj
yksinäinen

long [lɔŋ] adj pitkä; ~ for
ikävöidä; no longer ei enää

longing ['lɔŋiŋ] n kaipaus

longitude ['lɔndʒitjuːd] n
pituusaste

look [luk] v katsoa; näyttää,
näyttää jltk; n silmäys,
katse; ulkonäkö; ~ after
valvoa, huolehtia jstk,
hoitaa; ~ at katsella, katsoa;
~ for etsiä; ~ out olla
varuillaan; ~ up hakea
(sanakirjasta)

looking-glass ['lukiŋglɑːs]
n peili

loop [luːp] n silmukka

loose [luːs] adj irtonainen

loosen ['luːsən] v irrottaa

lord [lɔːd] n lordi

lorry ['lɔri] n kuorma-auto

*lose [luːz] v kadottaa,
menettää

loser ['luːsə] n häviäjä

loss [lɔs] n menetys, tappio

lost [lɔst] adj eksynyt;
kadonnut; ~ and found
löytötavarat pl; ~ property
office löytötavaratoimisto

lot [lɔt] n kohtalo, arpa, osa;
suuri määrä, joukko

lotion ['louʃən] n kasvovesi;
aftershave ~ partavesi

lottery ['lɔtəri] n arpajaiset
pl

loud [laud] adj äänekäs

loudspeaker [,laud'spiːkə] n
kaiutin

lounge [laundʒ] n
odotushalli

louse [laus] n (pl lice) täi

love [lʌv] v rakastaa; n
rakkaus; in ~ rakastunut

lovely ['lʌvli] adj viehättävä,
suloinen, ihana

lover ['lʌvə] n rakastaja

love story ['lʌv,stɔːri] n
rakkaustarina

low [lou] adj matala;
alakuloinen; ~ tide
laskuvesi

lower ['louə] v alentaa;
laskea; adj alempi, ala-

lowlands ['louləndz] pl
alamaa

loyal ['lɔiəl] adj uskollinen

lubricate ['luːbrikeit] v
voidella

lubrication [,luːbri'keiʃən] n
voitelu; ~ oil voiteluöljy; ~
system voitelujärjestelmä

luck [lʌk] n menestys, onni;
sattuma; bad ~ huono onni;
good ~! onnea (yritykseen)

lucky ['lʌki] adj onnekas; ~
charm amuletti

ludicrous ['luːdikrəs] adj
naurettava, mieletön

luggage ['lʌgidʒ] n

matkatavarat pl; hand ~
käsimatkatavara; left ~
office matkatavarasäilö; ~
rack matkatavarahylly; ~
van tavaravaunu

lukewarm ['luːkwɔːm] adj
haalea

lumbago [lʌm'beigou] n
noidannuoli

luminous ['luːminəs] adj
valoisa

lump [lʌmp] n pala,
möhkäle; kuhmu; ~ of
sugar sokeripala; ~ sum
kokonaissumma

lumpy ['lʌmpi] adj
kokkareinen

lunacy ['luːnəsi] n
mielenvikaisuus

lunatic ['luːnətik] adj
mielisairas; n
mielenvikainen

lunch [lʌntʃ] n aamiainen,
lounas

luncheon ['lʌntʃən] n lounas

lung [lʌŋ] n keuhko

lust [lʌst] n aistillisuus, himo

luxurious [lʌg'ʒuəriəs] adj
ylellinen

luxury ['lʌkʃəri] n ylellisyys

M

machine [mə'ʃiːn] n kone

machinery [mə'ʃiːnəri] n
koneisto

mackerel ['mækrəl] n (pl ~)
makrilli

mackintosh ['mækintɔʃ] n
sadetakki

mad [mæd] adj hullu,
mieletön; raivostunut

madam ['mædəm] n rouva

madness ['mædnəs] *n*
hulluus

magazine [,mægə'zi:n] *n*
aikakauslehti

magic ['mædʒik] *n* taika,
noituus; *adj* maaginen

magician [mə'dʒiʃən] *n*
taikuri

magistrate ['mædʒistreit] *n*
rauhantuomari

magnetic [mæg'netik] *adj*
magneettinen

magneto [mæg'ni:tou] *n* (pl
~s) magneetti

magnificent [mæg'nifisənt]
adj upea, suurenmoinen

magnify ['mægnifai] *v*
suurentaa

magpie ['mægpai] *n* harakka

maid [meid] *n* kotiapulainen

maiden name ['meidən
neim] *n* tyttönimi

mail [meil] *n* posti; *v*
postittaa; ~ order *Am*
postiosoitus

mailbox ['meilbɔks] *nAm*
postilaatikko

main [mein] *adj* pää-,
pääasiallinen; suurin; ~
deck pääkansi; ~ line
päärata; ~ road päätie; ~
street pääkatu

mainland ['meinlənd] *n*
mantere

mainly ['meinli] *adv*
pääasiallisesti

mains [meinz] *pl* pääjohto

maintain [mein'tein] *v*
ylläpitää

maintenance ['meintənəns]

n ylläpito

maize [meiz] *n* maissi

major ['meidʒə] *adj* suuri;
suurempi; *n* majuri

majority [mə'dʒɔrəti] *n*
enemmistö

*make [meik] *v* tehdä;
ansaita; ehtiä; ~ do with
tulla toimeen; ~ good
hyvittää; ~ up laatia

make-up ['meikʌp] *n*
ehostus

malaria [mə'leəriə] *n* malaria

Malay [mə'lei] *n*
malesialainen

Malaysia [mə'leiziə] Malesia

Malaysian [mə'leiziən] *adj*
malesialainen

male [meil] *adj* miespuolinen

malicious [mə'liʃəs] *adj*
pahansuopa

malignant [mə'lignənt] *adj*
pahanlaatuinen

mall [mɔ:l] *nAm* ostoskeskus

mallet ['mælit] *n* puunuija

malnutrition
[,mælnju'triʃən] *n*
aliravitsemus

mammal ['mæməl] *n* nisäkäs

mammoth ['mæməθ] *n*
mammutti

man [mæn] *n* (pl men) mies;
ihminen; men's room
miestenhuone

manage ['mænidʒ] *v*
onnistua; johtaa; selviytyä

manageable ['mænidʒəbəl]
adj helppohoitoinen

management
['mænidʒmənt] *n* johto

manager ['mænidʒə] n
johtaja

mandarin ['mændərin] n
mandariini

mandate ['mændeit] n
valtuus

manger ['meindʒə] n seimi

manicure ['mænikjuə] n
käsienhoito; v hoitaa käsiä

mankind [mæn'kaind] n
ihmiskunta

mannequin ['mænəkin] n
mallinukke

manner ['mænə] n tapa;
manners pl käytös

man-of-war [,mænəv'wɔː] n
sotalaiva

manor house ['mænəhaus]
n kartano

mansion ['mænʃən] n
kartano, palatsi

manual ['mænjuəl] adj käsi-

manufacture
[,mænju'fæktʃə] v
valmistaa

manufacturer
[,mænju'fæktʃərə] n
valmistaja

manure [mə'njuə] n lanta

manuscript ['mænjuskript]
n käsikirjoitus

many ['meni] adj monet

map [mæp] n kartta

maple ['meipəl] n vaahtera

marble ['maːbəl] n marmori;
pelikuula

March [maːtʃ] maaliskuu

march [maːtʃ] v marssia; n
marssi

mare [mɛə] n tamma

margarine [,maːdʒə'riːn] n
margariini

margin ['maːdʒin] n
marginaali, reunus

maritime ['mæritaim] adj
meri-

mark [maːk] v leimata;
merkitä; olla jkn merkkinä;
n merkki; arvosana;
maalitaulu

market ['maːkit] n tori

marketplace ['maːkitpleis] n
tori

marmalade ['maːməleid] n
marmeladi

marriage ['mæridʒ] n
avioliitto

marrow ['mærou] n luuydin

marry ['mæri] v mennä
naimisiin; married couple
aviopari

marsh [maːʃ] n räme

martyr ['maːtə] n marttyyri

marvel ['maːvəl] n ihme; v
ihmetellä

marvellous ['maːvələs] adj
ihmeellinen

mascara [mæ'skaːrə] n
ripsiväri

masculine ['mæskjulin] adj
miehekäs

mash [mæʃ] v muhentaa,
soseuttaa; mashed
potatoes npl perunamuusi

mask [maːsk] n naamio

Mass [mæs] n messu

mass [mæs] n paljous;
massa; ~ media pl
tiedotusvälineet pl; ~
production massatuotanto

massage ['mæsɑːʒ] v
hieroa; n hieronta

masseur [mæ'səː] n hieroja

massive ['mæsiv] adj jykevä

mast [mɑːst] n masto

master ['mɑːstə] n mestari;
isäntä; opettaja; v hallita

masterpiece ['mɑːstəpiːs] n
mestariteos

mat [mæt] n ovimatto; adj
himmeä, kiilloton

match [mætʃ] v sopia
yhteen; vetää vertoja; n
tulitikku

matchbox ['mætʃbɒks] n
tulitikkulaatikko

material [mə'tiəriəl] n aine;
kangas; adj aineellinen

mathematical
[,mæθə'mætikəl] adj
matemaattinen

mathematics
[,mæθə'mætiks] n
matematiikka

matrimony ['mætriməni] n
avioliitto

matter ['mætə] v olla
tärkeää; n aine, aihe;
kysymys, asia; as a ~ of
fact itse asiassa

matter-of-fact
[,mætərəv'fækt] adj
asiallinen

mattress ['mætrəs] n patja

mature [mə'tjuə] adj kypsä

maturity [mə'tjuərəti] n
kypsyys

mausoleum [,mɔːsə'liːəm] n
mausoleumi

mauve [mouv] adj
malvanvärinen

May [mei] n toukokuu

*may [mei] v saattaa; saada

maybe ['meibi] adv kenties

mayor [mɛə] n pormestari

maze [meiz] n sokkelo

me [miː] pron minut, minulle

meadow ['medou] n niitty

meal [miːl] n ateria

mean [miːn] adj
halpamainen; n keskiverto

*mean [miːn] v merkitä;
tarkoittaa; aikoa

meaning ['miːniŋ] n
merkitys

meaningless ['miːniŋləs]
adj merkityksetön

means [miːnz] n keino; by
no ~ ei suinkaan

in the meantime [in ðə
'miːntaim] sillä välin

meanwhile ['miːnwail] adv
sillä välin

measles ['miːzəlz] n
tuhkarokko

measure ['meʒə] v mitata; n
mitta; toimenpide

meat [miːt] n liha

mechanic [mi'kænik] n
mekaanikko, asentaja

mechanical [mi'kænikəl] adj
mekaaninen

mechanism ['mekənizəm] n
koneisto

medal ['medəl] n mitali

media ['miːdiə] pl
tiedotusvälineet

mediaeval [,medi'iːvəl] adj
keskiaikainen

mediate ['miːdieit] v välittää

mediator ['mi:dieitə] n
välittäjä

medical ['medikəl] adj
lääketieteellinen, lääkärin-

medicine ['medsin] n lääke;
lääketiede

meditate ['mediteit] v
mietiskellä

Mediterranean
[,meditə'reiniən] Välimeri

medium ['mi:diəm] adj
keskimääräinen, keski-

*meet [mi:t] v kohdata;
tavata

meeting ['mi:tiŋ] n kokous;
tapaaminen

meeting place ['mi:tiŋpleis]
n kohtaamispaikka

melancholy ['melənkəli] n
surumielisyys

mellow ['melou] adj
täyteläinen, kypsä

melodrama ['melə,drɑ:mə]
n melodraama

melody ['melədi] n sävel

melon ['melən] n meloni

melt [melt] v sulaa

member ['membə] n jäsen;
Member of Parliament
kansanedustaja

membership ['membəʃip] n
jäsenyys

memo ['memou] n (pl ~s)
muistio

memorable ['memərəbəl]
adj ikimuistettava

memorial [mə'mɔ:riəl] n
muistomerkki

memorize ['meməraiz] v
oppia ulkoa

memory ['meməri] n muisti;
muistikuva

mend [mend] v korjata

menstruation
[,menstru'eiʃən] n
kuukautiset pl

mental ['mentəl] adj
henkinen

mention ['menʃən] v
mainita; n maininta

menu ['menju:] n ruokalista

merchandise ['mə:tʃəndaiz]
n kauppatavara

merchant ['mə:tʃənt] n
kauppias

merciful ['mə:sifəl] adj
armelias

mercury ['mə:kjuri] n
elohopea

mercy ['mə:si] n armo,
armeliaisuus

mere [miə] adj pelkkä

merely ['miəli] adv
pelkästään

merge [mə:dʒ] v yhdistyä

merger ['mə:dʒə] n
(yritysten) fuusio,
yhteensulautuminen

merit ['merit] v ansaita; n
ansio

merry ['meri] adj iloinen,
hilpeä

merry-go-round
['merigou,raund] n
karuselli

mesh [meʃ] n verkosto,
verkko

mess [mes] n sekasotku,
siivottomuus; ~ up sotkea

message ['mesidʒ] n viesti,

sanoma

message board ['mesədʒ͟‚bɔːd] *n*
ilmoitustaulu

messenger ['mesindʒə] *n*
sanansaattaja

metal ['metəl] *n* metalli;
metallinen

meter ['miːtə] *n* mittari

method ['meθəd] *n*
menetelmä, menettelytapa

methodical [mə'θɔdikəl] *adj*
järjestelmällinen

metre ['miːtə] *n* metri

metric ['metrik] *adj*
metrinen

Mexican ['meksikən] *adj*
meksikolainen

Mexico ['meksikou] Meksiko

microphone ['maikrəfoun] *n*
mikrofoni

midday ['middei] *n*
keskipäivä

middle ['midəl] *n*
keskikohta; *adj*
keskimmäinen; **Middle
Ages** keskiaika; ~ **class**
keskiluokka; **middleclass**
adj porvarillinen

midnight ['midnait] *n*
keskiyö

midst [midst] *n* keskusta

midsummer ['mid‚sʌmə] *n*
keskikesä

midwife ['midwaif] *n* (pl
-wives) kätilö

might [mait] *n* valta

*****might** [mait] *v* saattaisi

mighty ['maiti] *adj* mahtava

migraine ['migrein] *n*

migreeni

mild [maild] *adj* mieto; leuto

mildew ['mildju] *n* home

mile [mail] *n* maili

mileage ['mailidʒ] *n*
mailimäärä

milepost ['mailpoust] *n*
tienviitta

milestone ['mailstoun] *n*
kilometripylväs

milieu ['miːljəː] *n*
elinympäristö

military ['militəri] *adj* sotilas;
~ **force** sotavoimat *pl*

milk [milk] *n* maito

milkman ['milkmən] *n* (pl
-men) maitokauppias

milkshake ['milkʃeik] *n*
pirtelö

milky ['milki] *adj*
maitomainen

mill [mil] *n* mylly; tehdas

miller ['milə] *n* mylläri

million ['miljən] *n* miljoona

millionaire [‚miljə'neə] *n*
miljonääri

mince [mins] *v* hakata
hienoksi

mind [maind] *v* olla jtk
vastaan; huolehtia jstk;
varoa; *n* mieli

mine [main] *n* kaivos

miner ['mainə] *n* kaivosmies

mineral ['minərəl] *n*
kivennäinen; ~ **water**
kivennäisvesi

mingle ['mingl] *v* (*mix*)
sekoittaa; (*people*)
seurustella

miniature ['minjətʃə] *n*

pienoiskuva

minimum ['minimam] n
minimi

mining ['mainiŋ] n kaivostyö

minister ['ministə] n
ministeri; pappi; Prime
Minister pääministeri

ministry ['ministri] n
ministeriö

mink [miŋk] n minkki

minor ['mainə] adj vähäinen,
pieni; vähäpätöinen; n
alaikäinen

minority [mai'nɔrəti] n
vähemmistö

mint [mint] n minttu

minus ['mainəs] prep miinus

minute¹ ['minit] n minuutti;
minutes pöytäkirja

minute² [mai'nju:t] adj
pikkuruinen

miracle ['mirəkəl] n ihme

miraculous [mi'rækjuləs]
adj ihmeellinen

mirror ['mirə] n peili

misbehave [,misbi'heiv] v
käyttäytyä huonosti

miscarriage [mis'kæridʒ] n
keskenmeno

miscellaneous
[,misə'leiniəs] adj
sekalainen

mischief ['mistʃif] n kujeilu,
ilkivalta

mischievous ['mistʃivəs]
adj vallaton

miserable ['mizərəbəl] adj
kurja, onneton

misery ['mizəri] n kurjuus,
surkeus

misfortune [mis'fɔ:tʃen] n
epäonni, huono onni

mishap ['mishæp] n
onnettomuus

*mislay [mis'lei] v hukata

misplaced [mis'pleist] adj
sopimaton

mispronounce
[,misprə'nauns] v ääntää
väärin

miss¹ [mis] neiti

miss² [mis] v kaivata

missing ['misiŋ] adj
puuttuva; ~ person
kadonnut henkilö

mist [mist] n sumu, usva

mistake [mi'steik] n
väärinkäsitys, erehdys,
virhe

*mistake [mi'steik] v erehtyä

mistaken [mi'steikən] adj
erheellinen; *be ~ erehtyä

mister ['mistə] n herra

mistress ['mistrəs] n
emäntä; rakastajatar

mistrust [mis'trʌst] v epäillä

misty ['misti] adj usvainen

*misunderstand
[,misʌndə'stænd] v käsittää
väärin

misunderstanding
[,misʌndə'stændiŋ] n
väärinkäsitys

misuse [mis'ju:s] n
väärinkäyttö

mittens ['mitənz] pl lapaset
pl

mix [miks] v sekoittaa; ~ with
seurustella

mixed [mikst] adj kirjava,

sekoitettu

mixer ['miksə] n vatkain

mixture ['mikstʃə] n seos

moan [moun] v vaikertaa

moat [mout] n vallihauta

mobile ['moubail] adj
siirrettävä, liikkuva; n
kännykkä; ~ phone
matkapuhelin

mock [mɔk] v pilkata

mockery ['mɔkəri] n pilkka

model ['mɔdəl] v muovailla;
n malli

modem ['moudem] n
modeemi

moderate ['mɔdərət] adj
maltillinen, kohtuullinen

modern ['mɔdən] adj
nykyaikainen

modest ['mɔdist] adj
vaatimaton

modesty ['mɔdisti] n
vaatimattomuus

modify ['mɔdifai] v muuttaa

mohair ['mouhɛə] n mohair

moist [mɔist] adj kostea,
märkä

moisten ['mɔisən] v
kostuttaa

moisture ['mɔistʃə] n
kosteus; moisturizing
cream kosteusvoide

molar ['moulə] n
poskihammas

moment ['moumənt] n hetki,
tuokio

momentary ['mouməntəri]
adj hetkellinen

monarch ['mɔnək] n
hallitsija

monarchy ['mɔnəki] n
monarkia

monastery ['mɔnəstri] n
munkkiluostari

Monday ['mʌndi] maanantai

monetary ['mʌnitəri] adj
raha-; ~ unit rahayksikkö

money ['mʌni] n raha; ~
exchange rahanvaihto; ~
order maksuosoitus

monk [mʌŋk] n munkki

monkey ['mʌŋki] n apina

monologue ['mɔnɔlɔg] n
yksinpuhelu

monopoly [mə'nɔpəli] n
yksinoikeus

monotonous [mə'nɔtənəs]
adj yksitoikkoinen

month [mʌnθ] n kuukausi

monthly ['mʌnθli] adj
kuukausittainen; ~
magazine kuukausijulkaisu

monument ['mɔnjumənt] n
muistomerkki

mood [mu:d] n mieliala

moon [mu:n] n kuu

moonlight ['mu:nlait] n
kuutamo

moor [muə] n
(kanerva)nummi

moose [mu:s] n (pl ~, ~s)
hirvi

moped ['mouped] n mopedi

moral ['mɔrəl] n opetus; adj
moraalinen, siveellinen;
morals moraali

morality [mə'ræləti] n
siveysoppi

more [mɔ:] adj useampi;
once ~ kerran vielä

moreover [mɔː'rouvə] adv
lisäksi, sitäpaitsi

morning ['mɔːniŋ] n aamu,
aamupäivä; ~ paper
aamulehti; this ~ tänä
aamuna

Moroccan [mə'rɔkən] adj
marokkolainen

Morocco [mə'rɔkou] n
Marokko

morphia ['mɔːfiə] n morfiini

morphine ['mɔːfiːn] n
morfiini

morsel ['mɔːsəl] n muru

mortal ['mɔːtəl] adj
kuolettava; kuolevainen

mortgage ['mɔːgidʒ] n
kiinnelaina

mosaic [mə'zeiik] n
mosaiikki

mosque [mɔsk] n moskeija

mosquito [mə'skiːtou] n (pl
~es) sääski; hyttynen

mosquito net
[mə'skiːtounet] n
hyttysverkko

moss [mɔs] n sammal

most [moust] adj useimmat;
at ~ enintään, korkeintaan;
~ of all kaikkein eniten

mostly ['moustli] adv
enimmäkseen

motel [mou'tel] n motelli

moth [mɔθ] n koi

mother ['mʌðə] n äiti; ~
tongue äidinkieli

mother-in-law ['mʌðərinlɔː]
n (pl mothers-) anoppi

mother of pearl
[,mʌðərəv'pəːl] n

helmiäinen

motion ['mouʃən] n liike;
aloite

motivate ['moutiveit] v
motivoida

motive ['moutiv] n vaikutin

motor ['moutə] v ajaa
autolla; n moottori; ~ body
nAm autonkori; starter ~
käynnistysmoottori

motorbike ['moutəbaik] n
nAm moottoripyörä

motorboat ['moutəbout] n
moottorivene

motorcar ['moutəkaː] n auto

motorcycle ['moutə,saikəl]
n moottoripyörä

motoring ['moutəriŋ] n
autoilu

motorist ['moutərist] n
autoilija

motorway ['moutəwei] n
moottoritie

motto ['mɔtou] n (pl ~es, ~s)
tunnuslause

mouldy ['mouldi] adj
homeinen

mound [maund] n valli

mount [maunt] v kiivetä; n
vuori

mountain ['mauntin] n
vuori; ~ pass sola; ~ range
vuorijono

mountaineering
[,maunti'niəriŋ] n
vuoristokiipeily

mountainous ['mauntinəs]
adj vuorinen

mourning ['mɔːniŋ] n
suruaika

mouse [maus] *n* (pl mice)
hiiri

moustache [mə'staːʃ] *n*
viikset *pl*

mouth [mauθ] *n* suu; kita

mouthwash ['mauθwɔʃ] *n*
suuvesi

movable ['muːvəbəl] *adj*
liikkuva

move [muːv] *v* siirtää;
muuttaa; liikkua; liikuttaa;
n siirto, liike

movement ['muːvmənt] *n*
liike

movie ['muːvi] *n* elokuva;
movies *Am* elokuvat *pl*; ~
theater *Am* elokuvat *pl*

much [mʌtʃ] *adj* paljon; *adv*
paljon; as ~ yhtä paljon

muck [mʌk] *n* sonta, lanta;
moska

mud [mʌd] *n* lieju

muddle ['mʌdəl] *n*
sekamelska, sotku; *v*
sekoittaa

muddy ['mʌdi] *adj* liejuinen

muffler ['mʌflə] *nAm*
äänenvaimennin

mug [mʌg] *n* muki

mule [mjuːl] *n* muuli

multicultural
[,mʌlti'kʌltʃərəl] *adj*
monikulttuurinen

multiplex ['mʌlti,pleks] *n*
monisaliteatteri theater

multiplication
[,mʌltipli'keiʃən] *n*
kertolasku

multiply ['mʌltiplai] *v* kertoa

mumps [mʌmps] *n* sikotauti

municipal [mjuː'nisipəl] *adj*
kunnallinen

municipality
[mjuː,nisi'pæləti] *n* kunta;
kunnanhallitus

murder ['məːdə] *v* murhata;
n murha

murderer ['məːdərə] *n*
murhaaja

muscle ['mʌsəl] *n* lihas

muscular ['mʌskjulə] *adj*
lihas-, lihaksikas

museum [mjuː'ziːəm] *n*
museo

mushroom ['mʌʃruːm] *n*
sieni; herkkusieni

music ['mjuːzik] *n* musiikki;
~ academy
musiikkiakatemia

musical ['mjuːzikəl] *adj*
musikaalinen; *n*
musiikkinäytelmä

music hall ['mjuːzikhɔːl] *n*
varietee

musician [mjuː'ziʃən] *n*
muusikko

muslin ['mʌzlin] *n* musliini

mussel ['mʌsəl] *n* simpukka

*must [mʌst] *v* täytyä

mustard ['mʌstəd] *n* sinappi

mute [mjuːt] *adj* mykkä

mutiny ['mjuːtini] *n* kapina

mutton ['mʌtən] *n*
lampaanliha

mutual ['mjuːtʃuəl] *adj*
molemminpuolinen

my [mai] *adj* minun

myself [mai'self] *pron* itse

mysterious [mi'stiəriəs] *adj*
arvoituksellinen,

salaperäinen
mystery ['mistəri] n

arvoitus, mysteerio
myth [miθ] n myytti

N

nail [neil] n kynsi; naula
nailbrush ['neilbrʌʃ] n
kynsiharja
nail file ['neilfail] n
kynsiviila
nail polish ['neil,pɔliʃ] n
kynsilakka
nail scissors ['neil,sizəz] pl
kynsisakset pl
naïve [na:'i:v] adj naiivi
naked ['neikid] adj alaston
name [neim] v nimittää; n
nimi; in the ~ of nimissä
namely ['neimli] adv
nimittäin
nap [næp] n nokkaunet pl
napkin ['næpkin] n
lautasliina, servetti
nappy ['næpi] n vaippa
narcosis [na:'kousis] n (pl
-ses) nukutus
narcotic [na:'kɔtik] n
nukutusaine
narrow ['nærou] adj ahdas,
kapea, suppea
narrow-minded
[,nærou'maindid] adj
ahdasmielinen
nasty ['na:sti] adj
epämiellyttävä, paha
nation ['neiʃən] n
kansakunta; kansa
national ['næʃənəl] adj
kansallinen; kansan-;

valtiollinen; ~ anthem
kansallislaulu; ~ dress
kansallispuku; ~ park
kansallispuisto
nationality [,næʃə'næləti] n
kansallisuus
nationalize ['næʃənəlaiz] v
kansallistaa
native ['neitiv] n alkuasukas;
adj syntyperäinen; ~
country synnyinmaa,
isänmaa; ~ language
äidinkieli
natural ['nætʃərəl] adj
luonnollinen; luontainen
naturally ['nætʃərəli] adv
luonnollisesti, tietenkin
nature ['neitʃə] n luonto;
luonteenlaatu
naughty ['nɔ:ti] adj tuhma
nausea ['nɔ:siə] n
pahoinvointi
naval ['neivəl] adj laivasto-
navel ['neivəl] n napa
navigable ['nævigəbəl] adj
purjehduskelpoinen
navigate ['nævigeit] v
ohjata; purjehtia
navigation [,nævi'geiʃən] n
merenkulku
navy ['neivi] n laivasto
near [niə] prep lähellä; prep,
adj lähellä oleva, läheinen
nearby ['niəbai] adj lähellä

oleva

nearly ['niəli] *adv* melkein, lähes

neat [ni:t] *adj* huoliteltu, siisti

necessary ['nesəsəri] *adj* välttämätön

necessity [nə'sesəti] *n* välttämättömyys

neck [nek] *n* niska; nape of the ~ niska

necklace ['nekləs] *n* kaulanauha

necktie ['nektai] *n* solmio

need [ni:d] *v* tarvita, olla tarpeen; *n* tarve; ~ to pitää

needle ['ni:dəl] *n* neula

needlework ['ni:dəlwə:k] *n* käsityö

negative ['negətiv] *adj* kielteinen, kieltävä; *n* negatiivi

neglect [ni'glekt] *v* laiminlyödä; *n* laiminlyönti

neglectful [ni'glektfəl] *adj* huolimaton

negligee ['negliʒei] *n* (naisten) aamutakki

negotiate [ni'gouʃieit] *v* neuvotella

negotiation [ni,gouʃi'eiʃən] *n* neuvottelu

Negro ['ni:grou] *n* (pl ~es) neekeri

neighbour ['neibə] *n* lähimmäinen, naapuri

neighbourhood ['neibəhud] *n* naapurusto

neighbouring ['neibəriŋ] *adj* naapuri-

neither ['naiðə] *pron* ei kumpikaan; neither ... nor ei ... eikä

neon ['ni:ɔn] *n* mainosvalo

nephew ['nefju:] *n* veljenpoika, sisarenpoika

nerve [nə:v] *n* hermo; röyhkeys

nervous ['nə:vəs] *adj* hermostunut

nest [nest] *n* pesä

net [net] *n* verkko; *adj* netto the Netherlands ['neðələndz] Alankomaat *pl*

network ['netwə:k] *n* verkosto, verkko

networking ['net,wə:kiŋ] *n* (business) liikesuhteiden solminta ; (computers) verkkotyöskentely

neuralgia [njuə'rældʒə] *n* hermosärky

neurosis [njuə'rousis] *n* neuroosi

neuter ['nju:tə] *adj* neutrisukuinen; kastroitu

neutral ['nju:trəl] *adj* puolueeton

never ['nevə] *adv* ei koskaan

nevertheless [,nevəðə'les] *adv* siitä huolimatta

new [nju:] *adj* uusi; New Year uusi vuosi

news [nju:z] *n* uutislähetys, uutiset *pl*

newsagent ['nju:,zeidʒənt] *n* lehtimyyjä

newspaper ['nju:z,peipə] *n* sanomalehti

newsreel ['nju:zri:l] *n* uutiskatsaus
newsstand ['nju:zstænd] *n* lehtikioski
New Zealand [nju: 'zi:lənd] Uusi Seelanti
next [nekst] *adj* ensi, seuraava; ~ **to** vieressä
next-door [ˌnekst'dɔ:] *adv* naapurissa
nice [nais] *adj* kiva, miellyttävä, hauska
nickel ['nikəl] *n* nikkeli
nickname ['nikneim] *n* lempinimi
nicotine ['nikəti:n] *n* nikotiini
niece [ni:s] *n* sisarentytär, veljentytär
Nigeria [nai'dʒiəriə] Nigeria
Nigerian [nai'dʒiəriən] *adj* nigerialainen
night [nait] *n* yö; ilta; **by** ~ yöllä; ~ **flight** yölento; ~ **rate** yötaksa; ~ **train** yöjuna
nightclub ['naitklʌb] *n* yökerho
night cream ['naitkri:m] *n* yövoide
nightdress ['naitdres] *n* yöpaita
nightingale ['naitiŋgeil] *n* satakieli
nightly ['naitli] *adj* öinen
nine [nain] *num* yhdeksän
nineteen [ˌnain'ti:n] *num* yhdeksäntoista
nineteenth [ˌnain'ti:nθ] *num* yhdeksästoista
ninety ['nainti] *num* yhdeksänkymmentä
ninth [nainθ] *num* yhdeksäs
nitrogen ['naitrədʒən] *n* typpi
no [nou] ei; *adj* ei mikään; ~ **one** ei kukaan
nobility [nou'biləti] *n* aatelisto
noble ['noubəl] *adj* aatelinen; jalo
nobody ['noubɔdi] *pron* ei kukaan
nod [nɔd] *n* nyökkäys; *v* nyökätä
noise [nɔiz] *n* meteli, hälinä; ääni, melu
noisy ['nɔizi] *adj* meluisa
nominal ['nɔminəl] *adj* nimellinen
nominate ['nɔmineit] *v* nimetä, nimittää
nomination [ˌnɔmi'neiʃən] *n* nimeäminen; nimitys
none [nʌn] *pron* ei yhtään
nonsense ['nɔnsəns] *n* hölynpöly
non-smoker [ˌnɔn'smoukə] *n* tupakoimaton
noon [nu:n] *n* keskipäivä
nor ['nɔ:] eikä; **neither... nor** ei... eikä
normal ['nɔ:məl] *adj* normaali, tavanmukainen
north [nɔ:θ] *n* pohjoinen; *adj* pohjoinen; **North Pole** pohjoisnapa
north-east [ˌnɔ:θ'i:st] *n* koillinen
northerly ['nɔ:ðəli] *adj* pohjoisenpuoleinen

northern ['nɔ:ðən] adj
pohjois-

north-west [,nɔ:θ'west] n
luode

Norway ['nɔ:wei] Norja

Norwegian [nɔ:'wi:dʒən] adj
norjalainen

nose [nouz] n nenä

nosebleed ['nouzbli:d] n
verenvuoto nenästä

nostril ['nɔstril] n sierain

nosy ['nouzi] adj
(colloquial) utelias

not [nɔt] adv ei

notary ['noutəri] n notaari

note [nout] n muistiinpano;
huomautus; sävel; v
merkitä muistiin, huomata,
todeta

notebook ['noutbuk] n
vihko, muistikirja

noted ['noutid] adj tunnettu

notepaper ['nout,peipə] n
kirjepaperi, kirjoituspaperi

nothing ['nʌθiŋ] n ei mitään

notice ['noutis] v kiinnittää
huomiota, huomata, panna
merkille; havaita; n
tiedonanto, kuulutus;
huomio

noticeable ['noutisəbəl] adj
havaittava; huomattava

notify ['noutifai] v tiedottaa,
ilmoittaa

notion ['nouʃən] n käsitys,
näkemys

notorious [nou'tɔ:riəs] adj
pahamaineinen

nougat ['nu:ga:] n nougat

nought [nɔ:t] n nolla

noun [naun] n substantiivi,
nimisana

nourishing ['nʌriʃiŋ] adj
ravitseva

novel ['nɔvəl] n romaani

novelist ['nɔvəlist] n
romaanikirjailija

November [nou'vembə]
marraskuu

now [nau] adv nyt; nykyään;
~ and then silloin tällöin

nowadays ['nauədeiz] adv
nykyään

nowhere ['nouweə] adv ei
missään

nozzle ['nɔzəl] n suukappale

nuance [nju:'ɑ:.s] n sävy

nuclear ['nju:kliə] adj ydin-;
~ energy ydinvoima

nucleus ['nju:kliəs] n ydin

nude [nju:d] adj alaston; n
alastonkuva

nuisance ['nju:səns] n riesa

numb [nʌm] adj turta;
kohmettunut

number ['nʌmbə] n numero;
luku, lukumäärä

numeral ['nju:mərəl] n
lukusana

numerous ['nju:mərəs] adj
lukuisa

nun [nʌn] n nunna

nunnery ['nʌnəri] n
nunnaluostari

nurse [nə:s] n
sairaanhoitaja; v hoitaa;
imettää

nursery ['nə:səri] n
lastenhuone; lastentarha;
taimitarha

nut [nʌt] *n* pähkinä; mutteri
nutcrackers ['nʌt,krækəz]
pl pähkinäsakset
nutmeg ['nʌtmeg] *n*
muskottipähkinä

nutritious [nju:'triʃəs] *adj*
ravitseva
nutshell ['nʌtʃel] *n*
pähkinänkuori
nylon ['nailən] *n* nailon

O

oak [ouk] *n* tammi
oar [ɔ:] *n* airo
oasis [ou'eisis] *n* (pl oases)
keidas
oath [ouθ] *n* vala
oats [outs] *pl* kaura
obedience [ə'bi:diəns] *n*
tottelevai
obedient [ə'bi:diənt] *adj*
tottelevainen
obey [ə'bei] *v* totella
object¹ ['ɔbdʒikt] *n* esine;
kohde
object² [əb'dʒekt] *v*
vastustaa; ~ to väittää
vastaan
objection [əb'dʒekʃən] *n*
vastalause
objective [əb'dʒektiv] *adj*
objektiivinen; *n* tavoite
obligatory [ə'bligətəri] *adj*
pakollinen
oblige [ə'blaidʒ] *v* velvoittaa,
*be obliged to olla pakko;
täytyä
obliging [ə'blaidʒiŋ] *adj*
avulias
oblong ['ɔblɔŋ] *adj*
suorakaiteen; *n* suorakaide
obscene [əb'si:n] *adj* rivo
obscure [əb'skjuə] *adj*

synkkä; hämärä, pimeä,
hämäräperäinen
observation [,ɔbzə'veiʃən] *n*
havainto; huomautus
observatory [əb'zɔ:vətri] *n*
tähtitorni
observe [əb'zɔ:v] *v*
huomata; huomauttaa,
havainnoida
obsession [əb'seʃən] *n*
pakkomielle
obstacle ['ɔbstəkəl] *n* este
obstinate ['ɔbstinət] *adj*
itsepäinen
obtain [əb'tein] *v* hankkia,
saavuttaa
obtainable [əb'teinəbəl] *adj*
saatavissa oleva
obvious ['ɔbviəs] *adj*
ilmeinen
occasion [ə'keiʒən] *n*
tilaisuus, tilanne
occasionally [ə'keiʒənəli]
adv aika ajoin
occupant ['ɔkjupənt] *n*
haltija
occupation [,ɔkju'peiʃən] *n*
toimi, ammatti; miehitys
occupy ['ɔkjupai] *v* pitää
hallussaan; miehittää;
vallata; occupied *adj*

varattu

occur [ə'kə:] v tapahtua, esiintyä, sattua

occurrence [ə'kʌrəns] n tapahtuma

ocean ['ouʃən] n valtameri

October [ɔk'toubə] lokakuu

octopus ['ɔktəpəs] n mustekala

oculist ['ɔkjulist] n silmälääkäri

odd [ɔd] adj outo, kummallinen; pariton

odour [oudə] n haju

of [ɔv, əv] prep -sta, omistuksesta

off [ɔf] adv pois; prep -sta, sammutettu

offence [ə'fens] n rikkomus; loukkaus

offend [ə'fend] v loukata; rikkoa

offensive [ə'fensiv] adj vastenmielinen; loukkaava; n hyökkäys

offer ['ɔfə] v tarjota; tarjoutua; n tarjous

office ['ɔfis] n toimisto, virasto; virka; ~ hours toimistoaika

officer [ɔfisə] n upseeri; toimihenkilö

official [ə'fiʃəl] adj virallinen

off-licence ['ɔf,laisəns] n, liquor store nAm alkoholiliike

often ['ɔfən] adv usein

oil [ɔil] n öljy; fuel ~ polttoöljy; ~ filter öljynsuodatin

oil painting [,ɔil'peintiŋ] n öljymaalaus

oil refinery ['ɔilri,fainəri] n öljynjalostamo

oil well ['ɔilwel] n öljylähde

oily ['ɔili] adj öljyinen

ointment ['ɔintmənt] n voide

okay [,ou'kei] selvä, ok

old [ould] adj vanha; ~ age vanhuus

old-fashioned [,ould'fæʃənd] adj vanhanaikainen

olive ['ɔliv] n oliivi; ~ oil oliiviöljy

omelette ['ɔmlət] n munakas

ominous ['ɔminəs] adj pahaenteinen

omit [ə'mit] v jättää pois

omnipotent [ɔm'nipətənt] adj kaikkivaltias

on [ɔn] prep -lla, -llä, -lle; varrella

once [wʌns] adv kerran; at ~ heti, samalla; for ~ kerrankin; ~ more kerran vielä, uudestaan

oncoming ['ɔn,kʌmiŋ] adj lähestyvä, vastaantuleva

one [wʌn] num yksi; se joka

oneself [wʌn'self] pron itse

onion ['ʌnjən] n sipuli

only ['ounli] adj ainoa; adv ainoastaan, vain; conj mutta

onwards ['ɔnwədz] adv eteenpäin

onyx ['ɔniks] n onyksi

opal ['oupəl] n opaali

open ['oupən] v avata; adj

avoin; avomielinen; auki;
opener *n* avaaja
opening ['oupəniŋ] *n* aukko
opera ['ɔpərə] *n* ooppera; ~
house oopperatalo
operate ['ɔpəreit] *v* toimia;
käyttää; suorittaa leikkaus
operation [,ɔpə'reiʃən] *n*
toiminta; leikkaus
operator ['ɔpəreitə] *n*
puhelunvälittäjä
operetta [,ɔpə'retə] *n*
operetti
opinion [ə'pinjən] *n*
mielipide
opponent [ə'pounənt] *n*
vastustaja
opportunity [,ɔpə'tju:nəti] *n*
tilaisuus
oppose [ə'pouz] *v* vastustaa
opposite ['ɔpəzit] *prep*
vastapäätä; *adj* vastapäinen,
päinvastainen
opposition [,ɔpə'ziʃən] *n*
oppositio
oppress [ə'pres] *v* sortaa,
ahdistaa
optician [ɔp'tiʃən] *n* optikko
optimism ['ɔptimizəm] *n*
optimismi
optimist ['ɔptimist] *n*
optimisti
optimistic [,ɔpti'mistik] *adj*
optimistinen
optional ['ɔpʃənəl] *adj*
valinnainen
or [ɔ:] *conj* tai
oral ['ɔ:rəl] *adj* suullinen
orange ['ɔrindʒ] *n* appelsiini;
adj oranssi

orbit ['ɔ:bit] *n* kiertorata
orchard ['ɔ:tʃəd] *n*
hedelmätarha
orchestra ['ɔ:kistrə] *n*
orkesteri; ~ seat *Am*
permantopaikka
order ['ɔ:də] *v* käskeä; tilata;
n järjestys, kunto; käsky,
määräys; tilaus; in ~
kunnossa; in ~ to jotta;
made to ~ tilauksesta
valmistettu; out of ~
epäkuntoinen; postal ~
postiosoitus
order form ['ɔ:dəfɔ:m] *n*
tilauslomake
ordinary ['ɔ:dənri] *adj*
tavallinen, arkipäiväinen
ore [ɔ:] *n* malmi
organ ['ɔ:gən] *n* elin; urut *pl*
organic [ɔ:'gænik] *adj*
elimellinen
organization
[,ɔ:gənai'zeiʃən] *n* järjestö
organize ['ɔ:gənaiz] *v*
organisoida
Orient ['ɔ:riənt] *n* itämaat *pl*
oriental [,ɔ:ri'entəl] *adj*
itämäinen
orientate ['ɔ:riənteit] *v*
suunnata, suuntautua
origin ['ɔridʒin] *n* alkulähde,
alkuperä; syntyperä
original [ə'ridʒinəl] *adj*
omintakeinen;
alkuperäinen
originally [ə'ridʒinəli] *adv*
alunperin
ornament ['ɔ:nəmənt] *n*
koriste-esine, ornamentti

ornamental [ˌɔːnəˈmentəl]
  adj koristeellinen
orphan [ˈɔːfən] n orpo
orthodox [ˈɔːθədɔks] adj
  oikeaoppinen; ortodoksi
ostrich [ˈɔstritʃ] n strutsi
other [ˈʌðə] adj toinen
otherwise [ˈʌðəwaiz] conj
  muutoin; adv toisin
*ought[ɔːt] v pitäisi
ounce [ˈauns] n unssi
our [auə] adj meidän
ours [ˈauəz] pron meidän
ourselves [auəˈselvz] pron
  itse, itsemme
out [aut] adv ulkona, ulos; ~
  of poissa, ulos jstk
outbreak [ˈautbreik] n
  syttyminen
outcome [ˈautkʌm] n tulos
*outdo [ˌautˈduː] v ylittää
outdoors [ˌautˈdɔːz] adv
  ulkona
outer [ˈautə] adj ulompi
outfit [ˈautfit] n asu
outing [ˈautiŋ] n (trip) retki;
  (appearance) esiintyminen
outline [ˈautlain] n ääriviiva;
  v hahmotella
outlook [ˈautluk] n näkymä;
  katsantokanta
output [ˈautput] n tuotanto
outrage [ˈautreidʒ] n ilkityö;
  raivo
outside [ˌautˈsaid] adv
  ulkona; prep ulkopuolella ;
  n ulkopuoli
outsize [ˈautsaiz] n
  normaalia suurempi koko
outskirts [ˈautskəːts] pl

laitakaupunki
outsource [ˈautˌsɔːs] v
  ulkoistaa
outstanding [ˌautˈstændiŋ]
  adj huomattava
outward [ˈautwəd] adj
  ulkoinen
outwards [ˈautwədz] adv
  ulospäin
oval [ˈouvəl] adj soikea
oven [ˈʌvən] n uuni
over [ˈouvə] adv yläpuolella,
  päällä; yli; kumoon; ohi; ~
  there tuolla
overall [ˈouvərɔːl] adj
  kokonais-
overalls [ˈouvərɔːlz] pl
  haalari
overcast [ˈouvəkɑːst] adj
  pilvinen
overcoat [ˈouvəkout] n
  päällystakki
*overcome [ˌouvəˈkʌm] v
  voittaa
overdo [ˌouvəˈduː] v
  liioitella, tehdä liikaa
overdraft [ˈouvədrɑːft] n
  tilinylitys
overdraw [ˌouvəˈdrɔː] v
  ylittää tili
overdue [ˌouvəˈdjuː] adj
  erääntynyt
overgrown [ˌouvəˈgroun]
  adj villiintynyt, liian
  suureksi kasvanut
overhaul [ˌouvəˈhɔːl] v
  huoltaa
overhead [ˌouvəˈhed] adv
  yläpuolella
overlook [ˌouvəˈluk] v jättää

overnight [,ouvə'nait] *adv*
yli yön
overseas [,ouvə'si:z] *adj*
merentakainen
oversight ['ouvəsait] *n*
tarkkaamattomuus,
epähuomio
*oversleep [,ouvə'sli:p] *v*
nukkua liikaa
overstrung [,ouvə'strʌŋ] *adj*
ylirasittunut
*overtake [,ouvə'teik] *v*
ohittaa; no overtaking
ohitus kielletty
over-tired [,ouvə'taiəd] *adj*
liikarasittunut
overture ['ouvətʃə] *n*
alkusoitto

overweight ['ouvəweit] *n*
ylipaino
overwhelm [,ouvə'welm] *v*
vallata, ottaa valtaansa
overwork [,ouvə'wɔ:k] *v*
ylirasittua
owe [ou] *v* olla velkaa;
kiitollisuuden velassa;
owing to johdosta , vuoksi
owl [aul] *n* pöllö
own [oun] *v* omistaa; *adj*
oma
owner ['ounə] *n* omistaja,
haltija
ox [ɔks] *n* (pl oxen) härkä
oxygen ['ɔksidʒən] *n* happi
oyster ['ɔistə] *n* osteri
ozone ['ouzoun] *n* otsoni

P

pace [peis] *n* käynti; askel,
kävelytapa; tahti
Pacific Ocean [pə'sifik
'ouʃən] Tyynimeri
pacifism ['pæsifizəm] *n*
rauhanaate
pacifist ['pæsifist] *n* pasifisti;
pasifistinen
pack [pæk] *v* pakata; ~ up
pakata
package ['pækidʒ] *n* paketti
packet ['pækit] *n*
pikkupaketti
packing ['pækiŋ] *n* pakkaus
pact ['pækt] *n* sopimus
pad [pæd] *n* toppaus;
muistilehtiö
paddle ['pædəl] *n* mela

padlock ['pædlɔk] *n*
riippulukko
pagan ['peigən] *adj*
pakanallinen; *n* pakana
page [peidʒ] *n* sivu
pageboy ['peidʒbɔi] *n*
hotellipoika
pail [peil] *n* sanko
pain [pein] *n* tuska; pains
vaivannäkö
painful ['peinfəl] *adj*
tuskallinen
painkiller ['peinkilə] *n*
särkylääke
painless ['peinləs] *adj*
tuskaton
paint [peint] *n* maali; *v*
maalata

paintbox ['peintbɔks] n
  maalilaatikko
paintbrush ['peintbrʌʃ] n
  pensseli
painter ['peintə] n maalari
painting ['peintiŋ] n maalaus
pair [peə] n pari
Pakistan [ˌpɑːkiˈstɑːn]
  Pakistan
Pakistani [ˌpɑːkiˈstɑːni] adj
  pakistanilainen
palace ['pæləs] n palatsi
pale [peil] adj kalpea; vaalea
palm [pɑːm] n palmu;
  kämmen
palpable ['pælpəbəl] adj
  kouriintuntuva
palpitation [ˌpælpiˈteiʃən] n
  sydämentykytys
pan [pæn] n pannu
pane [pein] n lasiruutu
panel ['pænəl] n paneeli
panelling ['pænəliŋ] n
  panelointi
panic ['pænik] n pakokauhu
pant [pænt] v huohottaa
panties ['pæntiz] pl
  alushousut pl
pants [pænts] pl alushousut
  pl; plAm housut pl
pant suit ['pæntsuːt] n
  housupuku
panty hose ['pæntihouz] n
  sukkahousut pl
paper ['peipə] n paperi;
  sanomalehti; paperinen;
  carbon ~ hiilipaperi; ~ bag
  paperipussi; ~ napkin
  paperilautasliina; typing ~
  konekirjoituspaperi;

wrapping ~ käärepaperi
paperback ['peipəbæk] n
  pehmeäkantinen kirja
paper knife ['peipənaif] n
  paperiveitsi
parade [pəˈreid] n paraati
paradise ['pærədais] n
  paratiisi
paraffin ['pærəfin] n
  parafiini
paragraph ['pærəgrɑːf] n
  pykälä; kappale
parakeet ['pærəkiːt] n
  papukaija
parallel ['pærəlel] adj
  rinnakkainen,
  yhdensuuntainen; n vertailu
paralyse ['pærəlaiz] v
  halvaannuttaa
parcel ['pɑːsəl] n paketti
pardon ['pɑːdən] n
  anteeksianto; armahdus
parent ['pɛərənt] n
  vanhempi, toinen
  vanhemmista
parents ['pɛərənts] pl
  vanhemmat pl
parents-in-law
  ['pɛərəntsinlɔː] pl
  appivanhemmat pl
parish ['pæriʃ] n seurakunta
park [pɑːk] n puisto; v
  pysäköidä
parking ['pɑːkiŋ] n
  pysäköinti; no ~ pysäköinti
  kielletty; ~ fee
  pysäköintimaksu; ~ light
  seisontavalo; ~ lot Am
  pysäköimisalue; ~ meter
  pysäköintimittari; ~ zone

pysäköimisalue

parliament ['pɑːləmənt] *n* parlamentti

parliamentary [,pɑːlə'mentəri] *adj* parlamentaarinen

parrot ['pærət] *n* papukaija

parsley ['pɑːsli] *n* persilja

parson ['pɑːsən] *n* pastori

parsonage ['pɑːsənidʒ] *n* pappila

part [pɑːt] *n* osa; osuus; *v* erottaa; spare ~ varaosa

partial ['pɑːʃəl] *adj* osittainen; puolueellinen

participant [pɑː'tisipənt] *n* osanottaja

participate [pɑː'tisipeit] *v* osallistua

particular [pə'tikjulə] *adj* erityinen, erikoinen; nirso; in ~ etenkin

parting ['pɑːtiŋ] *n* jäähyväiset *pl*; jakaus

partition [pɑː'tiʃən] *n* väliseinä

partly ['pɑːtli] *adv* osaksi, osittain

partner ['pɑːtnə] *n* kumppani; osakas

partridge ['pɑːtridʒ] *n* peltopyy

party ['pɑːti] *n* puolue; kutsut *pl*; seurue

pass [pɑːs] *v* kulua, sivuuttaa, ohittaa; ojentaa; tulla hyväksytyksi; ~ away loppua; ~ by kulkea, mennä, mennä ohitse; ~ out pyörtyä, menettää

tajuntansa, sammua; ~ through kulkea läpi

passage ['pæsidʒ] *n* väylä; merimatka; kappale; kauttakulku

passenger ['pæsəndʒə] *n* matkustaja; ~ car *Am* matkustajavaunu; ~ train henkilöjuna

passer-by [,pɑːsə'bai] *n* ohikulkija

passion ['pæʃən] *n* intohimo

passionate ['pæʃənət] *adj* intohimoinen

passive ['pæsiv] *adj* passiivinen

passport ['pɑːspɔːt] *n* passi; ~ control passitarkastus; ~ photograph passikuva

password ['pɑːswɔːd] *n* tunnussana

past [pɑːst] *n* menneisyys; *adj* viime, mennyt; ohi

paste [peist] *n* tahna; *v* liisteröidä

pastime ['pɑːstaim] *n* ajanviete

pastry ['peistri] *n* leivonnaiset *pl*; ~ shop sokerileipomo

pasture ['pɑːstʃə] *n* laidun

pasty ['peisti] *n* pasteija

patch [pætʃ] *v* paikata

patent ['peitənt] *n* patentti

path [pɑːθ] *n* polku

patience ['peiʃəns] *n* kärsivällisyys

patient ['peiʃənt] *adj* kärsivällinen; *n* potilas

patriot ['peitriət] *n*

isänmaanystävä

patrol [pə'troul] *n* partio; *v* partioida; olla vartiossa

pattern ['pætən] *n* malli; kaava; kuvio

pause [pɔ:z] *n* tauko; *v* pitää tauko

pave [peiv] *v* päällystää, kivetä

pavement ['peivmənt] *n* jalkakäytävä; katukiveys

pavilion [pə'viljən] *n* paviljonki

paw [pɔ:] *n* käpälä

pawn [pɔ:n] *v* pantata; *n* šakkinappula

pawnbroker ['pɔ:n,broukə] *n* panttilainaamo

pay [pei] *n* tili, palkka

*pay [pei] *v* maksaa; kannattaa; ~ attention to kiinnittää huomiota; paying kannattava; ~ off maksaa loppuun; ~ on account maksaa vähittäismaksulla

pay desk ['peidesk] *n* kassa

payee [pei'i:] *n* maksunsaaja

payment ['peimənt] *n* maksu

pea [pi:] *n* herne

peace [pi:s] *n* rauha

peaceful ['pi:sfəl] *adj* rauhallinen

peach [pi:tʃ] *n* persikka

peacock ['pi:kɔk] *n* riikinkukko

peak [pi:k] *n* huippu; ~ hour ruuhka-aika; ~ season huippukausi

peanut ['pi:nʌt] *n*

maapähkinä

pear [pεə] *n* päärynä

pearl [pə:l] *n* helmi

peasant ['pezənt] *n* talonpoika

pebble ['pebəl] *n* pikkukivi

peculiar [pi'kju:ljə] *adj* omituinen; erikoinen, omalaatuinen

peculiarity [pi,kju:li'ærəti] *n* omalaatuisuus

pedal ['pedəl] *n* poljin

pedestrian [pi'destriən] *n* jalankulkija; no pedestrians jalankulku kielletty; ~ crossing suojatie

peel [pi:l] *v* kuoria; *n* kuori

peep [pi:p] *v* kurkistaa

peg [peg] *n* tappi, pultti

pelican ['pelikən] *n* pelikaani

pelvis ['pelvis] *n* lantio

pen [pen] *n* kynä

penalty ['penəlti] *n* sakko; rangaistus; ~ kick rangaistuspotku

pencil ['pensəl] *n* lyijykynä

pencil sharpener ['pensəl,ʃɑ:pnə] *n* terotin

pendant ['pendənt] *n* riipus

penetrate ['penitreit] *v* tunkeutua läpi

penguin ['peŋgwin] *n* pingviini

penicillin [,peni'silin] *n* penisilliini

peninsula [pə'ninsjulə] *n* niemimaa

penknife ['pennaif] *n* (pl

-knives) linkkuveitsi

penny ['peni] n (pl pennies, pence) Br penny, Am sentti, penni

pension[1] ['pɑ:ʃiɔ:] n täysihoitola

pension[2] ['penʃən] n eläke

Pentecost ['pentikəst] n helluntai

people ['pi:pəl] pl ihmiset pl; kansa

pepper ['pepə] n pippuri

peppermint ['pepəmint] n piparminttu

per [pə:] prep per; ~ cent prosentti

perceive [pə'si:v] v tajuta, havaita

percentage [pə'sentidʒ] n prosenttimäärä

perceptible [pə'septibəl] adj havaittava

perception [pə'sepʃən] n havaitseminen

perch [pə:tʃ] (pl ~) ahven

percolator ['pə:kəleitə] n aromikeitin

perfect ['pə:fikt] adj täydellinen

perfection [pə'fekʃən] n täydellisyys

perform [pə'fɔ:m] v suorittaa

performance [pə'fɔ:məns] n esitys

perfume ['pə:fju:m] n hajuvesi

perhaps [pə'hæps] adv ehkä, kenties

peril ['peril] n vaara

perilous ['periləs] adj vaarallinen

period ['piəriəd] n ajanjakso, kausi; piste

periodical [,piəri'ɔdikəl] n aikakauslehti; adj ajoittainen

perish ['periʃ] v menehtyä

perishable ['periʃəbəl] adj pilaantuva

perjury ['pə:dʒəri] n väärä vala

permanent ['pə:mənənt] adj vakituinen, pysyvä; ~ wave permanentti

permission [pə'miʃən] n lupa

permit[1] [pə'mit] v suoda, sallia

permit[2] ['pə:mit] n lupa

peroxide [pə'rɔksaid] n superoksidi

perpendicular [,pə:pən'dikjulə] adj kohtisuora

Persia ['pə:ʃə] Persia

Persian ['pə:ʃən] adj persialainen

person ['pə:sən] n henkilö; per ~ henkeä kohti

personal ['pə:sənəl] adj henkilökohtainen

personality [,pə:sə'næləti] n persoonallisuus

personnel [,pə:sə'nel] n henkilökunta

perspective [pə'spektiv] n perspektiivi

perspiration [,pə:spə'reiʃən] n hiki, hikoilu

perspire [pə'spaiə] v hikoilla

persuade [pə'sweid] v suostutella

persuasion [pə'sweiʒən] n vakaumus, suosttuttelu

pessimism ['pesimizəm] n pessimismi

pessimist ['pesimist] n pessimisti

pessimistic [,pesi'mistik] adj pessimistinen

pet [pet] n lemmikkieläin; lempi-

petal ['petəl] n terälehti

petition [pi'tiʃən] n anomus

petrol ['petrəl] n bensiini; ~ pump bensiinipumppu; ~ station bensiiniasema; ~ tank bensiinisäiliö

petroleum [pi'trouliəm] n raakaöljy

petty ['peti] adj vähäpätöinen, pieni; ~ cash pikkuraha

pewit ['pi:wit] n töyhtöhyyppä

pewter ['pju:tə] n tina

phantom ['fæntəm] n aave

pharmacology [,fa:mə'kɔlədʒi] n lääkeaineoppi

pharmacist ['fa:məsist] n farmaseutti

pharmacy ['fa:məsi] n apteekki

phase [feiz] n vaihe

pheasant ['fezənt] n fasaani

Philippine ['filipain] adj filippiiniläinen

Philippines ['filipi:nz] pl

Filippiinit pl

philosopher [fi'lɔsəfə] n filosofi

philosophy [fi'lɔsəfi] n filosofia

phone [foun] n puhelin; v soittaa puhelimella

phone card ['foun,ka:d] n puhelinkortti

phonetic [fə'netik] adj foneettinen

photo ['foutou] n (pl ~s) valokuva

photo message ['foutou,mesədʒ] n kuvaviesti

photograph ['foutəgra:f] v valokuvata; n valokuva

photographer [fə'tɔgrəfə] n valokuvaaja

photography [fə'tɔgrəfi] n valokuvaus

photostat ['foutəstæt] n valokopio

phrase [freiz] n sanonta

phrase book ['freizbuk] n fraasisanakirja

physical ['fizikəl] adj fyysinen

physician [fi'ziʃən] n lääkäri

physicist ['fizisist] n fyysikko

physics ['fiziks] n fysiikka

physiology [,fizi'ɔlədʒi] n elintoimintaoppi, fysiologia

pianist ['pi:ənist] n pianisti

piano [pi'ænou] n piano; grand ~ flyygeli

pick [pik] v poimia; valikoida; n valinta; ~ up

noutaa; **pick-up van**
avopakettiauto

pickles ['pikəlz] *pl* pikkelssi

picnic ['piknik] *n* eväsretki; *v*
tehdä eväsretki

picture ['piktʃə] *n* maalaus;
taulu, piirros; kuva; ~
postcard kuvapostikortti,
maisemakortti; **pictures**
elokuvat *pl*

picturesque [,piktʃə'resk]
adj maalauksellinen

piece [pi:s] *n* pala, kappale

pier [piə] *n* laituri

pierce [piəs] *v* lävistää

pig [pig] *n* porsas

pigeon ['pidʒən] *n*
kyyhkynen

piggy bank ['pigibæŋk] *n*
säästöporsas

pig-headed [,pig'hedid] *adj*
härkäpäinen

piglet ['piglət] *n* possu

pigskin ['pigskin] *n*
siannahka

pike [paik] (pl ~) hauki

pile [pail] *n* pino; *v* pinota;
piles *pl* peräpukamat *pl*

pilgrim ['pilgrim] *n*
pyhiinvaeltaja

pilgrimage ['pilgrimidʒ] *n*
pyhiinvaellusmatka

pill [pil] *n* pilleri

pillar ['pilə] *n* pilari, pylväs

pillarbox ['piləbɔks] *n*
postilaatikko

pillow ['pilou] *n* pielus, tyyny

pillowcase ['piloukeis] *n*
tyynyliina

pilot ['pailət] *n* lentäjä; luotsi

pimple ['pimpəl] *n* näppylä

PIN [pin]; **personal
identification number** *n*
tunnusluku

pin [pin] *v* kiinnittää
neulalla; *n* nuppineula;
bobby ~ *Am* hiusneula

pincers ['pinsəz] *pl*
hohtimet *pl*; pihdit *pl*

pinch [pintʃ] *v* nipistää;
näpistää

pine [pain] *n* mänty

pineapple ['pai,næpəl] *n*
ananas

ping-pong ['piŋpɔŋ] *n*
pöytätennis

pink [piŋk] *adj*
vaaleanpunainen

pioneer [,paiə'niə] *n*
uudisraivaaja

pious ['paiəs] *adj* hurskas

pip [pip] *n* siemen; piippaus

pipe [paip] *n* piippu; putki; ~
cleaner piipunpuhdistaja; ~
tobacco piipputupakka

pirate ['paiərət] *n* merirosvo

pistol ['pistəl] *n* pistooli

piston ['pistən] *n* mäntä; ~
ring männänrengas

pit [pit] *n* kuoppa; kuilu

pitcher ['pitʃə] *n* kannu

pity ['piti] *n* sääli *v*
surkutella, sääliä; **what a
pity** mikä vahinko

placard ['plækɑːd] *n*
seinämainos

place [pleis] *v* sijoittaa,
asettaa; *n* paikka; ~ **of birth**
syntymäpaikka; ***take** ~
tapahtua

plague [pleig] n rutto, kulkutauti

plaice [pleis] (pl ~) punakampela

plain [plein] adj selvä; tavallinen, yksinkertainen; n tasanko

plan [plæn] v suunnitella; n suunnitelma; asemakaava

plane [plein] adj tasainen; n lentokone; ~ crash lento-onnettomuus

planet ['plænit] n planeetta

planetarium [,plæni'teəriəm] n planetaario

plank [plæŋk] n lankku

plant [plɑ:nt] v istuttaa; n kasvi; tehdas

plantation [plæn'teiʃən] n viljelys

plaster ['plɑ:stə] n rappaus, kipsi; laastari

plastic ['plæstik] adj muovinen; n muovi

plate [pleit] n lautanen; levy

plateau ['plætou] n (pl ~x, ~s) ylätasanko

platform ['plætfɔ:m] n asemalaituri; ~ ticket asemalaiturilippu

platinum ['plætinəm] n platina

play [plei] v leikkiä; soittaa; näytellä; n leikki; näytelmä; one-act ~ yksinäytöksinen näytelmä; ~ truant pinnata

player [pleiə] n pelaaja

playground ['pleigraund] n leikkikenttä

playing card ['pleiiŋkɑ:d] n pelikortti

playwright ['pleirait] n näytelmäkirjailija

plea [pli:] n vetoomus

plead [pli:d] v anoa, pyytää hartaasti

pleasant ['plezənt] adj miellyttävä, mukava

please [pli:z] olkaa hyvä; v miellyttää; pleased tyytyväinen; pleasing miellyttävä

pleasure ['pleʒə] n mielihyvä, ilo, nautinto

plentiful ['plentifəl] adj runsas

plenty ['plenti] n runsaus; ~ of paljon

pliers [plaiəz] pl pihdit pl

plimsolls ['plimsəlz] pl kumitossut pl

plot [plɔt] n juoni; salaliitto; maatilkku

plough [plau] n aura; v kyntää

plucky ['plʌki] adj sisukas

plug [plʌg] n tulppa; pistorasia; ~ in kytkeä

plum [plʌm] n luumu

plumber ['plʌmə] n putkimies

plump [plʌmp] adj pullea

plural ['pluərəl] n monikko

plus [plʌs] prep ynnä

pneumatic [nju:'mætik] adj paineilmatoiminen

pneumonia [nju:'mouniə] n keuhkokuume

poach [poutʃ] v harjoittaa

salametsästystä

pocket ['pɔkit] *n* tasku

pocketbook ['pɔkitbuk] *n* taskukirja, pokkari; lompakko

pocketknife ['pɔkitnaif] *n* (pl -knives) linkkuveitsi

poem ['pouim] *n* runo

poet ['pouit] *n* runoilija

poetry ['pouitri] *n* runous

point [pɔint] *v* viitata; *n* kohta; kärki; ~ of view näkökanta; ~ out osoittaa

pointed ['pɔintid] *adj* suippo

poison ['pɔizən] *v* myrkyttää; *n* myrkky

poisonous ['pɔizənəs] *adj* myrkyllinen

Poland ['poulənd] Puola

Pole [poul] *n* puolalainen

pole [poul] *n* pylväs

police [pə'li:s] *pl* poliisi

policeman [pə'li:smən] *n* (pl -men) poliisi

police station [pə'li:s,steiʃən] *n* poliisiasema

policy ['pɔlisi] *n* politiikka; vakuutuskirja

polio ['pouliou] *n* lapsihalvaus

Polish ['pouliʃ] *adj* puolalainen

polish ['pɔliʃ] *v* kiillottaa

polite [pə'lait] *adj* kohtelias

political [pə'litikəl] *adj* poliittinen

politician [,pɔli'tiʃən] *n* poliitikko

politics ['pɔlitiks] *n*

politiikka

poll [poul] *n* vaalit voting; mielipidetutkimus opinions; *go to the polls äänestää

pollute [pə'lu:t] *v* saastuttaa

pollution [pə'lu:ʃən] *n* saastuminen

pond [pɔnd] *n* lampi

pony ['pouni] *n* poni

pool [pu:l] *n* (swimming) uima-allas; (game) biljardi; ~ attendant uima-altaan hoitaja

poor [puə] *adj* köyhä; huono; parka

pope [poup] *n* paavi

pop music [pɔp 'mju:zik] popmusiikki

poppy ['pɔpi] *n* unikko

popular ['pɔpjulə] *adj* suositta

population [,pɔpju'leiʃən] *n* väestö

populous ['pɔpjuləs] *adj* väkirikas

porcelain ['pɔ:səlin] *n* posliini

porcupine ['pɔ:kjupain] *n* piikkisika

pork [pɔ:k] *n* sianliha

port [pɔ:t] *n* satama; portviini

portable ['pɔ:təbəl] *adj* kannettava

porter ['pɔ:tə] *n* kantaja; portieeri

porthole ['pɔ:thoul] *n* hytin ikkuna

portion ['pɔ:ʃən] *n* annos

portrait ['pɔːtrit] n
muotokuva

Portugal ['pɔːtjugəl] n
Portugali

Portuguese [,pɔːtjuˈgiːz]
adj portugalilainen

posh [pɔʃ] adj (colloquial)
upea

position [pəˈziʃən] n asema;
tilanne; asento

positive ['pɔzətiv] adj
myönteinen; n positiivi

possess [pəˈzes] v omistaa;
possessed adj riivattu

possession [pəˈzeʃən] n
omistus; possessions
omaisuus

possibility [,pɔsəˈbiləti] n
mahdollisuus

possible ['pɔsəbəl] adj
mahdollinen

post [poust] v postittaa; n
posti; työpaikka; post-
-office posti

postage ['poustidʒ] n
postimaksu; ~ paid
postimaksuton; ~ stamp
postimerkki

postcard ['poustkɑːd] n
postikortti

poster ['poustə] n juliste

poste restante [poust
reˈstɑːt] poste restante

postman ['poustmən] n (pl
-men) postinkantaja

post-paid [,poust'peid] adj
postimaksuton

pot [pɔt] n pata

potato [pəˈteitou] n (pl ~es)
peruna

pottery ['pɔtəri] n
keramiikka; saviastiat pl

pouch [pautʃ] n pussi

poulterer ['poultərə] n
siipikarjakauppias

poultry ['poultri] n siipikarja

pound [paund] n naula

pour [pɔː] v kaataa

poverty ['pɔvəti] n köyhyys

powder ['paudə] n jauhe;
puuteri; ruuti; ~ compact
kivipuuteri; talc ~ talkki

powder room ['paudəruːm]
n naistenhuone

power [pauə] n voima,
voimakkuus; valta

powerful ['pauəful] adj
voimakas, mahtava; väkevä

powerless ['pauələs] adj
voimaton

power station
['pauəˌsteiʃən] n
voimalaitos

practical ['præktikəl] adj
käytännöllinen

practically ['præktikli] adv
melkein

practice ['præktis] n
harjoittelu

practise ['præktis] v
harjoittaa; harjoitella

praise [preiz] v ylistää; n
ylistys

pram [præm] n lastenvaunut
pl

prawn [prɔːn] n katkarapu

pray [prei] v rukoilla

prayer [prɛə] n rukous

preach [priːtʃ] v saarnata

precarious [priˈkɛəriəs] adj

prestige

epävarma

precaution [pri'kɔːʃən] n
varovaisuus; varokeino

precede [pri'siːd] v edeltää

preceding [pri'siːdiŋ] adj
edeltävä

precious ['preʃəs] adj
kallisarvoinen

precipice ['presipis] n
jyrkänne

precipitation
[pri,sipi'teiʃən] n
sademäärä; hätäisyys

precise [pri'sais] adj
täsmällinen, tarkka

predecessor ['priːdisesə] n
edeltäjä

predict [pri'dikt] v ennustaa

prefer [pri'fəː] v pitää
parempana, haluta
mieluummin

preferable ['prefərəbəl] adj
parempi, mieluisampi

preference ['prefərəns] n
etusija

prefix ['priːfiks] n etuliite

pregnant ['pregnənt] adj
raskaana oleva

prejudice ['predʒədis] n
ennakkoluulo

preliminary [pri'liminəri] adj
valmistava; alustava

premature ['premətʃuə] adj
ennenaikainen

premier ['premiə] adj tärkein

premises ['premisiz] pl
toimitilat

premium ['priːmiəm] n
vakuutusmaksu

prepaid [,priː'peid] adj

ennakolta maksettu

preparation [,prepə'reiʃən]
n valmistaminen

prepare [pri'peə] v valmistaa

prepared [pri'peəd] adj
valmis

preposition [,prepə'ziʃən] n
prepositio

prescribe [pri'skraib] v
määrätä (lääkettä)

prescription [pri'skripʃən] n
lääkemääräys

presence ['prezəns] n
läsnäolo; mukanaolo

present¹ ['prezənt] n lahja;
nykyaika; adj nykyinen;
läsnäoleva

present² [pri'zent] v esitellä;
esittää

presently ['prezəntli] adv
heti, pian

preservation [,prezə'veiʃən]
n säilyttäminen

preserve [pri'zəːv] v
säilyttää; säilöä

president ['prezidənt] n
presidentti; toimitusjohtaja

press [pres] n
sanomalehdistö; v painaa,
pusertaa; silittää; ~
conference
lehdistötilaisuus

pressing ['presiŋ] adj
kiireellinen

pressure ['preʃə] n paine;
painostus; atmospheric ~
ilmanpaine

pressure cooker
['preʃə,kukə] n painekeitin

prestige [pre'stiːʒ] n

arvovalta
presumable [pri'zju:məbəl]
adj otaksuttava
presumptuous
[pri'zʌmpʃəs] *adj* röyhkeä
pretence [pri'tens] *n*
teeskentely
pretend [pri'tend] *v*
teeskennellä
pretext ['pri:tekst] *n* tekosyy
pretty ['priti] *adj* sievä; *adv*
melkoisen
prevent [pri'vent] *v* estää,
ehkäistä
preventive [pri'ventiv] *adj*
ehkäisevä
preview [pri'vju:] *n*
ennakkoesitys
previous ['pri:viəs] *adj*
aikaisempi, edeltävä,
edellinen
pre-war [,pri:'wɔ:] *adj* sotaa
edeltävä
price [prais] *v* hinnoitella; *n*
hinta
priceless ['praisləs] *adj*
verraton
price list ['prais,list] *n*
hinnasto
prick [prik] *v* pistää
pride [praid] *n* ylpeys
priest [pri:st] *n* pappi
primary ['praiməri] *adj*
perus-, ensisijainen; alkeis-
prince [prins] *n* prinssi
princess [prin'ses] *n*
prinsessa
principal ['prinsəpəl] *adj*
pääasiallinen; *n* rehtori
principle ['prinsəpəl] *n*

periaate
print [print] *v* painaa; *n*
vedos; kaiverrus; printed
matter painotuote
prior [praiə] *adj* varhaisempi
priority [prai'ɔrəti] *n*
etuoikeus
prison ['prizən] *n* vankila
prisoner ['prizənə] *n* vanki;
~ of war sotavanki
privacy ['praivəsi] *n*
yksityisyys
private ['praivit] *adj*
yksityinen
privilege ['privilidʒ] *n*
etuoikeus
prize [praiz] *n* palkinto;
palkkio
probable ['prɔbəbəl] *adj*
todennäköinen
probably ['prɔbəbli] *adv*
todennäköisesti
problem ['prɔbləm] *n*
ongelma; pulma
procedure [prə'si:dʒə] *n*
menettelytapa
proceed [prə'si:d] *v* jatkaa;
menetellä
process ['prouses] *n*
kehityskulku,
menettelytapa;
oikeudenkäynti
procession [prə'seʃən] *n*
kulkue
pro-choice ['prou'tʃɔis] *adj*
aborttia kannattava
proclaim [prə'kleim] *v*
julistaa
produce[1] [prə'dju:s] *v*
tuottaa

prospect

produce² ['prɔdjuːs] n tuote

producer [prə'djuːsə] n tuottaja

product ['prɔdʌkt] n tuote

production [prə'dʌkʃən] n tuotanto

profession [prə'feʃən] n ammatti

professional [prə'feʃənəl] adj ammattimainen

professor [prə'fesə] n professori

profit ['prɔfit] n voitto, etu; hyöty; v hyötyä jstkn

profitable ['prɔfitəbəl] adj tuottoisa

profound [prə'faund] adj syvällinen

programme ['prougræm] n ohjelma

progress¹ ['prougres] n edistys

progress² [prə'gres] v edistyä

progressive [prə'gresiv] adj edistyksellinen, edistysmielinen

prohibit [prə'hibit] v kieltää

prohibition [,proui'biʃən] n kielto

prohibitive [prə'hibitiv] adj ostamista ehkäisevä

project ['prɔdʒekt] n hanke, suunnitelma

pro-life ['prou,'laif] adj aborttia vastustava

promenade [,prɔmə'nɑːd] n rantakatu

promise ['prɔmis] v luvata; n lupaus

promote [prə'mout] v ylentää, edistää

promotion [prə'mouʃən] n ylennys

prompt [prɔmpt] adj pikainen, ripeä

pronoun ['prounaun] n pronomini

pronounce [prə'nauns] v ääntää

pronunciation [,prənʌnsi'eiʃən] n ääntäminen

proof [pruːf] n todistus

propaganda [,propə'gændə] n propaganda

propel [prə'pel] v kuljettaa eteenpäin

propeller [prə'pelə] n potkuri

proper ['prɔpə] adj asianmukainen, kunnollinen; sovelias

property ['prɔpəti] n omaisuus; ominaisuus

prophet ['prɔfit] n profeetta

proportion [prə'pɔːʃən] n suhde

proportional [prə'pɔːʃənəl] adj suhteellinen

proposal [prə'pouzəl] n ehdotus

propose [prə'pouz] v ehdottaa

proposition [,propə'ziʃən] n ehdotus

proprietor [prə'praiətə] n omistaja

prospect ['prɔspekt] n tulevaisuudennäkymä

prospectus [prə'spektəs] n
esite

prosperity [prɔ'sperəti] n
menestys, vauraus

prosperous ['prɔspərəs] adj
menestyvä, varakas

prostitute ['prɔstitjuːt] n
prostituoitu

protect [prə'tekt] v suojella

protection [prə'tekʃən] n
suojelus

protein ['proutiːn] n
valkuaisaine

protest¹ ['proutest] n
vastalause

protest² [prə'test] v esittää
vastalause

Protestant ['prɔtistənt] adj
protestanttinen

proud [praud] adj ylpeä

prove [pruːv] v todistaa;
osoittautua

proverb ['prɔvəːb] n
sananlasku

provide [prə'vaid] v
hankkia; provided that
edellyttäen

province ['prɔvins] n lääni;
maakunta

provincial [prə'vinʃəl] adj
maalainen

provisional [prə'viʒənəl] adj
väliaikainen

provisions [prə'viʒənz] pl
ruokatarvikkeet pl

prune [pruːn] n kuivattu
luumu

psychiatrist [sai'kaiətrist] n
psykiatri

psychoanalyst

[ˌsaikou'ænəlist] n
psykoanalyytikko

psychological
[ˌsaikɔ'lɔdʒikəl] adj
psykologinen

psychologist [sai'kɔlədʒist]
n psykologi

psychology [sai'kɔlədʒi] n
psykologia

pub [pʌb] n pubi; kapakka

public ['pʌblik] adj julkinen;
yleinen; n yleisö; ~ garden
yleinen puisto; ~ house
oluttupa, pubi

publication [ˌpʌbli'keiʃən] n
julkaiseminen

publicity [pʌ'blisəti] n
julkisuus

publish ['pʌbliʃ] v julkaista

publisher ['pʌbliʃə] n
kustantaja

puddle ['pʌdəl] n lätäkkö

pull [pul] v vetää; ~ out
lähteä liikkeelle; ~ up
pysähtyä

pulley ['puli] n (pl ~s)
väkipyörä

Pullman ['pulmən] n
makuuvaunu

pullover ['puˌlouvə] n
villapusero

pulpit ['pulpit] n saarnatuoli

pulse [pʌls] n valtimo

pump [pʌmp] n pumppu; v
pumpata

pun [pʌn] n sanaleikki

punch [pʌntʃ] n lävistin;
nyrkkinisku

punctual ['pʌŋktʃuəl] adj
täsmällinen

puncture ['pʌŋktʃə] n
rengasrikko

punctured ['pʌŋktʃəd] adj
puhjennut

punish ['pʌniʃ] v rangaista

punishment ['pʌniʃmənt] n
rangaistus

pupil ['pju:pəl] n oppilas

puppet-show ['pʌpitʃou] n
nukketeatteri

purchase ['pə:tʃəs] v ostaa;
n osto, hankinta; ~ price
ostohinta; ~ tax
liikevaihtovero

purchaser ['pə:tʃəsə] n
ostaja

pure [pjuə] adj puhdas

purple ['pə:pəl] adj
purppuranpunainen

purpose ['pə:pəs] n
tarkoitus; on ~ tahallaan

purse [pə:s] n kukkaro

pursue [pə'sju:] v ajaa
takaa; harjoittaa

pus [pʌs] n märkä

push [puʃ] v työntää; sysätä;
tunkea; n töytäys

push button ['puʃ,bʌtən] n
painonappi

*put [put] v asettaa, panna,
sijoittaa; esittää; ~ away
panna paikoilleen; ~ off
lykätä; ~ on pukea ylleen; ~
out sammuttaa

puzzle ['pʌzəl] v saattaa
ymmälle; n palapeli;
arvoitus; jigsaw ~ palapeli

puzzling ['pʌzliŋ] adj
käsittämätön

pyjamas [pə'dʒɑ:məz] pl
yöpuku

Q

quack [kwæk] n puoskari

quail [kweil] n (pl ~, ~s)
viiriäinen

quaint [kweint] adj
omalaatuinen;
vanhanaikainen

qualification
[,kwɔlifi'keiʃən] n
pätevyys;

qualified ['kwɔlifaid] adj
pätevä

qualify ['kwɔlifai] v hankkia
pätevyys

quality ['kwɔləti] n laatu;
ominaisuus

quantity ['kwɔntəti] n määrä

quarantine ['kwɔrənti:n] n
karanteeni

quarrel ['kwɔrəl] v riidellä,
kiistellä; n kiista, riita

quarry ['kwɔri] n louhos

quarter ['kwɔ:tə] n
neljännes; ~ of an hour
neljännestunti

quarterly ['kwɔ:təli] adj
neljännesvuosittainen

quay [ki:] n satamalaituri

queen [kwi:n] n kuningatar

queer [kwiə] adj omituinen;

kummallinen

query ['kwiəri] v kysellä; n tiedustelu

question ['kwestʃən] v kysellä; kuulustella; n kysymys

queue [kju:] v jonottaa; n jono

quick [kwik] adj pika-, nopea

quick-tempered [,kwik'tempəd] adj äkkipikainen

quiet ['kwaiət] adj hiljainen, vaitelias; n hiljaisuus, rauha

quilt [kwilt] n täkki

quit [kwit] v luopua, lakata jstk

quite [kwait] adv aivan, melko; hyvin, oikein

quiz [kwiz] n (pl ~zes) tietokilpailu

quota ['kwoutə] n kiintiö

quotation [kwou'teiʃən] n lainaus; ~ marks lainausmerkit pl

quote [kwout] v siteerata

R

rabbit ['ræbit] n kaniini

rabies ['reibiz] n vesikauhu

race [reis] n kilpajuoksu, kilpa-ajo; rotu

racecourse ['reiskɔ:s] n kilpa-ajorata, kilparata

racehorse ['reishɔ:s] n kilpahevonen

racetrack ['reistræk] n kilparata

racial ['reiʃəl] adj rotu-

racket ['rækit] n meteli; maila

radiator ['reidieitə] n lämpöpatteri

radical ['rædikəl] adj radikaali

radio ['reidiou] n radio

radish ['rædiʃ] n retiisi

radius ['reidiəs] n (pl radii) säde

raft [rɑ:ft] n lautta

rag [ræg] n riepu

rage [reidʒ] v raivota; n raivo

raid [reid] n hyökkäys

rail [reil] n kaide; kisko, raide

railing ['reiliŋ] n kaide

railroad ['reilroud] nAm rautatie

railway ['reilwei] n rautatie; ~ carriage rautatievaunu

rain [rein] n sade; v sataa

rainbow ['reinbou] n sateenkaari

raincoat ['reinkout] n sadetakki

rainproof ['reinpru:f] adj sateenkestävä

rainy ['reini] adj sateinen

raise [reiz] v korottaa; viljellä, kasvattaa; nAm palkankorotus, nousu

raisin ['reizən] n rusina

rake [reik] n harava

rally ['ræli] n
kokoontuminen; ralli
ramp [ræmp] n ramppi
ramshackle ['ræm‚ʃækəl]
adj ränsistynyt
rancid ['rænsid] adj
härskiintynyt
rang [ræŋ] v (p ring)
range [reindʒ] n etäisyys;
piiri; ulottuvuus
range finder ['reindʒ‚faində]
n etäisyysmittari
rank [ræŋk] n arvoaste
ransom ['rænsəm] n lunnaat
pl
rap [ræp] n rap(musiikki)
rape [reip] v raiskata
rapid ['ræpid] adj nopea,
pikainen
rapids ['ræpidz] pl koski
rare [reə] adj harvinainen
rarely ['reəli] adv harvoin
rascal ['rɑːskəl] n vintiö,
lurjus
rash [ræʃ] n ihottuma; adj
harkitsematon
raspberry ['rɑːzbəri] n
vadelma
rat [ræt] n rotta
rate [reit] n tariffi, määrä;
vauhti; at any ~ joka
tapauksessa; ~ of exchange
vaihtokurssi
rather ['rɑːðə] adv melko;
mieluummin
ration ['ræʃən] n annos
rattan [ræ'tæn] n rottinki
raven ['reivən] n korppi
raw [rɔː] adj raaka; ~
material raaka-aine

ray [rei] n säde
rayon ['reiən] n raion
razor ['reizə] n
parranajokone
razor blade ['reizəbleid] n
partaterä
reach [riːtʃ] v saavuttaa; n
kantama
react [ri'ækt] v reagoida
reaction [ri'ækʃən] n reaktio
*read [riːd] v lukea
reading ['riːdiŋ] n lukeminen
reading lamp ['riːdiŋlæmp]
n lukulamppu
reading room ['riːdiŋruːm]
n lukusali
ready ['redi] adj valmis, aulis
ready-made [‚redi'meid] adj
tehdasvalmisteinen, valmis-
real [riəl] adj todellinen
reality [ri'æləti] n todellisuus
realizable ['riəlaizəbəl] adj
toteutuskelpoinen
realize ['riəlaiz] v oivaltaa;
toteuttaa
really ['riəli] adv todella
rear [riə] n takaosa; v
kasvattaa
rear light ['riəlait] n takavalo
reason ['riːzən] n syy, aihe;
järki, ymmärrys; v järkeillä
reasonable ['riːzənəbəl] adj
järkevä; kohtuullinen
reassure [‚riːə'ʃuə] v
rauhoittaa
rebate ['riːbeit] n ostohyvitys
rebellion [ri'beljən] n kapina
recall [ri'kɔːl] v muistaa;
kutsua takaisin; peruuttaa
receipt [ri'siːt] n kuitti;

vastaanottaminen
receive [ri'si:v] v saada,
vastaanottaa
receiver [ri'si:və] n kuuloke
recent ['ri:sənt] adj äskeinen
recently ['ri:səntli] adv
äskettäin, hiljattain
reception [ri'sepʃən] n
vastaanotto; ~ office
vastaanottohuone
receptionist [ri'sepʃənist] n
vastaanottoapulainen;
portieeri
recession [ri'seʃən] n
taantuma; vetäytyminen
recipe ['resipi] n ruokaohje
recital [ri'saitəl] n
sooloesitys, solistikonsertti
reckon ['rekən] v laskea;
arvella
recognition [,rekəg'niʃən] n
tunteminen; tunnustus
recognize ['rekəgnaiz] v
tunnistaa
recollect [,rekə'lekt] v
muistella
recommence [,ri:kə'mens] v
aloittaa uudestaan
recommend [,rekə'mend] v
suositella
recommendation
[,rekəmen'deiʃən] n
suositus
reconciliation
[,rekənsili'eiʃən] n sovinto
reconstructive surgery
[,ri:kən'strʌktiv,'sɜ:dʒəri]
korjaava kirurgia
record[1] ['rekɔːd] n äänilevy;
ennätys; pöytäkirja; long-

-playing ~ LP-levy
record[2] [ri'kɔːd] v merkitä
muistiin
recorder [ri'kɔːdə] n nauhuri
recording [ri'kɔːdiŋ] n
äänitys
record player ['rekɔːd,pleiə]
n levysoitin
recover [ri'kʌvə] v saada
takaisin; tointua, toipua
recovery [ri'kʌvəri] n
parantuminen, toipuminen
recreation [,rekri'eiʃən] n
virkistys; ~ centre
virkistyskeskus; ~ ground
leikkikenttä
recruit [ri'kru:t] n alokas
rectangle ['rektæŋgəl] n
suorakulmio
rectangular [rek'tæŋgjulə]
adj suorakulmainen
rector ['rektə] n kirkkoherra
rectum ['rektəm] n peräsuoli
recyclable [ri:'saikləbəl] adj
kierrätettävä
red [red] adj punainen
redeem [ri'di:m] v pelastaa,
säästää
reduce [ri'dju:s] v vähentää,
pienentää
reduction [ri'dʌkʃən] n
alennus, hinnanalennus
redundant [ri'dʌndənt] adj
liiallinen
reed [ri:d] n kaisla, ruoko
reef [ri:f] n riutta
referee [,refə'ri:] n (in case)
suosittelija; (in argument)
sovittelija; (in game)
erotuomari

reference ['refrəns] n tiedon hakeminen with ~ to viitaten

refer to [ri'fəː] viitata jhk

refill ['riːfil] n täyttöpullo

refinery [ri'fainəri] n jalostamo

reflect [ri'flekt] v heijastaa

reflection [ri'flekʃən] n heijastus; peilikuva

reflector [ri'flektə] n heijastin

reformation [ˌrefə'meiʃən] n parannus; uudelleen järjestely

refresh [ri'freʃ] v virkistää

refreshment [ri'freʃmənt] n virvoke

refrigerator [ri'fridʒəreitə] n jääkaappi

refugee [ˌrefju'dʒiː] n pakolainen

refund¹ [ri'fʌnd] v maksaa takaisin

refund² ['riːfʌnd] n takaisinmaksu

refusal [ri'fjuːzəl] n kieltäytyminen

refuse¹ [ri'fjuːz] v kieltäytyä

refuse² ['refjuːs] n jätteet pl

regard [ri'gɑːd] v pitää jnak; n arvostus; as regards mitä jhkn tulee

regarding [ri'gɑːdiŋ] prep mitä jhkn tulee; koskien (jtk)

regatta [ri'gætə] n purjehduskilpailu

régime [rei'ʒiːm] n hallitusjärjestelmä

region ['riːdʒən] n alue; seutu

regional ['riːdʒənəl] adj alueellinen

register ['redʒistə] v kirjoittautua; kirjata; registered letter kirjattu kirje

registration [ˌredʒi'streiʃən] n ilmoittautuminen; ~ form ilmoittautumislomake; ~ number rekisterinumero; ~ plate rekisterikilpi

regret [ri'gret] v katua, pahoitella; n katumus, pahoittelu

regular ['regjulə] adj säännöllinen, tavallinen

regulate ['regjuleit] v säädellä

regulation [ˌregju'leiʃən] n ohjesääntö; säätö

rehabilitation [ˌriːhəˌbili'teiʃən] n kuntouttaminen

rehearsal [ri'həːsəl] n harjoitus

rehearse [ri'həːs] v harjoitella

reign [rein] n hallitusaika; v hallita

reimburse [ˌriːim'bəːs] v maksaa takaisin

reindeer ['reindiə] n (pl ~) poro

reject [ri'dʒekt] v hylätä; torjua

relate [ri'leit] v kertoa

related [ri'leitid] adj sukua oleva

relation [ri'leiʃən] n suhde,
yhteys; sukulainen

relative ['relətiv] n
sukulainen; adj
suhteellinen

relax [ri'læks] v rentoutua

relaxation [ˌriːlæk'seiʃən] n
rentoutuminen

reliable [ri'laiəbəl] adj
luotettava

relic ['relik] n pyhäinjäännös

relief [ri'liːf] n helpotus,
huojennus; apu; korkokuva

relieve [ri'liːv] v helpottaa,
vapauttaa

religion [ri'lidʒən] n uskonto

religious [ri'lidʒəs] adj
uskonnollinen

rely on [ri'lai] luottaa

remain [ri'mein] v jäädä;
jäädä jäljelle

remainder [ri'meində] n
loput pl, jäännös, ylijäämä

remaining [ri'meiniŋ] adj
muu, jäljellä oleva

remark [ri'maːk] v
huomauttaa; n huomautus

remarkable [ri'maːkəbəl]
adj merkittävä

remedy ['remədi] n
parannuskeino; lääke

remember [ri'membə] v
muistaa

remembrance
[ri'membrəns] n muisto

remind [ri'maind] v
muistuttaa

remit [ri'mit] v lähettää
(rahaa)

remittance [ri'mitəns] n

rahalähetys

remnant ['remnənt] n
jäänne, jäännös

remote [ri'mout] adj
kaukainen, syrjäinen

remote control
[ri'mout ˌkən'troul] n
kaukosäätö control

removal [ri'muːvəl] n poisto;
muutto

remove [ri'muːv] v poistaa;
muuttaa

remunerate [ri'mjuːnəreit] v
korvata

remuneration
[riˌmjuːnə'reiʃən] n korvaus

renew [ri'njuː] v uudistaa;
pidentää

renewable [ri'njuːəbəl] adj
uusiutuva

rent [rent] n vuokrata; n
vuokra

repair [ri'pɛə] v korjata,
kunnostaa; n korjaus

reparation [ˌrepə'reiʃən] n
korjaus

*repay [ri'pei] v maksaa
takaisin

repayment [ri'peimənt] n
takaisinmaksu

repeat [ri'piːt] v toistaa

repellent [ri'pelənt] adj
vastenmielinen

repentance [ri'pentəns] n
katumus

repertory ['repətəri] n
ohjelmisto

repetition [ˌrepə'tiʃən] n
toistaminen

replace [ri'pleis] v korvata

reply [ri'plai] v vastata; n vastaus; in ~ vastaukseksi

report [ri'pɔːt] v tiedottaa; ilmoittaa; ilmoittautua; n selonteko, selostus

reporter [ri'pɔːtə] n toimittaja

represent [,repri'zent] v edustaa; esittää

representation [,reprizen'teiʃən] n edustus

representative [,repri'zentətiv] adj edustava

reprimand ['reprimɑːnd] v nuhdella

reproach [ri'proutʃ] v moittia; n moite

reproduce [,riːprə'djuːs] v jäljentää

reproduction [,riːprə'dʌkʃən] n jäljennös

reptile ['reptail] n matelija

republic [ri'pʌblik] n tasavalta

republican [ri'pʌblikən] adj tasavaltalainen

repulsive [ri'pʌlsiv] adj vastenmielinen

reputation [,repju'teiʃən] n maine

request [ri'kwest] n pyyntö; v pyytää

require [ri'kwaiə] v vaatia

requirement [ri'kwaiəmənt] n vaatimus

requisite ['rekwizit] adj pakollinen

rescue ['reskjuː] v pelastaa; n pelastaminen

research [ri'sɔːtʃ] n tutkimus

resemblance [ri'zembləns] n yhdennäköisyys

resemble [ri'zembəl] v muistuttaa

resent [ri'zent] v panna pahakseen

reservation [,rezə'veiʃən] n varaus

reserve [ri'zɔːv] v varata; n vara, reservi

reserved [ri'zɔːvd] adj varattu

reservoir ['rezəvwɑː] n säiliö

reside [ri'zaid] v asua

residence ['rezidəns] n asuinpaikka; ~ permit oleskelulupa

resident ['rezidənt] n vakinainen asukas; adj vakinaisesti asuva

resign [ri'zain] v erota

resignation [,rezig'neiʃən] n eron pyyntö

resin ['rezin] n pihka

resist [ri'zist] v vastustaa

resistance [ri'zistəns] n vastustus, vastarintaliike

resolute ['rezəluːt] adj päättäväinen

respect [ri'spekt] v kunnioittaa; n kunnioitus, arvonanto

respectable [ri'spektəbəl] adj kunnioitettava, kunniallinen

respectful [ri'spektfəl] adj kunnioittava

respective [ri'spektiv] adj
asianomainen

respiration [,respə'reiʃən] n
hengitys

respite ['respait] n lykkäys

responsibility
[ri,spɔnsə'biləti] n vastuu

responsible [ri'spɔnsəbəl]
adj vastuullinen

rest [rest] n lepo; jäännös; v
levätä

rest room ['restru:m] nAm
WC

restaurant ['restərɔ-:] n
ravintola

restful ['restfəl] adj
rauhoittava

rest home [n 'resthoum] n
lepokoti

restless ['restləs] adj
levoton, rauhaton

restrain [ri'strein] v
pidättää, hillitä

restriction [ri'strikʃən] n
rajoitus

result [ri'zʌlt] v olla
seurauksena; n seuraus

resume [ri'zju:m] v ryhtyä
uudelleen

résumé ['rezjumei] n
tiivistelmä

retail ['ri:teil] v myydä
vähittäin; ~ trade
vähittäiskauppa

retailer ['ri:teilə] n
vähittäiskauppias;
jälleenmyyjä

retina ['retinə] n
verkkokalvo

retire [ri'taiə] v (work)

päästä eläkkeelle;
(withdraw) vetäytyä
jonnekin; (go to bed)
mennä nukkumaan

retired [ri'taiəd] adj
eläkkeellä oleva

retirement [ri'taiəmənt] n
eläke(vuodet)

return [ri'tə:n] v palata; n
paluu; ~ flight paluulento; ~
journey paluumatka; ~
ticket edestakainen lippu

reunite [,ri:ju'nait] v
yhdistää uudelleen

reveal [ri'vi:l] v ilmaista,
paljastaa

revelation [,revə'leiʃən] n
paljastus

revenge [ri'vendʒ] n kosto

revenue ['revənju:] n tulot
pl

reverse [ri'və:s] v peruuttaa;
n vastakohta; kääntöpuoli;
peruutusvaihde;
vastoinkäyminen,
täyskäännös; adj
päinvastainen

review [ri'vju:] n arvostelu

revise [ri'vaiz] v tarkistaa

revision [ri'viʒən] n
tarkastus

revival [ri'vaivəl] n
elpyminen

revolt [ri'voult] v kapinoida;
n kapina, mellakka

revolting [ri'voultiŋ] adj
inhottava, kuvottava,
kuohuttava

revolution [,revə'lu:ʃən] n
vallankumous; kiertoliike

revolutionary
[‚revə'luːʃənəri] adj
vallankumouksellinen

revolver [ri'vɔlvə] n
revolveri

revue [ri'vjuː] n revyy

reward [ri'wɔːd] n palkkio; v
palkita

rheumatism ['ruːmətizəm] n
reumatismi

rhinoceros [rai'nɔsərəs] n
(pl ~, ~es) sarvikuono

rhubarb ['ruːbɑːb] n
raparperi

rhyme [raim] n loppusointu

rhythm ['riðəm] n rytmi

rib [rib] n kylkiluu

ribbon ['ribən] n nauha

rice [rais] n riisi

rich [ritʃ] adj rikas

riches ['ritʃiz] pl rikkaus

rid [rid] v vapautua; get ~ of
hankkiutua eroon

riddle ['ridəl] n arvoitus

ride [raid] n ajelu

*ride [raid] v ajaa; ratsastaa

rider ['raidə] n ratsastaja

ridge [ridʒ] n
vuorenharjanne

ridicule ['ridikjuːl] v tehdä
naurettavaksi

ridiculous [ri'dikjuləs] adj
naurettava

riding ['raidiŋ] n ratsastus

riding school ['raidiŋskuːl]
n ratsastuskoulu

rifle ['raifəl] v kivääri

right [rait] n oikeus; adj
oikea; suora;
oikeanpuoleinen;

oikeudenmukainen; all
right hyvä on; *be ~ olla
oikeassa; ~ of way etuajo-
-oikeus

righteous ['raitʃəs] adj
oikeamielinen

right-hand ['raithænd] adj
oikeanpuoleinen

rightly ['raitli] adv
oikeutetusti

rim [rim] n vanne; reuna

ring [riŋ] n sormus; rengas;
kehä

*ring [riŋ] v soittaa; ~ up
soittaa puhelimella

rinse [rins] v huuhtoa;
huuhtelu

riot ['raiət] n mellakka

rip [rip] v repiä

ripe [raip] adj kypsä

rise [raiz] n korotus;
palkankorotus; mäki; nousu

*rise [raiz] v nousta; kohota

rising ['raiziŋ] n
kansannousu

risk [risk] n vaara; uhka; v
vaarantaa

risky ['riski] adj vaarallinen,
uskallettu

rival ['raivəl] n kilpailija; v
kilpailla

rivalry ['raivəlri] n kilpailu

river ['rivə] n joki; ~ bank
jokipenger

riverside ['rivəsaid] n
joenvarsi

roach [routʃ] n (pl ~) särki

road [roud] n katu, tie; ~ fork
tienristeys; ~ map tiekartta;
~ system tieverkko; ~ up

tietyö

roadhouse ['roudhaus] n majatalo

roadrage ['roud,reidʒ] n liikenneraivo

roadside ['roudsaid] n tienvieri

roadway ['roudwei] n Am ajorata

roam [roum] v kuljeskella

roar [rɔ:] v karjua, kohista; n pauhu, karjunta

roast [roust] v paistaa, paahtaa

rob [rɔb] v ryöstää

robber ['rɔbə] n rosvo

robbery ['rɔbəri] n ryöstö

robe [roub] n kylpytakki; viitta

robin ['rɔbin] n punarinta

robust [rou'bʌst] adj vankka

rock [rɔk] n kallio; v keinua

rocket ['rɔkit] n ohjus; raketti

rocky ['rɔki] adj kallioinen

rod [rɔd] n vapa, keppi

roe [rou] n mäti; kauris

roll [roul] v kierittää; n rulla; sämpylä

Rollerblade® ['roulə,bleid] n rullaluistin; v rullaluistella

roller-skating ['roulə,skeitiŋ] n rullaluistelu

Roman Catholic ['roumən 'kæθəlik] n roomalaiskatolinen

romance [rə'mæns] n romanssi

romantic [rə'mæntik] adj

romanttinen

roof [ru:f] n katto; thatched ~ olkikatto

room [ru:m] n huone; sija, tila; ~ and board täysihoito; ~ service huonepalvelu; ~ temperature huonelämpötila

roomy ['ru:mi] adj tilava

root [ru:t] n juuri

rope [roup] n köysi

rosary ['rouzəri] n rukousnauha

rose [rouz] n ruusu; adj ruusunpunainen

rotten ['rɔtən] adj mätä

rouge [ru:ʒ] n poskipuna

rough [rʌf] adj epätasainen, karkea

roulette [ru:'let] n ruletti

round [raund] adj pyöreä; prep ympäri; n kierros; ~ trip Am edestakainen matka

roundabout ['raundəbaut] n liikenneympyrä

rounded ['raundid] adj pyöristetty

route [ru:t] n reitti

routine [ru:'ti:n] n rutiini

row[1] [rou] n rivi; v soutaa

row[2] [rau] n riita

rowdy ['raudi] adj räyhäävä

rowing boat ['rouiŋbout] n soutuvene

royal ['rɔiəl] adj kuninkaallinen

rub [rʌb] v hieroa

rubber ['rʌbə] n kumi; pyyhekumi; ~ band

kuminauha
rubbish ['rʌbiʃ] n roskat pl;
pöty; talk ~ jaaritella
rubbish bin ['rʌbiʃbin] n
roskasanko
ruby ['ruːbi] n rubiini
rucksack ['rʌksæk] n rinkka
rudder ['rʌdə] n peräsin
rude [ruːd] adj karkea
rug [rʌg] n matto
ruin ['ruːin] v tuhota;
turmio; turma rauniot pl
rule [ruːl] n sääntö; hallitus,
valta; v hallita, vallita; as a
~ yleensä, tavallisesti
ruler ['ruːlə] n hallitsija,
valtias; viivoitin
Rumania [ruːˈmeiniə]
Romania
Rumanian [ruːˈmeiniən] adj

romanialainen
rumour ['ruːmə] n huhu
*run [rʌn] v juosta; ~ into
kohdata sattumalta
runaway ['rʌnəwei] n
karkuri
rung [rʌn] v (pp ring)
runner ['rʌnə] n juoksija
runway ['rʌnwei] n kiitorata
rural ['ruərəl] adj maalainen
ruse [ruːz] n juoni
rush [rʌʃ] v rynnätä; n kaisla
rush hour ['rʌʃauə] n
ruuhka-aika
Russia ['rʌʃə] Venäjä
Russian ['rʌʃən] adj
venäläinen
rust [rʌst] n ruoste
rustic ['rʌstik] adj maalais-
rusty ['rʌsti] adj ruosteinen

S

sack [sæk] n säkki
sacred ['seikrid] adj pyhä
sacrifice ['sækrifais] v
uhrata; n uhraus
sacrilege ['sækrilidʒ] n
pyhäinhäväistys
sad [sæd] adj surullinen;
alakuloinen
saddle ['sædəl] n satula
sadness ['sædnəs] n apeus
safe [seif] adj turvallinen; n
kassakaappi, tallelokero
safety ['seifti] n turvallisuus
safety belt ['seiftibelt] n
turvavyö
safety pin ['seiftipin] n

hakaneula
safety razor ['seifti,reizə] n
parranajokone
sail [seil] v purjehtia,
matkustaa laivalla; n purje
sailing boat ['seiliŋbout] n
purjevene
sailor ['seilə] n merimies
saint [seint] n pyhimys
salad ['sæləd] n salaatti
salad-oil ['sælədoil] n
ruokaöljy
salary ['sæləri] n palkka
sale [seil] n myynti;
clearance ~
tyhjennysmyynti; for ~

myytävänä; sales myynti,
alennusmyynti; sales tax
liikevaihtovero

saleable ['seiləbəl] adj
kaupaksi menevä

salesgirl ['seilzgə:l] n
myyjätär

salesman ['seilzmən] n (pl
-men) myyjä

salmon ['sæmən] n (pl ~)
lohi

salon ['sælɔ:ʒ] n salonki

saloon [sə'lu:n] n baari,
kapakka

salt [sɔːlt] n suola

salt cellar['sɔːlt,selə] n, salt
shaker nAm suola-astia

salty ['sɔːlti] adj suolainen

salute [sə'lu:t] v tervehtiä

salve [sɑːv] n salva

same [seim] adj sama

sample ['sɑːmpəl] n näyte

sanatorium [,sænə'tɔːriəm]
n (pl ~s, -ria) parantola

sand [sænd] n hiekka

sandal ['sændəl] n sandaali

sandpaper ['sænd,peipə] n
hiekkapaperi

sandwich ['sænwidʒ] n
voileipä

sandy ['sændi] adj
hiekkainen

sanitary ['sænitəri] adj
hygieeninen, terveys-; ~
towel terveysside

sapphire ['sæfaiə] n safiiri

sardine [sɑː'diːn] n sardiini

satchel ['sætʃəl] n
koululaukku

satellite ['sætəlait] n

satelliitti

satellite dish ['sætəlait,diʃ]
n satelliittiantenni

satellite radio
['sætəlait,'reidiou] n
satelliittiradio

satin ['sætin] n satiini

satisfaction [,sætis'fækʃən]
n tyydytys, tyytyväisyys

satisfactory [,sætis'fæktəri]
adj tyydyttävä

satisfy ['sætisfai] v
tyydyttää; satisfied
tyytyväinen

Saturday ['sætədi] lauantai

sauce [sɔːs] n kastike

saucepan ['sɔːspən] n kasari

saucer ['sɔːsə] n teevati

Saudi Arabia
[,saudiə'reibiə] Saudi-
-Arabia

Saudi Arabian
[,saudiə'reibiən] adj
saudiarabialainen

sauna ['sɔːnə] n sauna

sausage ['sɔsidʒ] n makkara

savage ['sævidʒ] adj villi

save [seiv] v pelastaa;
säästää

savings ['seivinz] pl säästöt
pl; ~ bank säästöpankki

saviour ['seivjə] n pelastaja

savoury ['seivəri] adj
maukas

*saw [sɔː] v sahata

saw¹ [sɔː] v p see

saw² [sɔː] n saha

sawdust ['sɔːdʌst] n
sahajauho

sawmill ['sɔːmil] n sahalaitos

*say [sei] *v* sanoa

scaffolding ['skæfəldiŋ] *n* rakennustelineet *pl*

scale [skeil] *n* mittakaava; asteikko; suomu; **scales** *pl* vaaka

scan [skæn] *v* skannata; *n* skannaus

scandal ['skændəl] *n* häväistysjuttu

Scandinavia [,skændi'neiviə] Skandinavia

Scandinavian [,skændi'neiviən] *adj* skandinaavinen; *n* skandinaavi

scanner ['skænə] *n* skanneri

scapegoat ['skeipgout] *n* syntipukki

scar [skɑː] *n* arpi

scarce [skɛəs] *adj* niukka

scarcely ['skɛəsli] *adv* tuskin

scarcity ['skɛəsəti] *n* niukkuus

scare [skɛə] *v* pelästyttää; *n* pelko

scarf [skɑːf] *n* (pl ~s, scarves) huivi, kaulaliina

scarlet ['skɑːlət] *adj* helakanpunainen

scary ['skɛəri] *adj* huolestuttava, pelottava

scatter ['skætə] *v* sirotella

scene [siːn] *n* kohtaus (näytelmässä); tapahtumapaikka

scenery ['siːnəri] *n* maisema

scenic ['siːnik] *adj* luonnonkaunis

scent [sent] *n* tuoksu

schedule ['fedjuːl] *n* aikataulu

scheme [skiːm] *n* kaava

scholar ['skɔlə] *n* oppinut; akatemian jäsen

scholarship ['skɔləfip] *n* apuraha

school [skuːl] *n* koulu

schoolboy ['skuːlbɔi] *n* koulupoika

schoolgirl ['skuːlgəːl] *n* koulutyttö

schoolmaster ['skuːl,mɑːstə] *n* (mies)opettaja (vanh)

schoolteacher ['skuːl,tiːtfə] *n* opettaja

science ['saiəns] *n* tiede, luonnontiede

scientific [,saiən'tifik] *adj* tieteellinen

scientist ['saiəntist] *n* tiedemies

scissors ['sizəz] *pl* sakset *pl*

scold [skould] *v* torua; sättiä

scooter ['skuːtə] *n* skootteri; potkulauta

score [skɔː] *n* pistemäärä; *v* saada pisteitä

scorn [skɔːn] *n* pilkka, ylenkatse; *v* halveksia

Scot [skɔt] *n* skotlantilainen

Scotch [skɔtf] *adj* skotlantilainen

Scotland ['skɔtlənd] Skotlanti

Scottish ['skɔtif] *adj* skotlantilainen

scout [skaut] *n* partiolainen

scrap [skræp] *n* pala; romu

scrapbook ['skræpbuk] *n* leikekirja

scrape [skreip] *v* raapia

scratch [skrætʃ] *v* naarmuttaa, raapia; *n* naarmu

scream [skri:m] *n* kirkua, huutaa; *n* kirkaisu

screen [skri:n] *n* suojus; kuvaruutu, valkokangas

screw [skru:] *n* ruuvi; *v* ruuvata

screwdriver ['skru:,draivə] *n* ruuvimeisseli; ruuvitaltta

scrub [skrʌb] *v* hangata; *n* pensaikko

sculptor ['skʌlptə] *n* kuvanveistäjä

sculpture ['skʌlptʃə] *n* veistos

sea [si:] *n* meri

seabird ['si:bə:d] *n* merilintu

seashore ['si:koust] *n* merenranta

seagull ['si:gʌl] *n* kalalokki, lokki

seal [si:l] *n* sinetti; hylje

seam [si:m] *n* sauma

seaman ['si:mən] *n* (pl -men) merimies

seamless ['si:mləs] *adj* saumaton

seaport ['si:pɔ:t] *n* satama

search [sə:tʃ] *v* etsiä; tarkastaa, etsiä tarkoin; tarkastus

searchlight ['sə:tʃlait] *n* valonheitin

seascape ['si:skeip] *n* merimaisema

seashell ['si:ʃel] *n* näkinkenkä

seashore ['si:ʃɔ:] *n* merenranta

seasick ['si:sik] *adj* merisairas

seasickness ['si:,siknəs] *n* merisairaus

seaside ['si:said] *n* merenrannikko; ~ resort merikylpylä

season ['si:zən] *n* kausi, vuodenaika; high ~ huippusesonki; low ~ hiljainen kausi; off ~ sesongin ulkopuolinen aika

season ticket ['si:zən,tikit] *n* kausilippu

seat [si:t] *n* istuin; istumapaikka

seat belt ['si:tbelt] *n* turvavyö

sea urchin ['si:,ə:tʃin] *n* merisiili

sea water ['si:,wɔ:tə] *n* merivesi

second ['sekənd] *num* toinen; *n* sekunti; silmänräpäys

secondary ['sekəndəri] *adj* toisarvoinen; ~ school ylästeja lukio

second-hand [,sekənd'hænd] *adj* käytetty

secret ['si:krət] *n* salaisuus; *adj* salainen

secretary ['sekrətri] *n* sihteeri

section ['sekʃən] n osasto;
lokero; jaosto

secure [si'kjuə] adj varma; v
varmistua

security [si'kjuərəti] n
turvallisuus; takuu

sedative ['sedətiv] n
rauhoittava lääke

seduce [si'djuːs] v vietellä

*see [siː] v nähdä; ymmärtää;
~ to huolehtia jstk

seed [siːd] n siemen

*seek [siːk] v etsiä

seem [siːm] v tuntua,
näyttää jltk

seen [siːn] v pp see

seesaw ['siːsɔː] n keinulauta

seize [siːz] v tarttua

seldom ['seldəm] adv
harvoin

select [si'lekt] v valita,
valikoida; adj hieno,
valikoitu

selection [si'lekʃən] n
valikoima

self [self] n (pl selves) itse

self-centred [,self'sentəd]
adj itsekeskeinen

self-employed
[,selfim'plɔid] adj
itsenäinen
ammatinharjoittaja,
yksityisyrittäjä

self-evident [,sel'fevidənt]
adj itsestään selvä

self-government
[,self'gʌvəmənt] n
itsehallinto

selfish ['selfiʃ] adj itsekäs

selfishness ['selfiʃnəs] n
itsekkyys

self-service [,self'səːvis] n
itsepalvelu; ~ restaurant
itsepalveluravintola

*sell [sel] v myydä

semblance ['sembləns] n
näköisyys, kaltaisuus

semi- ['semi] puoli-

semicircle ['semi,səːkəl] n
puoliympyrä

semicolon [,semi'koulən] n
puolipiste

senate ['senət] n senaatti

senator ['senətə] n
senaattori

*send [send] v lähettää; ~
back palauttaa; ~ for
lähettää noutamaan; ~ off
lähettää pois

sender ['sendə] n lähettäjä

senile ['siːnail] adj
vanhuudenhöperö

sensation [sen'seiʃən] n
sensaatio; aistimus, tunne

sensational [sen'seiʃənəl]
adj huomiota herättävä

sense [sens] n aisti; järki;
merkitys; taju, merkitys; v
aavistaa; ~ of honour
kunniantunto

senseless ['sensləs] adj
järjetön

sensible ['sensəbəl] adj
järkevä

sensitive ['sensitiv] adj
herkkä

sentence ['sentəns] n lause;
tuomio; v tuomita

sentimental [,senti'mentəl]
adj tunteellinen

separate¹ ['sepəreit] v
erottaa

separate² ['sepərət] adj
erillinen

separately ['sepərətli] adv
erikseen

September [sep'tembə]
syyskuu

septic ['septik] adj
tulehtunut; *become ~
tulehtua

sequel ['si:kwəl] n jatko-osa

sequence ['si:kwəns] n
järjestys; peräkkäisyys;
sarja

serene [sə'ri:n] adj tyyni;
seesteinen

serial ['siəriəl] n
sarjaohjelma

series ['siəri:z] n (pl ~) sarja,
jakso

serious ['siəriəs] adj vakava

seriousness ['siəriəsnəs] n
vakavuus

sermon ['sə:mən] n saarna

serum ['siərəm] n seerumi

servant ['sə:vənt] n palvelija

serve [sə:v] v tarjoilla

service ['sə:vis] n palvelus;
palvelu; ~ charge
palvelumaksu; ~ station
huoltoasema

serviette [,sə:vi'et] n
lautasliina

session ['seʃən] n istunto

set [set] n sarja

*set [set] v asettaa; ~ menu
kiinteä ruokalista; ~ out
lähteä

setting ['setiŋ] n puitteet pl;

~ lotion kampausneste

settle ['setəl] v järjestää,
selvittää; ~ down asettua
asumaan

settlement ['setəlmənt] n
järjestely, sopimus;
siirtokunta

seven ['sevən] num
seitsemän

seventeen [,sevən'ti:n] num
seitsemäntoista

seventeenth [,sevən'ti:nθ]
num seitsemästoista

seventh ['sevənθ] num
seitsemäs

seventy ['seventi] num
seitsemänkymmentä

several ['sevərəl] adj usea

severe [si'viə] adj kova,
ankara

*sew [sou] v ommella; ~ up
ommella haava

sewer ['su:ə] n viemäri

sewing machine
['souiŋmə,ʃi:n] n
ompelukone

sex [seks] n sukupuoli; seksi

sexual ['sekʃuəl] adj
seksuaalinen, seksi-

sexuality [,sekʃu'æləti] n
seksuaalisuus

shade [ʃeid] n varjo;
vivahdus

shadow ['ʃædou] n varjo

shady ['ʃeidi] adj varjoisa

*shake [ʃeik] v ravistaa

shaky ['ʃeiki] adj vapiseva

*shall [ʃæl] v pitää, täytyä

shallow ['ʃælou] adj matala

shame [ʃeim] n häpeä;

shorthand

shame! hyi

shampoo [ʃæm'puː] *n* sampoo

shamrock ['ʃæmrɔk] *n* apilanlehti

shape [ʃeip] *v* muovata; *n* muoto

share [ʃɛə] *v* jakaa; *n* osuus; osake

shark [ʃɑːk] *n* hai

sharp [ʃɑːp] *adj* terävä

sharpen ['ʃɑːpən] *v* teroittaa

shave [ʃeiv] *v* ajaa parta

shaver ['ʃeivə] *n* parranajokone

shaving brush ['ʃeiviŋbrʌʃ] *n* partasuti

shaving cream ['ʃeiviŋkriːm] *n* partavaahto

shaving soap ['ʃeiviŋsoup] *n* parranajosaippua

shawl [ʃɔːl] *n* hartiahuivi

she [ʃiː] *pron* hän (naisesta)

shed [ʃed] *n* vaja

*shed [ʃed] *v* vuodattaa, valaa

sheep [ʃiːp] *n* (pl ~) lammas

sheer [ʃiə] *adj* pelkkä, silkka

sheet [ʃiːt] *n* lakana; paperiarkki; levy

shelf [ʃelf] *n* (pl shelves) hylly

shell [ʃel] *n* simpukankuori

shellfish ['ʃelfiʃ] *n* äyriäinen

shelter ['ʃeltə] *n* suoja; *v* suojata

shepherd ['ʃepəd] *n* paimen

shift [ʃift] *n* vaihto; työvuoro

*shine [ʃain] *v* kiiltää, loistaa

ship [ʃip] *n* laiva; *v* laivata;

shipping line laivayhtiö

shipowner ['ʃi,pounə] *n* laivanvarustaja

shipyard ['ʃipjɑːd] *n* laivaveistämö

shirt [ʃɔːt] *n* paita

shiver ['ʃivə] *v* vapista, väristä; *n* väristys

shock [ʃɔk] *v* järkyttää; *n* järkytys; ~ absorber iskunvaimentaja

shocking ['ʃɔkiŋ] *adj* järkyttävä

shoe [ʃuː] *n* kenkä; gym shoes voimistelutossut *pl*; ~ polish kengänkiiloke

shoelace ['ʃuːleis] *n* kengännauha

shoemaker ['ʃuː,meikə] *n* suutari

shoe shop ['ʃuːʃɔp] *n* kenkäkauppa

shook [ʃuk] *v* (p shake)

*shoot [ʃuːt] *v* ampua

shop [ʃɔp] *v* käydä ostoksilla; *n* kauppa; ~ assistant myyjä; shopping bag ostoslaukku; shopping centre ostoskeskus

shopkeeper ['ʃɔp,kiːpə] *n* kauppias

shopwindow [,ʃɔp'windou] *n* näyteikkuna

shore [ʃɔː] *n* ranta

short [ʃɔːt] *adj* lyhyt; ~ circuit oikosulku

shortage ['ʃɔːtidʒ] *n* pula

shorten ['ʃɔːtən] *v* lyhentää

shorthand ['ʃɔːthænd] *n* pikakirjoitus

shortly ['ʃɔːtli] adv pian

shorts [ʃɔːts] pl shortsit pl; plAm alushousut pl

short-sighted [,ʃɔːt'saitid] adj likinäköinen

shot [ʃɔt] n laukaus; ruiske; otos

*should [ʃud] v täytyisi, pitäisi

shoulder ['ʃouldə] n hartia

shout [ʃaut] v kirkua, huutaa; n huuto

shovel ['ʃʌvəl] n lapio

show [ʃou] n esitys; näyttely

*show [ʃou] v näyttää; osoittaa

showcase ['ʃoukeis] n lasikaappi, vitriini

shower ['ʃauə] n suihku; sadekuuro

showroom ['ʃouruːm] n näyttelytila

shriek [ʃriːk] v kirkua; n kirkaisu

shrimp [ʃrimp] n katkarapu

shrine [ʃrain] n pyhiinvaelluspaikka, pyhäkkö

*shrink [ʃriŋk] v kutistua

shrinkproof ['ʃriŋkpruːf] adj kutistumaton

shrub [ʃrʌb] n pensas

shudder ['ʃʌdə] n väristys

shuffle ['ʃʌfəl] v sekoittaa kortit; n satunnaissoitto (CD-soittimessa)

*shut [ʃʌt] v sulkea; shut suljettu; ~ in teljetä

shutter ['ʃʌtə] n ikkunaluukku, luukku

shy [ʃai] adj ujo, arka

shyness ['ʃainəs] n ujous

Siamese [,saiə'miːz] adj siamilainen

sick [sik] adj sairas

sickness ['siknəs] n sairaus; pahoinvointi

side [said] n reuna, sivu; puoli; onesided adj yksipuolinen

sideburns ['saidbəːnz] pl pulisiipä

sidelight ['saidlait] n sivuvalo

side street ['saidstriːt] n sivukatu

sidewalk ['saidwɔːk] nAm jalkakäytävä

sideways ['saidweiz] adv sivulle, sivuttain

siege [siːdʒ] n piiritys

sieve [siv] n sihti; v seuloa

sift [sift] v seuloa

sight [sait] n näky; nähtävyys

sign [sain] n tunnus, merkki; kyltti; viittaus, ele; v allekirjoittaa

signal ['signəl] v antaa merkki; n merkki

signature ['signətʃə] n nimikirjoitus

significant [sig'nifikənt] adj merkittävä

signpost ['sainpoust] n tienviitta

silence ['sailəns] n hiljaisuus; v vaientaa

silencer ['sailənsə] n äänenvaimennin

silent ['sailənt] *adj* vaitelias, äänetön; **be ~* vaieta

silk [silk] *n* silkki

silly ['sili] *adj* typerä

silver ['silvə] *n* hopea; hopeinen

silversmith ['silvəsmiθ] *n* hopeaseppä

silverware ['silvəwɛə] *n* hopeatavara

similar ['similə] *adj* samanlainen

similarity [,simi'lærəti] *n* samanlaisuus

simple ['simpəl] *adj* yksinkertainen

simply ['simpli] *adv* yksinkertaisesti

simulate ['simjuleit] *v* simuloida, jäljitellä

simultaneous [,siməl'teiniəs] *adj* samanaikainen

sin [sin] *n* synti

since [sins] *prep* jstak alkaen, jstak asti;; *conj* sen jälkeen kun; koska

sincere [sin'siə] *adj* vilpitön; sincerely vilpittömästi

sinew ['sinju:] *n* jänne

*sing [siŋ] *v* laulaa

singer ['siŋə] *n* laulaja

single ['siŋgəl] *adj* ainoa; naimaton; *~ room* yhden hengen huone

singular ['siŋgjulə] *n* yksikkö; *adj* epätavallinen

sinister ['sinistə] *adj* pahaenteinen

sink [siŋk] *n* pesuallas

*sink [siŋk] *v* vajota

sip [sip] *n* siemaus

sir [sə:] *n* hyvä herra

siren ['saiərən] *n* sireeni

sister ['sistə] *n* sisar

sister-in-law ['sistərinlɔ:] *n* (pl sisters-) käly

*sit [sit] *v* istua; *~ down* istuutua

site [sait] *n* tontti; sijainti

sitting room ['sitiŋru:m] *n* olohuone

situated ['sitʃueitid] *adj* sijaitseva

situation [,sitʃu'eiʃən] *n* tilanne; sijainti, asema

six [siks] *num* kuusi

sixteen [,siks'ti:n] *num* kuusitoista

sixteenth [,siks'ti:nθ] *num* kuudestoista

sixth [siksθ] *num* kuudes

sixty ['siksti] *num* kuusikymmentä

size [saiz] *n* koko; suuruus

skate [skeit] *v* luistella; *n* luistin

skating ['skeitiŋ] *n* luistelu

skating rink ['skeitiŋriŋk] *n* luistinrata

skeleton ['skelitən] *n* luuranko

sketch [sketʃ] *n* luonnos, piirustus; *v* piirtää, luonnostella

ski¹ [ski:] *v* hiihtää

ski² [ski:] *n* (pl ~, ~s) suksi; *~ boots* monot *pl*; *~ pants* hiihtohousut *pl*; *~ poles Am* suksisauvat *pl*; *~ sticks*

suksisauvat *pl*
skid [skid] *v* luisua
skier ['skiːə] *n* hiihtäjä
skiing ['skiːiŋ] *n* hiihto
ski jump ['skiːdʒʌmp] *n*
mäkihyppy
skilful ['skilfəl] *adj* taitava,
näppärä, etevä
ski lift ['skiːlift] *n* hiihtohissi
skill [skil] *n* taito
skilled [skild] *adj* taitava;
ammattitaitoinen
skin [skin] *n* iho, nahka;
kuori; ~ cream ihovoide
skip [skip] *v* hyppiä; hypätä
yli
skirt [skəːt] *n* hame
skull [skʌl] *n* kallo
sky [skai] *n* taivas
skyscraper ['skai,skreipə] *n*
pilvenpiirtäjä
slack [slæk] *adj* hidas
slacks [slæks] *pl* (vapaa-
-ajan) housut
slam [slæm] *v* paukauttaa
kiinni
slander ['slaːndə] *n*
panettelu
slang [slæŋ] *n* slangi
slant [slaːnt] *v* kallistua
slanting ['slaːntiŋ] *adj* vino,
kalteva
slap [slæp] *v* läimäyttää; *n*
läimäys
slate [sleit] *n* liuskakivi
slave [sleiv] *n* orja
sledge [sledʒ] *n* reki, kelkka
sleep [sliːp] *n* uni
*slide [sliːp] *v* nukkua
sleeping bag ['sliːpiŋbæg] *n*

makuupussi
sleeping car ['sliːpiŋkaː] *n*
makuuvaunu
sleeping pill ['sliːpiŋpil] *n*
unilääke
sleepless ['sliːpləs] *adj*
uneton
sleepy ['sliːpi] *adj* uninen
sleeve [sliːv] *n* hiha; kotelo
sleigh [slei] *n* kelkka, reki
slender ['slendə] *adj* hoikka
slice [slais] *n* viipale
slide [slaid] *n* liukuminen;
liukurata; kuultokuva,
diakuva
*slide [slaid] *v* liukua
slight [slait] *adj* vähäinen;
lievä
slim [slim] *adj* solakka; *v*
laihduttaa
slip [slip] *v* liukastua;
livahtaa; *n* horjahdus;
alushame
slipper ['slipə] *n* tohveli
slippery ['slipəri] *adj* liukas
slogan ['slougən] *n*
iskulause
slope [sloup] *n* rinne; *v*
viettää
sloping ['sloupiŋ] *adj*
viettävä
sloppy ['slɔpi] *adj* epäsiisti
slot [slɔt] *n* lovi
slot machine ['slɔt,məʃiːn]
n kolikkoautomaatti, raha-
-automaatti
slovenly ['slʌvənli] *adj*
sottainen
slow [slou] *adj* hidas; ~
down hiljentää vauhtia;

hidastaa
sluice [sluːs] *n* ränni, sulkuportti
slum [slʌm] *n* slummi
slump [slʌmp] *n* laskukausi
slush [slʌʃ] *n* lumisohjo
sly [slai] *adj* ovela
smack [smæk] *v* läimäyttää; *n* läimäys
small [smɔːl] *adj* pieni; vähäinen
smallpox ['smɔːlpɔks] *n* isorokko
smart [smɑːt] *adj* tyylikäs; älykäs, taitava
smash [smæʃ] *n* räsähdys; *v* murskata
smell [smel] *n* haju
*****smell** [smel] *v* haista
smelly ['smeli] *adj* pahanhajuinen
smile [smail] *v* hymyillä; *n* hymy
smith [smiθ] *n* seppä
smoke [smouk] *v* tupakoida; *n* savu; **no smoking** tupakointi kielletty
smoke-free ['smouk'friː] *adj* savuton
smoker ['smoukə] *n* tupakoitsija; tupakkaosasto
smoking compartment ['smoukiŋkəm,paːtmənt] *n* tupakkaosasto
smooth [smuːð] *adj* sileä, tyven; joustava
smuggle ['smʌgəl] *v* salakuljettaa
snack [snæk] *n* välipala
snack bar ['snækbɑː] *n*

pikabaari
snail [sneil] *n* etana
snake [sneik] *n* käärme
snapshot ['snæpʃɔt] *n* tilannekuva
sneakers ['sniːkəz] *plAm* lenkkitossut *pl*
sneeze [sniːz] *v* aivastaa
sniper ['snaipə] *n* sala-ampuja
snooty ['snuːti] *adj* koppava
snore [snɔː] *v* kuorsata
snorkel ['snɔːkəl] *n* snorkkeli
snout [snaut] *n* kuono
snow [snou] *n* lumi; *v* sataa lunta
snowstorm ['snoustɔːm] *n* lumimyrsky
snowy ['snoui] *adj* luminen
so [sou] *conj* niin; *adv* siten; niin, siinä määrin; **and ~ on** ja niin edespäin; **~ far** tähän asti; **~ that** joten, jotta
soak [souk] *v* liottaa, kastella läpimäräksi
soap [soup] *n* saippua; **~ powder** pesupulveri
sober ['soubə] *adj* raitis
so-called ['sou'kɔːld] *adj* niin sanottu
soccer ['sɔkə] *n* jalkapallo; **~ team** joukkue
social ['souʃəl] *adj* sosiaalinen
socialism ['souʃəlizəm] *n* sosialismi
socialist ['souʃəlist] *adj* sosialistinen; *n* sosialisti
society [sə'saiəti] *n*

yhteiskunta; seurapiiri; yhdistys

sock [sɔk] n sukka

socket ['sɔkit] n pistorasia

soda ['soudə] nAm limonadi; ~ water soodavesi

sofa ['soufə] n sohva

soft [sɔft] adj pehmeä; ~ drink alkoholiton juoma

soften ['sɔfən] v pehmittää

software ['sɔftweə] n tietokoneohjelma

soil [sɔil] n maa, maaperä

soiled [sɔild] adj likainen

solar ['soulə] adj aurinko-; ~ system aurinkokunta

sold [sould] v (p, pp sell); ~ out loppuunmyyty

soldier ['souldʒə] n sotilas

sole¹ [soul] adj ainoa

sole² [soul] n kengänpohja; meriantura

solely ['soulli] adv yksinomaan

solemn ['sɔləm] adj juhlallinen

solicitor [sə'lisitə] n asianajaja

solid ['sɔlid] adj kiinteä; jykevä; n kiinteä aine

soluble ['sɔljubəl] adj liukeneva

solution [sə'lu:ʃən] n ratkaisu; liuos

solve [sɔlv] v ratkaista

sombre ['sɔmbə] adj synkkä

some [sʌm] adj joku, muutama; pron jotkut, muutamat; vähän; ~ day joskus; ~ more vähän lisää;

~ time joskus

somebody ['sʌmbədi] pron joku

somehow ['sʌmhau] adv jotenkin, jollakin

someone ['sʌmwʌn] pron joku

something ['sʌmθiŋ] pron jotakin

sometimes ['sʌmtaimz] adv toisinaan, joskus

somewhat ['sʌmwɔt] adv hiukan

somewhere ['sʌmweə] adv jossain

son [sʌn] n poika

song [sɔŋ] n laulu

son-in-law ['sʌninlɔ:] n (pl sons-) vävy

soon [su:n] adv pian; as ~ as niin pian kuin

sooner ['su:nə] adv mieluummin

sore [sɔ:] adj kipeä; n kipeä, hellä, arka; ~ throat kipeä kurkku

sorrow ['sɔrou] n suru, murhe

sorry ['sɔri] adj pahoillaan; sorry anteeksi

sort [sɔ:t] v järjestää, lajitella; n laji; all sorts of kaikenlaisia

soul [soul] n sielu; henki

sound [saund] v kuulostaa; n sointu, ääni; adj terve, järkevä

soundproof ['saundpru:f] adj äänieristetty

soup [su:p] n keitto

soup plate ['su:ppleit] n
syvä lautanen

soup spoon ['su:pspu:n] n
keittolusikka

sour [sauə] adj hapan

source [sɔːs] n lähde

south [sauθ] n etelä; South
Pole etelänapa

South Africa [sauθ 'æfrikə]
Etelä-Afrikka

southeast [,sauθ'i:st] n
kaakko

southerly ['sʌðəli] adj
eteläinen

southern ['sʌðən] adj
eteläinen

southwest [,sauθ'west] n
lounas

souvenir ['su:vəniə] n
matkamuisto

sovereign ['sɔvrin] n
hallitsija

Soviet ['souviət] adj
neuvostoliittolainen; ~
Union Neuvostoliitto

*sow [sou] v kylvää

spa [spɑ:] n kylpylä

space [speis] v harventaa; n
tila; avaruus; väli; ~shuttle
avaruussukkula

spacious ['speiʃəs] adj
tilava

spade [speid] n lapio

Spain [spein] Espanja

Spaniard ['spænjəd] n
espanjalainen

Spanish ['spæniʃ] adj
espanjalainen

spanking ['spæŋkiŋ] n
selkäsauna

spanner ['spænə] n
jakoavain, mutterinavain

spare [speə] adj
ylimääräinen; v säästää; ~
part varaosa; ~ room
vierashuone; ~ time vapaa-
-aika; ~ tyre vararengas; ~
wheel varapyörä

spark [spɑ:k] n kipinä

sparking plug
['spɑ:kiŋplʌg] n
sytytystulppa

sparkling ['spɑ:kliŋ] adj
kipinöivä; helmeilevä

sparrow ['spærou] n
varpunen

*speak [spi:k] v puhua

speaker phone
['spi:kə‿foun] n
kaiutinpuhelin

spear [spiə] n keihäs

special ['speʃəl] adj
erityinen, erikoinen; ~
delivery pikaposti

specialist ['speʃəlist] n
asiantuntija

speciality [,speʃi'æləti] n
erikoisuus

specialize ['speʃəlaiz] v
erikoistua

specially ['speʃəli] adv
etenkin

species ['spi:ʃi:z] n (pl ~)
laji

specific [spə'sifik] adj
nimenomainen; ominainen

specimen ['spesimən] n
näyte, näytekappale

speck [spek] n täplä

spectacle ['spektəkəl] n

näytelmä; **spectacles**
silmälasit *pl*
spectator [spek'teɪtə] *n*
katselija
speculate ['spekjuleɪt] *v*
keinotella; mietiskellä
speech [spi:tʃ] *n* puhekyky;
puhe
speechless ['spi:tʃləs] *adj*
sanaton
speed [spi:d] *n* nopeus;
vauhti; **cruising ~**
kulkunopeus; **~ limit**
nopeusrajoitus
***speed** [spi:d] *v* ajaa
nopeasti; **ylittää sallittu
ajonopeus**
speed dial(ing)
['spi:dᴜ„daɪl(ɪŋ)] *n*
pikavalinta
speeding ['spi:dɪŋ] *n*
ylinopeus
speedometer [spi:'dɔmɪtə]
n nopeusmittari
spell [spel] *n* lumous
***spell** [spel] *v* tavata
spelling ['spelɪŋ] *n*
oikeinkirjoitus
***spend** [spend] *v* käyttää,
kuluttaa; viettää
sphere [sfɪə] *n* pallo; piiri
spice [spaɪs] *n* mauste
spiced [spaɪst] *adj* maustettu
spicy ['spaɪsi] *adj* maustettu
spider ['spaɪdə] *n*
hämähäkki; **spider's web**
hämähäkinverkko
***spill** [spɪl] *v* läikyttää
***spin** [spɪn] *v* kehrätä;
pyörittää

spinach ['spɪnɪdʒ] *n* pinaatti
spine [spaɪn] *n* selkäranka
spinster ['spɪnstə] *n*
vanhapiika (halv)
spire [spaɪə] *n* torni
spirit ['spɪrɪt] *n* sielu; aave;
mieliala; **spirits** väkijuomat
pl; **~** stove spriikeitin
spiritual ['spɪrɪtʃuəl] *adj*
hengellinen
spit [spɪt] *n* sylki; varras
***spit** [spɪt] *v* sylkeä
spite [spaɪt] *n*
pahansuopuus; *v* ärsyttää;
in ~ of huolimatta
spiteful ['spaɪtfəl] *adj*
pahansuopa
splash [splæʃ] *v* räiskyttää
splendid ['splendɪd] *adj*
loistava, suurenmoinen
splendour ['splendə] *n*
loisto
splint [splɪnt] *n* lasta
splinter ['splɪntə] *n* sirpale
***split** [splɪt] *v* halkaista
***spoil** [spɔɪl] *v* turmella;
hemmotella
spoke[1] [spouk] *v* (p **speak**)
spoke[2] [spouk] *n* (pyörän)
pinna
sponge [spʌndʒ] *n* pesusieni
spook [spu:k] *n* aave,
kummitus
spool [spu:l] *n* puola
spoon [spu:n] *n* lusikka
spoonful ['spu:nful] *n*
lusikallinen
sport [spɔ:t] *n* urheilu
sports car ['spɔ:tskɑ:] *n*
urheiluauto

sports jacket
['spɔːts̩dʒækit] n
urheilutakki

sportsman ['spɔːtsmən] n
(pl -men) urheilija

sportswear ['spɔːtsweə] n
urheiluasusteet pl

sportswoman
['spɔːtswumən] n (pl
-women) urheilija (nainen)

spot [spɔt] n tahra, täplä;
paikka

spotless ['spɔtləs] adj
tahraton

spotlight ['spɔtlait] n
valonheitin

spotted ['spɔtid] adj täplikäs

spout [spaut] n ruisku;
kouru, nokka

sprain [sprein] v nyrjäyttää;
n nyrjähdys

spray [sprei] n suihke; v
suihkuttaa

*spread [spred] v levittää

spring [spriŋ] n kevät; jousi;
lähde

springtime ['spriŋtaim] n
kevätaika

sprouts [sprauts] pl
ruusukaali

spy [spai] n vakoilija

squadron ['skwɔdrən] n
laivue; eskadeeri

square [skweə] adj
neliönmuotoinen; n neliö;
aukio

squash [skwɔʃ] n
hedelmämehu

squeeze [skwiːz] v puristaa

squirrel ['skwirəl] n orava

squirt [skwəːt] n suihku

stable ['steibəl] adj vakaa; n
talli

stack [stæk] n pino

stadium ['steidiəm] n
stadion

staff [stɑːf] n henkilökunta

stage [steidʒ] n näyttämö;
vaihe, aste; etappi

stain [stein] v tahrata; n
tahra; stained glass
polttovärjätty lasi; ~
remover tahranpoistoaine

stainless ['steinləs] adj
tahraton; ~ steel
ruostumaton teräs

staircase ['steəkeis] n
portaikko

stairs [steəz] pl portaat pl

stale [steil] adj väljähtynyt

stall [stɔːl] n kauppakoju;
permanto (teatt)

stamp [stæmp] n
postimerkki; leima; v
varustaa postimerkillä;
tallata; ~ machine
postimerkkiautomaatti

stand [stænd] n myyntikoju;
puhujakoroke

*stand [stænd] v seisoa

standard ['stændəd] n vakio,
normi; vakio-; ~ of living
elintaso

stanza ['stænzə] n
(runo)säkeistö

staple ['steipəl] n hakanen

star [stɑː] n tähti

starboard ['stɑːbəd] n
tyyrpuuri

stare [steə] v tuijottaa

starling ['staːliŋ] n
kottarainen

start [staːt] v aloittaa; n alku

starting point ['staːtiŋpɔint]
n lähtökohta

state [steit] n valtio; tila; v
ilmoittaa

the States [ðə steits]
Yhdysvallat

statement ['steitmənt] n
lausunto

statesman ['steitsmən] n (pl
-men) valtiomies

station ['steiʃən] n
rautatieasema; asema

stationary ['steiʃənəri] adj
paikallaan pysyvä

stationer's ['steiʃənəz] n
paperikauppa

stationery ['steiʃənəri] n
paperitavarat pl

statistics [stə'tistiks] pl
tilastotiede

statue ['stætʃuː] n patsas

stay [stei] v jäädä, pysyä;
oleskella; n oleskelu

steadfast ['stedfaːst] adj
järkkymätön

steady ['stedi] adj luja,
vakaa

steak [steik] n pihvi

*steal [stiːl] v varastaa

steam [stiːm] n höyry

steamer ['stiːmə] n
höyrylaiva

steel [stiːl] n teräs

steep [stiːp] adj jyrkkä

steeple ['stiːpəl] n
kirkontorni

steer [stiə] v ohjata

steering column
['stiəriŋ,kɔləm] n
ohjaustanko

steering wheel ['stiəriŋwiːl]
n ohjauspyörä

steersman ['stiəzmən] n (pl
-men) perämies

stem [stem] n varsi

stem cell ['stem,sel] n
kantasolu

step [step] n askel; porras; v
astua

stepchild ['steptʃaild] n (pl
-children) lapsipuoli

stepfather ['step,faːðə] n
isäpuoli

stepmother ['step,mʌðə] n
äitipuoli

stereo [steriou] n stereo

sterile ['sterail] adj steriili

sterilize ['sterilaiz] v
steriisoida

steward ['stjuːəd] n stuertti

stewardess ['stjuːədes] n
lentoemäntä

stick [stik] n keppi

*stick [stik] v tarttua, pitää
kiinni; liimata

sticker ['stikə] n tarra

sticky ['stiki] adj tahmea

stiff [stif] adj kankea

still [stil] adv vielä; sittenkin;
adj hiljainen

stimulant ['stimjulənt] n
piristysaine

stimulate ['stimjuleit] v
piristää

sting [stiŋ] n pistos

*sting [stiŋ] v pistää

stingy ['stindʒi] adj saita

*stink [stiŋk] v löyhkätä

stipulate ['stipjuleit] v
määrätä

stipulation [‚stipju'leiʃən] n
määräys

stir [stə:] v liikuttaa;
hämmentää

stitch [stitʃ] n ommel,
pistos; tikki

stock [stɔk] n varasto; v
varastoida; ~ exchange
arvopaperipörssi; ~ market
arvopaperimarkkinat;
stocks and shares
osakkeet pl

stocking ['stɔkiŋ] n (pitkä)
sukka

stole[1] [stoul] v (p steal)

stole[2] [stoul] n stoola

stomach ['stʌmək] n vatsa

stomach ache ['stʌməkeik]
n vatsakipu

stone [stoun] n kivi; jalokivi;
kivinen; pumice ~
hohkakivi

stood [stud] v (p, pp stand)

stop [stɔp] v lopettaa;
pysähdyttää; n pysäkki;
stop seis

stopper ['stɔpə] n tulppa

storage ['stɔːridʒ] n
varastointi

store [stɔː] n varasto;
myymälä; v varastoida

store house ['stɔːhaus] n
varasto

storey ['stɔːri] n kerros

stork [stɔːk] n haikara

storm [stɔːm] n myrsky

stormy ['stɔːmi] adj

myrskyinen

story ['stɔːri] n kertomus

stout [staut] adj tukeva

stove [stouv] n uuni; liesi

straight [streit] adj suora;
rehellinen; adv suoraan; ~
away heti paikalla, suoraa
päätä; ~ on on suoraan
eteenpäin

strain [strein] v rasittaa;
siivilöidä; n rasitus

strainer ['streinə] n siivilä,
suodatin

strange [streindʒ] adj outo;
kummallinen

stranger ['streindʒə] n
muukalainen

strangle ['stræŋgəl] v
kuristaa

strap [stræp] n hihna

straw [strɔː] n olki

strawberry ['strɔːbəri] n
mansikka

stream [striːm] v virrata; n
puro; virta

street [striːt] n katu

streetcar ['striːtkaː] nAm
raitiovaunu

strength [streŋθ] n voima,
vahvuus

stress [stres] v painottaa; n
rasitus; korostus

stretch [stretʃ] v venyttää; n
matkaosuus

strict [strikt] adj ankara

strike [straik] n lakko

*strike [straik] v lyödä;
tuntua (jltkn); lakkoilla

striking ['straikiŋ] adj
silmiinpistävä, huomiota

herättävä

string [striŋ] n nyöri; kieli, jänne

strip [strip] n kaistale; v riisua

stripe [straip] n raita

striped [straipt] adj raidallinen

stroke [strouk] n aivohalvaus

stroll [stroul] v kuljeskella; n kävely

strong [strɔŋ] adj vahva, voimakas

stronghold [ˈstrɔŋhould] n tukikohta

structure [ˈstrʌktʃə] n rakenne

struggle [ˈstrʌɡəl] v tapella; n ponnistus, kamppailu

stub [stʌb] n kanta

stubborn [ˈstʌbən] adj itsepäinen

student [ˈstjuːdənt] n opiskelija; ylioppilas

studies [ˈstʌdiz] npl jatko-opinnot

study [ˈstʌdi] v opiskella; n opinnot pl; työhuone

stuff [stʌf] n aine; tavara

stuffed [stʌft] adj täytetty

stuffing [ˈstʌfiŋ] n täyte

stuffy [ˈstʌfi] adj ummehtunut

stumble [ˈstʌmbəl] v kompastua

stung [stʌŋ] v pp sting

stupid [ˈstjuːpid] adj tyhmä

style [stail] n tyyli

subject[1] [ˈsʌbdʒikt] n aihe;

alamainen; ~ to altis jllk

subject[2] [səbˈdʒekt] v alistaa

submarine [ˈsʌbməriːn] n sukellusvene

submit [səbˈmit] v alistua

subordinate [səˈbɔːdinət] adj alainen; toisarvoinen

subscriber [səbˈskraibə] n tilaaja

subscription [səbˈskripʃən] n tilaus

subsequent [ˈsʌbsikwənt] adj myöhempi

subsidy [ˈsʌbsidi] n apuraha

substance [ˈsʌbstəns] n aine

substantial [səbˈstænʃəl] adj aineellinen; tukeva; melkoinen

substitute [ˈsʌbstitjuːt] v korvata; n korvike; sijainen

subtitle [ˈsʌbˌtaitəl] n alaotsikko

subtle [ˈsʌtəl] adj hiuksenhieno

subtract [səbˈtrækt] v vähentää

suburb [ˈsʌbəːb] n esikaupunki

suburban [səˈbəːbən] adj esikaupunkilainen

subway [ˈsʌbwei] nAm maanalainen

succeed [səkˈsiːd] v onnistua; seurata

success [səkˈses] n menestys

successful [səkˈsesfəl] adj menestyvä

superior

succumb [sə'kʌm] v antaa
myöten

such [sʌtʃ] adj sellainen;
adv niin; ~ as kuten

suck [sʌk] v imeä

sudden ['sʌdən] adj
äkillinen

suddenly ['sʌdənli] adv
äkkiä

suede [sweid] n
mokkanahka

suffer ['sʌfə] v kärsiä

suffering ['sʌfəriŋ] n
kärsimys

suffice [sə'fais] v riittää

sufficient [sə'fiʃənt] adj
kyllin, riittävä

suffrage ['sʌfridʒ] n
äänioikeus

sugar ['ʃugə] n sokeri

suggest [sə'dʒest] v
ehdottaa

suggestion [sə'dʒestʃən] n
ehdotus

suicide ['su:isaid] n
itsemurha

suicide attack
['sju:əsaid‿ə‿tæk] n
itsemurhaisku

suicide bomber
['sju:əsaid‿bomə] n
itsemurhapommittaja

suit [su:t] v sopia; sovittaa; n
puku

suitable ['su:təbəl] adj
sopiva

suitcase ['su:tkeis] n
matkalaukku

suite [swi:t] n huoneisto

sum [sʌm] n summa

summary ['sʌməri] n
tiivistelmä, yhteenveto

summer ['sʌmə] n kesä;
~time kesäaika

summit ['sʌmit] n huippu

sun [sʌn] n aurinko

sunbathe ['sʌnbeið] v ottaa
aurinkoa

sunburn ['sʌnbə:n] n
päivetys

Sunday ['sʌndi] sunnuntai

sunglasses ['sʌn‿glɑ:siz] pl
aurinkolasit pl

sunlight ['sʌnlait] n
päivänvalo

sunny ['sʌni] adj
aurinkoinen

sunrise ['sʌnraiz] n
auringonnousu

sunset ['sʌnset] n
auringonlasku

sunshade ['sʌnʃeid] n
aurinkovarjo

sunshine ['sʌnʃain] n
auringonpaiste

sunstroke ['sʌnstrouk] n
auringonpistos

suntan oil ['sʌntænɔil] n
aurinkoöljy

super ['sju:pə]
(colloquial) huippuhyvä

superb [su'pə:b] adj
suurenmoinen,
erinomainen

superficial [ˌsu:pə'fiʃəl] adj
pinnallinen

superfluous [su'pə:fluəs]
adj liiallinen

superior [su'piəriə] adj
ylempi, ylivoimainen,

parempi, suurempi

superlative [su'pə:lətiv] *adj* verraton; *n* superlatiivi

supermarket ['su:pə,ma:kit] *n* valintamyymälä

supersonic [,su:pə'sɔnik] *adj* ääntä nopeampi

superstition [,su:pə'stiʃən] *n* taikausko

supervise ['su:pəvaiz] *v* valvoa

supervision [,su:pə'viʒən] *n* valvonta

supervisor ['su:pəvaizə] *n* valvoja

supper ['sʌpə] *n* illallinen

supple ['sʌpl] *adj* taipuisa, notkea

supplement ['sʌplimənt] *n* liite

supply [sə'plai] *n* hankinta; varasto; tarjonta; *v* hankkia

support [sə'pɔ:t] *v* tukea, avustaa; *n* tuki; ~ hose tukisukka

supporter [sə'pɔ:tə] *n* kannattaja

suppose [sə'pouz] *v* olettaa; supposing that edellyttäen

suppository [sə'pɔzitəri] *n* peräpuikko

suppress [sə'pres] *v* tukahduttaa

surcharge ['sə:tʃɑ:dʒ] *n* lisämaksu

sure [ʃuə] *adj* varma

surely ['ʃuəli] *adv* varmasti

surf [sə:f] *v* surffata (netissä)

surface ['sə:fis] *n* pinta

surfboard ['sə:fbɔ:d] *n*

lainelauta

surgeon ['sə:dʒən] *n* kirurgi; veterinary ~ eläinlääkäri

surgery ['sə:dʒəri] *n* leikkaus; vastaanottohuone

surname ['sə:neim] *n* sukunimi

surplus ['sə:pləs] *n* ylijäämä

surprise [sə'praiz] *v* yllättää; hämmästyttää; *n* yllätys

surrender [sə'rendə] *v* antautua; *n* antautuminen

surround [sə'raund] *v* ympäröidä

surrounding [sə'raundiŋ] *adj* ympäröivä

surroundings [sə'raundiŋz] *pl* ympäristö

survey ['sə:vei] *n* yleiskatsaus

survival [sə'vaivəl] *n* eloonjääminen

survive [sə'vaiv] *v* jäädä eloon

suspect[1] [sə'spekt] *v* epäillä; arvella

suspect[2] ['sʌspekt] *n* epäilyksenalainen henkilö

suspend [sə'spend] *v* ripustaa; erottaa

suspenders [sə'spendəz] *plAm* housunkannattimet *pl*

suspension [sə'spenʃən] *n* autonjousitus, kiinnitys; ~ bridge riippusilta

suspicion [sə'spiʃən] *n* epäilys; epäluulo

suspicious [sə'spiʃəs] *adj* epäilyttävä; epäilevä,

epäluuloinen

sustain [sə'stein] v
kannattaa; kestää

SUV ['esyu:'vi:]; sport utility
vehicle n
[kaupunki]maasturi

Swahili [swə'hi:li] n suahili

swallow ['swɔlou] v niellä; n
pääskynen

swam [swæm] v (p swim)

swamp [swɔmp] n suo

swan [swɔn] n joutsen

swap [swɔp] v tehdä
vaihtokauppa

*swear [sweə] v vannoa;
kiroilla

sweat [swet] n hiki; v
hikoilla

sweater ['swetə] n
neulepusero

Swede [swi:d] n
ruotsalainen

Sweden ['swi:dən] Ruotsi

Swedish ['swi:diʃ] adj
ruotsalainen

*sweep [swi:p] v lakaista

sweet [swi:t] adj makea;
herttainen; n makeinen;
jälkiruoka

sweeten ['swi:tən] v
makeuttaa

sweetheart ['swi:tha:t] n
mielitietty

sweetshop ['swi:tʃɔp] n
makeiskauppa

swell [swel] adj mainio

*swell [swel] v paisua

swelling ['sweliŋ] n turvotus

swift [swift] adj nopea

*swim [swim] v uida

swimmer ['swimə] n uimari

swimming ['swimiŋ] n uinti;
~ pool uima-allas

swimmingtrunks
['swimiŋtraŋks] pl
uimahousut pl

swimsuit ['swimsu:t] n,
swimming suit nAm
uimapuku

swindle ['swindəl] v
petkuttaa; n huijaus

swindler ['swindlə] n huijari

swing [swiŋ] n keinu

*swing [swiŋ] v keinuttaa;
keinua

Swiss [swis] adj
sveitsiläinen

switch [switʃ] n katkaisin; v
vaihtaa; ~ off sammuttaa; ~
on kytkeä päälle

switchboard ['switʃbɔ:d] n
puhelinvaihde

Switzerland ['switsələnd]
Sveitsi

sword [sɔ:d] n miekka

swum [swʌm] v (pp swim)

syllable ['siləbəl] n tavu

symbol ['simbəl] n symboli

sympathetic [,simpə'θetik]
adj osaaottava,
myötätuntoinen

sympathy ['simpəθi] n
myötätunto

symphony ['simfəni] n
sinfonia

symptom ['simtəm] n oire

synagogue ['sinəgɔg] n
synagoga

synonym ['sinənim] n
synonyymi

synthetic [sin'θetik] *adj*
synteettinen
Syria ['siriə] Syyria
Syrian ['siriən] *adj*
syyrialainen
syringe [si'rindʒ] *n*
injektioruisku

syrup ['sirəp] *n* siirappi
system ['sistəm] *n*
järjestelmä; decimal ~
kymmenjärjestelmä
systematic [,sistə'mætik]
adj järjestelmällinen

T

table ['teibl] *n* pöytä;
taulukko; ~ of contents
sisällysluettelo; ~ tennis
pöytätennis
tablecloth ['teiblklɔθ] *n*
pöytäliina
tablespoon ['teiblspu:n] *n*
ruokalusikka
tablet ['tæblit] *n* tabletti
taboo [tə'bu:] *n* tabu
tactics ['tæktiks] *pl*
taktiikka
tag [tæg] *n* nimilipuke
tail [teil] *n* häntä
taillight ['teillait] *n* takavalo
tailor ['teilə] *n* räätäli
tailor-made ['teiləmeid] *adj*
mittatilaustyönä tehty
*****take** [teik] *v* ottaa; viedä;
saattaa; tajuta, ymmärtää; ~
away viedä; poistaa; ~ off
nousta ilmaan; ~ out ottaa
pois; ~ over ottaa
tehtäväkseen; ~ place
tapahtua; ~ up ottaa
haltuunsa
take-off ['teikɔf] *n*
lentokoneen nousu
tale [teil] *n* kertomus, tarina

talent ['tælənt] *n* lahjakkuus
talented ['tæləntid] *adj*
lahjakas
talk [tɔ:k] *v* keskustella,
puhua; *n* keskustelu
talkative ['tɔ:kətiv] *adj*
puhelias
tall [tɔ:l] *adj* korkea; pitkä
tame [teim] *adj* kesy, säyseä;
v kesyttää
tampon ['tæmpən] *n*
tamponi
tangerine [,tændʒə'ri:n] *n*
mandariini
tangible ['tændʒibəl] *adj*
käsin kosketeltava
tank [tæŋk] *n* säiliö
tanker ['tæŋkə] *n* säiliöalus
tanned [tænd] *adj*
ruskettunut
tap [tæp] *n* hana; koputus; *v*
koputtaa
tape [teip] *n* nauha;
adhesive ~ teippi
tape measure ['teip,meʒə] *n*
mittanauha
tape recorder ['teipri,kɔ:də]
n nauhuri
tar [ta:] *n* terva

target ['tɑ:git] n tavoite, päämäärä

tariff ['tærif] n tariffi

task [tɑ:sk] n tehtävä

taste [teist] v maistua; n maku, makuaisti

tasteless ['teistləs] adj mauton

tasty ['teisti] adj maittava, maukas

taught [tɔ:t] v pp teach

tavern ['tævən] n taverna

tax [tæks] n vero; v verottaa

taxation [tæk'seiʃən] n verotus

tax-free ['tæksfri:] adj veroton

taxi ['tæksi] n taksi; ~ rank taksiasema; ~ stand Am taksiasema

taxi driver ['tæksi,draivə] n vuokraautoilija

taximeter ['tæksi,mi:tə] n taksamittari

tea [ti:] n tee

*teach [ti:tʃ] v opettaa

teacher ['ti:tʃə] n opettaja

teachings ['ti:tʃiŋz] pl opetus

teacup ['ti:kʌp] n teekuppi

team [ti:m] n työryhmä

teapot ['ti:pɔt] n teekannu

*tear¹ [tɛə] v repiä

tear¹ [tiə] n kyynel

tear² [tɛə] n repeämä

tearjerker ['tiə,dʒɜ:kə] n nyyhkyleffa

tease [ti:z] v kiusoitella

tea set ['ti:set] n teeastiasto

tea-shop ['ti:ʃɔp] n

teehuone

teaspoon ['ti:spu:n] n teelusikka

teaspoonful ['ti:spu:n,ful] n teelusikallinen

technical ['teknikəl] adj tekninen

technical support ['teknikəl,sə'pɔ:t] n tekninen tuki

technician [tek'niʃən] n teknikko

technique [tek'ni:k] n tekniikka

technological [,teknə'lɔdʒikəl] adj teknologinen

technology [tek'nɔlədʒi] n teknologia

teenager ['ti:,neidʒə] n teini-ikäinen

teetotaller [ti:'toutələ] n absolutisti

telecommunications [,telikəmju:ni'keiʃənz] n tietoliikenne

telegram ['teligræm] n sähke

telegraph ['teligrɑ:f] v sähköttää

telepathy [ti'lepəθi] n telepatia

telephone ['telifoun] n puhelin; ~ book Am puhelinluettelo, Am puhelinrekisteri; ~ booth puhelinkoppi; ~ call puhelu; ~ directory puhelinluettelo; ~ exchange puhelinkeskus; ~

telephonist 374

operator puhelunvälittäjä
telephonist [ti'lefənist] n
puhelunvälittäjä
television ['teliviʒən] n
televisio; ~ set
televisiovastaanotin
*tell [tel] v kertoa
telly ['teli] n (colloquial)
telkkari
temper ['tempə] n mieliala,
tuuli; kiivaus
temperature ['temprətʃə] n
lämpötila
tempest ['tempist] n
rajuilma
temple ['templ] n temppeli;
ohimo
temporary ['tempərəri] adj
väliaikainen, tilapäinen
tempt [tempt] v houkutella
temptation [temp'teiʃən] n
kiusaus
ten [ten] num kymmenen
tenant ['tenənt] n
vuokralainen
tend [tend] v pyrkiä; hoitaa;
~ to olla taipuvainen jhk
tendency ['tendənsi] n
taipumus
tender ['tendə] adj hellä,
herkkä; murea
tendon ['tendən] n jänne
tennis ['tenis] n tennis; ~
shoes tenniskengät pl
tennis court ['tenisko:t] n
tenniskenttä
tense [tens] adj jännittynyt
tension ['tenʃən] n jännitys
tent [tent] n teltta
tenth [tenθ] num kymmenes

tepid ['tepid] adj haalea
term [tə:m] n termi;
lukukausi, määräaika; ehto
terminal ['tə:minəl] n
pääteasema
terrace ['terəs] n terassi
terrain [te'rein] n maasto
terrible ['teribəl] adj kauhea,
hirveä, kauhistava
terrific [tə'rifik] adj verraton
terrify ['terifai] v
kauhistuttaa; terrifying
pelottava
territory ['teritəri] n alue
terror ['terə] n kauhu
terrorism ['terərizəm] n
terrorismi
test [test] n kokeilu, koe; v
kokeilla
testify ['testifai] v todistaa
text [tekst] n teksti; v
tekstata
textbook ['teksbuk] n
oppikirja
textile ['tekstail] n tekstiili
texture ['tekstʃə] n
koostumus
Thai [tai] adj thaimaalainen
Thailand ['tailænd] Thaimaa
than [ðæn] conj kuin
thank [θæŋk] v kiittää; ~ you
kiitos
thankful ['θæŋkfəl] adj
kiitollinen
that [ðæt] adj tuo; pron joka;
mikä; conj että
thaw [θɔ:] v lauhtua, sulaa; n
suojasää
theatre ['θiətə] n teatteri
theft [θeft] n varkaus

their [ðeə] *adj* heidän

them [ðem] *pron* heidät; heille

theme [θi:m] *n* aihe, teema

themselves [ðəm'selvz] *pron* itse; itsensä

then [ðen] *adv* silloin; sitten, sen jälkeen

theology [θi'ɔlədʒi] *n* jumaluusoppi

theoretical [θiə'retikəl] *adj* teoreettinen

theory ['θiəri] *n* teoria

therapy ['θerəpi] *n* terapia

there [ðeə] *adv* siellä; sinne

therefore ['ðeəfɔ:] *conj* siksi

thermometer [θə'mɔmitə] *n* lämpömittari

thermostat ['θə:məstæt] *n* termostaatti

these [ði:z] *adj* nämä

thesis ['θi:sis] *n* (pl theses) teesi

they [ðei] *pron* he

thick [θik] *adj* paksu; sakea

thicken ['θikən] *v* paksuntaa

thickness ['θiknəs] *n* paksuus

thief [θi:f] *n* (pl thieves) varas

thigh [θai] *n* reisi

thimble ['θimbəl] *n* sormustin

thin [θin] *adj* ohut; laiha

thing [θiŋ] *n* esine, asia

*think [θiŋk] *v* ajatella; arvella; ~ over miettiä

thinker ['θiŋkə] *n* ajattelija

third [θə:d] *num* kolmas

thirst [θə:st] *n* jano

thirsty ['θə:sti] *adj* janoinen

thirteen [,θə:'ti:n] *num* kolmetoista

thirteenth [,θə:'ti:nθ] *num* kolmastoista

thirtieth ['θə:tiəθ] *num* kolmaskymmenes

thirty ['θə:ti] *num* kolmekymmentä

this [ðis] *adj* tämä; *pron* tämä

thistle ['θisəl] *n* ohdake

thorn [θɔ:n] *n* piikki

thorough ['θʌrə] *adj* perinpohjainen, perusteellinen

thoroughfare ['θʌrəfɛə] *n* kauttakulku

those [ðouz] *pron* nuo; ne

though [ðou] *conj* vaikka; *adv* kuitenkin

thought¹ [θɔ:t] *v* (p, pp think)

thought² [θɔ:t] *n* ajatus

thoughtful ['θɔ:tfəl] *adj* miettiväinen, huomaavainen

thousand ['θauzənd] *num* tuhat

thread [θred] *v* pujottaa; *n* lanka; rihma

threadbare ['θredbeə] *adj* nukkavieru

threat [θret] *n* uhkaus, uhka

threaten ['θretən] *v* uhata

three [θri:] *num* kolme

three-quarter [,θri:'kwɔ:tə] *adj* kolme neljännestä

threshold ['θreʃould] *n* kynnys

threw [θru:] v (p throw)

thrifty ['θrifti] adj
säästäväinen

throat [θrout] n kurkku;
kaula

throne [θroun] n valtaistuin

through [θru:] prep läpi

throughout [θru:'aut] adv
kauttaaltaan

throw [θrou] n heitto

*throw [θrou] v paiskata,
heittää

thrush [θrʌʃ] n rastas

thumb [θʌm] n peukalo

thumbtack ['θʌmtæk] nAm
nasta

thump [θʌmp] v jyskyttää

thunder ['θʌndə] v jyristä; n
ukkonen

thunderstorm
['θʌndəstɔ:m] n ukonilma

thundery ['θʌndəri] adj
ukkosta ennustava

Thursday ['θə:zdi] torstai

thus [ðʌs] adv näin ollen

thyme [taim] n timjami

tick [tik] n merkki, rasti; ~ off
rastia

ticket ['tikit] n lippu;
sakkolappu; ~ collector
rahastaja; ~ machine
lippuautomaatti

tickle ['tikəl] v kutittaa

tide [taid] n vuorovesi; high
~ nousuvesi; low ~ laskuvesi

tidy ['taidi] adj siisti; ~ up
siivota

tie [tai] v sitoa, solmia; n
solmio

tiger ['taigə] n tiikeri

tight [tait] adj tiukka; tiivis;
adv tiukasti

tighten ['taitən] v kiristää,
tiivistää; pingottua

tights [taits] pl sukkahousut
pl

tile [tail] n kaakeli; tiili

till [til] prep conj saakka, asti,
kunnes

timber ['timbə] n puutavara

time [taim] n aika; kerta; all
the ~ kaiken aikaa; in ~
ajoissa; ~ of arrival
saapumisaika; ~ of
departure lähtöaika

time-saving ['taim,seivin]
adj aikaa säästävä

timetable ['taim,teibəl] n
aikataulu

timid ['timid] adj ujo

timidity [ti'midəti] n ujous

tin [tin] n tina; säilykepurkki

tinned food säilykeruoka

tinfoil ['tinfoil] n tinapaperi

tin opener ['ti,noupənə] n
purkin avaaja

tiny ['taini] adj pikkuruinen

tip [tip] n kärki; juomaraha

tire[1] [taiə] n rengas

tire[2] [taiə] v väsyttää

tired [taiəd] adj uupunut,
väsynyt; ~ of kyllästynyt

tiring ['taiərin] adj väsyttävä

tissue ['tifu:] n kangas;
paperinenäliina

title ['taitəl] n arvonimi;
otsikko

to [tu:] prep luo, luokse,
kohti, vailla

toad [toud] n rupisammakko

toadstool ['toudstu:l] n
myrkkysieni

toast [toust] n paahtoleipä;
malja

tobacco [tə'bækou] n (pl ~s)
tupakka; ~ pouch
tupakkakukkaro

tobacconist [tə'bækənist] n
tupakkakauppias;
tobacconist's
tupakkakauppa

today [tə'dei] adv tänään

toddler ['tɔdlə] n taapertaja

toe [tou] n varvas

toffee ['tɔfi] n toffee

together [tə'geðə] adv
yhdessä

toilet ['tɔilət] n WC; ~ case
toalettilaukku

toilet paper ['tɔilət,peipə] n
WC-paperi

toiletry ['tɔilətri] n
hygieniatarvikkeet pl

token ['toukən] n lahjakortti

told [tould] v (p, pp tell)

tolerable ['tɔlərəbəl] adj
siedettävä

toll [toul] n tiemaksu

tomato [tə'mɑ:tou] n (pl
~es) tomaatti

tomb [tu:m] n hauta

tombstone ['tu:mstoun] n
hautakivi

tomorrow [tə'mɔrou] adv
huomenna

ton [tʌn] n tonni

tone [toun] n äänensävy;
sointi

tongs [tɔŋz] pl pihdit pl

tongue [tʌŋ] n kieli

tonic ['tɔnik] n piristyspilleri

tonight [tə'nait] adv tänä
iltana, tänä yönä

tonsilitis [,tɔnsə'laitis] n
nielurisatulehdus

tonsils ['tɔnsəlz] pl
nielurisat pl

too [tu:] adv liian; myös

took [tuk] v (p take)

tool [tu:l] n työkalu, väline; ~
kit työkalupakki

toot [tu:t] vAm antaa
äänimerkki

tooth [tu:θ] n (pl teeth)
hammas

toothache ['tu:θeik] n
hammassärky

toothbrush ['tu:θbrʌʃ] n
hammasharja

toothpaste ['tu:θpeist] n
hammastahna

toothpick ['tu:θpik] n
hammastikku

toothpowder ['tu:θ,paudə] n
hammasjauhe

top [tɔp] n huippu; yläosa;
kansi; ylin; on ~ of päällä ~
side yläpuoli

topic ['tɔpik] n aihe

topical ['tɔpikəl] adj
ajankohtainen

torch [tɔ:tʃ] n soihtu;
taskulamppu

torment[1] ['tɔ:ment] v
kiusata

torment[2] ['tɔ:ment] n
kärsimys

torture ['tɔ:tʃə] n kidutus; v
kiduttaa

toss [tɔs] v heittää

378

tot [tɔt] n napero
total ['toutəl] adj koko;
täydellinen, yleinen; n
loppusumma
totalitarian
[,toutæli'teəriən] adj
totalitaarinen
touch [tʌtʃ] v koskettaa,
koskea; n kosketus; tunto;
yhteys
touching ['tʌtʃiŋ] adj
liikuttava
tough [tʌf] adj sitkeä; kova,
luja
tour [tuə] n kiertomatka
tourism ['tuərizəm] n
matkailu
tourist ['tuərist] n turisti; ~
class turistiluokka; ~ office
matkailutoimisto
tournament ['tuənəmənt] n
turnaus
tow [tou] v hinata
towards [tə'wɔːdz] prep
kohti; kohtaan
towel [tauəl] n pyyheliina
towelling ['tauəliŋ] n
froteepyyhekangas
tower [tauə] n torni
town [taun] n kaupunki; ~
centre kaupungin keskusta;
~ hall kaupungintalo
townspeople ['taunz,piːpəl]
pl kaupunkilaiset
toxic ['tɔksik] adj
myrkyllinen
toy [tɔi] n leikkikalu
toyshop ['tɔiʃɔp] n
lelukauppa
trace [treis] v päästä jäljille;

jäljittää; n jälki
track [træk] n raide; rata;
jälki
tractor ['træktə] n traktori
trade [treid] v käydä
kauppaa; n elinkeino;
kaupankäynti; ammatti
trade union [,treid'juːnjən]
n ammattiyhdistys
trademark ['treidmaːk] n
tavaramerkki
trader ['treidə] n
elinkeinonharjoittaja
tradesman ['treidzmən] n
(pl -men)
liikkeenharjoittaja
tradeswoman
['treidzwumən] n (pl
-women) liikkeenharjoittaja
(nainen)
tradition [trə'diʃən] n
perinne
traditional [trə'diʃənəl] adj
perinteinen
traffic ['træfik] n liikenne; ~
jam liikenneruuhka; ~ light
liikennevalo
trafficator ['træfikeitə] n
suuntavilkku
tragedy ['trædʒədi] n
murhenäytelmä
tragic ['trædʒik] adj
traaginen
trail [treil] n polku, jälki
trailer ['treilə] n perävaunu;
nAm asuntovaunu
train [trein] n juna; v
kouluttaa, valmentaa;
stopping ~ paikallisjuna;
through ~ pikajuna; ~ ferry

junalautta

trainee [trei'ni:] *n*
harjoittelija

trainer ['treina] *n* kouluttaja

training ['treiniŋ] *n*
valmennus, koulutus

trait [treit] *n* piirre

traitor ['treita] *n* petturi

tram [træm] *n* raitiovaunu

tramp [træmp] *v* talsia*n*
maankiertäjä, kulkuri

tranquil ['træŋkwil] *adj* tyyni

tranquillizer ['træŋkwilaizə]
n rauhoittava lääke

transaction [træn'zækʃən] *n*
liiketoimi

transatlantic
[,trænzət'læntik] *adj*
Atlantin ylittävä

transfer [træns'fə:] *v* siirtää

transform [træns'fɔ:m] *v*
muuttaa

transformer [træns'fɔ:mə] *n*
muuntaja

transition [træn'siʃən] *n*
siirtyminen

translate [træns'leit] *v*
kääntää

translation [træns'leiʃən] *n*
käännös

translator [træns'leitə] *n*
kääntäjä

transmission [trænz'miʃən]
n lähetys

transmit [trænz'mit] *v*
lähettää

transmitter [trænz'mitə] *n*
lähetin

transparent [træn'speərənt]
adj läpikuultava

transport¹ ['trænspɔ:t] *n*
siirto, kuljetus

transport² [træn'spɔ:t] *v*
kuljettaa

transportation
[,trænspɔ:'teiʃən] *n*
kuljetus

trap [træp] *n* ansa

trash [træʃ] *n* roju; ~ can
Am jäteastia

travel ['trævəl] *v* matkustaa;
~ agency matkatoimisto; ~
agent
matkatoimistovirkailija; ~
insurance matkavakuutus;
travelling expenses
matkakulut *pl*

traveller ['trævələ] *n*
matkailija; traveller's
cheque matkašekki

tray [trei] *n* tarjotin

treason ['tri:zən] *n* kavallus

treasure ['treʒə] *n* aarre

treasurer ['treʒərə] *n*
rahastonhoitaja

treasury ['treʒəri] *n*
valtiovarainministeriö

treat [tri:t] *v* kohdella; hoitaa

treatment ['tri:tmənt] *n*
hoito; kohtelu

treaty ['tri:ti] *n* sopimus

tree [tri:] *n* puu

tremble ['trembəl] *v* vapista,
väristä

tremendous [tri'mendəs]
adj valtava; mahtava

trendy ['trendi] *adj*
(*colloquial*) trendikäs

trespass ['trespəs] *v*
tunkeutua

trespasser ['trespəsə] n
tungettelija

trial [traiəl] n oikeudenkäynti

triangle ['traiæŋgəl] n
kolmio

triangular [trai'æŋgjulə] adj
kolmikulmainen

tribe [traib] n heimo

tributary ['tribjutəri] n
sivujoki

tribute ['tribju:t] n
kunnioituksenosoitus

trick [trik] n kepponen,
temppu

trigger ['trigə] n liipasin

trim [trim] v leikata siistiksi

trip [trip] n matka, retki

triumph ['traiəmf] n
riemuvoitto; v viettää
riemuvoittoa

triumphant [trai'ʌmfənt] adj
voitonriemuinen, voittoisa

troops [tru:ps] pl joukot pl

tropical ['trɔpikəl] adj
trooppinen

tropics ['trɔpiks] pl tropiikki

trouble ['trʌbəl] n huoli,
vaiva; v vaivata

troublesome ['trʌbəlsəm]
adj vaivalloinen

trousers ['trauzəz] pl housut
pl

trout [traut] n (pl ~) taimen

truck [trʌk] nAm kuorma-
-auto

true [tru:] adj tosi; aito,
todellinen; uskollinen

trumpet ['trʌmpit] n torvi

trunk [trʌŋk] n matka-arkku;
puunrunko; nAm tavaratila;

trunks pl urheiluhousut

long-distance call
['trʌŋkə:l] n kaukopuhelu

trust [trʌst] v luottaa; n
luottamus

trustworthy ['trʌst,wə:ði]
adj luotettava

truth [tru:θ] n totuus

truthful ['tru:θfəl] adj
totuudenmukainen

try [trai] v yrittää; kokeilla; n
yritys; ~ on sovittaa

tube [tju:b] n putki; putkilo
tuberculosis
[tju:,bə:kju'lousis] n
tuberkuloosi

Tuesday ['tju:zdi] tiistai

tug [tʌg] v hinata; n hinaaja;
nykäisy

tuition [tju:'iʃən] n opetus

tulip ['tju:lip] n tulppaani

tumbler ['tʌmblə] n
juomalasi

tumour ['tju:mə] n kasvain

tuna ['tju:nə] n (pl ~, ~s)
tonnikala

tune [tju:n] n laulelma,
sävelmä; ~ in virittää

tuneful ['tju:nfəl] adj
sointuva

tunic ['tju:nik] n tunika

Tunisia [tju:'niziə] Tunisia

Tunisian [tju:'niziən] adj
tunisialainen

tunnel ['tʌnəl] n tunneli

turbine ['tə:bain] n turbiini

turbojet [,tə:bou'dʒet] n
suihkuturbiini

Turk [tə:k] n turkkilainen

Turkey ['tə:ki] Turkki

turkey ['tə:ki] n kalkkuna

Turkish ['tə:kiʃ] adj
turkkilainen; ~ bath
turkkilainen sauna

turn [tə:n] v kääntää,
kiertää; n kierros, käänne;
käännös; vuoro; ~ back
kääntyä takaisin; ~ down
hylätä; ~ into muuttua; ~ off
kytkeä pois päältä; ~ on
kytkeä päälle; ~ over
kääntää ympäri; ~ round
käännellä; kääntyä ympäri

turning ['tə:niŋ] n kaarre

turning point ['tə:niŋpɔint]
n käännekohta

turnover ['tə:,nouvə] n
liikevaihto; ~ tax
liikevaihtovero

turnpike ['tə:npaik] nAm
maksullinen moottoritie

turpentine ['tə:pəntain] n
tärpätti

turtle ['tə:təl] n kilpikonna

tutor ['tju:tə] n
yksityisopettaja

tuxedo [tʌk'si:dou] nAm (pl
~s, ~es) smokki

TV [,ti:'vi:] n (colloquial)
TV; on ~ televisiossa

tweed [twi:d] n tweedkangas

tweezers ['twi:zəz] pl
pinsetit pl

twelfth [twelfθ] num

twelve [twelv] num
kaksitoista

twentieth ['twentiəθ]
kahdeskymmenes

twenty ['twenti] num
kaksikymmentä

twice [twais] adv kahdesti

twig [twig] n varpu

twilight ['twailait] n
iltahämärä

twine [twain] n nyöri; v
kiertyä

twins [twinz] pl kaksoset pl;
twin beds kaksoisvuode

twist [twist] v vääntää; n
vääntö

two [tu:] num kaksi

two-piece [,tu:'pi:s] adj
kaksiosainen

type [taip] v konekirjoittaa;
n tyyppi

typewriter ['taipraitə] n
kirjoituskone

typhoid ['taifɔid] n
lavantauti

typical ['tipikəl] adj
tyypillinen,
luonteenomainen

typist ['taipist] n
konekirjoittaja

tyrant ['taiərənt] n tyranni

tyre [taiə] n rengas; ~
pressure rengaspaine

U

ugly ['ʌgli] *adj* ruma

ulcer ['ʌlsə] *n* vatsahaava

ultimate ['ʌltimət] *adj* viimeinen

ultraviolet [ˌʌltrə'vaiələt] *adj* ultravioletti

umbrella [ʌm'brelə] *n* sateensuoja

umpire ['ʌmpaiə] *n* erotuomari

unable [ʌ'neibəl] *adj* kykenemätön

unacceptable [ˌʌnək'septəbəl] *adj* mahdoton hyväksyä

unaccountable [ˌʌnə'kauntəbəl] *adj* selittämätön

unaccustomed [ˌʌnə'kʌstəmd] *adj* tottumaton

unanimous [juː'næniməs] *adj* yksimielinen

unanswered [ˌʌ'nɑːnsəd] *adj* ilman vastausta

unauthorized [ˌʌ'nɔːθəraizd] *adj* luvaton

unavoidable [ˌʌnə'vɔidəbəl] *adj* väistämätön

unaware [ˌʌnə'wɛə] *adj* tietämätön

unbearable [ʌn'bɛərəbəl] *adj* sietämätön

unbreakable [ˌʌn'breikəbəl] *adj* särkymätön

unbroken [ˌʌn'broukən] *adj*

eheä

unbutton [ˌʌn'bʌtən] *v* aukaista napit

uncertain [ʌn'səːtən] *adj* epävarma

uncle ['ʌŋkəl] *n* setä, eno

unclean [ˌʌn'kliːn] *adj* epäpuhdas

uncomfortable [ʌn'kʌmfətəbəl] *adj* epämukava

uncommon [ʌn'kɔmən] *adj* epätavallinen

unconditional [ˌʌnkən'diʃənəl] *adj* ehdoton

unconscious [ʌn'kɔnʃəs] *adj* tajuton

uncork [ˌʌn'kɔːk] *v* poistaa korkki

uncover [ʌn'kʌvə] *v* paljastaa

uncultivated [ˌʌn'kʌltiveitid] *adj* viljelemätön

under ['ʌndə] *prep* alla, alapuolella

undercurrent ['ʌndəˌkʌrənt] *n* pohjavirta

underestimate [ˌʌndə'restimeit] *v* aliarvioida

underground ['ʌndəgraund] *adj* maanalainen; *n* metro

underline [ˌʌndə'lain] *v* alleviivata

underneath [,ʌndə'ni:θ] *adv*
alla

underpants ['ʌndəpænts]
pl Am alushousut *pl*

undershirt ['ʌndəʃɜ:t] *n*
aluspaita

*understand [,ʌndə'stænd]
v ymmärtää

understanding
[,ʌndə'stændiŋ] *n*
ymmärrys

understate [,ʌndə'steit] *v*
vähätellä

understatement
[,ʌndə'steitmənt] *n*
vähättely

*undertake [,ʌndə'teik] *v*
ryhtyä jhk

undertaking [,ʌndə'teikiŋ] *n*
yritys

underwater [,ʌndə,wɔ:tə]
adj vedenalainen

underwear ['ʌndəwɛə] *n*
alusvaatteet *pl*

undesirable
[,ʌndi'zaiərəbəl] *adj*
epämieluinen

*undo [,ʌn'du:] *v* avata;
tehdä tyhjäksi

undoubtedly [ʌn'dautidli]
adv epäilemättä

undress [,ʌn'dres] *v*
riisuutua

unearned [,ʌ'nɜ:nd] *adj*
ansaitsematon

uneasy [ʌ'ni:zi] *adj* levoton

uneducated [,ʌ'nedjukeitid]
adj sivistymätön

unemployed [,ʌnim'plɔid]
adj työtön

unemployment
[,ʌnim'plɔimənt] *n*
työttömyys

unequal [,ʌ'ni:kwəl] *adj*
epäoikeudenmukainen

uneven [,ʌ'ni:vən] *adj*
epätasainen

unexpected [,ʌnik'spektid]
adj odottamaton

unfair [,ʌn'fɛə] *adj* epäreilu

unfaithful [,ʌn'feiθfəl] *adj*
uskoton

unfamiliar [,ʌnfə'miljə] *adj*
tuntematon

unfasten [,ʌn'fɑ:sən] *v*
irrottaa

unfavourable
[,ʌn'feivərəbəl] *adj*
epäsuotuisa

unfit [,ʌn'fit] *adj* sopimaton

unfold [ʌn'fould] *v* kääriä
auki

unfortunate [ʌn'fɔ:tʃənət]
adj kovaonninen

unfortunately
[ʌn'fɔ:tʃənətli] *adv*
valitettavasti

unfriendly [,ʌn'frendli] *adj*
epäystävällinen

ungrateful [ʌn'greitfəl] *adj*
kiittämätön

unhappy [ʌn'hæpi] *adj*
onneton

unhealthy [ʌn'helθi] *adj*
epäterveellinen

unhurt [,ʌn'hɜ:t] *adj*
vahingoittumaton

uniform ['ju:nifɔ:m] *n*
virkapuku; *adj*
yhdenmukainen

unimportant [ˌʌnimˈpɔːtənt]
adj mitätön

uninhabitable
[ˌʌninˈhæbitəbəl] *adj*
asuttavaksi kelpaamaton

uninhabited [ˌʌninˈhæbitid]
adj asumaton

unintentional
[ˌʌninˈtenʃənəl] *adj* tahaton

union [ˈjuːnjən] *n* yhdistys

unique [juːˈniːk] *adj*
ainutlaatuinen

unit [ˈjuːnit] *n* yksikkö

unite [juːˈnait] *v* yhdistää

united [juˈnaitid] *adj*
(*opinion*) yksimielinen;
(*combined*) yhdistynyt

United States [juˈnaitid
steits] Yhdysvallat

unity [ˈjuːnəti] *n* ykseys,
yhtenäisyys

universal [ˌjuːniˈvɔːsəl] *adj*
yleismaailmallinen, yleinen

universe [ˈjuːnivɔːs] *n*
maailmankaikkeus

university [ˌjuːniˈvɔːsəti] *n*
yliopisto

unjust [ˌʌnˈdʒʌst] *adj*
epäoikeudenmukainen

unkind [ʌnˈkaind] *adj*
epäystävällinen

unknown [ˌʌnˈnoun] *adj*
tuntematon

unlawful [ʌnˈlɔːfəl] *adj*
lainvastainen

unlearn [ʌnˈlɔːn] *v* unohtaa

unless [ənˈles] *conj* ellei

unlike [ʌnˈlaik] *adj*
erilainen; *prep* toisin kuin

unlikely [ʌnˈlaikli] *adj*

epätodennäköinen

unlimited [ʌnˈlimitid] *adj*
rajaton, rajoittamaton

unload [ˌʌnˈloud] *v* keventää
(kuormaa), purkaa lasti

unlock [ʌnˈlɔk] *v* avata
lukko

unlucky [ʌnˈlʌki] *adj*
kovaonninen

unnecessary [ʌnˈnesəsəri]
adj tarpeeton

unoccupied [ˌʌˈnɔkjupaid]
adj vapaa

unofficial [ˌʌnəˈfiʃəl] *adj*
epävirallinen

unpack [ˌʌnˈpæk] *v* purkaa

unpleasant [ʌnˈplezənt] *adj*
epämiellyttävä

unpopular [ˌʌnˈpɔpjulə] *adj*
epäsuosittu

unprotected [ˌʌnprəˈtektid]
adj turvaton

unqualified [ˌʌnˈkwɔlifaid]
adj epäpätevä

unreal [ˌʌnˈriəl] *adj*
epätodellinen

unreasonable
[ʌnˈriːzənəbəl] *adj*
kohtuuton

unreliable [ˌʌnriˈlaiəbəl]
adj epäluotettava

unrest [ʌnˈrest] *n*
levottomuus

unsafe [ʌnˈseif] *adj*
epävarma, vaarallinen

unsatisfactory
[ˌʌnsætisˈfæktəri] *adj*
epätyydyttävä

unscrew [ʌnˈskruː] *v*
kiertää auki

unselfish [ˌʌn'selfiʃ] adj
epäitsekäs

unskilled [ˌʌn'skild] adj
ammattitaidoton

unsound [ˌʌn'saund] adj
epäterve

unstable [ˌʌn'steibəl] adj
epävakainen

unsteady [ˌʌn'stedi] adj
horjuva, häilyväinen

unsuccessful
[ˌʌnsək'sesfəl] adj
epäonnistunut

unsuitable [ˌʌn'suːtəbəl] adj
sopimaton

unsurpassed [ˌʌnsə'pɑːst]
adj voittamaton

untidy [ʌn'taidi] adj epäsiisti

untie [ʌn'tai] v aukaista

until [ən'til] prep asti ,
saakka

untrue [ʌn'truː] adj
valheellinen

untrustworthy
[ˌʌn'trʌst,wəːði] adj
epäluotettava

unusual [ʌn'juːʒuəl] adj
epätavallinen

unwell [ʌn'wel] adj
huonovointinen

unwilling [ʌn'wiliŋ] adj
vastahakoinen

unwise [ʌn'waiz] adj
epäviisas

unwrap [ʌn'ræp] v kääriä
auki

up [ʌp] adv ylös, ylöspäin

upholster [ʌp'houlstə] v
verhoilla, pehmustaa

upkeep ['ʌpkiːp] n

kunnossapito

uplands ['ʌpləndz] pl ylänkö

upload ['ʌp,loud] v ladata

upon [ə'pɒn] prep päällä

upper ['ʌpə] adj ylempi, ylä-

upright ['ʌprait] adj pysty;
adv pystyssä

upscale ['ʌp,skeil] adj
luksus

*upset [ʌp'set] v saattaa
tolaltaan; adj järkyttynyt

upside down [ˌʌpsaid'daun]
adv ylösalaisin

upstairs [ˌʌp'steəz] adv
yläkerta; yläkertaan

upstream [ˌʌp'striːm] adv
vastavirtaan

upwards ['ʌpwədz] adv
ylöspäin

urban ['əːbən] adj kaupunki-

urge [əːdʒ] v yllyttää; n
kiihkeä halu

urgency ['əːdʒənsi] n
kiireellisyys

urgent ['əːdʒənt] adj
kiireellinen

urine ['juərin] n virtsa

Uruguay ['juərəgwai]
Uruguay

Uruguayan [ˌjuərə'gwaiən]
adj uruguaylainen

us [ʌs] pron meille

usable ['juːzəbəl] adj
käyttökelpoinen

usage ['juːzidʒ] n käytäntö

use[1] [juːz] v käyttää; *be
used to olla tottunut; ~ up
kuluttaa loppuun

use[2] [juːs] n käyttö; hyöty;
*be of ~ hyödyttää

useful ['juːsfəl] *adj*
hyödyllinen

useless ['juːsləs] *adj*
hyödytön

user ['juːzə] *n* käyttäjä

usher ['ʌʃə] *n*
paikannäyttäjä

usherette [,ʌʃə'ret] *n*
paikannäyttäjä

usual ['juːʒuəl] *adj*
tavallinen

usually ['juːʒuəli] *adv*

tavallisesti

utensil [juː'tensəl] *n*
käyttöesine, työkalu

utility [juː'tiləti] *n*
hyödyllisyys

utilize ['juːtilaiz] *v* käyttää
hyödykseen

utmost ['ʌtmoust] *adj*
äärimmäinen

utter ['ʌtə] *adj* täydellinen,
ehdoton; *v* lausua

V

vacancy ['veikənsi] *n*
vakanssi, avoin virka

vacant ['veikənt] *adj* vapaa

vacate [və'keit] *v* tyhjentää

vacation [və'keiʃən] *n* loma

vaccinate ['væksineit] *v*
rokottaa

vaccination [,væksi'neiʃən]
n rokotus

vacuum ['vækjuəm] *n*
tyhjiö; *vAm* imuroida; ~
cleaner pölynimuri; ~ **flask**
termospullo

vague [veig] *adj*
epämääräinen

vain [vein] *adj* turhamainen;
turha; **in** ~ turhaan

valet ['vælit] *n* miespalvelija,
hotellipalvelija

valid ['vælid] *adj*
lainmukainen, voimassa
oleva

valley ['væli] *n* laakso

valuable ['væljubəl] *adj*

arvokas; **valuables** *pl*
arvoesineet *pl*

value ['væljuː] *n* arvo; *v*
arvioida

valve [vælv] *n* venttiili, läppä

van [væn] *n* pakettiauto

vanilla [və'nilə] *n* vanilja

vanish ['væniʃ] *v* häipyä

vapour ['veipə] *n* höyry; utu

variable ['vɛəriəbəl] *adj*
muuttuva

variation [,vɛəri'eiʃən] *n*
muunnos; vaihtelu

varied ['vɛərid] *adj*
moninainen

variety [və'raiəti] *n* valikoima;
~ **show** varietee-esitys; ~
theatre varieteeteatteri

various ['vɛəriəs] *adj* eri

varnish ['vaːniʃ] *n* vernissa,
lakka; *v* lakata

vary ['vɛəri] *v* vaihdella

vase [vaːz] *n* maljakko

vast [vaːst] *adj* valtava

vault [vɔːlt] *n* holvikaari; pankkiholvi

veal [viːl] *n* vasikanliha

vegetable ['vedʒətəbəl] *n* vihannes; ~ **merchant** vihanneskauppias

vegetarian [,vedʒi'teəriən] *n* kasvissyöjä

vegetation [,vedʒi'teiʃən] *n* kasvillisuus

vehicle ['viːəkəl] *n* ajoneuvo

veil [veil] *n* harso

vein [vein] *n* laskimo; **varicose** ~ suonikohju

velvet ['velvit] *n* sametti

velveteen [,velvi'tiːn] *n* puuvillasametti

venerable ['venərəbəl] *adj* kunnianarvoisa

venereal disease [vi'niəriəl di'ziːz] sukupuolitauti

Venezuela [,veni'zweilə] Venezuela

Venezuelan [,veni'zweilən] *adj* venezuelalainen

ventilate ['ventileit] *v* tuulettaa

ventilation [,venti'leiʃən] *n* tuuletus; ilmanvaihto

ventilator ['ventileitə] *n* tuuletin

venture ['ventʃə] *v* uskaltaa

veranda [və'rændə] *n* kuisti

verb [vɔːb] *n* verbi

verbal ['vɔːbəl] *adj* suullinen

verdict ['vɔːdikt] *n* oikeudenpäätös

verge [vɔːdʒ] *n* reuna; piennar

verify ['verifai] *v* todentaa

verse [vɔːs] *n* säe

version ['vɔːʃən] *n* versio

versus ['vɔːsəs] *prep* vastaan

vertical ['vɔːtikəl] *adj* pystysuora

very ['veri] *adv* hyvin, erittäin; kaikkein; *adj* tosi, juuri se; ~ **well** hyvä on

vessel ['vesəl] *n* alus; astia

vest [vest] *n* aluspaita; *nAm* liivit *pl*

veterinary surgeon ['vetrinəri 'sɔːdʒən] eläinlääkäri

via [vaiə] *prep* kautta

viaduct ['vaiədʌkt] *n* maasilta

vibrate [vai'breit] *v* värähdellä

vibration [vai'breiʃən] *n* värähtely

vicar ['vikə] *n* kirkkoherra

vicarage ['vikəridʒ] *n* pappila

vice president [,vais'prezidənt] *n* varapääjohtaja

vicinity [vi'sinəti] *n* läheisyys

vicious ['viʃəs] *adj* paheellinen

victim ['viktim] *n* uhri

victory ['viktəri] *n* voitto

video ['vidiəu] *n* video; ~ **cassette** videokasetti; ~ **game** videopeli; ~ **recorder** videonauhuri; ~ **recording** videotallennus

view [vjuː] *n* näköala; mielipide, näkemys; *v*

katsella

viewfinder ['vju:ˌfaində] n etsin (kamerassa)

vigilant ['vidʒilənt] adj valpas

villa ['vilə] n huvila

village ['vilidʒ] n kylä

villain ['vilən] n konna

vine [vain] n viiniköynnös

vinegar ['vinigə] n etikka

vineyard ['vinjəd] n viinitarha

vintage ['vintidʒ] n viinisato, korjuu

violation [vaiə'leiʃən] n loukkaaminen

violence ['vaiələns] n väkivalta

violent ['vaiələnt] adj väkivaltainen, raju

violet ['vaiələt] n orvokki; adj sinipunainen

violin [vaiə'lin] n viulu

VIP [ˌviː aiˈpiː] n VIP, hyvin tärkeä henkilö

virgin ['və:dʒin] n neitsyt

virtue ['və:tʃuː] n hyve

virus ['vairəs] n virus

visa ['viːzə] n viisumi

visibility [ˌvizə'biləti] n näkyvyys

visible ['vizəbəl] adj näkyvä

vision ['viʒən] n näkemys, visio

visit ['vizit] v vierailla; n vierailu; **visiting hours** vierailuaika

visiting-card ['vizitiŋkɑːd] n käyntikortti

visitor ['vizitə] n vierailija

vital ['vaitəl] adj elintärkeä

vitamin ['vitəmin] n vitamiini

vivid ['vivid] adj eloisa

vocabulary [və'kæbjuləri] n sanavarasto; sanasto

vocal ['voukəl] adj laulu-

vocalist ['voukəlist] n laulaja

voice [vɔis] n ääni

voice mail ['voisˌmeil] n puheposti

void [vɔid] adj mitätön

volcano [vɔl'keinou] n (pl ~es, ~s) tulivuori

volt [voult] n voltti

voltage ['voultidʒ] n jännite

volume ['vɔljum] n tilavuus; nide

voluntary ['vɔləntəri] adj vapaaehtoinen

volunteer [ˌvɔlən'tiə] n vapaaehtoinen

vomit ['vɔmit] v oksentaa

vote [vout] v äänestää; n ääni; äänestys

voter ['voutə] n äänestäjä

voucher ['vautʃə] n voucher, maksutodiste

vow [vau] v vannoa; n lupaus, vala

vowel [vauəl] n vokaali

voyage ['vɔiidʒ] n matka

vulgar ['vʌlgə] adj rahvaanomainen

vulnerable ['vʌlnərəbəl] adj haavoittuva

vulture ['vʌltʃə] n korppikotka

W

wade [weid] v kahlata

wafer ['weifə] n vohvelikeksi

waffle ['wɔfəl] n vohveli

wages ['weidʒiz] pl palkka

waggon ['wægən] n rattaat

waist [weist] n vyötärö

waistcoat ['weiskout] n liivit pl

wait [weit] v odottaa; ~ on palvella

waiter ['weitə] n tarjoilija

waiting ['weitiŋ] n odotus

waiting list ['weitiŋlist] n odotuslista

waiting room ['weitiŋruːm] n odotushuone

waitress ['weitris] n tarjoilijatar

*wake [weik] v herättää; ~ up herätä

walk [wɔːk] v kävellä; vaeltaa; n kävelyretki; kävely; walking jalan

walker ['wɔːkə] n kävelijä

walking stick ['wɔːkiŋstik] n kävelykeppi

wall [wɔːl] n seinä; muuri

wallet ['wɔlit] n lompakko

wallpaper ['wɔːl,peipə] n tapetti

walnut ['wɔːlnʌt] n saksanpähkinä

waltz [wɔːls] n valssi

wander ['wɔndə] v harhailla, vaeltaa

want [wɔnt] v haluta; n tarve; puute

war [wɔː] n sota

warden ['wɔːdən] n vartija

wardrobe ['wɔːdroub] n vaatekaappi, vaatevarasto

warehouse ['weəhaus] n varasto, makasiini

wares [weəz] pl myyntitavarat pl

warm [wɔːm] adj lämmin; v lämmittää

warmth [wɔːmθ] n lämpö

warn [wɔːn] v varoittaa

warning ['wɔːniŋ] n varoitus

wary ['weəri] adj varovainen

was [wɔz] v (p be)

wash [wɔʃ] v pestä; ~ and wear silittämättä siisti; ~ up pestä astiat

washable ['wɔʃəbəl] adj pesunkestävä

washbasin ['wɔʃ,beisən] n pesuallas

washing ['wɔʃiŋ] n pesu; pyykki

washing machine ['wɔʃiŋmə,ʃiːn] n pesukone

washing powder ['wɔʃiŋ,paudə] n pesupulveri

washroom ['wɔʃruːm] nAm WC

wasp [wɔsp] n ampiainen

waste [weist] v tuhlata; n tuhlaus; adj autio

wasteful ['weistfəl] adj

tuhlaavainen
wastepaper basket
[weist'peipə,baːskit] *n*
paperikori
watch [wɔtʃ] *v* katsella;
vartioida; *n* kello; ~ **for**
tarkata; ~ **out** olla
varuillaan
watchmaker ['wɔtʃ,meikə] *n*
kelloseppä
watchstrap ['wɔtʃstræp] *n*
kellonremmi
water ['wɔːtə] *n* vesi; **iced** ~
jäävesi; **running** ~ juokseva
vesi; ~ **pump** vesipumppu; ~
ski vesisuksi
watercolo(u)r ['wɔːtə,kʌlə]
n vesiväri; vesivärimaalaus
watercress ['wɔːtəkres] *n*
krassi
waterfall ['wɔːtəfɔːl] *n*
vesiputous
watermelon ['wɔːtə,melən]
n vesimeloni
waterproof ['wɔːtəpruːf] *adj*
vedenpitävä
water softener
[,wɔːtə,sɔfnə] *n*
pehmennysaine
waterway ['wɔːtəwei] *n*
laivaväylä
watt [wɔt] *n* watti
wave [weiv] *n* aalto; *v*
heiluttaa
wavelength ['weivleŋθ] *n*
aallonpituus
wavy ['weivi] *adj* aaltoileva
wax [wæks] *n* vaha
waxworks ['wækswɔːks] *pl*
vahakabinetti

way [wei] *n* tapa; tie; suunta,
taho; etäisyys; **any** ~ kuinka
tahansa; **by the** ~
sivumennen sanoen; **one-**
-way traffic yksisuuntainen
liikenne; **out of the** ~
syrjäinen; **the other** ~
round päinvastoin; ~ **back**
paluutie; ~ **in** sisäänkäynti;
~ **out** uloskäynti
wayside ['weisaid] *n*
tienvieri
we [wiː] *pron* me
weak [wiːk] *adj* heikko;
mieto
weakness ['wiːknəs] *n*
heikkous
wealth [welθ] *n* varallisuus
wealthy ['welθi] *adj* varakas
weapon ['wepən] *n* ase
*wear** [wɛə] *v* käyttää, olla
yllä; ~ **out** kuluttaa loppuun
weary ['wiəri] *adj* uupunut,
väsynyt
weather ['weðə] *n* sää; ~
forecast säätiedotus
*weave** [wiːv] *v* kutoa
weaver ['wiːvə] *n* kutoja
website ['web,sait] *n*
nettisivu
wedding ['wediŋ] *n* häät *pl*
wedding ring ['wediŋriŋ] *n*
vihkisormus
wedge [wedʒ] *n* kiila
Wednesday ['wenzdi]
keskiviikko
weed [wiːd] *n* rikkaruoho
week [wiːk] *n* viikko
weekday ['wiːkdei] *n*
arkipäivä

weekend ['wi:kend] n
viikonloppu

weekly ['wi:kli] adj
viikottainen

***weep** [wi:p] v itkeä

weigh [wei] v punnita;
painaa

weighing machine
['weiiŋmə,ʃi:n] n vaaka

weight [weit] n paino

welcome ['welkəm] n
tervehdys; v toivottaa
tervetulleeksi

weld [weld] v hitsata

welfare ['welfeə] n
hyvinvointi

well[1] [wel] adv hyvin; adj
terve; as ~ samoin; as ~ as
sekä … että; well no niin

well[2] [wel] n kaivo

well-founded [,wel'faundid]
adj hyvin perusteltu

well-known ['welnoun] adj
tunnettu

well-to-do [,weltə'du:] adj
varakas

went [went] v (p go)

were [wə:] v (p be)

west [west] n länsi

westerly ['westəli] adj
läntinen

western ['westən] adj
läntinen

wet [wet] adj märkä

whale [weil] n valas

wharf [wɔ:f] n (pl ~s,
wharves) satamalaituri

what [wɔt] pron mikä; mitä;
~ for miksi

whatever [wɔ'tevə] pron

mitä hyvänsä

wheat [wi:t] n vehnä

wheel [wi:l] n pyörä

wheelbarrow ['wi:l,bærou] n
kottikärryt pl

wheelchair ['wi:ltʃeə] n
rullatuoli

when [wen] adv milloin; conj
jolloin, silloin kun, kun

whenever [we'nevə] conj
milloin hyvänsä

where [weə] adv missä; conj
missä

wherever [weə'revə] conj
missä hyvänsä

whether ['weðə] conj -ko
suf; whether … or -ko …
vai

which [witʃ] pron mikä; joka

whichever [wi'tʃevə] adj
kumpi tahansa

while [wail] conj sillä aikaa
kun; kun taas; n tuokio

whilst [wailst] conj samalla
kun

whim [wim] n päähänpisto,
oikku

whip [wip] n ruoska; v
vatkata

whiskers ['wiskəz] pl viikset
pl

whisper ['wispə] v kuiskata;
n kuiskaus

whistle ['wisəl] v viheltää; n
vihellyspilli

white [wait] adj valkoinen

whiting ['waitiŋ] n (pl ~)
valkoturska

Whitsun ['witsən] helluntai

who [hu:] pron kuka; joka

whoever [hu:'evə] *pron*
kuka tahansa
whole [houl] *adj*
kokonainen, koko; eheä; *n*
kokonaisuus
wholesale ['houlseil] *n*
tukkukauppa; ~ **dealer**
tukkukauppias
wholesome ['houlsəm] *adj*
terveellinen
wholly ['houlli] *adv*
kokonaan
whom [hu:m] *pron* jolle, jota
whore [hɔ:] *n* huora
whose [hu:z] *pron* jonka;
kenen
why [wai] *adv* miksi
wicked ['wikid] *adj* ilkeä
wide [waid] *adj* leveä, laaja
widen ['waidən] *v* laajentaa
widow ['widou] *n* leskirouva
widower ['widouə] *n*
leskimies
width [widθ] *n* leveys
wife [waif] *n* (pl **wives**)
vaimo
wig [wig] *n* peruukki
wild [waild] *adj* villi; hurja
will [wil] *n* tahto; testamentti
*will [wil] *v* tulee (tekemään)
willing ['wiliŋ] *adj* halukas
willingly ['wiliŋli] *adv*
halukkaasti
willpower ['wilpauə] *n*
tahdonvoima
*win [win] *v* voittaa
wind [wind] *n* tuuli
*wind [waind] *v* mutkitella;
vetää, kiertää
winding ['waindiŋ] *adj*

kiemurteleva
windmill ['windmil] *n*
tuulimylly
window ['windou] *n* ikkuna
windowsill ['windousil] *n*
ikkunalauta
windscreen ['windskri:n] *n*
tuulilasi; ~ **wiper**
tuulilasinpyyhkijä
windshield ['windʃi:ld]
nAm tuulilasi; ~ **wiper** *Am*
tuulilasinpyyhkijä
windy ['windi] *adj* tuulinen
wine [wain] *n* viini
wine cellar ['wain,selə] *n*
viinikellari
wine list ['wainlist] *n*
viinilista
wine merchant
['wain,mɔ:tʃənt] *n*
viinikauppias
wing [wiŋ] *n* siipi
winkle ['wiŋkəl] *n*
rantakotilo
winner ['winə] *n* voittaja
winning ['winiŋ] *adj*
voitollinen; **winnings** *pl*
voittosumma
winter ['wintə] *n* talvi; ~
sports talviurheilu
wipe [waip] *v* pyyhkiä,
kuivata
wire [waiə] *n* rautalanka
wireless ['waiələs] *adj*
langaton; *n* radio
wisdom ['wizdəm] *n* viisaus
wise [waiz] *adj* viisas
wish [wiʃ] *v* haluta, toivoa; *n*
toivomus, pyyntö
wit ['wit] *n* nokkeluus

witch [witʃ] n noita
with [wið] prep kanssa ;
mukana ; -sta
*withdraw [wið'drɔ:] v
vetäytyä
within [wi'ðin] prep
sisäpuolella; adv sisällä
without [wi'ðaut] prep ilman
witness ['witnəs] n todistaja
wits [wits] pl äly
witty ['witi] adj sukkela
WMD ['dʌbəlju:'em'di:];
weapons of mass
destruction n
joukkotuhoaseet
wolf [wulf] n (pl wolves) susi
woman ['wumən] n (pl
women) nainen
womb [wu:m] n kohtu
won [wʌn] v (p, pp win)
wonder ['wʌndə] n ihme;
ihmettely; v ihmetellä
wonderful ['wʌndəfəl] adj
ihana, ihmeellinen
wood [wud] n puu; metsikkö
wood carving ['wud,kɑ:viŋ]
n puuleikkaus
wooded ['wudid] adj
metsäinen
wooden ['wudən] adj
puinen; ~ shoe puukenkä
woodland ['wudlənd] n
metsämaa
wool [wul] n villa; darning ~
parsinlanka
woollen ['wulən] adj
villainen
word [wə:d] n sana
wore [wɔ:] v (p wear)
work [wə:k] n työ; v

työskennellä; toimia;
working day työpäivä; ~ of
art taideteos; ~ permit
työlupa
workaholic [,wə:kə'hɔlik] n
työnarkomaani
worker ['wə:kə] n työläinen
working ['wə:kiŋ] n toiminta
workman ['wə:kmən] n (pl
-men) työmies
works [wə:ks] pl tehdas
workshop ['wə:kʃɔp] n
työpaja
world [wə:ld] n maailma; ~
war maailmansota
world-famous
[,wə:ld'feiməs] adj
maailmankuulu
world-wide ['wə:ldwaid] adj
maailmanlaajuinen
worm [wə:m] n mato
worn [wɔ:n] adj (pp wear)
kulunut
worn-out [,wə:n'aut] adj
loppuun kulunut
worried ['wʌrid] adj
huolestunut
worry ['wʌri] v olla
huolissaan; n huoli
worse [wə:s] adj huonompi;
adv huonommin
worship ['wə:ʃip] v palvoa; n
palvonta
worst [wə:st] adj huonoin;
adv huonoimmin
worth [wə:θ] n arvo; *be ~
olla jnkn arvoinen; *be ~
worth-while kannattaa
worthless ['wə:θləs] adj
arvoton

worthy of ['wɜːði əv]
arvoinen

would [wud] v (p will)

wound¹ [wuːnd] n haava; v
haavoittaa

wound² [waund] v p, pp
wind

wrap [ræp] v kääriä

wreck [rek] n hylky; v tuhota

wrench [rentʃ] v vääntää; n
jakoavain; riuhtaisu

wrinkle ['riŋkəl] n ryppy

wrist [rist] n ranne

wristwatch ['ristwɔtʃ] n
rannekello

*write [rait] v kirjoittaa; in
writing kirjallisesti; ~ down
kirjoittaa muistiin

writer ['raitə] n kirjailija

writing pad ['raitiŋpæd] n
kirjoituslehtiö

writing paper ['raitiŋ,peipə]
n kirjoituspaperi

written ['ritən] adj (pp write)
kirjallinen

wrong [rɔŋ] adj väärä;
virheellinen; n vääryys; v
tehdä vääryyttä; *be ~ olla
väärässä

wrote [rout] v (p write)

X

Xmas ['krisməs] joulu

X-ray ['eksrei] n

röntgenkuva; v ottaa
röntgenkuva

Y

yacht [jɔt] n huvipursi

yacht club ['jɔtklʌb] n
purjehdusseura

yachting ['jɔtiŋ] n
purjehtiminen

yard [jɑːd] n piha

yarn [jɑːn] n lanka

yawn [jɔːn] v haukotella

year [jiə] n vuosi

yearly ['jiəli] adj vuotuinen

yeast [jiːst] n hiiva

yell [jel] v kiljua; n kiljaisu

yellow ['jelou] adj keltainen

yes [jes] kyllä

yesterday ['jestədi] adv

eilen

yet [jet] adv vielä; conj
kuitenkin

yield [jiːld] v tuottaa; antaa
myöten

yoke [jouk] n ies

yolk [jouk] n keltuainen

you [juː] pron sinä; sinut;
sinulle; Te; te pl; teidät;
teille

young [jʌŋ] adj nuori

your [jɔː] adj sinun; teidän

yours [jɔːz] pron sinun

yourself [jɔːˈself] pron itse,
itsesi

yourselves [jɔː'selvz] *pron*
    itse, itsenne
youth [juːθ] *n* nuoriso; ~
    hostel retkeilymaja
Yugoslav [ˌjuːgə'slɑːv] *n*

jugoslaavi
Yugoslavia [ˌjuːgə'slɑːviə]
    Jugoslavia
yuppie ['jʌpi] *n* juppi

Z

zap [zæp] *v* tuhota
zeal [ziːl] *n* into
zealous ['zeləs] *adj* innokas
zebra ['ziːbrə] *n* seepra
zebra crossing ['ziːbrə
    krɔsiŋ] *n* suojatie
zenith ['zeniθ] *n* lakipiste;
zero ['ziərou] *n* (pl ~s) nolla
zest [zest] *n* innostus
zinc [ziŋk] *n* sinkki

zip [zip] *n* vetoketju; ~ **code**
    Am postinumero
zipper ['zipə] *n* vetoketju
zodiac ['zoudiæk] *n*
    eläinrata
zone [zoun] *n* vyöhyke; alue
zoo [zuː] *n* (pl ~s) eläintarha
zoology [zou'ɔlədʒi] *n*
    eläintiede

Some Basic Phrases	Eräitä avainilmaisuja
Please.	Olkaa hyvä.
Thank you very much.	Kiitoksia paljon.
Don't mention it.	Ei kestä.
Good morning.	Hyvää huomenta.
Good afternoon.	Hyvää päivää (*iltapäivällä*).
Good evening.	Hyvää iltaa.
Good night.	Hyvää yötä.
Good-bye.	Näkemiin.
See you later.	Pikaisiin näkemiin.
Where is/Where are…?	Missä on/Missä ovat…?
What do you call this?	Miksi tätä kutsutaan?
What does that mean?	Mitä tuo tarkoittaa?
Do you speak English?	Puhutteko englantia?
Do you speak German?	Puhutteko saksaa?
Do you speak French?	Puhutteko ranskaa?
Do you speak Spanish?	Puhutteko espanjaa?
Do you speak Italian?	Puhutteko italiaa?
Could you speak more slowly, please?	Voisitteko puhua hitaammin?
I don't understand.	En ymmärrä.
Can I have…?	Voinko saada…?
Can you show me…?	Voitteko näyttää minulle…?
Can you tell me…?	Voitteko sanoa minulle…?
Can you help me, please?	Voitteko auttaa minua?
I'd like…	Haluaisin…
We'd like…	Haluaisimme…
Please give me…	Olkaa hyvä ja antakaa minulle…
Please bring me…	Tuokaa minulle…
I'm hungry.	Minun on nälkä.
I'm thirsty.	Minun on jano.
I'm lost.	Olen eksyksissä.
Hurry up!	Pitäkää kiirettä!
There is/There are…	Siellä on/Siellä ovat…
There isn't/There aren't…	Siellä ei ole…

Arrival

Your passport, please.
Have you anything to
declare?
No, nothing at all.
Can you help me with my
luggage, please?
Where's the bus to the centre
of town, please?
This way, please.
Where can I get a taxi?
What's the fare to…?
Take me to this address,
please.
I'm in a hurry.

Hotel

My name is…
Have you a reservation?
I'd like a room with a bath.

What's the price per night?
May I see the room?
What's my room number,
please?
There's no hot water.

May I see the manager,
please?
Did anyone telephone me?

Is there any mail for me?
May I have my bill (check),
please?

Eating out

Do you have a fixed-price
menu?

Perilletulo

Passinne, olkaa hyvä.
Onko teillä mitään
tullattavaa?
Ei, ei mitään.
Voitteko auttaa minua
kantamaan matkatavarani?
Mistä lähtee bussi
keskikaupungille?
Tätä tietä, olkaa hyvä.
Mistä voin saada taksin?
Paljonko se maksaa … n?
Viekää minut tähän
osoitteeseen.
Minulla on kiire.

Hotelli

Nimeni on…
Onko teillä varaus?
Haluaisin huoneen jossa on
kylpyhuone.
Paljonko se maksaa yöltä?
Saanko nähdä huoneen?
Mikä on huoneeni numero?

Huoneessa ei ole kuumaa
vettä.
Haluaisin tavata johtajan.

Onko kukaan soittanut
minulle?
Onko minulle postia?
Saisinko laskun?

Ravintolassa

Onko teillä päivän ateriaa?

May I see the menu?	Saanko à la carte - ruokalistan?
May we have an ashtray, please?	Saisimmeko tuhkakupin?
Where's the toilet, please?	Missä on WC?
I'd like an hors d'œuvre (starter).	Haluaisin alkupalat.
Have you any soup?	Onko teillä keittoa?
I'd like some fish.	Haluaisin kalaa.
What kind of fish do you have?	Mitä kalaa teillä on?
I'd like a steak.	Haluaisin pihvin.
What vegetables have you got?	Mitä vihanneksia teillä on?
Nothing more, thanks.	Ei muuta, kiitos.
What would you like to drink?	Mitä haluaisitte juoda?
I'll have a beer, please.	Haluaisin oluen.
I'd like a bottle of wine.	Haluaisin pullon viiniä.
May I have the bill (check), please?	Saisinko laskun?
Is service included?	Sisältyykö siihen palvelu?
Thank you, that was a very good meal.	Kiitoksia, se oli erittäin hyvä ateria.

Travelling — Matkalla

Where's the railway station, please?	Missä on rautatieasema?
Where's the ticket office, please?	Missä on lipunmyynti?
I'd like a ticket to…	Haluaisin lipun …n.
First or second class?	Ensimmäinen vai toinen luokka?
First class, please.	Ensimmäinen.
Single or return (one way or roundtrip)?	Yhdensuuntainen vai edestakainen?
Do I have to change trains?	Täytyykö minun vaihtaa junaa?
What platform does the train for … leave from?	Miltä laiturilta juna lähtee …n?

Where's the nearest underground (subway) station?
Missä on lähin maanalaisen asema?

Where's the bus station, please?
Missä on linja-autoasema?

When's the first bus to…?
Milloin lähtee ensimmäinen bussi …n?

Please let me off at the next stop.
Päästäisittekö minut pois seuraavalla pysäkillä?

Relaxing
Huvitukset

What's on at the cinema (movies)?
Mitä elokuvissa esitetään?

What time does the film begin?
Mihin aikaan elokuva alkaa?

Are there any tickets for tonight?
Onko täksi illaksi vielä lippuja?

Where can we go dancing?
Mihin voimme mennä tanssimaan?

Meeting people
Tutustuminen

How do you do.
Hyvää päivää.

How are you?
Mitä kuuluu?

Very well, thank you. And you?
Kiitos, erittäin hyvää. Entä teille?

May I introduce…?
Saanko esitellä …n?

My name is…
Nimeni on…

I'm very pleased to meet you.
Hauska tavata.

How long have you been here?
Kauanko olette ollut täällä?

It was nice meeting you.
Oli hauska tavata.

Do you mind if I smoke?
Häiritseekö teitä jos tupakoin?

Do you have a light, please?
Onko teillä tulta?

May I get you a drink?
Saanko tarjota teille lasillisen?

May I invite you for dinner tonight?
Saanko pyytää teidät päivälliselle tänä iltana?

Where shall we meet?
Missä tapaamme?

Shops, stores and services

Where's the nearest bank, please?

Where can I cash some travellers' cheques?

Can you give me some small change, please?

Where's the nearest chemist's (pharmacy)?

How do I get there?

Is it within walking distance?

Can you help me, please?

How much is this? And that?

It's not quite what I want.

I like it.

Can you recommend something for sunburn?

I'd like a haircut, please.

I'd like a manicure, please.

Street directions

Can you show me on the map where I am?

You are on the wrong road.

Go/Walk straight ahead.

It's on the left/on the right.

Emergencies

Call a doctor quickly.

Call an ambulance.

Please call the police.

Liikkeet ja palvelut

Missä on lähin pankki?

Missä voin vaihtaa matkašekkejä?

Voitteko antaa minulle vaihtorahaa?

Missä on lähin apteekki?

Miten sinne pääsee?

Onko se kävelymatkan päässä?

Voitteko auttaa minua?

Paljonko tämä maksaa? Entä tuo?

Se ei ole aivan sitä mitä haluan.

Pidän siitä.

Voitteko suositella jotakin auringonpolttamaan?

Haluaisin hiustenleikkuun.

Haluaisin käsienhoidon.

Tien kysyminen

Voitteko näyttää minulle kartalta missä olen?

Olette väärällä tiellä.

Menkää suoraan eteenpäin.

Se on vasemmalla/oikealla.

Onnettomuudet

Kutsukaa nopeasti lääkäri.

Kutsukaa ambulanssi.

Olkaa hyvä ja kutsukaa poliisi.

Finnish Abbreviations

AL	*Autoliitto*	Finnish Automobile Association
ao.	*asianomainen*	person or thing in question
ap.	*aamupäivä(llä)*	(in the) morning
as.	*asukas (ta)*	inhabitants
ed.	*edellinen*	former, above-mentioned
eKr.	*ennen Kristuksen syntymää*	B.C.
em.	*edellä mainittu*	afore-mentioned
ent.	*entinen*	former, ex-
esim.	*esimerkiksi*	e.g.
fil. tri	*filosofian tohtori*	Ph.D.
ha	*hehtaari*	hectare
Hki	*Helsinki*	Helsinki
HKL	*Helsingin Kaupungin Liikennelaitos*	Helsinki Municipal Transport Authority
HO	*Hovioikeus*	Court of Appeals
hra	*herra*	Mr.
huom.	*huomaa, huomautus*	note, remark
hv	*hevosvoima(a)*	horsepower
ip.	*iltapäivä(llä)*	(in the) afternoon
JK	*jälkikirjoitus*	P.S.
jKr.	*jälkeen Kristuksen syntymän*	A.D.
jne.	*ja niin edelleen*	and so on
joht.	*johtaja*	director
kk	*kuukausi, kuukautta*	month(s)
kk.	*kansakoulu; kirkonkylä*	elementary school; small municipality
klo	*kello*	o'clock
ko.	*kyseessä oleva*	in question, under consideration
kpl	*kappale(tta)*	piece(s)
ks.	*katso*	see
l.	*eli; lääni*	or; county

lvv.	liikevaihtovero	VAT, value added tax
lääket. tri	lääketieteen tohtori	medical doctor
maist.	maisteri	master's degree, used as a title
min	minuutti(a)	minute(s)
mk	markka(a)	Finnish mark(s)
mm.	muun muassa	among other things
muist.	muistutus	reminder
n.	noin	approximately
nim.	nimittäin	namely
nk.	niin kutsuttu	so-called
n:o	numero	number
ns.	niin sanottu	so-called
nti	neiti	Miss
nyk.	nykyisin	at present
oik.	oikeastaan	really
os.	osoite	address
OY	osakeyhtiö	Ltd., Inc.
p	penni(ä)	penny, $^1/_{100}$ of the Finnish mark
puh.	puhelin	telephone
puh.joht.	puheenjohtaja	chairman
pv	päivä	day
pvm.	päivämäärä	date
rva	rouva	Mrs.
s	sekunti(a)	second(s)
s.	sivu(t)	page(s)
seur.	seuraava	following
synt.	syntynyt	born
t	tunti(a)	hour(s)
t.	tai	or
tav.	tavallisesti	usually
tk.	tämän kuun	inst., of this month
tl.	teelusikallinen	teaspoonful
toim.joht.	toimitusjohtaja	managing director
tuom.	tuomari	judge
tus	tusina(a)	dozen(s)
v.	vuonna, vuosina	in the year(s)
vk.	viime kuun	of last month
v.p.	vastausta pyydetään	please reply

VR	*Valtion Rautatiet*	Finnish State Railways
vrk	*vuorokausi, vuorokautta*	day and night (24 hours)
vrt.	*vertaa*	cf., reference
YK	*Yhdistyneet Kansakunnat*	United Nations
yl.	*yleensä*	generally
ym.	*ynnä muuta*	etc.
yo.	*ylioppilas*	undergraduate

Englanninkielisiä lyhenteitä

AA	*Automobile Association*	Englannin Autoliitto
AAA	*American Automobile Association*	Yhdysvaltain Autoliitto
ABC	*American Broadcasting Company*	amerikkalainen radio- ja televisioyhtiö
A.D.	*anno Domini*	jKr.
Am.	*America; American*	Amerikka; amerikkalainen
a.m.	*ante meridiem (before noon)*	klo 0.00–12.00
Amtrak	*American railroad corporation*	amerikkalainen rautateyhtiö
AT & T	*American Telephone and Telegraph Company*	amerikkalainen puhelin- ja lennätinyhtiö
Ave.	*avenue*	puistokatu
BBC	*British Broadcasting Corporation*	Englannin yleisradio
B.C.	*before Christ*	eKr.
bldg.	*building*	rakennus
Blvd.	*boulevard*	bulevardi
B.R.	*British Rail*	Englannin Valtion Rautatiet
Brit.	*Britain; British*	Iso-Britannia; brittiläinen
Bros.	*brothers*	Veljekset (liikenimi)
¢	*cent*	sentti, dollarin sadasosa
Can.	*Canada; Canadian*	Kanada; kanadalainen
CBS	*Columbia Broadcasting System*	amerikkalainen radio- ja televisioyhtiö
CID	*Criminal Investigation Department*	rikospoliisi (Iso-Britannia)
CNR	*Canadian National Railway*	Kanadan Valtion Rautatiet
c/o	*(in) care of*	osoitteissa: jonkun luona
Co.	*company*	yhtiö

Corp.	*corporation*	yhtiö
CPR	*Canadian Pacific Railways*	kanadalainen rautatieyhtiö
D.C.	*District of Columbia*	Columbian piirikunta (Washington, D.C.)
DDS	*Doctor of Dental Science*	hammaslääkäri
dept.	*department*	osasto
EEC	*European Economic Community*	Euroopan Talousyhteisö
e.g.	*for instance*	esim.
Eng.	*England; English*	Englanti; englantilainen
excl.	*excluding; exclusive*	lukuun ottamatta
ft.	*foot/feet*	pituusmitta: jalka/jalat (30,5 cm)
GB	*Great Britain*	Iso-Britannia
H.E.	*His/Her Excellency; His Eminence*	Hänen Ylhäisyytensä; Hänen Korkea-arvoisuutensa, kardinaalin puhuttelusana
H.H.	*His Holiness*	Hänen Pyhyytensä, paavin puhuttelusana
H.M.	*His/Her Majesty*	Hänen Majesteettinsa
H.M.S.	*Her Majesty's ship*	Ison-Britannian laivaston sotalaiva
hp	*horsepower*	hevosvoima
Hwy	*highway*	valtatie
i.e.	*that is to say*	toisin sanoen
in.	*inch*	tuuma (2,54 cm)
Inc.	*incorporated*	amerikkalainen osakeyhtiö
incl.	*including, inclusive*	mukaan lukien
£	*pound sterling*	Englannin punta
L.A.	*Los Angeles*	Los Angeles
Ltd.	*limited*	englantilainen osakeyhtiö
M.D.	*Doctor of Medicine*	lääket. tri
M.P.	*Member of Parliament*	Englannin parlamentin jäsen, kansanedustaja

406

mph	miles per hour	mailia tunnissa
Mr.	Mister	herra
Mrs.	Missis	rouva
Ms.	Missis/Miss	rouva/neiti
nat.	national	kansallinen
NBC	National Broadcasting Company	amerikkalainen radio- ja televisioyhtiö
No.	number	numero
N.Y.C.	New York City	New York City
O.B.E.	Officer (of the Order) of the British Empire	Brittiläisen Imperiumin ritarikunnan kunniamerkki
p.	page; penny/pence	sivu; penny/pence, punnan sadasosa
p.a.	per annum	vuodessa, vuotta kohti
Ph.D.	Doctor of Philosophy	fil. tri
p.m.	post meridiem (after noon)	klo 12.00–24.00
PO	Post Office	postitoimisto
POO	post office order	postisiirto
pop.	population	asukasluku
P.T.O.	please turn over	käännä
RAC	Royal Automobile Club	Englannin Autoklubi
RCMP	Royal Canadian Mounted Police	Kanadan ratsupoliisi
Rd.	road	tie
ref.	reference	viite
Rev.	reverend	kirkkoherra
RFD	rural free delivery	ilmainen kotiinkuljetus
RR	railroad	rautatie
RSVP	please reply	vastausta pyydetään
$	dollar	dollari
Soc.	society	seura
St.	saint; street	pyhä; katu
STD	Subscriber Trunk Dialling	automaattipuhelin
UN	United Nations	Yhdistyneet Kansakunnat
UPS	United Parcel Service	amerikkalainen paketinkuljetusyhtiö

US	*United States*	Yhdysvallat
USS	*United States Ship*	amerikkalainen sotalaiva
VAT	*value added tax*	liikevaihtovero
VIP	*very important person*	tärkeä henkilö
Xmas	*Christmas*	joulu
yd.	*yard*	jaardi (91,44 cm)
YMCA	*Young Men's Christian Association*	NMKY
YWCA	*Young Women's Christian Association*	NNKY
ZIP	*ZIP code*	postinumerotunnus

English Irregular Verbs/
Englannin kielen epäsäännölliset verbit

Oheisena seuraavat englannin kielen epäsäännölliset verbit.
Yhdistetyt (*overdrive*) ja esiliitteelliset (*mistake*) verbimuodot
taipuvat kuten pääverbi (*drive, take*).

Infinitiivi	Imperfekti	Partisiipin perfekti	
arise	arose	arisen	*nousta*
awake	awoke	awoken/awaked	*herätä*
be	was	been	*olla*
bear	bore	borne	*kantaa*
beat	beat	beaten	*lyödä*
become	became	become	*tulla jksk*
begin	began	begun	*alkaa*
bend	bent	bent	*taipua*
bet	bet	bet	*lyödä vetoa*
bid	bade/bid	bidden/bid	*käskeä*
bind	bound	bound	*sitoa*
bite	bit	bitten	*purra*
bleed	bled	bled	*vuotaa verta*
blow	blew	blown	*puhaltaa*
break	broke	broken	*särkeä*
breed	bred	bred	*kasvattaa (karjaa)*
bring	brought	brought	*tuoda*
build	built	built	*rakentaa*
burn	burnt/burned	burnt/burned	*polttaa*
burst	burst	burst	*puhjeta*
buy	bought	bought	*ostaa*
can*	could	–	*osata, voida*
cast	cast	cast	*heittää, valaa*
catch	caught	caught	*pyydystää*
choose	chose	chosen	*valita*
cling	clung	clung	*takertua*
clothe	clothed/clad	clothed/clad	*pukea*
come	came	come	*tulla*
cost	cost	cost	*maksaa*
creep	crept	crept	*ryömiä*
cut	cut	cut	*leikata*
deal	dealt	dealt	*jakaa*

---

* indikatiivin preesens

dig	dug	dug	*kaivaa*
do (he does*)	did	done	*tehdä*
draw	drew	drawn	*vetää*
dream	dreamt/dreamed	dreamt/dreamed	*uneksia*
drink	drank	drunk	*juoda*
drive	drove	driven	*ajaa*
dwell	dwelt	dwelt	*asua*
eat	ate	eaten	*syödä*
fall	fell	fallen	*pudota*
feed	fed	fed	*ruokkia*
feel	felt	felt	*tuntea*
fight	fought	fought	*taistella*
find	found	found	*löytää*
flee	fled	fled	*paeta*
fling	flung	flung	*heittää*
fly	flew	flown	*lentää*
forsake	forsook	forsaken	*hylätä*
freeze	froze	frozen	*jäätyä*
get	got	got	*saada*
give	gave	given	*antaa*
go (he goes*)	went	gone	*mennä*
grind	ground	ground	*jauhaa*
grow	grew	grown	*kasvaa*
hang	hung	hung	*ripustaa*
have (he has*)	had	had	*olla, omistaa*
hear	heard	heard	*kuulla*
hew	hewed	hewed/hewn	*hakata*
hide	hid	hidden	*kätkeä*
hit	hit	hit	*lyödä*
hold	held	held	*pitää kiinni*
hurt	hurt	hurt	*loukata*
keep	kept	kept	*pitää*
kneel	knelt	knelt	*polvistua*
knit	knitted/knit	knitted/knit	*neuloa, panna*
know	knew	known	*tietää*
lay	laid	laid	*asettaa*
lead	led	led	*johtaa*
lean	leant/leaned	leant/leaned	*nojata*
leap	leapt/leaped	leapt/leaped	*hypätä*
learn	learnt/learned	learnt/learned	*oppia*
leave	left	left	*jättää*
lend	lent	lent	*lainata*

---

* indikatiivin preesens

let	let	let	sallia
lie	lay	lain	maata
light	lit/lighted	lit/lighted	sytyttää
lose	lost	lost	kadottaa
make	made	made	tehdä
may*	might	–	saattaa, voida
mean	meant	meant	tarkoittaa
meet	met	met	tavata
mow	mowed	mowed/mown	niittää
must*	must	–	täytyä
ought* (to)	ought	–	pitäisi
pay	paid	paid	maksaa
put	put	put	panna
read	read	read	lukea
rid	rid	rid	vapauttaa
ride	rode	ridden	ratsastaa
ring	rang	rung	soittaa
rise	rose	risen	nousta
run	ran	run	juosta
saw	sawed	sawn	sahata
say	said	said	sanoa
see	saw	seen	nähdä
seek	sought	sought	etsiä
sell	sold	sold	myydä
send	sent	sent	lähettää
set	set	set	asettaa
sew	sewed	sewed/sewn	ommella
shake	shook	shaken	ravistaa
shall*	should	–	pitää
shed	shed	shed	vuodattaa
shine	shone	shone	loistaa
shoot	shot	shot	ampua
show	showed	shown	näyttää
shrink	shrank	shrunk	kutistua
shut	shut	shut	sulkea
sing	sang	sung	laulaa
sink	sank	sunk	vajota
sit	sat	sat	istua
sleep	slept	slept	nukkua
slide	slid	slid	liukua
sling	slung	slung	heittää
slink	slunk	slunk	livahtaa
slit	slit	slit	viiltää

---

* indikatiivin preesens

smell	smelled/smelt	smelled/smelt	haistaa
sow	sowed	sown/sowed	kylvää
speak	spoke	spoken	puhua
speed	sped/speeded	sped/speeded	kiirehtiä
spell	spelt/spelled	spelt/spelled	tavata
spend	spent	spent	kuluttaa, viettää
spill	spilt/spilled	spilt/spilled	valua yli
spin	spun	spun	kehrätä
spit	spat	spat	sylkeä
split	split	split	halkaista
spoil	spoilt/spoiled	spoilt/spoiled	pilata
spread	spread	spread	levittää
spring	sprang	sprung	ponnahtaa
stand	stood	stood	seisoa
steal	stole	stolen	varastaa
stick	stuck	stuck	pistää
sting	stung	stung	pistää
stink	stank/stunk	stunk	haista pahalta
strew	strewed	strewed/strewn	sirotella
stride	strode	stridden	harppoa
strike	struck	struck/stricken	iskeä
string	strung	strung	varustaa nyörillä
strive	strove	striven	pyrkiä
swear	swore	sworn	vannoa
sweep	swept	swept	lakaista
swell	swelled	swollen/swelled	turvota, paisua
swim	swam	swum	uida
swing	swung	swung	keinua
take	took	taken	ottaa
teach	taught	taught	opettaa
tear	tore	torn	repiä
tell	told	told	kertoa
think	thought	thought	ajatella
throw	threw	thrown	heittää
thrust	thrust	thrust	työntää
tread	trod	trodden	tallata
wake	woke/waked	woken/waked	herätä
wear	wore	worn	käyttää
weave	wove	woven	kutoa kangasta
weep	wept	wept	itkeä
will*	would	–	tahtoa
win	won	won	voittaa
wind	wound	wound	kiertää
wring	wrung	wrung	vääntää
write	wrote	written	kirjoittaa

Numerals

Cardinal numbers

0	nolla
1	yksi
2	kaksi
3	kolme
4	neljä
5	viisi
6	kuusi
7	seitsemän
8	kahdeksan
9	yhdeksän
10	kymmenen
11	yksitoista
12	kaksitoista
13	kolmetoista
14	neljätoista
15	viisitoista
16	kuusitoista
17	seitsemäntoista
18	kahdeksantoista
19	yhdeksäntoista
20	kaksikymmentä
21	kaksikymmentäyksi
30	kolmekymmentä
40	neljäkymmentä
50	viisikymmentä
60	kuusikymmentä
70	seitsemänkymmentä
80	kahdeksankymmentä
90	yhdeksänkymmentä
100	sata
125	satakaksikymmentäviisi
200	kaksisataa
1 000	tuhat
2 000	kaksituhatta
3 548	kolmetuhatta viisisataaneljäkymmentä-kahdeksan
156 000	satuviisikymmentäkuusi-tuhatta
1 000 000.	miljoonas

Ordinal numbers

1.	ensimmäinen
2.	toinen
3.	kolmas
4.	neljäs
5.	viides
6.	kuudes
7.	seitsemäs
8.	kahdeksas
9.	yhdeksäs
10.	kymmenes
11.	yhdestoista
12.	kahdestoista
13.	kolmastoista
14.	neljästoista
15.	viidestoista
16.	kuudestoista
17.	seitsemästoista
18.	kahdeksastoista
19.	yhdeksästoista
20.	kahdeskymmenes
21.	kahdeskymmenesensim-mäinen
30.	kolmaskymmenes
40.	neljäskymmenes
50.	viideskymmenes
60.	kuudeskymmenes
70.	seitsemäskymmenes
80.	kahdeksaskymmenes
90.	yhdeksäskymmenes
100.	sadas
125.	sadaskahdeskymmenes-viides
200.	kahdessadas
1 000.	tuhannes
3 540.	kolmastuhannes-viidessadasneljäskymmenes
156 000.	sadasviideskymmenes-kuudestuhannes
1 000 000.	miljoonas

Lukusanat

Perusluvut

0	zero
1	one
2	two
3	three
4	four
5	five
6	six
7	seven
8	eight
9	nine
10	ten
11	eleven
12	twelve
13	thirteen
14	fourteen
15	fifteen
16	sixteen
17	seventeen
18	eighteen
19	nineteen
20	twenty
21	twenty-one
22	twenty-two
23	twenty-three
24	twenty-four
25	twenty-five
30	thirty
40	forty
50	fifty
60	sixty
70	seventy
80	eighty
90	ninety
100	a/one hundred
230	two hundred and thirty
1,000	a/one thousand
10,000	ten thousand
100,000	a/one hundred thousand
1,000,000	a/one million

Järjestysluvut

1st	first
2nd	second
3rd	third
4th	fourth
5th	fifth
6th	sixth
7th	seventh
8th	eighth
9th	ninth
10th	tenth
11th	eleventh
12th	twelfth
13th	thirteenth
14th	fourteenth
15th	fifteenth
16th	sixteenth
17th	seventeenth
18th	eighteenth
19th	nineteenth
20th	twentieth
21st	twenty-first
22nd	twenty-second
23rd	twenty-third
24th	twenty-fourth
25th	twenty-fifth
26th	twenty-sixth
27th	twenty-seventh
28th	twenty-eighth
29th	twenty-ninth
30th	thirtieth
40th	fortieth
50th	fiftieth
60th	sixtieth
70th	seventieth
80th	eightieth
90th	ninetieth
100th	hundredth
230th	two hundred and thirtieth
1,000th	thousandth

Time

Although official time in Finland is based on the 24-hour clock, the 12-hour system is used in conversation.

If it is necessary to indicate whether it is a.m. or p.m., add *aamulla* (morning), *aamupäivällä* (before noon), *iltapäivällä* (afternoon) or *illalla* (evening):

kello kahdeksan aamulla	8 a.m.
kello yksitoista aamupäivällä	11 a.m.
kello kaksi iltapäivällä	2 p.m.
kello puoli kymmenen illalla	9.30 p.m.

Days of the week

sunnuntai	Sunday	*torstai*	Thursday
maanantai	Monday	*perjantai*	Friday
tiistai	Tuesday	*lauantai*	Saturday
keskiviikko	Wednesday		

Kellonajat

Englannissa ja Amerikassa kellonaika ilmaistaan 12 tuntiin perustuvalla järjestelmällä. Vuorokauden eri ajat ilmaistaan siten, että *a.m.* (*ante meridiem*) merkitsee kellonaikaa 0.00–12.00 ja *p.m.* (*post meridiem*) klo 12.00–24.00.

I'll come at seven a.m.   Tulen klo 7 aamulla.
I'll come at two p.m.   Tulen klo 2 iltapäivällä.
I'll come at eight p.m.   Tulen klo 8 illalla.

Viikonpäivät

Sunday	sunnuntai	*Thursday*	torstai
Monday	maanantai	*Friday*	perjantai
Tuesday	tiistai	*Saturday*	lauantai
Wednesday	keskiviikko		

Conversion Tables/Muuntotaulukot

Metres and feet

The figure in the middle stands for both metres and feet, e.g.
1 metre = 3.281 ft. and 1 foot = 0.30 m.

Metri ja jalka

Numero taulukon keskimmäisessä sarakkeessa vastaa sekä
metrejä että jalkoja, ts. 1 metri = 3,281 jalkaa ja 1 jalka =
0,30 metriä.

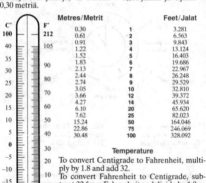

Metres/Metrit		Feet/Jalat
0.30	1	3.281
0.61	2	6.563
0.91	3	9.843
1.22	4	13.124
1.52	5	16.403
1.83	6	19.686
2.13	7	22.967
2.44	8	26.248
2.74	9	29.529
3.05	10	32.810
3.66	12	39.372
4.27	14	45.934
6.10	20	65.620
7.62	25	82.023
15.24	50	164.046
22.86	75	246.069
30.48	100	328.092

C°: 100, 40, 35, 30, 25, 20, 15, 10, 5, 0, -5, -10, -15, -20

F°: 212, 105, 90, 80, 70, 60, 50, 40, 30, 20, 10, 0

Temperature

To convert Centigrade to Fahrenheit, multiply by 1.8 and add 32.
To convert Fahrenheit to Centigrade, subtract 32 from Fahrenheit and divide by 1.8.

Lämpötila

Muunnettaessa Celsius-asteita Fahrenheitasteiksi ne kerrotaan 1,8:lla ja niihin lisätään 32.
Muunnettaessa vastaavasti Fahrenheitasteita Celsius-asteiksi vähennetään lämpötilasta 32 ja tulos jaetaan 1,8:lla.